Aline Leporaci
Bianca Merola da Silva

MANUAL DE
PROCESSO DO TRABALHO

Freitas Bastos Ed

Copyright © 2025 by Aline Leporaci e Bianca Merola da Silva.
Todos os direitos reservados e protegidos pela Lei 9.610, de 19.2.1998.
É proibida a reprodução total ou parcial, por quaisquer meios,
bem como a produção de apostilas, sem autorização prévia,
por escrito, da Editora.

Direitos exclusivos da edição e distribuição em língua portuguesa:
Maria Augusta Delgado Livraria, Distribuidora e Editora

Direção Editorial: *Isaac D. Abulafia*
Gerência Editorial: *Marisol Soto*
Copidesque : *Tatiana Paiva*
Revisão: *Doralice Daiana da Silva*
Diagramação e Capa: *Julianne P. Costa*
Assistente Editorial: *Larissa Guimarães*

**Dados Internacionais de Catalogação na Publicação (CIP)
de acordo com ISBD**

```
   L598m     Leporaci, Aline
                Manual de Processo do Trabalho / Aline Leporaci,
             Bianca Merola da Silva. - Rio de Janeiro, RJ :
             Freitas Bastos, 2025.
                420 p. : 15,5cm x 23cm.

                Inclui bibliografia.
                ISBN: 978-65-5675-539-7
                1. Direito do Trabalho. 2. Processo do Trabalho. 3.
             Manual. I. Silva, Bianca Merola da. II. Título.
   2025-1801                                        CDD 344.01
                                                    CDU 349.2
```

Elaborado por Odilio Hilario Moreira Junior - CRB-8/9949

Índices para catálogo sistemático:
1. Direito do Trabalho 344.01
2. Direito do Trabalho 349.2

Freitas Bastos Editora
atendimento@freitasbastos.com
www.freitasbastos.com

SUMÁRIO

CAPÍTULO 1
AUTONOMIA E INTEGRAÇÃO, FONTES, EFICÁCIA E INTERPRETAÇÃO 15
1.1 Autonomia e integração do Direito Processual Do Trabalho............... 15
1.2 Fontes do Direito Processual do Trabalho... 24
    1.2.1 Constituição Federal 25
    1.2.2 Tratados internacionais 25
    1.2.3 Lei 26
    1.2.4 Princípios 26
    1.2.5 Usos e costumes 26
    1.2.6 Regimento interno dos tribunais 26
    1.2.7 Jurisprudência 27
    1.2.8 Equidade 27
1.3 Eficácia da norma processual no tempo e no espaço 28
    1.3.1 Eficácia no tempo.. 28
    1.3.2 Eficácia no espaço 33
1.4 Interpretação.. 34
    1.4.1 Gramatical ou literal 34
    1.4.2 Lógica.. 34
    1.4.3 Sistemática 34
    1.4.4 Histórica 34
    1.4.5 Teleológica... 34

CAPÍTULO 2
PRINCÍPIOS...36
2.1 Introdução e conceito 36
2.2 Princípios gerais do processo 36
    2.2.1 Princípio da inafastabilidade do Poder Judiciário...................... 36
    2.2.2 Princípio do contraditório e da ampla defesa............................ 38
    2.2.3 Princípio da publicidade 40
    2.2.4 Princípio da motivação dos atos processuais............................. 41
    2.2.5 Princípio do duplo grau de jurisdição 42
2.3 Princípios do Processo do Trabalho 42

2.3.1 Princípio da proteção 42
2.3.2 Princípio da simplicidade 43
2.3.3 Princípio da conciliação 44
2.3.4 Princípio da oralidade 45
2.3.5 Princípio da subsidiariedade 47
2.3.6 Princípio da cooperação e boa-fé 47

CAPÍTULO 3
ORGANIZAÇÃO DA JUSTIÇA DO TRABALHO 51
3.1 Introdução 51
3.2 Da organização da Justiça do Trabalho 51
   3.2.1 Tribunal Superior do Trabalho 52
   3.2.2 Tribunais Regionais do Trabalho 53
   3.2.3 Juízes do Trabalho 56
   3.2.4 Órgãos auxiliares da Justiça do Trabalho 57
   3.2.5 Secretarias de Varas do Trabalho e Secretarias dos Tribunais Regionais do Trabalho 57
   3.2.6 Distribuidores 59
   3.2.7 Oficiais de Justiça 60

CAPÍTULO 4
COMPETÊNCIA DA JUSTIÇA DO TRABALHO 61
4.1 Conceito 61
4.2 Espécies de competência 64
   4.2.1 Competência absoluta e relativa 64
   4.2.2 Competência originária e derivada 66
4.3 Competência material da Justiça Do Trabalho 66
   4.3.1 Da competência quanto às ações oriundas da relação de trabalho, abrangidos os entes de direito público externo e da administração pública direta e indireta da União, dos Estados, do Distrito Federal e dos Municípios 68
   4.3.2 As ações que envolvam exercício do direito de greve e as ações sobre representação sindical, entre sindicatos, entre sindicatos e trabalhadores, e entre sindicatos e empregadores 77
   4.3.3 Os mandados de segurança, *habeas corpus* e *habeas data*, quando o ato questionado envolver matéria sujeita à sua jurisdição 79
   4.3.4 Os conflitos de competência entre órgãos com jurisdição trabalhista, ressalvado o disposto no art. 102, I, o 82

4.3.5 As ações de indenização por dano moral ou patrimonial, decorrentes da relação de trabalho. 83
4.3.6 As ações relativas às penalidades administrativas impostas aos empregadores pelos órgãos de fiscalização das relações de trabalho.. 88
4.3.7 A execução, de ofício, das contribuições sociais previstas no art. 195, I, a , e II, e seus acréscimos legais, decorrentes das sentenças que proferir 89
4.3.8 Outras controvérsias decorrentes da relação de trabalho, na forma da lei 90
4.3.9 Trabalho artístico infantil e sua autorização 90
4.3.10 Empreitada 91
4.3.11 Meio ambiente do trabalho 92
4.3.12 Outras questões em matéria de competência............................ 93
4.4 Competência territorial 93
4.5 Competência para homologação de acordo extrajudicial................... 97
4.6 Competência funcional 98

CAPÍTULO 5
ATOS, TERMOS E PRAZOS PROCESSUAIS 100
5.1 Atos processuais.. 100
   5.1.1 Conceito 100
   5.1.2 Divisão 100
   5.1.3 Características... 102
      5.1.3.1 Publicidade... 102
      5.1.3.2 Idioma.. 103
      5.1.3.3 Forma 103
   5.1.4 Comunicação dos atos processuais.. 104
5.2 Termos processuais 108
   5.2.1 Conceito 108
5.3 Prazos processuais 108
   5.3.1 Conceito e classificação... 108
   5.3.2 Renúncia de prazo.. 110
   5.3.3 Contagem de prazo 111
   5.3.4 Interrupção e suspensão.. 113

CAPÍTULO 6
DAS NULIDADES PROCESSUAIS 115
6.1 Noções gerais/classificação.. 115

6.2 Princípios das nulidades 116
   6.2.1 Princípio do prejuízo (ou da transcendência) 116
   6.2.2 Princípio da instrumentalidade das formas 117
   6.2.3 Princípio da preclusão (ou convalidação) 117
   6.2.4 Princípio do interesse 118
   6.2.5 Princípio da economia processual 119
   6.2.6 Princípio da utilidade 119
   6.2.7 Princípio da causalidade 119

CAPÍTULO 7
PARTES, PROCURADORES E SUJEITOS DO PROCESSO 120
7.1 Das partes 120
   7.1.1 Conceito 120
   7.1.2 Capacidade de ser parte x capacidade processual 121
   7.1.3 Representação em audiência 123
   7.1.4 Representação do empregado em reclamatórias plúrimas ou em ações de cumprimento 123
   7.1.5 Representação do empregado que pertença à mesma profissão 124
   7.1.6 Representação do empregador em audiência 124
   7.1.7 Capacidade postulatória 126
   7.1.8 Honorários advocatícios 127
   7.1.9 Das despesas processuais 133
7.2 Substituição processual 136
7.3 Sucessão processual 137
7.4 Litisconsórcio 138
   7.4.1 Classificação 139
      7.4.1.1 Quanto à posição 139
      7.4.1.2 Quanto à obrigatoriedade 139
      7.4.1.3 Quanto ao resultado 141
      7.4.1.4 Quanto à formação 142
   7.4.2 Efeitos do litisconsórcio 142
      7.4.2.1 Revelia 142
      7.4.2.2 Prazos para os litisconsortes 143
7.5 Deveres das partes 144

CAPÍTULO 8
INTERVENÇÃO DE TERCEIROS 146
8.1. Introdução. Conceito de terceiro. Efeitos e cabimento no processo do trabalho 146

8.2 Formas de intervenção de terceiros 147
   8.2.1 Assistência 147
      8.2.1.1 Espécies de assistência 148
         8.2.1.1.1Assistência simples.. 148
         8.2.1.1.2 Assistência litisconsorcial 149
   8.2.2 Incidente de desconsideração da personalidade jurídica............ 150
      8.2.2.1 Desconsideração da personalidade jurídica e empresa em recuperação judicial.. 153
   8.2.3 Chamamento ao processo... 154
   8.2.4 Denunciação da lide 155
   8.2.5 Intervenção do *amicus curiae* 157
   8.2.6 Nomeação à autoria 158
   8.2.7 Chamada à autoria 158

CAPÍTULO 9
AÇÃO, PROCESSO E PROCEDIMENTO 160
9.1 Considerações iniciais.. 160
9.2 Condições da ação 160
   9.2.1 Da legitimidade 161
   9.2.2 Do interesse 162
   9.2.3 Possibilidade jurídica do pedido 162
   9.2.4 Ausência das condições da ação 162
9.3 Elementos da ação 163
   9.3.1 Partes 163
   9.3.2 Causa de pedir 163
   9.3.3 Pedidos 164
9.4 Dos pressupostos processuais 164
   9.4.1 Pressupostos processuais subjetivos 165
      9.4.1.1 Investidura 165
      9.4.1.2 Imparcialidade 166
      9.4.1.3 Competência 166
      9.4.1.4 Capacidade para ser parte 166
      9.4.1.5 Capacidade processual 166
      9.4.1.6 Capacidade postulatória 166
   9.4.2 Pressupostos processuais objetivos 167
      9.4.2.1 Demanda 167
      9.4.2.2 Coisa julgada 167
      9.4.2.3 Litispendência... 168
      9.4.2.4 Perempção 168

9.4.2.5 Convenção de arbitragem 170
9.5 Classificação das ações... 170
    9.5.1 Ações de cunho simplesmente declaratório......................... 170
    9.5.2 Ações condenatórias 171
    9.5.3 Ações constitutivas 171
9.6 Procedimento/Das audiências... 171
    9.6.1 Conceito 171
    9.6.2 Procedimento ordinário.. 172
    9.6.3 Procedimento sumaríssimo – arts. 852-A a 852-I, CLT 184
    9.6.4 Da conciliação.. 187
        9.6.4.1 Diferença de mediação para conciliação 189

CAPÍTULO 10
PETIÇÃO INICIAL 191
10.1 Conceito e modalidades... 191
10.2 Requisitos da petição inicial.. 192
10.3 Pedido.. 195
    10.3.1 Da cumulação de pedidos 195
    10.3.2 Pedido x requerimento.. 196
    10.3.3 Pedido implícito 196
    10.3.4 Pedido heterotópico... 197
10.4 Aditamento e emenda da petição inicial............................. 197
10.5 Da desistência 199
10.6 Documentos indispensáveis à petição inicial 199
10.7 Indeferimento da petição inicial... 200

CAPÍTULO 11
RESPOSTAS DO RÉU 202
11.1 Introdução.. 202
11.2 Espécies de defesa 203
    11.2.1 Contestação... 203
    11.2.2 Compensação, dedução e retenção 208
    11.2.3 Exceções... 209
        11.2.3.1 Exceção de impedimento e suspeição 210
        11.2.3.2 Exceção de incompetência 213
    11.2.4 Reconvenção... 216

CAPÍTULO 12
DAS PROVAS NO PROCESSO DO TRABALHO 218
12.1 Conceito 218
12.2 Objeto da prova 219
    12.3 Princípios da prova 220
        12.3.1 Contraditório e ampla defesa 220
        12.3.2 Aquisição processual da prova (ou comunhão da prova) 220
        12.3.3 Necessidade 221
        12.3.4 Oralidade 221
        12.3.5 Licitude da prova 221
12.4 Prova emprestada 222
12.5 Do ônus da prova 223
    12.5.1 Ônus objetivo e ônus subjetivo 224
    12.5.2 Distribuição do ônus da prova 224
        12.5.2.1 Teoria estática do ônus da prova 224
        12.5.2.2 Teoria dinâmica do ônus da prova 226
    12.5.3 Prova dividida 228
12.6 Provas em espécie 228
    12.6.1 Interrogatório e depoimento pessoal 228
    12.6.2 Prova testemunhal 231
        12.6.2.1 Introdução 231
        12.6.2.2 Quem pode atuar como testemunha 231
        12.6.2.3 Contradita 233
        12.6.2.4 Inquirição das testemunhas 233
        12.6.2.5 Número máximo de testemunhas 235
    12.6.3 Prova documental 236
        12.6.3.1 Falsidade documental 239
    12.6.4 Prova pericial/laudo/procedimentos 239
    12.6.5 Honorários periciais 243
    12.6.6 Provas digitais 244
12.7 Produção antecipada de provas 246
12.8 Encerramento da produção de provas 247

CAPÍTULO 13
DAS DECISÕES DO JUIZ 248
13.1 Despacho, decisão interlocutória e sentença 248
13.2 Tutela de urgência 249
    13.2.1 Tutela provisória de urgência 250
    13.2.2 Tutela antecipada de urgência 251

13.2.2.1 Incidental 251
13.2.2.2 Antecedente 251
13.2.3 Tutela cautelar de urgência 252
13.2.3.1 Incidental 253
13.2.3.2 Antecedente 253
13.2.4 Tutela provisória de evidência 254
13.3 Sentença 259
13.4 Coisa julgada 260
13.5 Protocolo para julgamento conforme perspectiva de gênero 261

CAPÍTULO 14
TEORIA GERAL DOS RECURSOS TRABALHISTAS 273
14.1 Formas de impugnação 273
14.2 Classificação dos recursos 274
14.2.1 Quanto ao objeto imediato 274
14.2.2 Quanto à fundamentação 275
14.2.3 Quanto à extensão do objeto do recurso 275
14.2.4 Quanto à independência 275
14.3 Princípios recursais 277
14.3.1 Princípio do duplo grau de jurisdição 277
14.3.2 Princípio da taxatividade 278
14.3.3 Princípio da unirrecorribilidade 278
14.3.4 Princípio da consumação 278
14.3.5 Princípio da fungibilidade 279
14.3.6 Princípio da dialeticidade 281
14.3.7 Princípio da voluntariedade 281
14.3.8 Princípio da proibição da *reformatio in pejus* 282
14.3.9 Princípio da irrecorribilidade imediata das decisões interlocutórias 282
14.4 Juízo de admissibilidade 283
14.5 Dos poderes do relator 284
14.6 Pressupostos recursais 285
14.6.1 Pressupostos intrínsecos 285
14.6.1.1 Cabimento 285
14.6.1.2 Legitimidade para recorrer 286
14.6.1.3 Interesse em recorrer 287
14.6.2 Pressupostos extrínsecos 288
14.6.2.1 Tempestividade 288
14.6.2.2 Regularidade de representação 289

  14.6.2.3 Regularidade formal 291
  14.6.2.4 Preparo 292
   14.6.2.4.1 Hipóteses de isenção 297
 14.7 Efeitos recursais 299
  14.7.1 Efeito devolutivo 299
  14.7.2 Efeito suspensivo... 301
  14.7.3 Efeito translativo 302
  14.7.4 Efeito regressivo 303
  14.7.5 Efeito expansivo 303
  14.7.6 Efeito substitutivo 304

CAPÍTULO 15
RECURSOS EM ESPÉCIE 305
 15.1 Embargos de declaração 305
  15.1.1 Hipóteses de cabimento... 306
   15.1.1.1 Omissão 306
   15.1.1.2 Contradição 307
   15.1.1.3 Obscuridade 307
   15.1.1.4 Erro material 307
   15.1.1.5 Manifesto equívoco na análise dos pressupostos
    extrínsecos de recurso 308
  15.1.2 Efeitos 308
   15.1.2.1 Efeito modificativo.. 308
   15.1.2.2 Efeito interruptivo 309
   15.1.2.3 Embargos meramente protelatórios 309
   15.1.2.4 Efeito de prequestionamento... 310
  15.1.3 Embargos contra decisão monocrática de relator 311
 15.2 Recurso ordinário 311
  15.2.1 Hipóteses de cabimento 312
  15.2.2 Procedimento 312
  15.2.3 Teoria da causa madura 313
  15.2.4 Recurso ordinário no procedimento sumaríssimo 313
 15.3 Agravo de petição 314
  15.3. Hipóteses de cabimento 314
  15.3.2 Requisitos de admissibilidade.. 315
  15.3.3 Garantia do juízo 316
 15.4 Agravo de instrumento 316
  15.4.1 Hipóteses de cabimento 316
  15.4.2 Processamento... 316

15.4.3 Depósito recursal..317
15.4.4 Efeito e instrumento 318
15.5 Recurso de revista..318
   15.5.1 Requisitos para cabimento..320
   15.5.2 Prequestionamento..320
   15.5.3 Transcendência 322
   15.5.4 Hipóteses de cabimento..323
   15.5.5 Recurso de revista no rito sumaríssimo................................326
   15.5.6 Na fase de execução 326
   15.5.7 Processamento..327
   15.5.8 Recurso de revista repetitivo..327
15.6 Embargos no TST...330
   15.6.1 Embargos de divergência 330
   15.6.2 Embargos infringentes..332
15.7 Agravo regimental e agravo interno...333
15.8 Recurso extraordinário..335

CAPÍTULO 16
EXECUÇÃO TRABALHISTA..336
16.1 Execução trabalhista – introdução, autonomia e
   competência..336
16.2 Princípios utilizados na fase de execução....................................339
   16.2.1 Princípio da prevalência do interesse do credor
      trabalhista 339
   16.2.2 Princípio da execução promovida da forma menos
      onerosa ao devedor..339
   16.2.3 Princípio do impulso oficial..339
   16.2.4 Princípio da limitação na expropriação 340
16.3 Título executivo...340
   16.3.1 Espécies de títulos...341
      16.3.1.1 Títulos judiciais...341
      16.3.1.2 Títulos extrajudiciais 342
16.4 Execução definitiva e execução provisória...................................343
16.5 Legitimidade na execução...344
16.6 Da responsabilidade patrimonial..346
   16.6.1 Responsabilidade na sucessão de empregadores..................347
   16.6.2 Responsabilidade decorrente da terceirização......................348
   16.6.3 Responsabilidade do sócio por meio do incidente de
      desconsideração da personalidade jurídica 349

16.6.4 Responsabilidade das empresas pertencentes do mesmo grupo econômico 350
16.7 Fraude contra credores e fraude à execução 351
16.8 Liquidação de sentença 352
    16.8.1 Modalidades de liquidação 353
        16.8.1.1 Liquidação por cálculos 353
        16.8.1.2 Liquidação por artigos 354
        16.8.1.3 Liquidação por arbitramento 355
    16.8.2 Impugnação da liquidação 355
16.9 Execução por quantia certa contra devedor solvente 356
    16.9.1 Citação 356
    16.9.2 Penhora 360
        16.9.2.1 Penhora em dinheiro 363
        16.9.2.2 Penhora sobre parte da renda da empresa ou estabelecimento 364
        16.9.2.3 Meios atípicos de execução 364
    16.9.3 Depositário 365
16.10 Meios de defesa na execução 365
    16.10.1 Embargos à execução 365
        16.10.1.1 Matérias suscitadas nos embargos à execução 366
    16.10.2 Exceção de pré-executividade 367
    16.10.3 Embargos de terceiros 368
16.11 Da expropriação de bens 369
16.12 Cessão de crédito 374
16.13 Prescrição intercorrente 377

CAPÍTULO 17
PROCEDIMENTOS ESPECIAIS 379
17.1 Inquérito judicial para apuração de falta grave 379
    17.1.1 Introdução e cabimento 379
    17.1.2 Prazo e procedimento 380
17.2 Mandado de segurança 381
    17.2.1 Conceito 381
    17.2.2 Legitimidade ativa e legitimidade passiva 383
    17.2.3 Competência e prazo 384
    17.2.4 Modalidades 385
17.3 Ação rescisória 385
    17.3.1 Conceito e cabimento 385
    17.3.2 Prazo e legitimidade 388

17.3.3 Depósito prévio obrigatório 391
17.3.4 Petição inicial 392
17.3.5 Revelia e reconvenção 393
17.3.6 Ação rescisória da ação rescisória 393
17.4 Dissídio coletivo 394
17.4.1 Introdução e conceito 394
17.4.2 Pressupostos de cabimento 394
    17.4.2.1 Pressupostos subjetivos (ligados aos sujeitos) 394
    17.4.2.2 Pressupostos objetivos 395
17.4.3 Condições da ação do dissídio coletivo 396
    17.4.3.1 Legitimidade 396
    17.4.3.2 Interesse processual 397
17.4.4 Classificação 398
17.4.5 Natureza jurídica da decisão no dissídio coletivo 398
17.4.6 Poder normativo 399
17.4.7 Procedimento – arts. 856 a 875, CLT 400
17.5 Ação de cumprimento 401
17.5.1 Introdução e competência 401
17.5.2 Espécies 402
17.5.3 Momento para ajuizamento 402
17.5.4 Prescrição 404
17.6 Ação de consignação em pagamento 404
17.7 Ação civil pública 408
17.7.1 Previsão sumular 408
17.7.2 Competência 409
17.7.3 Legitimidade 410
17.7.4 Princípios de Direito Processual Coletivo 411
    17.7.4.1 Princípio da indisponibilidade mitigada da ação coletiva .. 411
    17.7.4.2 Princípio da indisponibilidade da execução coletiva 411
    17.7.4.3 Princípio do ativismo judicial ou da máxima
             efetividade processo 412
17.7.5 Coisa julgada no processo coletivo 413
    17.7.5.1 Limites objetivos, subjetivos, modo de produção e
             extensão da coisa julgada no processo coletivo 414
17.7.6 Suspensão da ação individual e a extensão da coisa julgada ... 415

REFERÊNCIAS 419

CAPÍTULO 1
AUTONOMIA E INTEGRAÇÃO, FONTES, EFICÁCIA E INTERPRETAÇÃO

1.1 Autonomia e integração do Direito Processual Do Trabalho

O Direito Processual do Trabalho certamente é ramo do Direito Processual e tem como objetivo a regulação dos conflitos individuais e coletivos. Assim, sua configuração teve como base a Teoria Geral do Processo, razão pela qual não há como afastá-lo do Direito Processual Comum.

Assim, a primeira celeuma diz respeito à sua efetiva autonomia, havendo duas teses doutrinárias a esse respeito, sendo a minoritária defensora da ausência de autonomia, vez que o processo do trabalho segue regras e princípios do processo comum, sendo simples braço do Direito Processual Civil, enquanto a tese majoritária defende sua autonomia, pois possui legislação, regramento, sujeitos e princípios próprios, justamente o configura a autonomia de um ramo do Direito.

Filiamo-nos, portanto, ao entendimento majoritário acima delineado, mas não podemos negar que muitas serão as oportunidades em que teremos que nos socorrer do Direito Processual Comum pela ausência de respostas concretas na Consolidação das Leis Trabalhistas na seara processual.

A intenção do legislador é a aplicação da noção de que não pode o julgador se furtar em apreciar o pedido, ou decidir qualquer pleito, por mera ausência específica de norma no ramo especial em questão, na forma do art. 140, do Código de Processo Civil, *in verbis*:

Art. 140. *O juiz não se exime de decidir sob a alegação de lacuna ou obscuridade do ordenamento jurídico.*

E a própria CLT, mais precisamente no seu art. 769, nos traz essa previsão, informando que na hipótese de lacuna na norma processual trabalhista, o intérprete deverá aplicar subsidiariamente do Direito Processual Comum, conforme artigo abaixo:

Art. 769 - *Nos casos omissos, o Direito Processual Comum será fonte subsidiária do Direito Processual do Trabalho, exceto naquilo em que for incompatível com as normas deste Título.*

Portanto, há permissão para procura da resposta em outro ramo do Direito, no caso o Direito Processual Comum. No entanto, para utilização do Direito Processual Comum como fonte subsidiária do Direito Processual do Trabalho, e como forma de integração para suprir possíveis lacunas, necessária a presença de dois requisitos, quais sejam: omissão (no Direito Processual do Trabalho) e compatibilidade (entre Direito Processual do Trabalho e Direito Processual Comum).

Deve-se deixar clara a intenção do legislador quando do dispositivo acima mencionado, pois quando do deslinde de uma controvérsia processual trabalhista o intérprete deve procurar a resposta na CLT, e, apenas no caso de lacuna, ou seja, omissão, é que deve utilizar o Direito Processual Comum, vez que apenas assim estará utilizando a norma de forma subsidiária.

A "matemática" acima se refere para quando a omissão se dá num processo na fase de conhecimento, pois na hipótese de lacuna na fase de execução outra será a resposta, mais precisamente seguindo o art. 889 da CLT, conforme se verifica abaixo:

Art. 889 - *Aos trâmites e incidentes do processo da execução são aplicáveis, naquilo em que não contravierem ao presente Título, os preceitos que* regem o processo dos executivos fiscais para a cobrança judicial da dívida ativa da Fazenda Pública Federal.

Portanto, quando na fase de execução, se houver lacuna no regramento próprio trabalhista, inicialmente o intérprete se socorrerá dos preceitos da Lei de Execuções Fiscais (Lei nº 6.830/80), e apenas na hipótese de a referida lei não tratar do assunto é que se suprirá a lacuna da norma trabalhista com os preceitos do Código de Processo Civil, exceto, por óbvio, para quando a própria CLT determinar a utilização primária do CPC, tal como ocorrer no art. 882, CLT *in verbis*:

Art. 882. *O executado que não pagar a importância reclamada poderá garantir a execução mediante depósito da quantia correspondente, atualizada e acrescida das despesas processuais, apresentação de seguro-garantia judicial ou nomeação de bens à penhora, observada a ordem preferencial estabelecida no art. 835 da Lei nº 13.105, de 16 de março de 2015 – Código de Processo Civil.*

Há ainda que se ressaltar que há vários tipos de lacuna, sendo elas:
- **Lacuna normativa:** ausência de lei para um caso concreto.
- **Lacuna ontológica:** norma para o caso concreto, mas que não tem eficácia social.
- **Lacuna axiológica:** norma para o caso concreto, mas que é injusta ou insatisfatória.
- **Lacuna de conflito ou antinomia:** choque entre duas ou mais normas válidas, que ainda não foi resolvido.
- **Lacuna latente:** lacuna que surge do caráter muito amplo da norma.
- **Lacuna originária:** lacuna que já existe quando a lei é criada.

Dessa forma, a CLT pode sofrer com diversos tipos de lacuna.

Quando tratamos do tema "lacuna", uma "inovação" foi trazida pelo CPC de 2015 em seu art. 15, conforme se verifica abaixo:

"***Art. 15.*** *Na ausência de normas que regulem processos eleitorais, trabalhistas ou administrativos, as disposições deste Código lhes serão aplicadas supletiva e subsidiariamente*"

Assim, uma parte da doutrina destaca que o art. 15 do CPC teria revogado o próprio art. 769 da CLT, trazendo mais uma forma de aplicação do CPC ao processo do trabalho, no caso da "supletividade".

Dessa forma, o Direito Processual Comum seria aplicado de forma subsidiária e supletiva, não apenas no caso de lacuna, omissão da CLT, o Direito Processual Comum seria aplicado, mas também quando a norma celetista estivesse ultrapassada ou até mesmo em desuso, em face da possibilidade de maior efetividade ao se aplicar o CPC.

Com a finalidade de trazer maior segurança jurídica foi editada a IN 39 de 2016 pelo TST em 15/03/2016, que em seu art. 1, abaixo transcrito, referenda a aplicação do art. 15 do CPC:

"Art. 1º - Aplica-se o Código de Processo Civil, subsidiária e supletivamente, ao Processo do Trabalho, em caso de omissão e desde que haja compatibilidade com as normas e princípios do Direito Processual do Trabalho, na forma dos arts. 769 e 889 da CLT e do art. 15 da Lei nº 13.105, de 17/03/2015."

O art. 2º da referida IN 39 do TST ainda menciona de forma expressa quais artigos não seriam aplicados ao processo do trabalho.

Em que pese a IN 39 do TST tenha sido questionada em seu caráter vinculante, havendo a interpretação dominante de que a Instrução Normativa seria apenas um norte, e não de observância obrigatória, é fato que conferiu uma segurança aos magistrados e tribunais regionais, diante da novidade trazida pelo CPC no art. 15.

Um bom parâmetro levado em consideração pelos tribunais acerca da aplicação do CPC foi a compatibilidade principiológica dos artigos do código processual comum com o processo do trabalho.

Uma vez que a verba trabalhista tem caráter alimentar, os princípios como o da celeridade, razoável duração do processo e informalidade foram fundamentais para aplicação do dispositivo do CPC ao processo do trabalho.

Assim foi o entendimento do TST na aplicação do art. 523 do CPC ao processo do trabalho na tema nº 4 :

INCIDENTE DE RECURSO DE REVISTA REPETITIVO. TEMA Nº 0004. MULTA. ARTIGO 523, § 1º, CPC/2015 (ARTIGO 475-J, CPC/1973). INCOMPATIBILIDADE. PROCESSO DO TRABALHO

A multa coercitiva do art. 523, § 1º, do CPC de 2015 (art. 475-J do CPC de 1973) não é compatível com as normas vigentes da CLT por que se rege o Processo do Trabalho, ao qual não se aplica.

Assim, essa foi a justificativa do relator Min. Oreste Dalazen em seu voto:

"(...)Percebe-se claramente que a disciplina de imposição da multa em apreço no atual CPC não difere em substância da normatização do artigo 475-J do Código de Processo Civil de 1973, e preceitos conexos, exceto sob dois aspectos:

1º) sob o CPC/2015, se o devedor não pagar em 15 dias sujeita-se, além da multa, de incidência automática, ao pagamento também de honorários advocatícios de dez por cento;

2º) findo o prazo de 15 dias para pagamento, inicia-se de imediato, independentemente de penhora ou nova intimação, o prazo também de 15 dias para o devedor apresentar impugnação aos cálculos.

Note-se, ainda, que o CPC atual, a exemplo do CPC anterior, concede ao devedor o prazo de quinze dias para praticar um único ato: pagar a dívida e tão somente isso. Portanto, no Processo Civil, suprimiu-se o direito de o executado indicar bens à penhora no prazo fixado pela lei.

Inequivocamente trata-se de significativo avanço da lei processual civil ao encontro da efetividade, ou seja, do que realmente interessa: a satisfação ou realização do direito do credor.

Inegável, pois, que, de lege ferenda, deveríamos introduzir na execução trabalhista a regra do artigo 523, § 1º, do CPC/2015 porque, sem sombra de dúvida, mais adequada e mais consentânea com o mandamento legal que preconiza o andamento célere da execução trabalhista e o combate à intolerável taxa de congestionamento dessa fase processual. Por isso, constou de Projeto de Lei sobre a execução trabalhista, originário do TST, apresentado ao Senado Federal ao tempo em que presidi a Corte. Infelizmente não foi aprovado e lá tramita hoje bastante desfigurado.

Entendo, porém, que o só fato de o Tribunal haver encampado a multa nesse Projeto de Lei, quando vigorava o artigo 475-J, em si mesmo é bastante sintomático de que realmente não havia e não há como, data venia, transpor essa multa para o Processo do Trabalho com base em mera previsão no CPC.

A meu juízo, o direito positivo processual trabalhista impede a invocação supletiva do artigo 523, § 1º, do CPC/2015 tanto quanto impedia a aplicação do artigo 475-J do CPC/1973.

O artigo 876 da CLT, por exemplo, estatui que as decisões passadas em julgado, os acordos e os termos de conciliação firmados perante as Comissões de Conciliação Prévia "serão executados pela forma estabelecida neste capítulo".

O artigo 889 da CLT, por sua vez, como se sabe, reputa aplicáveis aos trâmites e incidentes da execução, "naquilo que não contravierem ao presente Título, os preceitos que regem o processo dos executivos fiscais para cobrança judicial da dívida ativa da Fazenda Pública Federal".

Daí se extraem, para logo, duas conclusões que me parecem inquestionáveis:

– o diploma legal de incidência subsidiária preferencial na execução trabalhista é hoje a Lei nº 6.830/80. Por sua vez, o artigo 1º da mencionada Lei nº 6.830/80 apenas subsidiariamente autoriza a aplicação das disposições do Código de Processo Civil no tocante às execuções fiscais;

– mesmo que excepcionalmente incida o CPC se omissa a Lei nº 6.830/80, o critério para tanto não é o do artigo 769 da CLT, assentado na conjugação de omissão e compatibilidade, mas o do artigo 889 da CLT. Vale dizer: **desde que o CPC não contrarie norma expressa e especial por que se rege a execução trabalhista***.*

E neste passo o que se afigura de clareza solar é que a CLT regula de modo totalmente distinto o procedimento da execução por quantia certa.

Com efeito, o artigo 523, § 1º, CPC/2015, como visto, concede ao devedor o prazo de quinze dias para praticar um único ato: pagar a dívida (suprimiu-se o direito de o executado indicar bens à penhora); caso contrário, esta será acrescida da multa de dez por cento e agora também de dez por cento a título de honorários advocatícios.

No Processo do Trabalho, ao contrário, como sabemos, as disposições expressas nos artigos 880, caput, e 882 da CLT asseguram ao devedor a facul-

dade de, no prazo de 48 horas que se seguir à citação, realizar um destes dois atos: a) pagar; ou b) garantir a execução. Quer dizer: enquanto, no Processo Civil, a via é única (pagar), no Processo do Trabalho é alternativa (pagar ou garantir a execução).

Significa que a invocação supletiva do artigo 523, § 1º, CPC/2015 também colide frontalmente com os artigos 880, caput, e 882 da CLT, na medida em que o artigo 523, § 1º, CPC/2015 determina ao devedor o pagamento obrigatório do valor devido, enquanto o artigo 882 da CLT abre para o executado a faculdade de garantia do juízo com outro tipo de bem.

É manifesto que se a CLT, ao contrário do regime de cumprimento de sentença adotado pelo CPC, assegura ao executado o direito à nomeação de bens à penhora, isso logicamente exclui a ordem para imediato pagamento da dívida, sob pena de aplicação da multa de 10%.

De sorte que não há viabilidade, data venia, por falta de fundamento legal, no campo da execução trabalhista, para que se dê a citação do executado para pagamento sob pena de acréscimo de multa de 10%, mediante aplicação do artigo 523, § 1º, do CPC/2015. Insisto: há procedimento específico na CLT que logicamente se contrapõe à incidência de tal penalidade. Não é uma questão de omissão, mas de incompatibilidade lógica, tendo em conta o princípio traçado no artigo 889 da CLT.

Afora isso, a aplicação à risca do procedimento do artigo 523, § 1º, CPC/2015 conflita aberta e ostensivamente com o artigo 880 da CLT também no tocante à exigência de citação e ao prazo para cumprimento.

A CLT, diferentemente do CPC, determina que o executado seja citado para cumprir a obrigação em quarenta e oito horas ou garanta a execução mediante indicação de bens.

Pela sistemática do CPC, como vimos, não há mais citação do executado em execução por quantia certa, tampouco citação para pagar ou nomear bens como se dava outrora. No entanto, esse ainda é o modelo ou o rito abraçado pela CLT para a execução trabalhista. Ademais, o prazo é de 15 dias para o cumprimento da obrigação de pagar.

Outro contraste manifesto entre o procedimento do CPC e o da CLT repousa nos embargos do devedor: garantido o juízo pela penhora, sabemos que o artigo 884 da CLT assegura ao executado o prazo de cinco dias para opor embargos à execução, a partir da intimação da penhora. Já o artigo 525 do CPC/2015 dispõe que o executado pode oferecer impugnação ao título judicial, querendo, no prazo de quinze dias, "independentemente de penhora ou nova intimação", de imediato após o transcurso do prazo de 15 dias sem pagamento.

Salta à vista que, ao substituir os embargos à execução pela impugnação, o CPC introduziu uma inovação sumamente relevante e que ainda mais evidencia o descompasso de procedimentos em cotejo com o Processo do Trabalho.

Sabemos que os embargos à execução têm natureza jurídica de ação conexa de cognição, que geram um processo incidente, enquanto a impugnação é mero incidente do processo civil unificado, desprovida de efeito suspensivo.

O CPC converteu os embargos em impugnação devido ao grande inconveniente que apresentavam, já que o recebimento dos embargos tinha o condão de suspender o curso da execução, retardando-lhe o término.

Sucede que essa ainda é a sistemática da CLT: o devedor pode opor embargos à execução e os embargos provocam a suspensão da execução, na pendência de agravo de petição, nos limites dos valores e matérias impugnados (CLT, art. 897, § 1º).

Percebe-se, assim, que, também quanto à forma e efeito do remédio processual idôneo para o executado insurgir-se contra a execução, a disciplina do CPC é totalmente diferente da disciplina da CLT.

Em suma: a regulação da matéria na CLT é absolutamente distinta, o que obsta a aplicação supletiva da norma referente à multa coercitiva do artigo 523, § 1º, CPC/2015.

Poder-se-ia questionar, ainda, se não seria lícito adotar-se na execução trabalhista apenas a multa em apreço, aplicando-se, no mais, as normas da CLT, inclusive as pertinentes aos embargos à execução, em verdadeira «simbiose» de procedimentos.

Penso que essa solução também se contrapõe à Lei e à Lógica.

Uma vez que a CLT confere ao executado a alternativa de "pagar ou garantir a execução" — e esse é o sistema próprio do Processo do Trabalho —, penso que viola a garantia constitucional do devido processo legal (CF, art. 5º, LIV) qualquer ato judicial que, de um lado, usurpe do devedor a faculdade de, no prazo de 48 horas, nomear bens à penhora, para resistir, juridicamente, à execução, mediante embargos, e, de outro lado, que também imponha ao executado a obrigação de pagar a dívida, sob pena de aplicação da multa do artigo 523, § 1º, CPC/2015.

Se o sistema do Processo do Trabalho faculta ao devedor, mediante prévia garantia patrimonial do juízo, opor embargos à execução para resistir diante de virtual excesso de execução ou ilegalidade, não me parece justo, nem jurídico, nem lógico que se lhe aplique a multa coercitiva em apreço. Tal conduta equivaleria, em última análise, à aplicação de punição pelo exercício de direito inconteste.

A propósito, igualmente não se pode perder de vista a natureza jurídica da multa: evidentemente é uma penalidade, em valor prefixado pela lei.

Ora, segundo princípio elementar de hermenêutica, as regras que instituem punições exigem interpretação estrita. No caso, é indene de dúvidas que o legislador previu a multa com os olhos fitos em um procedimento totalmente diferente do que impera na execução trabalhista.

É necessário ter presente também que, por óbvio, nem a Lei nº 11.232/2005, que introduziu no CPC o artigo 475-J, nem o CPC/2015 revogaram tácita ou expressamente as normas da CLT norteadoras da execução.

Reza o artigo 2º, § 1º, da Lei de Introdução das Normas do Direito Brasileiro que a "lei posterior revoga a anterior quando expressamente o declare, quando seja com ela incompatível ou quando regule inteiramente a matéria de que tratava a lei anterior".

No caso, é pacífico que nenhuma dessas hipóteses ocorreu, mesmo porque leis de Processo Civil não revogam leis do Processo do Trabalho e vice-versa. Naturalmente, a lei geral não derroga a lei especial.

Por isso, no instante em que, não obstante os elevados propósitos, endossarmos tese pela qual o Juiz do Trabalho poderia deixar de aplicar a CLT, implicitamente tomando por revogadas normas sem dúvida vigentes, sob minha ótica, estaríamos violando o artigo 2º, § 1º, da LINDB.

A bem de ver, a invocação supletiva no Processo do Trabalho do artigo 523, § 1º, CPC/2015, em meu entender, implicaria também a transgressão de outros inúmeros preceitos legais e constitucionais.

Como se sabe, dentre as hipóteses de violação literal de lei, estão:
a) *a má aplicação da lei a uma hipótese não regulada pela lei; e*
b) *a ausência de aplicação da norma reguladora da espécie a uma hipótese que ela rege.*

Vale dizer: viola-se a lei não apenas quando se nega a sua tese, isto é, quando se afirma coisa diversa do que ela diz, mas também quando se deixa de aplicar a lei reguladora do caso em concreto, ou quando se aplica lei inaplicável ao caso concreto.

No caso do artigo 523, § 1º, do CPC/2015, haveria manifesta afronta aos dispositivos da CLT que disciplinam o procedimento da execução (especialmente os arts. 880, 882, 876, 884 e 889), do artigo 2º, § 1º, da LINDB e do artigo 5º, incisos II e LIV, da Constituição Federal.

E aqui sobreleva ter presente que, em um Incidente de Recurso de Revista Repetitivo, o escopo, acima de tudo, é transmitir segurança jurídica aos jurisdicionados.

Ora, com todo respeito aos que não comungam do entendimento que sustento, a prevalecer a respeitável tese central de reconhecer-se aplicável a multa coercitiva do artigo 523, § 1º, do CPC/2015, data venia, estaremos longe do objetivo de garantir segurança jurídica.

Muito ao contrário! Forçoso reconhecer que, ainda sob a égide do CPC de 1973, como se recorda, a SbDI-1 do TST já havia firmado sua jurisprudência no sentido da inaplicabilidade da norma insculpida no artigo 475-J do CPC/73 ao Processo do Trabalho."

Portanto, antes de aplicarmos as regras do Direito Processual Comum, devemos verificar a omissão na CLT, assim como a compatibilidade entre as regras do CPC e os princípios do processo do trabalho

1.2 Fontes do Direito Processual do Trabalho

As fontes do Direito, como o próprio nome já sugere, são o nascedouro do Direito, ou seja, de onde ele surge para aplicação pelo intérprete. Sua classificação se dá em fontes materiais, que são o fato social dos quais ressai e influencia na criação da norma, e fontes formais, que são a forma de exteriorização da norma, ou seja, como ela aparece para o intérprete.

Vejamos especificamente as fontes formais do Direito Processual do Trabalho:

1.2.1 Constituição Federal

É a principal fonte do Direito Processual em geral, e não poderia ser diferente no Direito Processual do Trabalho. A Constituição Federal é o fundamento de validade de toda e qualquer norma, devendo ser observado pelas demais quando de sua criação.

1.2.2 Tratados internacionais

Segundo o ilustre doutrinador Élisson Miessa, "os tratados internacionais são os acordos internacionais escritos, realizados entre dois ou mais Estados ou organizações interestatais regidos pelo Direito Internacional Público" (Miessa, 2019)[1].

Temos que esses tratados apenas são obrigatórios para os países deles signatários, e que seus ditames integram seus ordenamentos jurídicos (desde que, certamente, como esses compatíveis), sendo claras fontes do direito, conforme preceito do art. 5º, §2º, CRFB/88, *in verbis*:

Art. 5º, § 2º - Os direitos e garantias expressos nesta Constituição não excluem outros decorrentes do regime e dos princípios por ela adotados, ou dos tratados internacionais em que a República Federativa do Brasil seja parte.

Os preceitos dos tratados internacionais ratificados pelo Brasil têm, em regra, natureza de lei ordinária federal, exceto quando dispuserem sobre direitos humanos e forem aprovados em cada Casa do Congresso Nacional, em dois turnos, por três quintos dos votos dos respectivos membros, quando terão natureza jurídica de emendas constitucionais, conforme art. 5º, §3º, CRFB/88, *in verbis*:

Art. 5º, § 3º - Os tratados e convenções internacionais sobre direitos humanos que forem aprovados, em cada Casa do Congresso Nacional, em dois

---

[1] MIESSA, Élisson. Processo do trabalho. Salvador: Editora Juspodivm, 2019, p. 61.

turnos, por três quintos dos votos dos respectivos membros, serão equivalentes às emendas constitucionais.

1.2.3 Lei

Trata-se de lei complementar ou lei ordinária, sendo tal fonte utilizada de forma genérica, conforme legislação vigente.

1.2.4 Princípios

O entendimento majoritário e mais moderno atualmente é no sentido de que os princípios são fonte formal (e não material) do direito, razão pela qual sua função não é mais meramente interpretativa, e sim de atuação autônoma.

1.2.5 Usos e costumes

Inicialmente cabe-nos diferenciar os institutos, a fim de que não paire dúvidas ao leitor quando de sua utilização.

Os usos são caracterizados pela prática reiterada em determinada relação jurídica, ou seja, tem aspecto mais restrito, enquanto os costumes são descritos como prática dentro de um contexto social, tendo aplicação mais ampla.

O que une, no entanto, a utilização de ambos como fonte de direito é que para tanto deve haver três requisitos: ausência de regra escrita, repetição (reincidência) e consciência pessoal de obrigatoriedade de determinado comportamento.

No processo do trabalho podemos citar como exemplo a exceção de pré-executividade.

1.2.6 Regimento interno dos tribunais

As disposições contidas nos Regimentos Internos dos Tribunais são consideradas fontes formais do direito, pois abordam matérias administrativas, organizacionais e processuais a serem observadas quando do funcionamento dos tribunais.

1.2.7 Jurisprudência

Ainda que não pacificada na doutrina a noção de que a jurisprudência é fonte do direito, não vemos mais no Brasil como se fugir de tal entendimento, tendo em vista a redação do art. 103-A, CRFB/88, que adotou a observância obrigatória das súmulas vinculantes editadas pelo Supremo Tribunal Federal, *in verbis*:

Art. 103-A - O Supremo Tribunal Federal poderá, de ofício ou por provocação, mediante decisão de dois terços dos seus membros, após reiteradas decisões sobre matéria constitucional, aprovar súmula que, a partir de sua publicação na imprensa oficial, terá efeito vinculante em relação aos demais órgãos do Poder Judiciário e à administração pública direta e indireta, nas esferas federal, estadual e municipal, bem como proceder à sua revisão ou cancelamento, na forma estabelecida em lei.

Dessa forma, e tendo em vista a previsão contida no art. 8º, CLT, abaixo transcrito, temos a jurisprudência como fonte formal do direito, senão vejamos:

Art. 8º - As autoridades administrativas e a Justiça do Trabalho, na falta de disposições legais ou contratuais, decidirão, conforme o caso, pela jurisprudência, por analogia, por equidade e outros princípios e normas gerais de direito, principalmente do Direito do Trabalho, e, ainda, de acordo com os usos e costumes, o direito comparado, mas sempre de maneira que nenhum interesse de classe ou particular prevaleça sobre o interesse público.

1.2.8 Equidade

A equidade consiste na apreciação ou no julgamento justo. Assim, seria dada ao juiz a possibilidade de julgamento conforme seu critério de justiça.

No entanto, cabe aqui diferenciar o julgamento COM equidade do julgamento POR equidade, sendo que no primeiro caso o juiz faria sua interpretação da lei de acordo com o que considera justo, mas aplicando a legislação em vigor, enquanto no segundo seria possível ao juiz afastar a lei para julgar de acordo com o que considera justo.

Em regra, temos apenas possível a aplicação do julgamento COM equidade, conforme previsão no art. 852-I, §1º, CLT, *in verbis*:

Art. 852-I, *§1º - O juízo adotará em cada caso a decisão que reputar mais justa e equânime, atendendo aos fins sociais da lei e as exigências do bem comum.*

1.3 Eficácia da norma processual no tempo e no espaço

1.3.1 Eficácia no tempo

A eficácia da lei processual no tempo está relacionada com a aplicação de leis novas em processos já em andamento, e com o momento em que elas entram em vigor.

A lei processual é eficaz a partir da sua vigência e tem efeito imediato e geral. No entanto, ela não é retroativa, ou seja, não se aplica aos fatos ou atos ocorridos sob a vigência da lei revogada.

A CLT tem regramento próprio quanto ao tema, conforme os dispositivos abaixo mencionados, senão vejamos:

Art. 912 - *Os dispositivos de caráter imperativo terão aplicação imediata às relações iniciadas, mas não consumadas, antes da vigência desta Consolidação.*

Art. 915 - *Não serão prejudicados os recursos interpostos com apoio em dispositivos alterados ou cujo prazo para interposição esteja em curso à data da vigência desta Consolidação.*

Os dispositivos acima preceituam a vigência e aplicação da norma como imediatas, devendo-se resguardar atos processuais praticados anteriormente sob a égide da lei anterior até para que não haja violação a ato jurídico perfeito, ao direito adquirido e à coisa julgada, tudo na forma do art. 6º da Lei de Introdução às Normas do Direito Brasileiro (LINDB):

Art. 6º - *A Lei em vigor terá efeito imediato e geral, respeitados o ato jurídico perfeito, o direito adquirido e a coisa julgada.*

E as questões acima tomaram ainda maior importância quando do advento da Lei nº 13.467/2017, a Reforma Trabalhista, que trouxe profundas alterações no campo processual quanto a prazos e procedimentos.

No tocante a processos ajuizados e já finalizados com base na legislação anterior, não há qualquer discussão, pois não serão atingidos pela legislação nova. Da mesma forma, processos ajuizados após o advento da Reforma Trabalhista também não nos causam dúvida, pois seguirão todo trâmite conforme a atual legislação.

A maior dúvida, por certo, diz respeito a processos ajuizados antes da atual legislação, mas ainda não finalizados. Como ficam os atos anteriormente praticados, inclusive a forma de apresentação da petição inicial, por exemplo, que tinha como base uma legislação quando do ajuizamento, mas agora outra quando do julgamento?

Pois bem. Há três sistemas que podem nos ajudar na solução dessa questão, senão vejamos:

- **SISTEMA DA UNIDADE PROCESSUAL:** tendo em vista que o processo, apesar de composto de um complexo de atos, é uma unidade indivisível, devendo ser aplicada uma única lei, há que se aplicar a legislação anterior para todo o processo, e para que não haja retroatividade;
- **SISTEMA DAS FASES PROCESSUAIS:** o processo certamente é uno, mas composto de diversas fases. Assim, para cada fase aplica-se a legislação em vigor no momento da decisão (em assim sendo, para as fases ainda não iniciadas teríamos aplicação da nova legislação);
- **SISTEMA DO ISOLAMENTO DOS ATOS PROCESSUAIS:** mais uma vez há reconhecimento de que o processo é uno, mas avalia que nele os atos podem ser vistos de forma isolada demandando aplicação da lei vigente a cada momento, mas respeitando os já praticados sob égide da lei anterior.

Certamente tendemos para a aplicação desse último sistema, pois analisar o processo perante fases estanques seria certamente ignorar a complexidade e autonomia dos atos em cada uma delas. Da mesma forma, ignorar a lei atualmente em vigor não seria razoável.

Assim, entendemos que os atos processuais devem ser analisados de forma isolada, e a lei nova deve ter aplicação perante o ato a ainda ser praticado.

Pegando o gancho do exemplo anteriormente citado em que uma ação foi ajuizada antes da Lei nº 13.467/2017 e, portanto, sem indicação dos valores de cada pedido, ainda que a audiência ocorresse em momento posterior ao advento da lei, não entendo que seria hipótese de determinar sua emenda para adequação ao novo art. 840, §1º, CLT, que será estudado futuramente nesse livro.

No entanto, se no mesmo processo houvesse determinação de realização de prova pericial, por certo que a questão do pagamento dos honorários periciais seguiria as novas regras do art. 790-B, CLT, que também será analisado em capítulo próprio.

A grande dúvida pairou sobre a condenação em honorários advocatícios, aonde alguns doutrinadores entendem que seria um pedido implícito. Assim, poderia haver a condenação mesmo que não houvesse pedido de honorários sucumbenciais na inicial, tal como ocorre com os juros e correção monetária.

Alguns doutrinadores argumentaram que o direito aos honorários seria reconhecido apenas em sentença, para tais doutrinadores, uma ação ajuizada antes da Lei nº 13.467/2017, sem constar de forma expressa o pedido de condenação em honorários poderia ter a condenação da verba na sentença prolatada após a publicação da referida lei.

Duas correntes surgiram:

Uma advogava a tese de que, se a sentença foi prolatada após a publicação da lei, poderia ter a condenação em honorários sucumbenciais, pois foi somente com a sentença que a verba passou a ser devida, e que tal verba tem caráter alimentar. Então, deveria o juiz fazer a previsão na sentença, já expressa na lei. Entendimento do STJ, *in verbis*:

"Data da sentença define aplicação de regras referentes ao arbitramento de honorários

A data da sentença é o marco temporal a ser considerado para definição da norma de regência aplicável ao arbitramento de honorários de sucumbência. Dessa forma, uma sentença prolatada sob o Código de

Processo Civil de 1973 terá este código como norma dos honorários, mesmo que tal sentença seja reformada, com inversão da sucumbência, já sob a vigência do CPC/2015.

Com esse entendimento, a Corte Especial do Superior Tribunal de Justiça (STJ) negou provimento a embargos de divergência e manteve decisão da Segunda Turma favorável à incidência do CPC/1973 para o arbitramento de honorários em um caso que teve sentença em 2011 e acórdão reformando a decisão em 2016, já na vigência do novo código.

O ministro relator do caso na Corte Especial, Luis Felipe Salomão, afirmou que a sentença, como ato processual que qualifica o nascedouro do direito à percepção dos honorários advocatícios, deve ser considerado o marco temporal para a aplicação das regras do CPC quanto a esses honorários. Para o ministro, tal entendimento respeita os princípios do direito adquirido, da segurança jurídica e da não surpresa.

A parte embargante sustentou que, nos casos de provimento judicial que modifica a sucumbência, as regras a serem aplicadas para os honorários deveriam ser as vigentes no momento do novo provimento judicial, e não da prolação da sentença.

Natureza jurídica

O ministro Salomão destacou que a Corte Especial já se manifestou no sentido de que o arbitramento dos honorários não é questão meramente processual, tendo em vista os reflexos imediatos no direito substantivo da parte e do advogado.

O relator citou julgados da corte propugnando que, em homenagem à natureza processual-material, as normas sobre honorários advocatícios não são alcançadas pela lei nova. Ele lembrou que a doutrina reconhece que os honorários são instituto de Direito Processual material, pois, apesar da previsão em lei processual, confere direito subjetivo de crédito ao advogado em face da parte que deu causa ao processo.

'Em razão de constituírem direito alimentar do advogado, verifica-se que os honorários de sucumbência deixaram de ter função propriamente reparatória para assumir feição remuneratória, razão pela qual o Estatuto da OAB destinou a verba ao advogado da causa e reconheceu-lhe a autonomia do direito à execução', explicou o relator ao defender o enquadramento dos honorários no âmbito do Direito Processual-material.

Luis Felipe Salomão destacou que, antes ainda do CPC/2015, a jurisprudência do STJ já estava pacificada no sentido de que a sucumbência seria regida pela lei vigente na data da sentença, posicionamento que foi mantido com o atual código e também é defendido na doutrina."

Outra corrente, com a qual nos filiamos, advoga a tese de que, ao ajuizarem a ação, as partes não sabiam da possibilidade de tal condenação, o que fere a expectativa jurídica da parte a condenação em uma verba em que não podia prever a condenação, bem como pautada nos princípios da boa-fé e segurança jurídica. Entendimento adotado no TST, *in verbis*:

"Ação rescisória. Honorários advocatícios sucumbenciais. Condenação em reclamação trabalhista ajuizada anteriormente à vigência da Lei nº 13.467/2017. Direito adquirido previsto nos arts. 6º da LINDB e 5º, XXXVI, da CF. Em ação trabalhista ajuizada antes da vigência da Lei nº 13.467/2017, o reclamante foi condenado ao pagamento de honorários advocatícios com base na sucumbência recíproca de que trata o art. 791-A da CLT. O art. 6º da IN nº 41 do TST dispõe que 'Na Justiça do Trabalho, a condenação em honorários advocatícios sucumbenciais, prevista no artigo 791-A, e parágrafos, da CLT, será aplicável apenas às ações propostas após 11 de novembro de 2017 (Lei nº 13.467/2017). Nas ações propostas anteriormente, subsistem as diretrizes do artigo 14 da Lei nº 5.584/1970 e das Súmulas nºs 219 e 329 do TST'. Referida disposição decorre do fato de que, à época do ajuizamento da ação trabalhista, a legislação processual não imputava ao empregado nenhum encargo quanto aos honorários advocatícios, de modo que não pode o julgador, no curso do processo, surpreendê-lo com penalidade trazida na nova lei (art. 10 do CPC/15). Na ação rescisória, o Tribunal Regional afastou a aplicação da IN nº 41/TST por ter sido editada posteriormente à condenação e consignou o entendimento de que a matéria era de interpretação controvertida à época da prolação da decisão rescindenda, julgando improcedente o pedido de corte rescisório com fundamento nas Súmulas nºs 83, I, do TST e 343 do STF. Não há falar em interpretação de matéria controvertida, porquanto, muito antes da prolação da decisão rescindenda, o TST adotava o entendimento das Súmulas nºs 219 e 329 para a condenação em honorários advocatícios. Ademais, em ação rescisória fundada em regra de direito temporal, com alegação explícita de ofensa ao art. 5º, XXXVI, da CF, não há margem para aplicação das Súmulas nºs 83 do TST e 343 do STF. Sob esses fundamentos, a SBDII por unanimidade, conheceu do recurso ordinário e, no mérito, deu-lhe provimento para julgar procedente a ação rescisória, por violação dos arts. 6º da LINDB e 5º, XXXVI, da CF, desconstituir o capítulo da r. sentença referente aos honorários advocatícios e, em juízo rescisório, afastar a condenação do autor ao pagamento de honorários advocatícios sucumbenciais. TST-RO-11432- 80.2018.5.03.0000, SBDI-II, rel. Min. Alexandre de Souza Agra Belmonte, 06/10/2020".

1.3.2 Eficácia no espaço

A eficácia da lei processual no espaço é a validade e aplicação da lei processual civil em todo o território nacional. A lei processual civil é aplicada de forma uniforme, independentemente do local onde a ação judicial é movida.

A eficácia da lei processual no espaço é baseada no princípio da territorialidade, que significa que o juiz aplica a lei processual do local onde exerce a jurisdição. A justificativa para essa regra é que a jurisdição é uma manifestação do poder soberano do Estado, e não pode ser regulada por leis estrangeiras.

A uniformidade na aplicação da lei processual civil é importante para garantir que o sistema jurídico brasileiro seja justo e equitativo. Sem uniformidade, as práticas jurídicas poderiam variar de acordo com a localização geográfica, o que comprometeria a confiança no sistema de justiça.

Aplicam-se as regras processuais trabalhistas em todo o território nacional, em conformidade com art. 763, CLT, *in verbis*:

Art. 763 - *O processo da Justiça do Trabalho, no que concerne aos dissídios individuais e coletivos e à aplicação de penalidades, reger-se-á, em todo o território nacional, pelas normas estabelecidas neste Título.*

1.4 Interpretação

Interpretar é descobrir o real sentido da norma, ou seja, o que se pretendeu quando de sua criação ou elaboração.

Existem diversos métodos de interpretação, e podemos apontar os seguintes como os principais:

1.4.1 Gramatical ou literal

A análise se faz pela letra fria da lei, ou seja, apenas pelas disposições das palavras por meio de regras puramente gramaticais. Entendemos essa forma como a menos indicada, pois a literalidade da lei por vezes não nos conduz ao seu real sentido, ou efetiva intenção do legislador.

1.4.2 Lógica

Nesse caso, busca-se o real sentido da norma, ou seja, o que o legislador ou escritor da norma efetivamente quis dizer quando de sua elaboração, não ficando amarrado a regras puramente linguísticas.

1.4.3 Sistemática

Tendo em vista que o Direito é uma ciência una, não há como se analisar seus diversos ramos de forma separada ou estanque. Desta maneira, a análise da norma deve ser realizada com base no conjunto de normas em direito admitidas e com suas devidas compatibilizações.

1.4.4 Histórica

Nesse tipo de interpretação a análise é feita levando-se em consideração o momento histórico em que a mesma foi escrita.

1.4.5 Teleológica

Nesse método, que para nós constitui o melhor, a interpretação busca a finalidade social da norma, ou seja, a razão pela qual a norma foi criada. Dessa maneira, aliamos a intenção do legislador com o fim social a que a norma se dispõe.

A partir dos métodos acima, e independentemente do escolhido pelo interprete, três serão os possíveis resultados: declarativo (quando a norma quis dizer exatamente o que pretende, não havendo necessidade de sua ampliação ou restrição para alcance de seu real sentido ou objetivo), extensivo (na hipótese em que a norma e suas hipóteses previstas disseram menos do que pretendiam, demandando uma interpretação que estenderá seu alcance) ou restritivo (quando a norma poderia ter um alcance superior ao pretendido efetivamente, e o intérprete a limita às hipóteses expressamente descritas, restringindo, assim, seu alcance).

CAPÍTULO 2
PRINCÍPIOS

2.1 Introdução e conceito

Os princípios são proposições que auxiliam na compreensão de algo. Assim, no caso ora em comento, os princípios são o começo ou a base que auxiliará na compreensão do Direito Processual.

Nas palavras do mestre Maurício Godinho Delgado, "princípio traduz, de maneira geral, a noção de proposições fundamentais que se formam na consciência das pessoas e grupos sociais, a partir de certa realidade, e que, após formadas, direcionam-se à compreensão, reprodução ou recriação dessa realidade"[2].

Os princípios têm como funções primordiais: a **informativa**, direcionada à interpretação de regras de direito; a **supletiva**, que tem papel de destaque no processo de integração jurídica, com utilização no caso de lacuna na lei; e a **normativa**, que atua com natureza de regra jurídica em face de casos concretos não regidos por regras jurídicas propriamente ditas (assim, os princípios são descritos em normas jurídicas).

2.2 Princípios gerais do processo

2.2.1 Princípio da inafastabilidade do Poder Judiciário

Também denominado como princípio do acesso à justiça, acaba por representar a garantia de que todo cidadão tem direito de acesso ao Poder Judiciário buscando a tutela pretendida para a efetivação de seu direito. No entanto, deve ser ressaltado que o direito não abrange

---

[2] DELGADO, Maurício Godinho. *Curso de direito do trabalho*. 17. ed. São Paulo: Ed. LTR, 2018, p. 218.

apenas a possibilidade de apresentar demanda perante a justiça, mas sim um direito mais amplo de peticionar, ser ouvido e apresentar as provas que entenda de direito, e que sejam pertinentes, para defesa de seus interesses.

Tal princípio encontra-se consagrado no art. 5º, XXXV, CRFB/88, que dispõe que "a lei não excluirá da apreciação do Poder Judiciário lesão ou ameaça a direito".

Por certo que há regras para ajuizamento de ações, tais como requisitos, pressupostos e condições, mas todos ligados a hipóteses meramente processuais não limitadoras do direito de ação.

Nessa toada, qualquer regra, norma ou cláusula contratual que impeça tal acesso deverá ser considerada inconstitucional.

Grande discussão paira sobre o direito de ação e a cláusula compromissória.

A cláusula compromissória, também conhecida como cláusula arbitral, é uma convenção que compromete as partes de um contrato a submeterem litígios a um árbitro no lugar do Poder Judiciário.

A cláusula compromissória é uma antecipação, pois é estabelecida antes de um litígio surgir. O compromisso arbitral, por outro lado, é a forma de manifestar a convenção arbitral quando o conflito já existe.

A cláusula compromissória de arbitragem na Consolidação das Leis do Trabalho (CLT) é uma convenção que estabelece que os conflitos que surgem de um contrato serão resolvidos por arbitragem

Questiona-se, assim, se o art. 507-A teria violado o direito de ação, conforme abaixo transcrito:

Art. 507-A Nos contratos individuais de trabalho cuja remuneração seja superior a duas vezes o limite máximo estabelecido para os benefícios do Regime Geral de Previdência Social, poderá ser pactuada cláusula compromissória de arbitragem, desde que por iniciativa do empregado ou mediante a sua concordância expressa, nos termos previstos na Lei nº 9.307, de 23 de setembro de 1996. (Incluído pela Lei nº 13.467, de 2017).

Embora questionável a possibilidade de se submeter um litígio trabalhista a um árbitro, a tendência é não considerar o artigo supra como uma restrição ao acesso à justiça, vez que no caso de se questionar a validade da cláusula, na hipótese de uma nulidade ou coação no momento da assinatura, o processo será submetido à justiça laboral, nos termos do art. 9º da CLT, *in verbis*:

> "Art. 9º - Serão nulos de pleno direito os atos praticados com o objetivo de desvirtuar, impedir ou fraudar a aplicação dos preceitos contidos na presente Consolidação."

2.2.2 Princípio do contraditório e da ampla defesa

Esse princípio tem como base o direito ciência da parte, bem como de manifestação e impugnação de todos os atos praticados no processo, seja pelo juízo, seja pela parte contrária.

Assim, em sendo praticado um ato por uma das partes, dele deve ser dada ciência à parte contrária, a fim de se possibilitar a devida ciência (informação), assim como a respectiva manifestação (concordância ou impugnação) e a consequente influência na futura decisão judicial.

Encontramos sua previsão no texto constitucional no art. 5º, LV, CRFB/88, e no Código de Processo Civil, art. 7º:

> Art. 5º, LV, CRFB/88 - aos litigantes, em processo judicial ou administrativo, e aos acusados em geral são assegurados o contraditório e ampla defesa, com os meios e recursos a ela inerentes.

> Art. 7º CPC - É assegurada às partes paridade de tratamento em relação ao exercício de direitos e faculdades processuais, aos meios de defesa, aos ônus, aos deveres e à aplicação de sanções processuais, competindo ao juiz zelar pelo efetivo contraditório.

O objetivo desse princípio também é, segundo entendimento do Tribunal Superior do Trabalho, evitar a decisão surpresa, onde os fatos não foram submetidos à audiência ou ciência prévia de uma ou qualquer das partes envolvidas no processo.

Registre-se ainda que o contraditório e a ampla defesa devem ser efetivos, colocados do ponto de vista formal, com a intimação da parte para se manifestar no processo, e material, ou seja, com a efetiva possibilidade da parte em influenciar a decisão do magistrado.

O contraditório tem duas dimensões:
- Aspecto **FORMAL**: é o direito de participar do processo que lhe possa trazer algum prejuízo. Ser ouvido.
- Aspecto **SUBSTANCIAL**: é preciso que a participação tenha aptidão de poder interferir no conteúdo da decisão. A participação deve ser efetiva, com poder de influenciar a decisão do juiz. Não basta que a parte seja ouvida, a participação deve dar ensejo à possibilidade de influenciar no conteúdo da decisão.

Parte da doutrina diz que o contraditório deve observar o tripé "conhecer, participar e influenciar".

Conhecer (arts. 236/275 CPC/15): para que se exerça o contraditório, a parte precisa saber o que está acontecendo, por meio de citação, intimação.

Participar (art. 9º, CPC/15): a parte deve poder manifestar-se no processo, a fim de provar suas alegações (direito de produzir prova). No Processo Civil o direito de participação é uma oportunidade, ou seja, é opcional (crime é obrigatório)

Sobre as exceções:
– Não é necessário ouvir a parte sobre decisão provisória de urgência (tutela antecipada com urgência), ou seja, apenas decisões definitivas não podem ser tomadas sem se ouvir a parte prejudicada.
– No caso de tutela de evidência (tutela provisória/antecipada sem urgência).

Esse rol não é exaustivo: liminar possessória; liminar de despejo; liminar em mandado de segurança; liminares em geral, previstas na legislação extravagante ou no próprio CPC.

Influenciar (arts. 10 e 486, § 1º, CPC/15): o juiz deve apreciar as alegações das partes, só assim o contraditório estará efetivado.

2.2.3 Princípio da publicidade

O princípio ora em análise ressai necessariamente do anterior, pois em sendo garantido o contraditório e a ampla defesa claramente também foi assegurada a publicidade, ou seja, a ciência das partes quanto aos atos praticados no processo.

Essa interligação entre os princípios encontra-se disciplinada no art. 93, IX, CRFB/88, segundo o qual "todos os julgamentos dos órgãos do Poder Judiciário serão públicos, e fundamentadas todas as decisões, sob pena de nulidade, podendo a lei limitar a presença, em determinados atos, às próprias partes e a seus advogados, ou somente a estes, em casos nos quais a preservação do direito à intimidade do interessado no sigilo não prejudique o interesse público à informação".

Assim, a doutrina aponta que casos em que há assédio sexual, interesse de menor, acidente de trabalho ou dados sensíveis, devem tramitar em segredo de justiça.

Pelo próprio texto, no entanto, pode-se verificar que, em alguns casos, a ciência dos termos do processo ficará limitada às partes e seus advogados, a fim de preservar a intimidade do interessado, tal como ocorre em processos que tramitam sob segredo de justiça. Estaremos diante de casos excepcionais, sendo a publicidade a regra que deve nortear os processos.

A publicidade deve ser vista de forma ampla, inclusive envolvendo o acesso às audiências, que também, em regra, são abertas ao público em geral, conforme previsto no texto consolidado, mais precisamente no art. 770 da CLT:

Art. 770 - Os atos processuais serão públicos salvo quando o contrário determinar o interesse social, e realizar-se-ão nos dias úteis das 6 (seis) às 20 (vinte) horas.

Um tema que merecemos destacar é a publicidade X a Lei Geral de Proteção de Dados.

A Lei Geral de Proteção de Dados (LGPD), Lei nº 13.709, de 2018, começou a vigorar no nosso ordenamento jurídico em 2019, e apesar de ainda ser considerada uma inovação, com muitos questionamentos, é inegável que um deles paira sobre a publicidade.

A LGPD e o princípio da publicidade na administração pública têm temas relacionados ao tratamento de dados pessoais. Além disso, a LGPD estabelece princípios e direitos para garantir a segurança e a privacidade dos dados pessoais dos indivíduos

No caso da publicidade dos atos processuais, a lei só pode restringir a publicidade quando a defesa da intimidade ou o interesse social o exigirem.

Diante do conflito aparente: publicidade de atos processuais e proteção de dados, o que deve prevalecer?

Alguns tribunais não alteraram a forma substancial do processo, que continua sendo público, com base no art. 93, IX da CF. Contudo, tem colocado em sigilo determinados atos do processo, tais como "imagens de WhatsApp, dados de contas bancárias, extratos de bancos, geolocalização, dados bancários, dentre outros, quando há acordo em processo, ficando a ata de audiência em sigilo".

Assim, o processo tramita de forma pública, com determinados atos em sigilo, com base na ponderação do que seriam dados sensíveis a serem preservados no processo.

2.2.4 Princípio da motivação dos atos processuais

É dever do juiz motivar e fundamentar todas as suas decisões, sob pena de nulidade.

A intenção do legislador é fazer com que as partes envolvidas no processos saibam as razões de decidir do juiz, o que por certo viabilizará um manejo mais adequado do já analisado princípio do contraditório e da ampla defesa, facilitando seu acesso às instâncias superiores caso haja interesse processual em reforma da decisão prolatada.

A previsão da motivação dos atos processuais encontra-se no art. 93, IX, CRFB/88 (acima já mencionado), e no art. 11 do Código de Processo Civil:

Art. 11 - Todos os julgamentos dos órgãos do Poder Judiciário serão públicos, e fundamentadas todas as decisões, sob pena de nulidade.

2.2.5 Princípio do duplo grau de jurisdição

Segundo Mauro Schiavi: "O princípio do duplo grau de jurisdição assenta-se na possibilidade de controle dos atos jurisdicionais dos órgãos inferiores pelos órgãos judiciais superiores e também na possibilidade de o cidadão poder recorrer contra um provimento jurisdicional que lhe foi desfavorável, aperfeiçoando, com isso, as decisões do Poder Judiciário"[3].

Assim, tal regra de organização judiciária possibilita que órgãos judicias superiores controlem e analisem as decisões dos órgãos inferiores, assegurando-se, assim, à parte insatisfeita com o resultado inicial a possibilidade de sua revisão e mudança.

2.3 Princípios do Processo do Trabalho

2.3.1 Princípio da proteção

O princípio da proteção, que tem como uma de suas vertentes a regra do *in dubio pro misero*, tem perfeita e ampla aplicação no direito material do trabalho, e serve como regra de interpretação, ou seja, em havendo uma norma, cláusula contratual ou legislação que nos deem margem a mais de uma interpretação, sempre deve-se atentar e dar preferência àquela que seja mais favorável ao trabalhador, tendo em vista sua condição geral de hipossuficiente frente ao empregador.

No entanto, indaga-se quanto a utilização desse princípio na seara processual.

Quando do julgamento propriamente dito entendemos conforme a corrente majoritária pela sua não aplicação como forma de beneficiar a parte reclamante/empregado, vez que tal princípio não pode servir como forma de suprir possível deficiência probatória da parte encarregada de provar determinado fato. Nesse caso, por certo temos que primar pela utilização das regras de distribuição do ônus da prova, na forma do art. 818, CLT, com possibilidade de distribuição diferenciada quando se verificar, de forma excepcional, que a parte contrária teria maiores condições de produzi-la.

---

[3] SCHIAVI, Mauro. *Manual de direito processual do trabalho*. 15. ed. São Paulo: Editora LTR, 2019, p. 102.

Art. 818. O ônus da prova incumbe: I - ao reclamante, quanto ao fato constitutivo de seu direito; II - ao reclamado, quanto à existência de fato impeditivo, modificativo ou extintivo do direito do reclamante.

§ 1º Nos casos previstos em lei ou diante de peculiaridades da causa relacionadas à impossibilidade ou à excessiva dificuldade de cumprir o encargo nos termos deste artigo ou à maior facilidade de obtenção da prova do fato contrário, poderá o juízo atribuir o ônus da prova de modo diverso, desde que o faça por decisão fundamentada, caso em que deverá dar à parte a oportunidade de se desincumbir do ônus que lhe foi atribuído.

Assim, se por um lado é certo que, quando do julgamento, primaremos pela paridade das armas e aplicação da distribuição do ônus da prova, por outro lado também é claro que a legislação processual por vezes trouxe proteção ao considerado hipossuficiente, hipóteses em que teremos como presente o princípio da proteção na seara processual, o que ocorre, por exemplo, no art. 844, CLT.

Isso porque, quando da audiência inaugural, a ausência do reclamante acarretará apenas o arquivamento com consequente extinção do processo sem resolução do mérito, enquanto a ausência injustificada da reclamada terá como consequência a revelia e confissão quanto à matéria de fato, senão vejamos:

Art. 844 - O não comparecimento do reclamante à audiência importa o arquivamento da reclamação, e o não comparecimento do reclamado importa revelia, além de confissão quanto à matéria de fato.

Dessa forma, temos como presente o princípio da proteção também no processo do trabalho, mas onde assim disposto na legislação.

2.3.2 Princípio da simplicidade

Levando-se em consideração que temos como norte no processo do trabalho a incidência do *jus postulandi*, por certo que esse ramo do direito deve primar por regras mais simples e de fácil compreensão e acepção pelas partes envolvidas no processo.

No entanto, isso não quer dizer que todas as formalidades estarão afastadas (especialmente quando estas forem da substância do ato), mas a legislação trabalhista prima, de uma forma geral, pela ausência de exigências formais para prática dos atos.

2.3.3 Princípio da conciliação

O processo do trabalho é voltado à paz social, objetivando sempre a pacificação dos conflitos, razão pela qual o regramento do texto consolidado prevê dois momentos em que é obrigatória a tentativa de acordo conduzida pelo magistrado, a saber:

Quando da abertura da audiência: CLT, art. 846 – Aberta a audiência, o juiz ou presidente proporá a conciliação.

Após o encerramento da instrução e apresentação de razões finais pelas partes: CLT, art. 850 – Terminada a instrução, poderão as partes aduzir razões finais, em prazo não excedente de 10 (dez) minutos para cada uma. Em seguida, o juiz ou presidente renovará a proposta de conciliação, e não se realizando esta, será proferida a decisão.

Isso, por certo, não quer dizer que as partes não possam conciliar em qualquer outro momento da audiência ou até mesmo em outra fase processual, tudo dependendo das partes chegarem a um ajuste com formalização de proposta, que será analisada, e, se for o caso, homologada pelo juiz.

Cabe ressaltar a esse ponto que o juiz não é obrigado a homologar a proposta de acordo apresentada pelas partes, não desafiando tal atitude qualquer recurso, nem mesmo mandado de segurança, vez que não constitui direito líquido e certo das partes envolvidas, conforme previsão na Súmula 418, C. TST:

Súmula nº 418 do TST MANDADO DE SEGURANÇA VISANDO À HOMOLOGAÇÃO DE ACORDO (nova redação em decorrência do CPC de 2015) – Res. 217/2017 – DEJT divulgado em 20, 24 e 25/04/2017

A homologação de acordo constitui faculdade do juiz, inexistindo direito líquido e certo tutelável pela via do mandado de segurança.

Nos processos que tramitam sob rito sumaríssimo a previsão de tentativa de conciliação não tem um momento adequado ou específico, prevendo a lei que o juiz deverá esclarecer as partes sobre as vantagens da conciliação, o que pode ocorrer em qualquer fase da audiência.

CLT, art. 852-E. Aberta a sessão, o juiz esclarecerá as partes presentes sobre as vantagens da conciliação e usará os meios adequados de persuasão para a solução conciliatória do litígio, em qualquer fase da audiência.

No caso dos processos que tramitam pelo rito ordinário em que temos as duas propostas obrigatórias acima mencionadas, cabe indagar qual será a consequência da ausência de qualquer dessas propostas pelo juízo. Seria hipótese de nulidade?

Quanto à ausência da primeira proposta conciliatória pende o entendimento de que não seria caso de nulidade, pois haveria sua substituição pela segunda tentativa.

Já no tocante à ausência da segunda proposta, temos uma divisão de entendimentos um pouco maior, havendo diversas decisões de Tribunais Regionais do Trabalho no sentido da nulidade da decisão, bem como dos atos praticados posteriormente, vez que não haveria uma próxima tentativa obrigatória para suprir tal ausência.

No entanto, ainda assim o entendimento majoritário segue a linha de não se declarar a nulidade pela ausência da segunda tentativa de conciliação, pois as partes continuam com a possibilidade de conciliarem-se a qualquer tempo, bem como isso pode ser feito no Tribunal em grau de recurso. Ademais, as nulidades processuais trabalhistas apenas serão declaradas na hipótese de prejuízo, que não deve ser presumida e sim comprovada pela parte interessada.

2.3.4 Princípio da oralidade

Tendo em vista que o Processo do Trabalho prima pela simplicidade em sua condução, conforme acima já asseverado, bem como pela rápida solução dos litígios, temos uma maior incidência da oralidade, especialmente quando se trata da fase inicial de conhecimento.

A própria Consolidação das Leis do Trabalho prevê a utilização da oralidade em diversos momentos, conforme a seguir destacamos:

CLT, art. 840 - A reclamação poderá ser escrita ou verbal.

CLT, art. 847 - Não havendo acordo, o reclamado terá vinte minutos para aduzir sua defesa, após a leitura da reclamação, quando esta não for dispensada por ambas as partes.

Os exemplos acima demonstram a intenção do legislador processual trabalhista em concentrar os atos processuais numa única audiência e oportunidade, do que ressai do princípio da concentração dos atos processuais, motivo pelo qual primamos pela realização de audiências enquadradas como unas, salvo, é claro, algum motivo de força maior, senão vejamos:

CLT, art. 849 - A audiência de julgamento será contínua; mas, se não for possível, por motivo de força maior, concluí-la no mesmo dia, o juiz ou presidente marcará a sua continuação para a primeira desimpedida, independentemente de nova notificação.

Ressaem do princípio da oralidade importantes regras como a identidade física do juiz, segunda a qual se vinculado o órgão julgador que concluiu a audiência de instrução (**aqui cabe uma ressalva**: apesar de o CPC de 2015 não reproduzir o art. 132 do CPC / 73, que trazia tal regra de forma expressa, o que poderá acarretar mudança de entendimento TST para sua não aplicação do processo do trabalho, com tal possível mudança não podemos concordar. Isso porque ninguém melhor do que o juiz que teve contato direto com partes e testemunhas para prolatar a decisão o mais próximo da efetiva verdade dos fatos. Entendemos que a busca da "verdade real" restaria prejudicada, e acabaríamos afastando a aplicação do princípio da oralidade), e a irrecorribilidade das decisões interlocutórias, segundo a qual não cabe imediato recurso dessas, que somente poderão ser objeto de recurso no momento de impugnação da decisão final, salvo raras exceções:

CLT, art. 893, § 1º - Os incidentes do processo são resolvidos pelo próprio Juízo ou Tribunal, admitindo-se a apreciação do merecimento das decisões interlocutórias somente em recursos da decisão definitiva.

Súmula nº 214 do TST – DECISÃO INTERLOCUTÓRIA. IRRECORRIBILIDADE (nova redação) – Res. 127/2005, DJ 14, 15 e 16/03/2005

Na Justiça do Trabalho, nos termos do art. 893, § 1º, da CLT, as decisões interlocutórias não ensejam recurso imediato, salvo nas hipóteses de decisão:
a) de Tribunal Regional do Trabalho contrária à Súmula ou Orientação Jurisprudencial do Tribunal Superior do Trabalho;
b) suscetível de impugnação mediante recurso para o mesmo Tribunal;
c) que acolhe exceção de incompetência territorial, com a remessa dos autos para Tribunal Regional distinto daquele a que se vincula o juízo excepcionado, consoante o disposto no art. 799, § 2º, da CLT.

2.3.5 Princípio da subsidiariedade

Como o processo do trabalho não tem regulamentação completa, por vezes haverá necessidade de utilização subsidiária de outras fontes do processo do trabalho para que a jurisdição possa ser entregue de forma adequada, já que ao juiz é vedado deixar de julgar por ausência de resposta específica no ramo do Direito em questão.

Dessa forma, e como já asseverado quando tratamos do tema das fontes, em caso de lacuna na fase de conhecimento, há que se aplicar o Direito Processual Comum, na forma do art. 769, CLT, ao passo que na fase de execução primaremos pela aplicação subsidiária da Lei de Execução Fiscal, e, caso se mantenha a omissão, iremos até o CPC, conforme delineado no art. 889, CLT.

CLT, art. 769 - Nos casos omissos, o Direito Processual Comum será fonte subsidiária do Direito Processual do Trabalho, exceto naquilo em que for incompatível com as normas deste Título.

CPC, art. 889 - Aos trâmites e incidentes do processo da execução são aplicáveis, naquilo em que não contravierem ao presente Título, os preceitos que regem o processo dos executivos fiscais para a cobrança judicial da dívida ativa da Fazenda Pública Federal.

2.3.6 Princípio da cooperação e boa-fé

Desde a constitucionalização do processo civil, as partes que atuam no processo devem agir conforme a boa-fé. Assim, todos devem agir conforme a boa-fé para se chegar ao resultado útil do processo, e à verdade, evitando atos que prejudiquem a parte contrária.

É certo que cada parte tem um interesse divergente no processo competitivo, cada qual defende seu lado, contudo, as armas devem ser usadas com base legal, não desvirtuando do objetivo principal.

Assim, o CPC nos arts 5º e 6º preveem de forma expressa:

Art. 5º Aquele que de qualquer forma participa do processo deve comportar se de acordo com a boa-fé.

"Art. 6º Todos os sujeitos do processo devem cooperar entre si para que se obtenha, em tempo razoável, decisão de mérito justa e efetiva."

Além disso, em vários artigos o CPC repudia atos das partes que pretendem usar o processo como um benefício próprio, protelando atos, mentindo, e desvirtuando a boa técnica processual.

Art. 79. Responde por perdas e danos aquele que litigar de má-fé como autor, réu ou interveniente.

Art. 80. Considera-se litigante de má-fé aquele que:
I - deduzir pretensão ou defesa contra texto expresso de lei ou fato incontroverso;
II - alterar a verdade dos fatos;
III - usar do processo para conseguir objetivo ilegal;
IV - opuser resistência injustificada ao andamento do processo;
V - proceder de modo temerário em qualquer incidente ou ato do processo;
VI - provocar incidente manifestamente infundado;
VII - interpuser recurso com intuito manifestamente protelatório.

Art. 81. De ofício ou a requerimento, o juiz condenará o litigante de má-fé a pagar multa, que deverá ser superior a um por cento e inferior a dez por cento do valor corrigido da causa, a indenizar a parte contrária pelos prejuízos que esta sofreu e a arcar com os honorários advocatícios e com todas as despesas que efetuou.

§ 1º Quando forem 2 (dois) ou mais os litigantes de má-fé, o juiz condenará cada um na proporção de seu respectivo interesse na causa ou solidariamente aqueles que se coligaram para lesar a parte contrária.

§ 2º Quando o valor da causa for irrisório ou inestimável, a multa poderá ser fixada em até 10 (dez) vezes o valor do salário-mínimo.

§ 3º O valor da indenização será fixado pelo juiz ou, caso não seja possível mensurá-lo, liquidado por arbitramento ou pelo procedimento comum, nos próprios autos.

A CLT caminhou no mesmo sentido ao prever a aplicação de multa aquele que litigar de má-fé e, inclusive, à testemunha que mentir em juízo. Assim, até mesmo um terceiro deve cooperar para que o juiz chegue em tempo razoável à verdade processual, conforme se verifica no artigo abaixo transcrito:

Art. 793-B. Considera-se litigante de má-fé aquele que: (incluído pela Lei nº 13.467, de 2017)

I - deduzir pretensão ou defesa contra texto expresso de lei ou fato incontroverso; (Incluído pela Lei nº 13.467, de 2017)

II - alterar a verdade dos fatos; (Incluído pela Lei nº 13.467, de 2017)

III - usar do processo para conseguir objetivo ilegal; (Incluído pela Lei nº 13.467, de 2017)

IV - opuser resistência injustificada ao andamento do processo; (Incluído pela Lei nº 13.467, de 2017)

V - proceder de modo temerário em qualquer incidente ou ato do processo; (Incluído pela Lei nº 13.467, de 2017)

VI - provocar incidente manifestamente infundado; (Incluído pela Lei nº 13.467, de 2017)

VII - interpuser recurso com intuito manifestamente protelatório. (Incluído pela Lei nº 13.467, de 2017)

Art. 793-C. De ofício ou a requerimento, o juízo condenará o litigante de má-fé a pagar multa, que deverá ser superior a 1% (um por cento) e inferior a 10% (dez por cento) do valor corrigido da causa, a indenizar a parte contrária pelos prejuízos que esta sofreu e a arcar com os honorários advocatícios e com todas as despesas que efetuou. (Incluído pela Lei nº 13.467, de 2017)

§ 1º Quando forem dois ou mais os litigantes de má-fé, o juízo condenará cada um na proporção de seu respectivo interesse na causa ou solidariamente aqueles que se coligaram para lesar a parte contrária. (Incluído pela Lei nº 13.467, de 2017)

§ 2º Quando o valor da causa for irrisório ou inestimável, a multa poderá ser fixada em até duas vezes o limite máximo dos benefícios do Regime Geral de Previdência Social. (Incluído pela Lei nº 13.467, de 2017)

§ 3º O valor da indenização será fixado pelo juízo ou, caso não seja possível mensurá-lo, liquidado por arbitramento ou pelo procedimento comum, nos próprios autos. (Incluído pela Lei nº 13.467, de 2017)

Art. 793-D. Aplica-se a multa prevista no art. 793-C desta Consolidação à testemunha que intencionalmente alterar a verdade dos fatos ou omitir fatos essenciais ao julgamento da causa. (Incluído pela Lei nº 13.467, de 2017)

Parágrafo único. A execução da multa prevista neste artigo dar-se-á nos mesmos autos.

O princípio da boa-fé produz os deveres de cooperação. Exerce uma função hermenêutica, pois orienta a interpretação da postulação e da decisão.

Ressaltamos que recentemente foi objeto de regulamentação no CNJ a questão das lides predatórias ou temerárias, que consistem, normalmente, na litigância predatória no ajuizamento ou provocação de lesões em massa para um uso abusivo do Poder Judiciário.

A Recomendação nº 159/2024 do Conselho Nacional de Justiça (CNJ) foi aprovada em 23 de outubro de 2024 para combater a litigância predatória no sistema judiciário brasileiro. A recomendação estabelece medidas para identificar, prevenir e tratar a litigância predatória, que é caracterizada por: ajuizamento de ações sem lastro jurídico; fragmentação de demandas; uso de ações judiciais para procrastinação ou obtenção de acordos indevidos; entre outros.

CAPÍTULO 3
ORGANIZAÇÃO DA JUSTIÇA DO TRABALHO

3.1 Introdução

A Justiça brasileira é dividida em Justiça comum e especializada (ou especial).

A Justiça comum é dividida em Justiça Federal e Justiça Estadual, enquanto a Justiça Especial divide-se em Justiça do Trabalho, Justiça Eleitoral e Justiça Militar.

No presente capítulo, estudaremos as divisões e composições da Justiça do Trabalho, na forma do art. 111, CRFB/88:

Art. 111. São órgãos da Justiça do Trabalho:
I - o Tribunal Superior do Trabalho;
II - os Tribunais Regionais do Trabalho;
III - Juízes do Trabalho.

3.2 Da organização da Justiça do Trabalho

Conforme acima já destacado, a Justiça do Trabalho é composta do Tribunal Superior do Trabalho, dos Tribunais Regionais do Trabalho e pelos Juízes do Trabalho.

Na forma do art. 646, da CLT, os órgãos acima mencionados funcionarão em perfeita harmonia e em estado de mútua colaboração:

CLT, art. 646. Os órgãos da Justiça do Trabalho funcionarão perfeitamente coordenados, em regime de mútua colaboração, sob a orientação do presidente do Tribunal Superior do Trabalho.

3.2.1 Tribunal Superior do Trabalho

O TST é órgão de cúpula da Justiça do Trabalho, com jurisdição em todo o território nacional e sede em Brasília. O papel do TST é a uniformização e interpretação da jurisprudência trabalhista, competindo a ele a palavra final acerca de matéria trabalhista infraconstitucional, bem como quanto a questões administrativas afetas à Justiça do Trabalho.

Sua composição encontra-se descrita na previsão do art. 111-A, CRFB/88:

Art. 111-A. O Tribunal Superior do Trabalho compor-se-á de vinte e sete Ministros, escolhidos dentre brasileiros com mais de trinta e cinco anos e menos de sessenta e cinco anos, de notável saber jurídico e reputação ilibada, nomeados pelo Presidente da República após aprovação pela maioria absoluta do Senado Federal, sendo:

I - um quinto dentre advogados com mais de dez anos de efetiva atividade profissional e membros do Ministério Público do Trabalho com mais de dez anos de efetivo exercício, observado o disposto no art. 94;

II - os demais dentre juízes dos Tribunais Regionais do Trabalho, oriundos da magistratura da carreira, indicados pelo próprio Tribunal Superior.

Claro, portanto, que o TST será composto da seguinte forma:
- 27 ministros;
- Escolhidos entre brasileiros com mais de 35 anos e menos de 65 anos;
- Com notável saber jurídico;
- Devem possuir reputação ilibada;
- Nomeados pelo Presidente da República;
- Depende de aprovação de maioria absoluta no Senado Federal.
- Preenchimento: 1/5 entre advogados com mais de 10 anos de atividade profissional e membros do Ministério Público do Trabalho com mais de 10 anos de efetivo exercício (compondo o chamado quinto constitucional);
- Demais integrantes dentre juízes do TRTs indicados pelo próprio TST, sendo os juízes oriundos da carreira, ou seja, devidamente concursados para cargo da magistratura do trabalho.

Cabe ressaltar, ainda, que em virtude da Emenda Constitucional 45/04, também passaram a atuar junto ao TST, a Escola Nacional de Formação e Aperfeiçoamento de Magistrados do Trabalho (ENAMAT) e o Conselho Superior da Justiça do Trabalho (CSJT), na forma do art. 111-A, §2º, CRFB/88:

Art. 111-A, § 2º Funcionarão junto ao Tribunal Superior do Trabalho:

I - a Escola Nacional de Formação e Aperfeiçoamento de Magistrados do Trabalho, cabendo-lhe, dentre outras funções, regulamentar os cursos oficiais para o ingresso e promoção na carreira;

II - o Conselho Superior da Justiça do Trabalho, cabendo-lhe exercer, na forma da lei, a supervisão administrativa, orçamentária, financeira e patrimonial da Justiça do Trabalho de primeiro e segundo graus, como órgão central do sistema, cujas decisões terão efeito vinculante.

O papel da ENAMAT é regulamentar e promover cursos oficiais para ingresso e promoção na carreira da magistratura trabalhista, sendo dirigida por dois ministros do TST e também com sede em Brasília, enquanto ao CSJT compete exercer a supervisão administrativa, orçamentária, financeira e patrimonial da Justiça do Trabalho do primeiro e segunda graus, como órgão central do sistema, cujas decisões terão efeito vinculante (ou seja, de observância obrigatória).

O CSJT é composto do Presidente e Vice-Presidente do TST, do corregedor-geral da Justiça do Trabalho, como membros natos, de três Ministros do TST, eleitos pelo Tribunal Pleno, e de cinco presidentes de Tribunais Regionais do Trabalho, cada um deles eleito por região geográfica do país, e tem atuação meramente administrativa, orçamentária, financeira e patrimonial, sendo totalmente dissociada da atividade jurisdicional.

3.2.2 Tribunais Regionais do Trabalho

Os Tribunais Regionais do Trabalho são órgãos do segundo grau de jurisdição trabalhista, possuindo autonomia administrativa e financeira, conforme art. 96, I, CRFB/88:

Art. 96. Compete privativamente:

I - aos tribunais:

a) eleger seus órgãos diretivos e elaborar seus regimentos internos, com observância das normas de processo e das garantias processuais das partes, dispondo sobre a competência e o funcionamento dos respectivos órgãos jurisdicionais e administrativos;

b) organizar suas secretarias e serviços auxiliares e os dos juízos que lhes forem vinculados, velando pelo exercício da atividade correicional respectiva;

c) prover, na forma prevista nesta Constituição, os cargos de juiz de carreira da respectiva jurisdição;

d) propor a criação de novas varas judiciárias;

e) prover, por concurso público de provas, ou de provas e títulos, obedecido o disposto no art. 169, parágrafo único, os cargos necessários à administração da Justiça, exceto os de confiança assim definidos em lei;

f) conceder licença, férias e outros afastamentos a seus membros e aos juízes e servidores que lhes forem imediatamente vinculados;

Os Tribunais têm competência derivada para julgamento dos recursos interpostos em face de decisões proferidas no primeiro grau, como também possuem competência originária quanto a ações ajuizadas perante sua competência.

A composição dos Tribunais encontra-se prevista no art. 115, CRFB/88, a saber:

Art. 115. Os Tribunais Regionais do Trabalho compõem-se de, no mínimo, sete juízes, recrutados, quando possível, na respectiva região, e nomeados pelo Presidente da República dentre brasileiros com mais de trinta e menos de sessenta e cinco anos, sendo:

I - um quinto dentre advogados com mais de dez anos de efetiva atividade profissional e membros do Ministério Público do Trabalho com mais de dez anos de efetivo exercício, observado o disposto no art. 94;

II - os demais, mediante promoção de juízes do trabalho por antiguidade e merecimento, alternadamente.

Claro, assim, que os Tribunais Regionais do Trabalho serão compostos da seguinte forma:
- No mínimo 7 juízes recrutados, quando possível, na respectiva região;
- Nomeados pelo presidente da República;
- Composto de brasileiros com mais de 30 e menos de 65 anos;
- Dentre esses, 1/5 de advogados com mais de dez anos de efetiva atividade profissional e membros do Ministério Público do Trabalho com mais de dez anos de efetivo exercício;
- Os demais, mediante promoção de juízes do trabalho por antiguidade e merecimento, alternadamente – sendo esses Juízes da carreira da magistratura trabalhista.

Atualmente, existem no Brasil 24 Tribunais Regionais do Trabalho, sendo que no Estado de São Paulo estão concentrados dois Tribunais Regionais, o da 2ª Região e da 15ª Região. Alguns Estados não possuem Tribunais Regionais do Trabalho em seus territórios, quais sejam Acre, Amapá, Roraima e Tocantins.

O Acre está abrangido pelo TRT da 14ª Região, com sede em Porto Velho (RO); o Amapá está abrangido pelo TRT da 8ª Região, com sede em Belém (PA); Roraima está abrangido pelo TRT da 11ª Região, com sede em Manaus (AM); e, por último, o Tocantins está abrangido pelo TRT da 10ª Região, com sede no Distrito Federal.

A atividade jurisdicional deve ser ininterrupta, certamente contemplando possíveis medidas de urgência, razão pela qual nos dias sem expediente forense, inclusive no período de recesso do Poder Judiciário, devem ser designados magistrados em sistema de plantão para tais atendimentos, na forma do art. 93, XXII, CRFB/88:

Art. 93. Lei complementar, de iniciativa do Supremo Tribunal Federal, disporá sobre o Estatuto da Magistratura, observados os seguintes princípios:

XII - a atividade jurisdicional será ininterrupta, sendo vedado férias coletivas nos juízos e tribunais de segundo grau, funcionando, nos dias em que não houver expediente forense normal, juízes em plantão permanente;

[...]

3.2.3 Juízes do Trabalho

Os juízes do Trabalho, titulares ou substitutos, exercem suas funções no primeiro grau de jurisdição atuando nas Varas do Trabalho. Até dezembro de 1999, a Justiça do Trabalho era composta, além do Juiz togado, de juízes classistas, representantes de empregados e empregadores, razão pela qual o local de atuação era denominado Junta de Conciliação e Julgamento.

Mais precisamente em 9 de dezembro de 1999, entrou em vigor a Emenda Constitucional nº 24 de 1999, que extinguiu a representação classista, sendo a jurisdição trabalhista desde então exercida por juiz singular togado, quando então a atuação passou a se dar em Varas do Trabalho.

O ingresso na carreira se dá mediante concurso público de provas e títulos para cargo inicial de juiz do Trabalho substituto, devendo para tanto ser bacharel em Direito com mínimo 3 anos de atividade jurídica. A nomeação se dará pelo presidente do TRT, e a OAB obrigatoriamente participará de todas as fases do concurso.

Todos os juízes, substitutos ou titulares (cuja ascensão se dá por merecimento ou antiguidade), têm as mesmas garantias, todas previstas no art. 95, CRFB/88, a saber:

Art. 95. Os juízes gozam das seguintes garantias:

I - vitaliciedade, que, no primeiro grau, só será adquirida após dois anos de exercício, dependendo a perda do cargo, nesse período, de deliberação do tribunal a que o juiz estiver vinculado, e, nos demais casos, de sentença judicial transitada em julgado;

II - inamovibilidade, salvo por motivo de interesse público, na forma do art. 93, VIII;

III - irredutibilidade de subsídio, ressalvado o disposto nos arts. 37, X e XI, 39, § 4º, 150, II, 153, III, e 153, § 2º, I.

A vitaliciedade é adquirida após 2 anos de exercício na carreira, e não após 3, tal como no caso da estabilidade dos servidores públicos. Uma vez adquirida, só haverá perda do cargo mediante sentença transitada em julgado.

A inamovibilidade confere ao juiz titular o direito de não ser removido da comarca em que é titular, salvo por seu requerimento ou por interesse público, sendo nesse caso necessária decisão fundada em voto da maioria absoluta do respectivo tribunal ou no Conselho Nacional de Justiça, assegurada ampla defesa, conforme art. 93, VIII, CRFB/88:

Art. 93, VIII - o ato de remoção, disponibilidade e aposentadoria do magistrado, por interesse público, fundar-se-á em decisão por voto da maioria absoluta do respectivo tribunal ou do Conselho Nacional de Justiça, assegurada ampla defesa;

Os juízes do Trabalho atuam nas Varas do Trabalho e julgarão processos afetos à sua competência. No entanto, para as comarcas não abrangidas por sua jurisdição haverá atribuição aos Juízes de Direito, sendo hipótese de delegação, ou seja, transferência para o Juiz de Direito a atividade de primeiro grau por impossibilidade de ser assumida por Juiz do Trabalho, conforme previsão do art. 112, CRFB/88, no caso de recurso, este será julgado pelo TRT:

Art. 112. A lei criará varas da Justiça do Trabalho, podendo, nas comarcas não abrangidas por sua jurisdição, atribuí-la aos juízes de direito, com recurso para o respectivo Tribunal Regional do Trabalho.

3.2.4 Órgãos auxiliares da Justiça do Trabalho

Tendo em vista a necessidade de eficiência das decisões judiciais trabalhistas, por certo que os magistrados precisarão da ajuda de órgãos auxiliares, que darão efetividade e cumprimento às referidas decisões, realizando todos os atos processuais necessários, participando ativamente da prestação jurisdicional.

Assim, temos como órgãos auxiliares:

3.2.5 Secretarias de Varas do Trabalho e Secretarias dos Tribunais Regionais do Trabalho

As Secretarias são os locais de trabalho de servidores e Magistrados, onde arquivam-se documentos, e cumprem-se as determinações judiciais, como expedição de mandados, alvarás e ofícios, e ainda efetivação de bloqueios, e demais serviços necessários para andamento e efetivação da prestação jurisdicional.

A direção compete ao diretor de secretaria, indicado pelo juiz e nomeado pelo presidente do TRT, na forma do art. 710, CLT e com as atribuições constantes do art. 712, CLT:

Art. 710 - Cada Junta terá 1 (uma) secretaria, sob a direção de funcionário que o Presidente designar, para exercer a função de secretário, e que receberá, além dos vencimentos correspondentes ao seu padrão, a gratificação de função fixada em lei.

Art. 712 - Compete especialmente aos secretários das Juntas de Conciliação e Julgamento:

a) superintender os trabalhos da secretaria, velando pela boa ordem do serviço;
b) cumprir e fazer cumprir as ordens emanadas do Presidente e das autoridades superiores;
c) submeter a despacho e assinatura do Presidente o expediente e os papéis que devam ser por ele despachados e assinados;
d) abrir a correspondência oficial dirigida à Junta e ao seu Presidente, a cuja deliberação será submetida;
e) tomar por termo as reclamações verbais nos casos de dissídios individuais;
f) promover o rápido andamento dos processos, especialmente na fase de execução, e a pronta realização dos atos e diligências deprecadas pelas autoridades superiores;
g) secretariar as audiências da Junta, lavrando as respectivas atas;
h) subscrever as certidões e os termos processuais;
i) dar aos litigantes ciência das reclamações e demais atos processuais de que devam ter conhecimento, assinando as respectivas notificações;
j) executar os demais trabalhos que lhe forem atribuídos pelo Presidente da Junta.

O TRT terá uma secretaria, cuja direção ficará a cargo do secretário com as seguintes atribuições:

CLT, art. 719 – Competem à Secretaria dos Conselhos, além das atribuições estabelecidas no art. 711, para a secretaria das Juntas, mais as seguintes:

a) a conclusão dos processos ao Presidente e sua remessa, depois de despachados, aos respectivos relatores;
b) a organização e a manutenção de um fichário de jurisprudência do Conselho, para consulta dos interessados.

Parágrafo único - No regimento interno dos Tribunais Regionais serão estabelecidas as demais atribuições, o funcionamento e a ordem dos trabalhos de suas secretarias.

3.2.6 Distribuidores

Não haverá necessariamente distribuidor em todas as localidades, mas apenas naquelas em que haja mais de uma Vara do Trabalho, assim como nos Tribunais, e sua função é, como regra geral, distribuir pela rigorosa ordem de entrada, e sucessivamente, para cada Vara do Trabalho, os feitos que forem apresentados.

Atualmente, com o advento do PJE, muitos foram os distribuidores extintos, ou com trabalho minimizado, pois tal função já é realizada automaticamente pelo referido sistema de acordo com a ordem de ajuizamento das ações.

CLT, art. 713 - Nas localidades em que existir mais de uma Junta de Conciliação e Julgamento haverá um distribuidor.

CLT, art. 714 - Compete ao distribuidor:
a) a distribuição, pela ordem rigorosa de entrada, e sucessivamente a cada Junta, dos feitos que, para esse fim, lhe forem apresentados pelos interessados;
b) o fornecimento, aos interessados, do recibo correspondente a cada feito distribuído;
c) a manutenção de 2 (dois) fichários dos feitos distribuídos, sendo um organizado pelos nomes dos reclamantes e o outro dos reclamados, ambos por ordem alfabética;
d) o fornecimento a qualquer pessoa que o solicite, verbalmente ou por certidão, de informações sobre os feitos distribuídos;
e) a baixa na distribuição dos feitos, quando isto lhe for determinado pelos Presidentes das Juntas, formando, com as fi-

chas correspondentes, **fichários** à parte, cujos dados poderão ser consultados pelos interessados, mas não serão mencionados em certidões.

3.2.7 Oficiais de Justiça

Compete aos oficiais de Justiça a execução de mandados e cumprimento de determinações judiciais como citações, intimações e penhora, bem como avaliação de bens.

Todas as suas atribuições encontram-se previstas na CLT, art. 721, a saber:

Art. 721 - Incumbe aos Oficiais de Justiça e Oficiais de Justiça Avaliadores da Justiça do Trabalho a realização dos atos decorrentes da execução dos julgados das Juntas de Conciliação e Julgamento e dos Tribunais Regionais do Trabalho, que lhes forem cometidos pelos respectivos Presidentes.

§ 1º Para efeito de distribuição dos referidos atos, cada Oficial de Justiça ou Oficial de Justiça Avaliador funcionará perante uma Junta de Conciliação e Julgamento, salvo quando da existência, nos Tribunais Regionais do Trabalho, de órgão específico, destinado à distribuição de mandados judiciais.

§ 2º Nas localidades onde houver mais de uma Junta, respeitado o disposto no parágrafo anterior, a atribuição para o cumprimento do ato deprecado ao Oficial de Justiça ou Oficial de Justiça Avaliador será transferida a outro Oficial, sempre que, após o decurso de 9 (nove) dias, sem razões que o justifiquem, não tiver sido cumprido o ato, sujeitando-se o serventuário às penalidades da lei.

§ 3º No caso de avaliação, terá o Oficial de Justiça Avaliador, para cumprimento do ato, o prazo previsto no art. 888.

§ 4º É facultado aos Presidentes dos Tribunais Regionais do Trabalho cometer a qualquer Oficial de Justiça ou Oficial de Justiça Avaliador a realização dos atos de execução das decisões desses Tribunais.

§ 5º Na falta ou impedimento do Oficial de Justiça ou Oficial de Justiça Avaliador, o Presidente da Junta poderá atribuir a realização do ato a qualquer serventuário.

CAPÍTULO 4
COMPETÊNCIA DA JUSTIÇA DO TRABALHO

4.1 Conceito

A Jurisdição, que vem do latim *juris dictio*, que significa "dizer o Direito", é una e indivisível. No entanto, a fim de que possa ser utilizada de forma efetiva, e como forma de distribuição do trabalho a ser realizado, haverá que ser dividida entre os diversos órgãos, que terão limites e atribuições devidamente definidos por lei.

A partir dessa noção, temos a chamada competência, que possui o seguinte destaque por Athos Gusmão Carneiro: "Todos os juízes exercem jurisdição, mas a exercem numa certa medida, dentro de certos limites. São, pois 'competentes' somente para processar e julgar determinadas causas. A 'competência', assim, 'é a medida da jurisdição', ou ainda é a jurisdição na medida em que pode e deve ser exercida pelo juiz"[4].

Sendo a competência é o limite da jurisdição, quando o juiz exercerá todos os seus poderes, podendo, assim, entregar uma melhor prestação jurisdicional.

Antes mesmo de ingressar no tema próprio de competência, diante da inovação trazida pela reforma trabalhista acerca da homologação de acordo extrajudicial, mister se faz a diferença de jurisdição e competência.

Jurisdição é o poder dever do Estado de dizer o direito, sendo a jurisdição uma e indivisível. Apenas para facilitar a prestação jurisdicional

---

[4] CARNEIRO, Athos Gusmão. *Jurisdição e competência*. São Paulo: Editora Saraiva, 2005, p. 22.

tem-se a competência, como uma forma de delimitar os ramos e formas de atuação do Estado-Juiz.

A jurisdição pode ser contenciosa, momento em que o Juiz determina a quem cabe o bem da vida, ou voluntária, momento em que o Juiz apenas verifica se a vontade posta das partes está em conformidade com a lei, atuando assim como um homologador.

A reforma trabalhista trouxe de forma expressa a jurisdição voluntária por meio da "homologação de acordo extrajudicial". Na presente ação, o juiz vai verificar se as partes apresentaram petição conjunta, se estão assistidas por advogados diferentes, havendo divergência se o juiz pode ou não apreciar o mérito do acordo.

Na prática trabalhista, temos verificado que, caso o juiz não concorde com as cláusulas estipuladas, ou acredite que haja alguma coação, deve designar uma audiência para inquirir as partes, ou apenas não homologar o acordo de plano.

Há corrente minoritária que entende que não caberia análise discricionária do juiz.

Se os requisitos do art. 855-B da CLT não estiverem presentes o juiz extingue sem resolução de mérito.

Havendo a extinção do processo sem a homologação, a corrente majoritária entente que haverá análise do mérito com improcedência, podendo as partes apresentar recurso.

Havendo a homologação o juiz extingue o processo com resolução de mérito.

Ditam os arts. 855-C e 855-E da CLT que o prazo prescricional para ajuizamento da ação fica suspenso e que a petição de homologação de acordo extrajudicial não afasta a incidência da multa do art. 477, §8º da CLT.

Registre-se, ainda, que em decisão recente, com a finalidade de reduzir demandas, e evitar o congestionamento do judiciário, o CNJ aprovou a Resolução nº 586, de 30/09/2024, com a seguinte redação:

Art. 1º - Os acordos extrajudiciais homologados pela Justiça do Trabalho terão efeito de quitação ampla, geral e irrevogável, nos termos da legislação em vigor, sempre que observadas as seguintes condições:

I - previsão expressa do efeito de quitação ampla, geral e irrevogável no acordo homologado; II - assistência das partes por advogado(s) devidamente constituído(s) ou sindicato, vedada a constituição de advogado comum; III - assistência pelos pais, curadores ou tutores legais, em se tratando de trabalhador(a) menor de 16 anos ou incapaz; e IV - a inocorrência de quaisquer dos vícios de vontade ou defeitos dos negócios jurídicos de que cuidam os arts. 138 a 184 do Código Civil, que não poderão ser presumidos ante a mera hipossuficiência do trabalhador. Parágrafo único. A quitação prevista no *caput não a*brange: I - pretensões relacionadas a sequelas acidentárias ou doenças ocupacionais que sejam ignoradas ou que não estejam referidas especificamente no ajuste entre as partes ao tempo da celebração do negócio jurídico; II - pretensões relacionadas a fatos e/ou direitos em relação aos quais os titulares não tinham condições de conhecimento ao tempo da celebração do negócio jurídico; III - pretensões de partes não representadas ou substituídas no acordo; e IV - títulos e valores expressos e especificadamente ressalvados.

Art. 2º Os acordos que não observarem as condições previstas no art. 1º têm eficácia liberatória restrita aos títulos e valores expressamente consignados no respectivo instrumento, ressalvados os casos de nulidade.

Art. 3º A homologação de acordos celebrados em âmbito extraprocessual depende da provocação espontânea dos interessados, ou seus substitutos processuais legitimados, aos órgãos judiciários legais ou regimentalmente competentes, incluindo os Centros Judiciários de Métodos Consensuais de Solução de Disputas da Justiça do Trabalho (CEJUSC-JT), em conformidade com as resoluções editadas pelo Conselho Superior da Justiça do Trabalho. § 1º Na hipótese do *caput, a p*rovocação pode se dar por iniciativa de qualquer dos interessados ou seus substitutos processuais legitimados, ou de comum acordo. § 2º No contexto das mediações pré-processuais trabalhistas envolvendo interesses individuais homogêneos, coletivos ou difusos, faculta-se aos CEJUSCS-JT e aos demais órgãos judiciários, legal ou regimentalmente competentes, chamar à mediação o Ministério Público do Trabalho e a(s) entidade(s) sindical(is) representativa(s) que estiver(em) ausente(s). § 3º É vedada a homologação apenas parcial de acordos celebrados.

Art. 4º De maneira a aferir o impacto sobre o volume de trabalho dos órgãos competentes, as normas da presente Resolução, nos primeiros 6 (seis) meses de vigência, só se aplicam aos acordos superiores ao valor total equivalente a 40 (quarenta) salários-mínimos na data da sua celebração.

4.2 Espécies de competência

4.2.1 Competência absoluta e relativa

A competência absoluta é aquela criada em razão do interesse público, motivo pelo qual não pode ser derrogada, afastada ou modificada pela vontade das partes, conforme determina o art. 62, do CPC:

Art. 62. A competência determinada em razão da matéria, da pessoa ou da função é inderrogável por convenção das partes.

Justamente em virtude dessa natureza obrigatória, a incompetência absoluta pode ser arguida a qualquer tempo e em qualquer grau de jurisdição (não se admitindo, no entanto, nas instâncias superiores, pois há necessidade de prequestionamento, conforme OJ 62, SDI-1 do TST: **PREQUESTIONAMENTO. PRESSUPOSTO DE ADMISSIBILIDADE EM APELO DE NATUREZA EXTRAORDINÁRIA. NECESSIDADE, AINDA QUE SE TRATE DE INCOMPETÊNCIA ABSOLUTA (republicada em decorrência de erro material) – DEJT divulgado em 23, 24 e 25/11/2010**

É necessário o prequestionamento como pressuposto de admissibilidade em recurso de natureza extraordinária, ainda que se trate de incompetência absoluta), podendo, inclusive, ser conhecida de ofício pelo Juiz.

Em sendo reconhecida a incompetência absoluta, os autos deverão ser remetidos ao juízo competente para prosseguimento do processo. Em assim sendo, e salvo decisão judicial em contrário, os efeitos da decisão proferida pelo juízo incompetente serão conservados até que outra seja proferida pelo juízo competente – art. 64, §4º, CPC:

Art. 64, § 4º - Salvo decisão judicial em sentido contrário, conservar-se-ão os efeitos de decisão proferida pelo juízo incompetente até que outra seja proferida, se for o caso, pelo juízo competente.

As incompetências absolutas são as em razão da matéria, em razão da pessoa e a funcional, e, em sendo suscitadas pela parte reclamada, serão apresentadas como preliminar de contestação.

Já a competência relativa é aquela atribuída pela vontade das partes, quando essas podem aplicá-la ou não ao caso concreto sem qualquer vício processual.

Nesse caso, a incompetência não pode ser suscitada de ofício pelo Juiz, dependendo obrigatoriamente de provocação da parte ré, na forma da OJ 149, SDI-II, TST:

149. CONFLITO DE COMPETÊNCIA. INCOMPETÊNCIA TERRITORIAL. HIPÓTESE DO ART. 651, § 3º, DA CLT. IMPOSSIBILIDADE DE DECLARAÇÃO DE OFÍCIO DE INCOMPETÊNCIA RELATIVA. (DEJT divulgado em 03, 04 e 05/12/2008). Não cabe declaração de ofício de incompetência territorial no caso do uso, pelo trabalhador, da faculdade prevista no art. 651, § 3º da CLT. Nessa hipótese, resolve-se o conflito pelo reconhecimento da competência do juízo do local onde a ação foi proposta.

Em razão do atual texto do art. 800, CLT, conferido pela Reforma Trabalhista por meio da Lei nº 13.467/2017, temos que a exceção de incompetência relativa deve ser apresentada em peça separada que sinalize sua presença:

Art. 800 – Apresentada exceção de incompetência territorial no prazo de cinco dias a contar da notificação, antes da audiência e em peça que sinalize a existência desta exceção, seguir-se-á o procedimento estabelecido neste artigo.

Antes da Reforma Trabalhista, a alegação poderia ser feita como preliminar de defesa, na forma do disposto no CPC.

Aqui cabe ressaltar que, em regra, temos a competência das Varas do Trabalho conforme local da prestação de serviços. No entanto, caso outro seja o local do ajuizamento, mas a parte Ré não insurgir como determina o dispositivo legal acima mencionado, teremos o fenômeno da prorrogação da competência, onde o juiz originariamente incompetente para julgar a lide torna-se competente por convenção das partes.

4.2.2 Competência originária e derivada

A competência originária é a atribuída ao órgão que primeiro analisará e julgará a causa, sendo, nesse caso, em regra, dos Juízes de primeiro grau.

No entanto, há algumas hipóteses de ações que são de competência originária dos Tribunais, tal como acontece com as ações rescisórias, ações anulatórias de cláusula de norma coletiva e dissídios coletivos, cujos julgamentos se farão primeiro no TRT ou no TST a depender de sua abrangência.

Já a competência derivada (ou recursal) é aquela concedida ao órgão jurisdicional competente para reanalisar a decisão proferida pelo órgão com competência originária, e que lhe será atribuída após interposição de algum recurso. Temos como competência derivada, em regra, a dos Tribunais.

4.3 Competência material da Justiça Do Trabalho

A competência da Justiça do Trabalho sempre foi restrita às relações de emprego, ou seja, apenas seria competente para analisar e julgar ações que envolvessem empregado e empregador, a partir das respectivas definições constantes dos arts. 3º e 2º, respectivamente, da CLT.

No entanto, a competência da Justiça do Trabalho sofreu significativa alteração com a Emenda Constituição 45 de 2004, pois a partir de então passou a ser competente para analisar e julgar toda e qualquer relação de trabalho, na forma do art. 114, da CRFB/88:

Art. 114. Compete à Justiça do Trabalho processar e julgar:

I - as ações oriundas da relação de trabalho, abrangidos os entes de direito público externo e da administração pública direta e indireta da União, dos Estados, do Distrito Federal e dos Municípios;

II - as ações que envolvam exercício do direito de greve;

III - as ações sobre representação sindical, entre sindicatos, entre sindicatos e trabalhadores, e entre sindicatos e empregadores;

IV - os mandados de segurança, *habeas corpus e habeas data*, quando o ato questionado envolver matéria sujeita à sua jurisdição;

V - os conflitos de competência entre órgãos com jurisdição trabalhista, ressalvado o disposto no art. 102, I, o;
VI - as ações de indenização por dano moral ou patrimonial, decorrentes da relação de trabalho;
VII - as ações relativas às penalidades administrativas impostas aos empregadores pelos órgãos de fiscalização das relações de trabalho;
VIII - a execução, de ofício, das contribuições sociais previstas no art. 195, I, a , e II, e seus acréscimos legais, decorrentes das sentenças que proferir;
IX - outras controvérsias decorrentes da relação de trabalho, na forma da lei.

Dessa forma, a competência deixou de ser apenas para analisar lides entre empregado X empregador para analisar lides mais amplas entre trabalhador X tomador.

Cabe aqui, então, diferenciarmos relação de emprego de relação de trabalho.

A primeira noção certamente é de gênero e espécie, pois a relação de trabalho engloba qualquer trabalho de um em favor de outrem, enquanto a relação de emprego denota um trabalho prestado por pessoa física, com onerosidade, não eventualidade, subordinação e pessoalidade, exatamente nos termos do art. 3º, CLT, e a favor de pessoa física ou jurídica, que dirige a prestação pessoal de serviços com alteridade, assumindo, portanto, os riscos do negócio, na forma do art. 2º, CLT.

Assim, a Justiça do Trabalho teve sua competência consideravelmente ampliada para processar e julgar relações de trabalho, na forma do acima citado art. 114, I, CRFB/88.

No entanto, algumas dúvidas ainda pairam quanto a algumas lides, bem como a interpretação dos incisos do já citado art. 114, CRFB/88, razão pela qual passaremos a analisá-lo de forma pormenorizada.

4.3.1 Da competência quanto às ações oriundas da relação de trabalho, abrangidos os entes de direito público externo e da administração pública direta e indireta da União, dos Estados, do Distrito Federal e dos Municípios

Neste tópico, por certos, estão inseridas relação de emprego, trabalho autônomo, trabalho eventual, trabalho avulso, trabalho voluntário, trabalho portuário, e relação de estágio.

Mas e as relações de consumo?

Certamente que aqui não falamos sobre relação de consumo sobre produtos, o que por certo refugiria não só à competência, como ao propósito da Justiça do Trabalho.

Tratamos, por certo, da relação de consumo decorrente de um serviço prestado por pessoa física. Nesse caso, seria competência da Justiça do Trabalho?

Existem três correntes acerca desse assunto, quais sejam:

1ª) a relação de consumo é de natureza bifronte, ou seja, há dois ângulos a serem analisados para que cheguemos na solução de competência ou não. Assim, sob a ótica do tomador há uma relação de consumo, sendo de competência da Justiça Comum; no entanto, na ótica do prestador de serviços há uma relação de trabalho, sendo de competência da Justiça do Trabalho.

Dessa forma, possível ação ajuizada pelo tomador para reclamar do serviço deveria ser ajuizada na Justiça Comum, enquanto que uma ação ajuizada pelo prestador para reclamar pagamento não efetuado, por exemplo, seria de competência da Justiça do Trabalho.

2º) a relação de consumo não é bifronte, e como envolvem prestação de um serviço seriam de competência da Justiça do Trabalho tanto as ações ajuizadas pelo tomador quanto aquelas possivelmente ajuizadas pelo prestador do serviço.

A ideia dessa parte da doutrina seria com base na intenção do legislador de ampliação da competência da Justiça do Trabalho, não havendo razão para tal restrição.

3º) ainda que tanto a relação de trabalho quanto a relação de consumo convirjam para a prestação de um serviço, por certo que a relação entre a relação entre cliente e tomador é de consumo, pois prestado a um destinatário final, que consome o serviço.

E tal entendimento coaduna com o do STJ na Súmula nº 363: "Compete à Justiça estadual processar e julgar a ação de cobrança ajuizada por profissional liberal contra cliente".

Assim, esse último verbete reflete o entendimento majoritário de que não compete à Justiça do Trabalho processar e julgar ações de cobrança de profissional liberal em face de seu cliente, pois se trata de mera relação de consumo.

Nessa mesma esteira, qual é a competência para julgamento das ações de cobrança de honorários advocatícios?

Quanto a essa questão, há que se diferenciarem os honorários contratuais dos honorários de sucumbência, sendo os primeiros aqueles derivados de acerto contratual entre advogado e cliente, enquanto o segundo decorre de decisão judicial, sendo fixados pelo Juiz, que devem ser pagos pelo vencido ao vencedor.

Como os primeiros decorrem de prestação de serviços entre advogado e cliente, tratando-se de título executivo extrajudicial, a competência certamente será da Justiça Estadual, na mesma esteira da já citada Súmula nº 363, do STJ, pois a demanda teria natureza civil decorrente do contrato.

Já quanto aos honorários advocatícios de sucumbência, ainda mais após a Reforma Trabalhista, que trouxe para a CLT disposição específica sobre o tema, não há como retirar da Justiça do Trabalho a competência não só para seu deferimento como também para respectiva execução, tendo em vista que serão cobrados na mesma decisão que concedeu ou não os pleitos derivados na relação de emprego, na forma do art. 791-A, CLT:

Art. 791-A. Ao advogado, ainda que atue em causa própria, serão devidos honorários de sucumbência, fixados entre o mínimo de 5% (cinco por cento) e o máximo de 15% (quinze por cento) sobre o valor que resultar da liquidação da sentença, do proveito econômico obtido ou, não sendo possível mensurá-lo, sobre o valor atualizado da causa.

Aqui estamos diante de outra controvérsia que tem gerado muita discussão, em especial nas cortes superiores, referentes às "novas" modalidades de trabalho, tais como "pejotização", motorista de aplicativo e advogados ou médicos.

No caso de motorista de aplicativo – a chamada "uberização" –, uma pessoa presta serviços a outro (consumidor), por intermédio de uma plataforma. O STF tem entendido que há uma relação de consumo entre o motorista e o passageiro, havendo apenas o intermédio de uma plataforma, e que a relação entre a plataforma e o motorista seria um contrato civil de prestação de serviços, de transporte, tal como ocorre com os motoristas autônomos de carga.

No caso do motorista autônomo de carga, a competência para julgar casos relacionados a um contrato de transporte autônomo de cargas é da Justiça comum, mesmo que se discuta o vínculo empregatício.

A decisão foi tomada pelo Supremo Tribunal Federal (STF) após o julgamento da ADC 48, que declarou a constitucionalidade da Lei nº 11.442/2007. O STF entende que, tratando-se de uma relação comercial de natureza civil, a Justiça comum deve analisar as controvérsias sobre a relação jurídica.

O transportador autônomo de cargas (TAC) é um profissional que transporta mercadorias de forma independente, utilizando veículos próprios ou arrendados. Os TACs não têm as proteções previstas na CLT, como limite de jornada de trabalho, benefícios e férias. No entanto, têm mais liberdade para escolher quando tirarão folga e podem definir o horário de trabalho.

O STF tem entendido que o motorista de aplicativo possui a mesma autonomia do TAC, e portanto estaria fora da competência da justiça do trabalho.

Esse foi o entendimento na Reclamação Constitucional 59795, *in verbis*:

"O ministro Alexandre de Moraes, do Supremo Tribunal Federal (STF), cassou decisão do Tribunal Regional do Trabalho da 3ª Região (TRT-3), sediado em Belo Horizonte (MG), que havia reconhecido o vínculo de emprego de um motorista com a plataforma Cabify Agência de Serviços de Transporte de Passageiros Ltda. A decisão determina, ainda, a remessa do caso à Justiça Comum.

Segundo a Cabify, o trabalho realizado por meio de sua plataforma tecnológica não deve ser enquadrado nos critérios definidos na Consolidação das Leis do Trabalho (CLT), pois o motorista pode decidir quando e se prestará serviço de transporte para os usuários cadastrados. Entre outros pontos, argumentou que não há exigência mínima de trabalho, de faturamento ou de número de viagens nem fiscalização ou punição pela decisão do motorista.

Contratos distintos

Ao julgar procedente o pedido formulado pela plataforma na Reclamação (RCL) 59795, o relator considerou que a decisão do TRT-3 desrespeitou o entendimento do STF, firmado em diversos precedentes, que permite outros tipos de contratos distintos da estrutura tradicional da relação de emprego regida pela CLT. Essa posição foi definida na Ação Declaratória de Constitucionalidade (ADC) 48, na Arguição de Descumprimento de Preceito Fundamental (ADPF) 324, na Ação Direta de Inconstitucionalidade (ADI) 5835 e nos Recursos Extraordinários (REs) 958252 e 688223, com repercussão geral.

Transporte autônomo

Segundo o ministro, o vínculo entre o motorista de aplicativo e a plataforma mais se assemelha à situação prevista na Lei nº 11.442/2007, que trata do transportador autônomo, proprietário de vínculo próprio, cuja relação é de natureza comercial. Portanto, as controvérsias sobre essas situações jurídicas devem ser analisadas pela Justiça Comum, e não pela Justiça do Trabalho."

Aqui vale uma crítica à própria decisão na ADC 48, pois, independentemente da natureza jurídica da relação, quando há uma alegação de fraude à relação trabalhista, em que deveria ser reconhecido o vínculo de emprego, a competência deveria ser da Justiça do Trabalho, pois a causa de pedir refere-se a uma relação de emprego.

Assim, em que pese mascarada a relação de emprego, é da Justiça do Trabalho a análise dos requisitos dos arts. 2º e 3º da CLT, já que a competência seria em relação à matéria tratada.

No caso da "pejotização", algumas pessoas constituem uma pessoa jurídica, MEI, para prestar serviços a outros estabelecimentos. Nesse caso, o STF também tem reconhecido que a competência seria da justiça comum, pois estaríamos diante de um contrato de natureza civil.

A Justiça do Trabalho tem competência para julgar casos de pejotização, mas o tema é fonte de discordância entre a Justiça do Trabalho e o Supremo Tribunal Federal (STF).

A Justiça do Trabalho é competente para julgar dissídios individuais e coletivos entre trabalhadores e empregadores. A pejotização é a prática de contratar trabalhadores como pessoas jurídicas, em vez de empregados regidos pela Consolidação das Leis do Trabalho (CLT). A pejotização é fraude quando a relação entre contratante e contratado segue os princípios da pessoalidade, onerosidade, habitualidade e subordinação, mesmo que o contrato envolva pessoa jurídica.

O STF tem cassado decisões da Justiça do Trabalho que reconhecem vínculo empregatício em casos de pejotização, alegando que a legislação trabalhista não dá conta das transformações do mundo do trabalho.

O STF tem recebido reclamações trabalhistas que alegam que a Justiça do Trabalho desrespeita precedentes da Suprema Corte.

Aqui cabe uma fala do Min. do STF Flávio Dino, em 22/10/2024, na Rcl 67.348, no contexto, o Min. Alexandre de Moraes votava pela cassação de uma decisão do TRT que reconhecia o vínculo de um ex-assistente de iluminação e uma empresa de produção audiovisual, onde havia sido constituída uma relação de emprego sob o manto de um contrato de pejotização.

Em crítica à cassação da decisão do TRT, o Min. Flávio Dino declara que "a decisão do tribunal trabalhista deveria ser mantida, por não contrariar entendimento do STF a respeito de terceirização".

No caso fala do Ministro Flávio Dino, o processo não era de terceirização, uma relação triangular, e sim de uma relação dual, entre um verdadeiro empregado e uma empresa. Assim, destacou o Ministro que o entendimento da validade da terceirização em atividade fim, com a qual ele concorda, não deve servir de base para alargar o entendimento do STF acerca da legalidade de relação contratual civil, abarcando muitas pessoas na legalidade da "pejotização", sem que, contudo, essa prática seja válida no dia a dia.

Verificamos aqui que muitas vezes a análise do STF não se restringe apenas à competência, mas também ao próprio mérito, da verificação probatória da relação trabalhista estabelecida ser válida ou não.

Outro caso que vemos com bastante frequência é o de profissionais liberais, tais como médico e advogados, ou contratados por meio de Pessoa Jurídica, ou contrato societário.

O Supremo Tribunal Federal (STF) tem reiterado que relações comerciais e civis entre advogados e escritórios de advocacia não configuram vínculo empregatício. O STF considera que essas relações devem ser julgadas pela Justiça Comum.

O STF já decidiu que o contrato de associação de advogado é inválido. O STF também já fixou a tese de que discussões sobre o reconhecimento de relação empregatícia entre advogado e escritório de advocacia são infraconstitucionais.

No entanto, em alguns casos, o STF tem negado reverter decisões que estabelecem vínculo entre advogados e escritórios de advocacia. Por exemplo, em um caso, a 2ª Turma do STF negou reverter uma decisão que declarou vínculo empregatício entre uma advogada e um escritório de advocacia.

"Prevaleceu a posição do relator, ministro Edson Fachin, pelo não cabimento da reclamação no STF. Dessa forma, Fachin retornou à adoção de seu entendimento contrário ao cabimento de reclamações para anular decisões trabalhistas que reconheceram o vínculo empregatício entre empresas e trabalhadores por fraude à legislação. Em suas próprias palavras, Fachin diz que tinha passado a adotar o entendimento de que deveriam ser admitidas as reclamações sobre o Direito do Trabalho, "prestando deferência à colegialidade".

No entanto, ainda segundo o magistrado, a 1ª Turma, recentemente, não aceitou uma reclamação contra uma decisão da Justiça do Trabalho que afastou a eficácia do contrato de corretor de imóveis, que entendeu o documento como fraude à legislação trabalhista, assentando a existência de relação de emprego.

Portanto, com a decisão da 1ª Turma, Fachin sentiu-se confortável para retomar sua posição original sobre as reclamações contra decisões da Justiça do Trabalho. Na decisão monocrática, que foi alvo do recurso, ele havia escrito que mantinha "firme minha convicção de que as diversas situações trazidas a exame deste Tribunal pela via estreita da Reclamação Constitucional, quando não estejam fundadas no reconhecimento de ilicitude da terceirização ou na indevida distinção entre atividade meio e atividade fim, mas sim na análise fática levada a efeito pela Justiça do Trabalho quando conclui pela configuração de eventual fraude, com consequente reconhecimento de vínculo laboral, não guardam a estrita aderência com os paradigmas invocados, requisito imprescindível à cognoscibilidade dessa espécie de ação".

Neste mesmo tópico, surge-nos a questão as ações penais, especialmente pela redação dos acima citados incisos I, IV e IX do art. 114, CRFB/88.

Logo após a alteração do art. 114 da CRFB/88 pela redação da Emenda Constitucional 45/04, começaram os entendimentos que teria a Justiça do Trabalho competência para analisar e julgar ações de natureza criminal, especialmente aquelas decorrentes de crimes contra organização do trabalho.

Ressalta-se que não seria, de qualquer forma, competência da Justiça do Trabalho julgamento de crimes contra a administração da justiça do trabalho, como no caso de apuração de crime de falso testemunho, por exemplo, em virtude da expressa redação da Súmula nº 165, STJ, *in verbis*:

Súmula nº 165: Compete à Justiça Federal processar e julgar crime de falso testemunho cometido no processo trabalhista.

No entanto, abriu-se possibilidade de entendimento da competência para análise e julgamento de ações em decorrência de crime contra a organização do trabalho.

Por esse motivo, e questionando tal competência, o procurador-geral da República ingressou com Ação Direta de Inconstitucional (ADIN 3684), a fim de que houvesse decisão do STF acerca do tema e se encerrassem as dúvidas e discussões. Nessa ação, o Min. Antonio Cezar Peluso concedeu liminar para excluir qualquer interpretação que concedesse à Justiça do Trabalho competência na seara criminal, e o fundamento foi o de que a PEC 29/2000, que tinha justamente o objetivo de ampliar a competência da Justiça do Trabalho com a inclusão de infrações penais contra organização do trabalho ou contra a administração da Justiça do Trabalho, foi rejeitada pelo Poder Legislativo utilizando-se de interpretação história para esse ramo do Poder Judiciário.

Além disso, quando se concede competência criminal a Constituição o faz de forma clara e objetiva, não bastando para tanto uma interpretação elastecida do inciso IX do art. 114, CRFB/88.

Dessa forma, entende-se que a Justiça do Trabalho não é competente para análise e julgamento de ações penais. Assim, se quando do julgamento de uma ação trabalhista houver provas ou indício de prática de delito penal, compete ao juiz do Trabalho enviar ofício ao Ministério Público Estadual ou Federal (a depender do caso), a fim de que sejam apuradas as irregularidades da forma como tais órgãos entenderem cabível.

Quanto ao julgamento dos entes de Direito Público externo, temos que, quanto aos Estados estrangeiros, alguns doutrinadores entendiam que não poderiam se submeter à jurisdição brasileira. No entanto, o Supremo Tribunal Federal firmou entendimento que enquanto se tratar de atos de império, ou seja, os praticados no exercício de suas prerrogativas (como emissão de vistos), haverá absoluta imunidade de jurisdição. Já quando se tratar de atos de gestão, ou seja, praticados em matéria de ordem provada (como a contratação de empregado), não há qualquer imunidade de jurisdição na fase de conhecimento.

Nessa monta, submetendo-se à jurisdição brasileira, por certo que a competência para julgar as questões trabalhistas de seus contratados será da Justiça do Trabalho.

Permanece, no entanto, o entendimento de que os Estados estrangeiros têm imunidade de execução, não podendo haver execução forçada, salvo no caso de renúncia dessa garantia pelo próprio ente ou se houver no território brasileiro bens que não tenham afetação da causa diplomática.

Discorda do entendimento acima o doutrinador Mauro Schiavi[5], afirmando que "com efeito, a Constituição não restringe, no inciso I, a competência da Justiça do Trabalho para processar e julgar as demandas oriundas da relação de trabalho que envolvem as pessoas jurídicas de direito público externo. Se há competência para julgar, também haverá para executar a decisão". Trata-se, no entanto, do entendimento minoritário.

Por último, temos a questão da competência para julgamento das lides envolvendo a Administração Pública.

Quanto às empresas públicas e sociedades de economia mista, não há dúvida da competência dessa Justiça Especializada, visto que elas se submetem ao regime jurídico próprio das empresas privadas, conforme previsto no art. 173, §1º, II, CRFB/88:

Art. 173. Ressalvados os casos previstos nesta Constituição, a exploração direta de atividade econômica pelo Estado só será permitida quando necessária aos imperativos da segurança nacional ou a relevante interesse coletivo, conforme definidos em lei.

§ 1º A lei estabelecerá o estatuto jurídico da empresa pública, da sociedade de economia mista e de suas subsidiárias que explorem atividade econômica de produção ou comercialização de bens ou de prestação de serviços, dispondo sobre: II - a sujeição ao regime jurídico próprio das empresas privadas, inclusive quanto aos direitos e obrigações civis, comerciais, trabalhistas e tributários;

A divergência existe, no entanto, quanto à União, aos Estados, aos Municípios, às autarquias e às fundações.

Assim, se o ente público adotar o regime celetista a seus servidores (que serão empregados públicos), da Justiça do Trabalho a competência, exceto para julgamento de exoneração em estágio probatório, cuja competência permanece com a Justiça Comum. No entanto, quanto aos servidores estatutários, e apesar da intenção do legislador ter sido a ampliação da Justiça do Trabalho para que essa também fosse competente para tais julgamentos, após decisão por meio da ADIN 3995-6 ajuizada pela AJUFE (Associação dos Juízes Federais) o STF interpretou a

---

[5] SCHIAVI, Mauro. *Manual de direito processual do trabalho*. 15. ed. São Paulo: Editora LTR, 2019, p. 262.

Constituição e decidiu que a competência da Justiça do Trabalho estava limitada aos servidores celetistas, devendo a Justiça Comum dirimir lides e conflitos envolvendo servidores estatutários, pois com esses a Administração Pública mantém uma relação de natureza administrativa e não trabalhista.

4.3.2 As ações que envolvam exercício do direito de greve e as ações sobre representação sindical, entre sindicatos, entre sindicatos e trabalhadores, e entre sindicatos e empregadores

A previsão acima ampliou consideravelmente a competência da Justiça do Trabalho para análise e julgamento de ações decorrentes do exercício do direito de greve, previsto com natureza jurídica de direito do trabalhador no art. 9º, CRFB/88 e regulamentado na Lei nº 7.783/89.

As ações típicas envolvendo direito de greve são as de natureza possessória, como reintegração de posse, manutenção de posse e interdito proibitório, ajuizadas por possuidores que têm seu direito ameaçado, turbado ou violentado em decorrência do exercício da greve pelos trabalhadores e/ou sindicatos.

Lembrando que as ações possessórias possuem competência territorial absoluta, nos termos do art. 47, § 2 do CPC.

Caso a posse seja ameaçada (ou se houver forte indício de futura ameaça), cabe ao prejudicado ajuizar a ação de interdito proibitório visando à paralisação de tal procedimento. Na hipótese de turbação efetiva, temos que o prejudicado deve lançar mão da ação de manutenção da posse, enquanto no caso de efetivo esbulho, há que se ajuizar ação de reintegração de posse. Todas essas ações são de competência funcional do Juiz de primeiro grau.

Cabe destacar, ainda, a Súmula Vinculante nº 23 do STF: "A Justiça do Trabalho é competente para processar e julgar ação possessória ajuizada em decorrência do exercício do direito de greve pelos trabalhadores da iniciativa privada".

Também são ações decorrentes do exercício do direito de greve os dissídios coletivos, chamada de ações típicas. Nesse caso, a competência encontra-se clara no art. 114, §2º e §3º, CRFB/88:

Art. 114, § 2º Recusando-se qualquer das partes à negociação coletiva ou à arbitragem, é facultado às mesmas, de comum acordo, ajuizar dissídio coletivo de natureza econômica, podendo a Justiça do Trabalho decidir o conflito, respeitadas as disposições mínimas legais de proteção ao trabalho, bem como as convencionadas anteriormente.

§ 3º Em caso de greve em atividade essencial, com possibilidade de lesão do interesse público, o Ministério Público do Trabalho poderá ajuizar dissídio coletivo, competindo à Justiça do Trabalho decidir o conflito.

Os dissídios coletivos são de competência funcional não do primeiro grau, mas do Tribunal Regional do Trabalho ou até mesmo do Tribunal Superior do Trabalho a depender da abrangência da base territorial do sindicato, ou seja, se a base territorial for menor ou igual a um TRT, competirá ao TRT; se a base territorial ultrapassar a competência de um TRT, competirá ao TST (exceto quando os TRT envolvidos forem o da 2ª e o da 15ª Região, quando a competência funcional será do TRT da 2ª Região, conforme previsto no art. 12 da Lei nº 7.520/86):

Art. 12. Compete exclusivamente ao Tribunal Regional do Trabalho da 2ª Região processar, conciliar e julgar os dissídios coletivos nos quais a decisão a ser proferida deva produzir efeitos em área territorial alcançada, em parte, pela jurisdição desse mesmo Tribunal e, em outra parte, pela jurisdição do Tribunal Regional do Trabalho da 15ª Região.

No tocante às ações envolvendo a representação sindical, inicialmente cabe ressaltar que apesar de a lei mencionar apenas o sindicato, por certo que as lides envolvendo qualquer das entidades representativas de categorias econômicas ou profissionais serão de competência da Justiça do Trabalho, ou seja, também haverá julgamento para lides envolvendo federações e confederações (arts. 534 e 535, CLT):

Art. 534 - É facultado aos Sindicatos, quando em número não inferior a 5 (cinco), desde que representem a maioria absoluta de um grupo de atividades ou profissões idênticas, similares ou conexas, organizarem-se em federação.

Art. 535 - As Confederações organizar-se-ão com o mínimo de 3 (três) federações e terão sede na Capital da República.

Assim, são da competência da Justiça do Trabalho, por exemplo, ações em que sindicatos disputam uma base territorial, ações envolvendo direito de filiação e desfiliação, ações de direitos do dirigente sindical e ações em que em sindicatos alegam atitudes antissindicais de empregadores.

Aqui cabe uma observação importante, pois, embora o servidor celetista possa pleitear seus direitos na Justiça do Trabalho, no caso de greve o entendimento é diferente, pois o tema 544 com repercussão geral dispõe que: "A justiça comum, federal ou estadual, é competente para julgar a abusividade de greve de servidores públicos celetistas da Administração pública direta, autarquias e fundações públicas".

4.3.3 Os mandados de segurança, habeas corpus e habeas data, quando o ato questionado envolver matéria sujeita à sua jurisdição

Nos termos da Lei nº 12.016, de 2009, no art. 1º: Conceder-se-á mandado de segurança para proteger direito líquido e certo, não amparado por *habeas corpus ou hab*eas data, sempre que, ilegalmente ou com abuso de poder, qualquer pessoa física ou jurídica sofrer violação ou houver justo receio de sofrê-la por parte de autoridade, seja de que categoria for e sejam quais forem as funções que exerça.

Antes da EC 45/04, na Justiça do Trabalho apenas cabia mandado de segurança contra ato de autoridade judiciária, razão pela qual apenas os Tribunais tinham competência funcional para seu conhecimento e julgamento. No entanto, após a referida Emenda Constitucional juízes de primeiro grau também possuem tal competência, mas para mandados de segurança ajuizados em virtude de atos cometidos por autoridade de fiscalização do trabalho, conforme art. 161, CLT:

Art. 161 - O Delegado Regional do Trabalho, à vista do laudo técnico do serviço competente que demonstre grave e iminente risco para o trabalhador, poderá interditar estabelecimento, setor de serviço, máquina ou equipamento, ou embargar obra, indicando na decisão, tomada com a brevidade que a ocorrência exigir, as providências que deverão ser adotadas para prevenção de infortúnios de trabalho.

Assim, verificando-se qualquer abuso no ato de interdição do estabelecimento, por exemplo, a parte prejudicada poderia ajuizar mandado de segurança de competência da Vara do Trabalho.

Já o *habeas corpus é remé*dio constitucional que visa contestar possível violação do direito de ir e vir, cabível nas hipóteses do art. 5º, LXVIII, CRFB/88:

Art. 5º, LXVIII - conceder-se-á *habeas corpus sempre* que alguém sofrer ou se achar ameaçado de sofrer violência ou coação em sua liberdade de locomoção, por ilegalidade ou abuso de poder.

Quanto a seu efetivo cabimento há decisões que ampliam consideravelmente sua utilização, inclusive quanto a atos de ilegalidade e abusos de poder praticados em face de uma relação de trabalho, podendo ser impetrado contra atos de decisões de juízes, atos de empregadores e auditores do trabalho, enquanto parte da doutrina (inclusive seguindo posicionamento do STF e do STJ) restringe a utilização do *habeas corpus para d*efesa da liberdade de locomoção, como quando o empregador mantém empregado no ambiente de trabalho em decorrência de movimento grevista não o deixando sair. Entendemos que esse último entendimento atende de forma mais escorreita o objetivo do instituto em análise.

Tem se admitido ainda *habeas corpus contra* ato do juiz que determina apreensão de passaporte, conforme podemos verificar nos julgados abaixo:

"*Habeas corpus*. Cabimento. Apreensão de passaporte. Observância dos parâmetros de adequação, necessidade e proporcionalidade. Inexistência de ilegalidade ou abusividade. Admite-se *habeas corpus contra* ato que determina a apreensão de passaporte, como medida atípica da execução, para se discutir a legalidade da ordem judicial, tendo em vista que implica limitação à liberdade de ir e vir amparada pela Constituição Federal. Todavia, na hipótese, não se constatou ilegalidade ou abuso de poder, pois, conforme registrado na decisão apontada como coatora, o vultoso patrimônio do executado seria suficiente para adimplir a dívida trabalhista, foram realizadas frustradas tentativas de execução e houve indícios concretos de ocultação patrimonial. Desse modo, o ato impugnado encontra-se devidamente ponderado em juízo de adequação, necessidade e proporcionalidade, não ensejando a liberação do passaporte. Sob esses fundamentos, a SBDI-II, por maioria, admitiu o *habeas corpus e, no* mérito, rejeitou a pretensão deduzida, vencidos o Ministro Aloysio Corrêa da Veiga e a Ministra Dora Maria da Costa. TST-HC-Civ-1000186-44.2024.5.00.0000, SBDI-II, rel. Min. Sérgio Pinto Martins, julgado em 23/04/2024."

"*Habeas corpus*. Retenção de passaporte do executado. Medida atípica para forçar o cumprimento de decisão judicial. Necessidade profissional do documento. É cabível o *habeas corpus contra* ato que determinou a suspensão de passaporte, como medida atípica da execução, com fulcro no art. 139, IV do CPC de 2015, visto que tal medida frustra direito de locomoção do indivíduo para além dos limites territoriais do país. No caso, o remédio constitucional foi impetrado contra acórdão prolatado pelo Tribunal Regional que denegou ordem para cassar a determinação de suspensão do passaporte do paciente. Todavia, as circunstâncias do caso concreto, como a necessidade profissional do documento, e outros elementos nos autos, como o fato de que a primeira medida imposta não recaiu sobre o patrimônio, mas sobre a liberdade do paciente, indicam a inobservância ao princípio da menor onerosidade, proporcionalidade e razoabilidade. Nesse contexto, o reconhecimento, pelo Tribunal Regional, da validade do ato originalmente impugnado prolongou o constrangimento 3 ilegal do paciente. Sob esse fundamento, a SBDI-II, por unanimidade, admitiu o *habeas corpus e, no* mérito, cassou o acórdão prolatado pelo Tribunal Regional, determinando a liberação do passaporte do paciente. TST-HCCiv-1000316-05.2022.5.00.0000, SBDI-II, rel. Min. Luiz José Dezena da Silva, 02/05/2023."

Por último, o *habeas data pode s*er utilizado com as finalidades de conhecimento de informações pessoais, retificação de informações e anotações nos assentamentos, na forma da Lei nº 9.507/97. O clássico exemplo dessa impetração na Justiça do Trabalho é a realizada pelo empregador em face de órgão de fiscalização do trabalho que tenha negado informações sobre processo administrativo em que esteja sofrendo alguma penalidade administrativa.

4.3.4 Os conflitos de competência entre órgãos com jurisdição trabalhista, ressalvado o disposto no art. 102, I, o

Existem dois tipos de conflito: positivo, quando ambos os órgãos jurisdicionais se entendem competentes para julgamento; e negativo, quando ambos negam serem competentes para tanto.

De qualquer forma, a competência para julgamento do conflito se dará da seguinte forma:

- Conflito entre Varas do Trabalho (ou entre Vara do Trabalho e Vara da Justiça Comum com jurisdição trabalhista) submetidas ao mesmo TRT = competência do TRT.
- Conflito entre Varas do Trabalho (ou entre Vara do Trabalho e Vara da Justiça Comum com jurisdição trabalhista) pertencentes a distintos TRTs = competência do TST.
- Conflito entre TRTs = competência do TST.
- Conflito entre TRT e Vara do Trabalho a ele não vinculada = TST.
- Conflito entre Jurisdição Trabalhista de primeiro e segundo graus com Jurisdição Comum de primeiro e segundo graus = competência STJ (Art. 105, I, d, CRFB/88: Compete ao Superior Tribunal de Justiça: I - processar e julgar, originariamente: d - os conflitos de competência entre quaisquer tribunais, ressalvado o disposto no art. 102, I, "o", bem como entre tribunal e juízes a ele não vinculados e entre juízes vinculados a tribunais diversos).

Conflito envolvendo Tribunais Superiores (STF/STJ/TST/TSE/TSM) = competência do STF (Art. 102, I, o, CRFB/88: Compete ao Supremo Tribunal Federal, precipuamente, a guarda da Constituição, cabendo-lhe: I - processar e julgar, originariamente: o - os conflitos de competência entre o Superior Tribunal de Justiça e quaisquer tribunais, entre Tribunais Superiores, ou entre estes e qualquer outro tribunal).

4.3.5 As ações de indenização por dano moral ou patrimonial, decorrentes da relação de trabalho.

"O dano é a lesão de um bem jurídico, material ou imaterial ou ainda moral, tutelado pelo direito, que acarreta prejuízo à vítima", segundo Mauro Schiavi[6].

O dano pode acarretar prejuízo ao patrimônio da pessoa, sendo, portanto, de natureza patrimonial/material, sendo devida a reparação conforme o referido prejuízo, podendo acarretar ainda indenização por lucros cessantes (o que a pessoa deixou de ganhar), além dos efetivos danos emergentes (danos presentes). No entanto, é cediço que esse não é o único dano que pode ser sofrido pela pessoa. Há danos ainda mais profundos que atingem não a esfera patrimonial, e sim a moral (aqui incluídos imagem, reputação, estético, dentre outros), não possuindo reflexos materiais, mas sim pessoais. É o que podemos entender como dano moral ou extrapatrimonial.

Em ambos os casos, e decorrendo da relação de trabalho, temos a competência da Justiça do Trabalho para análise e julgamento, conforme Súmula nº 392, TST e Súmula Vinculante nº 22, STF:

Súmula nº 392, TST – DANO MORAL E MATERIAL. RELAÇÃO DE TRABALHO. COMPETÊNCIA DA JUSTIÇA DO TRABALHO (redação alterada em sessão do Tribunal Pleno realizada em 27/10/2015) – Res. 200/2015, DEJT divulgado em 29/10/2015 e 03 e 04/11/2015. Nos termos do art. 114, inc. VI, da Constituição da República, a Justiça do Trabalho é competente para processar e julgar ações de indenização por dano moral e material, decorrentes da relação de trabalho, inclusive as oriundas de acidente de trabalho e doenças a ele equiparadas, <u>ainda que propostas pelos dependentes ou sucessores do trabalhador falecido.</u>

SÚMULA VINCULANTE Nº 22 A Justiça do Trabalho é competente para processar e julgar as ações de indenização por danos morais e patrimoniais decorrentes de acidente de trabalho propostas por em-

---

[6] SCHIAVI, Mauro. *Manual de direito processual do trabalho.* 15. ed. São Paulo: Editora LTR, 2019, p. 289.

pregado contra empregador, inclusive aquelas que ainda não possuíam sentença de mérito em primeiro grau quando da promulgação da Emenda Constitucional nº 45/04.

Nas relações contratuais, não há como se restringir apenas aos danos ocorridos na vigência do contrato de trabalho ou do contrato de emprego, sendo possível que ocorram também nas fases pré e pós contratuais.

A despeito de entendimentos diversos, não vemos como possível afastar a competência desta Justiça Especializada em lesões sofridas nas fases acima mencionadas quando a causa de pedir tenha ligação direta com a relação de trabalho havida entre as partes.

Assim, na hipótese de promessa de emprego não cumprida (após realização de exames admissionais, entrevistas, pedido de entrega de CTPS, mas não admissão posterior) poderia o empregado pleitear indenização em fase de dano ocorrido na fase pré-contratual, cuja ação é de competência da Justiça do Trabalho. Da mesma forma, caso ocorra alguma violação de segredo em período posterior a extinção contratual, dessa Especializada a competência para julgamento, pois a lide é decorrente do contrato anteriormente havido entre as partes.

Há, ainda, a competência da Justiça do Trabalho quanto ao dano moral decorrente da perda de uma chance, que seria o dano extrapatrimonial experimentado pela parte em virtude da frustração de uma efetiva oportunidade. Assim, demonstrado que a parte realmente teve uma oportunidade frustrada por ato da outra, e que essa decorreu da relação contratual entre elas, por certo que da Justiça do Trabalho a competência para julgamento da ação indenizatória.

Outros danos que não podem ser excluídos da apreciação da Justiça do Trabalho referem-se ao dano estético, no caso por exemplo de um dano estético ocorrido em acidente de trabalho, e atualmente debatido dano morte, que seria a possibilidade de se reparar uma possível dor do empregado falecido em razão da morte (o tema ainda é muito discutido até mesmo no TST, havendo turmas que admitem o dano morte, pois a própria morte no trabalho já gera ofensa aos direitos da personalidade, e outras que não admitem, pois com a morte se extingue a personalidade, não podendo aferir qualquer ofensa à personalidade do de cujos).

Há ainda que se estabelecer aqui que tanto TST quanto STF admitem a competência da justiça do trabalho para processar e julgar o dano in ricochete, ou seja, a possibilidade dos familiares do trabalhador de pleitear indenização na justiça do trabalho de dano sofrido por eles em razão de morte por acidente de trabalho, o que se vislumbrou com frequência no caso de Brumadinho e Mariana.

"30/10/2024 – Eles se conheciam desde a adolescência. Cresceram e viveram a vida toda na mesma cidade. Aos 15 anos 'engataram o namoro', e, 15 anos depois, no início de janeiro de 2019, noivos, foram juntos à Igreja Matriz de Brumadinho (MG) marcar o casamento. Contudo, cinco meses antes da cerimônia, uma lista emitida pela Vale S.A. na noite de 26 de janeiro indicava que Djener Paulo Las-Casas Melo, o noivo, operador de máquinas, estava entre as 272 pessoas soterradas pela lama na tragédia do Córrego do Feijão. O sonho foi interrompido.

Essa história não é mais um caso de alguém que perdeu um ente querido na tragédia de Brumadinho. É diferente porque é única, em seus dramas, seus sofrimentos e sua luta. Essa noiva, Ketre Menezes de Paula, hoje microempresária, teve de juntar cartas de amor, fotografias e declaração da paróquia de Brumadinho para comprovar na Justiça seu direito à indenização pela morte do noivo – o chamado 'dano moral em ricochete'.

Segundo a jurisprudência trabalhista, o dano em ricochete é presumido em relação ao núcleo familiar básico da pessoa falecida – cônjuge, companheiro ou companheira, filhos e pais. Recentemente, o TST reconheceu que o vínculo afetivo entre irmãos também dispensa a necessidade de prova do sofrimento. Quanto aos demais entes, familiares ou não, o laço afetivo ou a relação de proximidade devem ser devidamente comprovados nos autos. Ou seja, a afetividade passa a ter peso jurídico para resolução dos conflitos.

Provar afetividade é desafio doloroso

Foi o caso de Ketre, em que o pedido foi feito com base no grau de afetividade, e não de parentesco. Essas situações enfrentam a barreira da ilegitimidade quando se propõe ação autônoma pelo dano em ricochete. São sogras, amigos, sobrinhas, namorados, enfim, pessoas que buscam o direito a uma reparação, mas que para isso têm de comprovar que tiveram com a vítima uma relação estreita de intimidade.

A microempresária explica que decidiu entrar com a ação porque as indenizações selecionadas por grau de parentesco pela empresa não incluíam noivas, apenas esposas. "Durante o processo, eles duvidaram da minha história com ele (o noivo) o tempo inteiro. Ficavam com um ar de que eu era uma oportunista e que estava me aproveitando da situação para me dar bem financeiramente. Essa foi a parte mais dolorosa do processo", declarou.

Judicialmente, duvidar da história significa alegar que não há elementos suficientes para demonstrar a proximidade diária, constante e íntima, a ponto de gerar sentimento de perda passível de compensação financeira. À alegação segue a tese de que, se a reparação for estendida a todas as pessoas que, de algum modo, sentiram a dor da perda, corre-se o risco de banalizar o instituto do dano moral em ricochete, sobretudo quanto aos critérios de afetividade.

Para Wilson Paz, advogado da microempresária no processo, a alegação de banalização do dano moral em tragédias como a de Brumadinho soa como uma afronta à dignidade da Justiça. Segundo ele, a morte de alguém querido em decorrência da omissão ou de uma ação positiva do empregador deve ser punida de forma exemplar, para que o caráter pedagógico seja atingido, ou seja, para que a situação não se repita.

Em abril de 2022, a Vale perdeu seu último recurso no TST, e o direito à indenização por danos morais por ricochete foi reconhecido à microempresária pela morte do noivo em Brumadinho. Poucos meses depois, a sentença foi cumprida, e o caso foi arquivado.

Hoje, cinco anos e oito meses após a tragédia que impossibilitou a sonhada vida a dois, a microempresária disse que a cidade ainda é marcada pela sombra da injustiça e da saudade. Ela conta que refez a vida pela fé em Deus, o que não significa que apagou o que viveu. "Muito pelo contrário, cada passo traz uma lembrança, cada conquista traz um desafio: o desafio de ter que lidar com o passado, viver o presente e almejar o futuro com justiça feita".

Novos arranjos familiares são considerados

Outra questão sensível que envolve casos de dano por ricochete por grau de afetividade é a compreensão de que as mudanças sociais das últimas décadas fizeram surgir novos arranjos familiares. Isso exige uma visão mais ampla do que vem a ser núcleo familiar (para além de pai, mãe e filhos) – tanto que, em 2011, o Supremo Tribunal Federal reconheceu a união homoafetiva como núcleo familiar e as equiparou às uniões estáveis entre homens e mulheres.

No caso do dano em ricochete, cabe aos julgadores avaliar a legitimidade de quem pede reparação não só com base nos vínculos biológicos e matrimoniais, mas também no princípio da afetividade.

É o caso de um processo em que o companheiro de um trabalhador, também vítima do acidente em Brumadinho, pediu reconhecimento do dano moral em ricochete. Ele anexou aos autos fotografias do casal, comprovantes de endereço, escritura pública declaratória e carta de concessão de benefício previdenciário para comprovar a união estável de mais de três anos.

A empresa, mais uma vez, rechaçou o direito pelo grau de afetividade. Alegou que os documentos careciam de fé pública e que o companheiro poderia facilmente os ter falsificado em programas de computador.

Contudo, as provas demonstraram a formação de laços estreitos de envolvimento emocional entre eles, e isso permitia concluir que a morte do trabalhador causou intenso sofrimento ao companheiro.

Agra Belmonte, ministro do Tribunal Superior do Trabalho, explica que a questão é de dano extrapatrimonial. "Estamos falando de sentimento, e o sentimento pode dizer respeito a qualquer pessoa de afinidade próxima", observa. Segundo ele, isso envolve normalmente pessoas do convívio familiar, mas nada impede que se estenda a outras pessoas em relação às quais havia uma afinidade muito grande. "Você pode ter uma pessoa próxima a você, que não compõe o núcleo familiar, mas com quem tem um laço forte de afinidade. O critério é afinidade". Notícia retirada do site do TST.

Questão recente vem afetando as decisões judiciais quanto aos valores arbitrados para os danos extrapatrimoniais reconhecidos, pois até a Reforma Trabalhista o julgador tinha maior liberdade quando da fixação das indenizações, levando em consideração sua liberdade de condução e julgamento do processo, tudo de acordo com cada caso concreto.

A Reforma Trabalhista, no entanto, acabou por restringir tal liberdade ao impor valores máximos de indenização, trazendo novamente a noção de "dano moral tarifado", na forma do art. 223-G, §1º, CLT:

Art. 223-G, § 1º Se julgar procedente o pedido, o juízo fixará a indenização a ser paga, a cada um dos ofendidos, em um dos seguintes parâmetros, vedada a acumulação:

I - ofensa de natureza leve, até três vezes o último salário contratual do ofendido;

II - ofensa de natureza média, até cinco vezes o último salário contratual do ofendido;

III - ofensa de natureza grave, até vinte vezes o último salário contratual do ofendido;

IV - ofensa de natureza gravíssima, até cinquenta vezes o último salário contratual do ofendido.

A nosso ver o dispositivo acima padece de vício de constitucionalidade, pois fere o princípio da isonomia, vez que a indenização decorrente de um mesmo dano moral teria valor diferente em razão do salário de cada ofendido. Há ADINs sobre o referido dispositivo aguardando julgamento no Supremo Tribunal Federal.

4.3.6 As ações relativas às penalidades administrativas impostas aos empregadores pelos órgãos de fiscalização das relações de trabalho

A competência ora analisada leva em consideração as penalidades administrativas possivelmente aplicadas em decorrência da fiscalização das relações de trabalho na utilização dos arts. 626 a 653, CLT.

Certo, assim, que não cabe à Justiça do Trabalho impor qualquer penalidade, mas julgar as ações relativas às penalidades impostas pelas autoridades competentes para tanto.

Aqui não estão incluídas as penalidades impostas por órgãos de fiscalização da profissão, pois o texto constitucional foi claro ao se referir a penalidades aplicadas a empregadores.

4.3.7 A execução, de ofício, das contribuições sociais previstas no art. 195, I, a , e II, e seus acréscimos legais, decorrentes das sentenças que proferir

As sentenças trabalhistas podem deferir verbas condenatórias de natureza indenizatória, as quais não sofrem incidência de INSS (como, por exemplo, multa do art. 467, CLT, indenização compensatória de 40% sobre o FGTS), e verbas de natureza salarial, que sofrem incidência de INSS (como, por exemplo, saldo de salário, horas extras, 13º salário).

Assim, quando de tal incidência, competirá à parte recolher os devidos valores de INSS na fase de execução. Caso a parte devedora assim não o faça espontaneamente, o Juízo procederá a execução de ofício, ou seja, independentemente da provocação da parte interessada.

Cabe dizer, no entanto, que a competência da Justiça do Trabalho está adstrita ao recolhimento do INSS incidente sobre a parte condenatória da sentença (e que tenha natureza salarial), e não sobre a parte meramente declaratória. Ou seja, caso haja reconhecimento de vínculo empregatício em uma ação e deferimento de verbas de natureza salarial, sobre o período reconhecido de natureza declaratória não nos compete determinar o recolhimento ou a execução do INSS, aplicando-se o dispositivo constitucional apenas sobre a parte condenatória.

Assim a Súmula nº 368, I, TST, a Súmula Vinculante nº 53 do STF e nova redação do art. 876, parágrafo único, CLT:

Súmula nº 368 do TST

DESCONTOS PREVIDENCIÁRIOS. IMPOSTO DE RENDA. COMPETÊNCIA. RESPONSABILIDADE PELO RECOLHIMENTO. FORMA DE CÁLCULO. FATO GERADOR (aglutinada a parte final da Orientação Jurisprudencial nº 363 da SBDI-I à redação do item II e incluídos os itens IV, V e VI em sessão do Tribunal Pleno realizada em 26/06/2017) – Res. 219/2017, republicada em razão de erro material – DEJT divulgado em 12, 13 e 14/07/2017 - I - A Justiça do Trabalho é competente para determinar o recolhimento das contribuições fiscais. A competência da Justiça do Trabalho, quanto à execução das contribuições previdenciárias, limita-se às sentenças condenatórias em pecúnia que proferir e aos valores, objeto de acordo homologado, que integrem o salário de contribuição.

SÚMULA VINCULANTE Nº 53 do STF – A competência da Justiça do Trabalho prevista no art. 114, VIII, da Constituição Federal alcança a execução de ofício das contribuições previdenciárias relativas ao objeto da condenação constante das sentenças que proferir e acordos por ela homologados.

CLT, art. 876, Parágrafo único. A Justiça do Trabalho executará, de ofício, as contribuições sociais previstas na alínea a do inciso I e no inciso II do *caput* do art. 195 da Constituição Federal, e seus acréscimos legais, relativas ao objeto da condenação constante das sentenças que proferir e dos acordos que homologar.

4.3.8 Outras controvérsias decorrentes da relação de trabalho, na forma da lei

No presente tópico temos a chamada competência residual, que tem por objetivo ampliar a competência da Justiça do Trabalho, o que poderia ser feito por meio de lei federal.

4.3.9 Trabalho artístico infantil e sua autorização

Inicialmente cabe destacar que o art. 7º, XXXIII, CRFB/88 permite o trabalho do menor a partir dos 14 anos apenas da condição de aprendiz, e a partir dos 16 anos sem tal limitação, mas de qualquer forma mantida a proibição de trabalho perigoso, insalubre ou noturno, conforme a seguir:

Art. 7º São direitos dos trabalhadores urbanos e rurais, além de outros que visem à melhoria de sua condição social: **XXXIII** – proibição de trabalho noturno, perigoso ou insalubre a menores de dezoito e de qualquer trabalho a menores de dezesseis anos, salvo na condição de aprendiz, a partir de quatorze anos.

No entanto, isso não quer dizer que o trabalho artístico não possa ser autorizado ao menor de 16 anos, o que ressai da redação da Convenção 138 da OIT, mais especificamente no art. 8º.

A questão mais importante é saber a quem compete conceder tal autorização, tendo em vista a redação do art. 406, CLT:

Art. 406 - O Juiz de Menores poderá autorizar ao menor o trabalho a que se referem as letras "a" e "b" do § 3º do art. 405: I - desde que a representação tenha fim educativo ou a peça de que participe não possa ser prejudicial à sua formação moral; II - desde que se certifique ser a ocupação do menor indispensável à própria subsistência ou à de seus pais, avós ou irmãos e não advir nenhum prejuízo à sua formação moral.

Após a ampliação da competência da Justiça do Trabalho por meio da Emenda Constitucional 45/04, entendemos que seria dessa especializada a competência para tal autorização, já que tal questão também deriva de relação de trabalho.

No entanto, não é esse o entendimento prevalecente, tendo em vista a interpretação literal do dispositivo acima mencionado, e do Estatuto da Criança e Adolescente.

Assim, no julgamento da ADFP 361, bem como da ADI 5326, a maioria dos Ministros do STF decidiu que o ECA determina que o Juiz da Infância e Juventude é a autoridade judiciária competente para responder pelos processos de tutela de interesse dos menores. Desta forma, não seria suficiente apenas a análise de questões trabalhistas, mas sim de questões de interesse do menor, área não afeta aos juízes do trabalho.

Por certo, tal questão se limita à autorização efetiva para o trabalho, não retirando da Justiça do Trabalho a competência para analisar e julgar posteriores lides decorrentes dessa relação de trabalho.

Assim, compete à Justiça Comum (por meio do Juiz da Infância e Juventude), e não à Justiça do Trabalho, a competência para autorização do trabalho artístico infantil.

4.3.10 Empreitada

A competência para tal julgamento ressai da redação do art. 652, a, III, da CLT:

Art. 652. Compete às Varas do Trabalho: a) conciliar e julgar: III - os dissídios resultantes de contratos de empreitadas em que o empreiteiro seja operário ou artífice;

Assim, em se tratando de possíveis ações envolvendo o pequeno empreiteiro (ou pequeno artífice), considerado este pessoa física que realiza seus próprios trabalhos (ou mediante contratação de poucos empregados), sendo ele demandante ou demandado da ação, e independentemente do que seja requerido como objeto, da Justiça do Trabalho a competência para sua análise e julgamento.

4.3.11 Meio ambiente do trabalho

O meio ambiente do trabalho é o local onde as tarefas profissionais são executadas, podendo ser o escritório ou o *home office*. Ele é composto por diversos elementos, como: edificações, equipamentos de proteção individual, iluminação, conforto térmico, instalações elétricas, bem como condições de salubridade ou insalubridade

Um ambiente de trabalho saudável é importante para a preservação de direitos como a saúde, a vida e o trabalho. Ele também pode estimular a produtividade e motivar os colaboradores.

A legislação brasileira estabelece que as empresas devem cumprir e fazer cumprir as normas de segurança e medicina do trabalho. O artigo 7º da Constituição Federal, inciso XXII, estabelece que os trabalhadores têm direito à redução dos riscos inerentes ao trabalho.

As discussões relativas ao meio ambiente do trabalho são de competência da Justiça do Trabalho, mesmo no caso de servidor público conforme Súmula nº 736 do STF "Compete à justiça do trabalho julgar as ações que tenham como causa de pedir o descumprimento de normas trabalhistas relativas à segurança, higiene e saúde dos trabalhadores".

"O órgão judiciário reclamado reconheceu a competência da Justiça do Trabalho para apreciar a demanda ora em apreço sob o fundamento de que a Súmula nº 736 desta Suprema Corte atribui àquela Justiça Especializada a competência para apreciar demandas relativas ao meio ambiente e medicina do trabalho, independentemente da natureza do vínculo – estatutário ou celetista. Esse entendimento contrasta com a orientação firmada em sucessivas decisões monocráticas proferidas por Ministros desta Corte a propósito de pretensões reclamatórias semelhantes à destes autos (Rcl 44.656/RO, Ministro Ricardo Lewandowski; Rcl 43.764/PI, Ministra Rosa Weber; Rcl 43.753/PI, Ministra Cármen Lúcia). Em referidas decisões, os ilustres Ministros Relatores assentaram que o critério determinante que se extrai da ADI 3.395/DF para a definição da Justiça competente para apreciar demandas relativas a disposições normativas encartadas na CLT – Trabalhista ou Comum – consiste na natureza do vínculo jurídico entre o servidor (em sentido amplo) e o ente público. [**Rcl 44.998 MC**, rel. min. **Nunes Marques**, dec. monocrática, j. 16-12-2020, DJE 297 de 7-1-2021.]"

4.3.12 Outras questões em matéria de competência

a) Tema 1143 STF: é competente a Justiça Comum para julgar ação proposta por servidor celetista contra o poder público, na qual se pleiteia prestação de natureza administrativa

b) Tema 190 STF: compete à Justiça comum o processamento de demandas ajuizadas contra entidades privadas de previdência com o propósito de obter complementação de aposentadoria, mantendo-se na Justiça Federal do Trabalho, até o trânsito em julgado e correspondente execução, todas as causas dessa espécie em que houver sido proferida sentença de mérito até 20/2/2013.

c) Tema 1166 STF: compete à Justiça do Trabalho processar e julgar causa ajuizadas contra o empregador nas quais se pretenda o reconhecimento de verba de natureza trabalhista e os reflexos nas respectivas contribuições para a entidade de previdência privada a ele vinculada

d) Tema 550 STF: preenchidos os requisitos dispostos na lei 4886/65, compete à Justiça Comum o julgamento de processos envolvendo relação jurídica entre representante e representada comerciais, uma vez que não há relação de trabalho entre as partes

4.4 Competência territorial

A competência em razão do lugar determina qual é o limite geográfico para ajuizamento de uma ação, ou seja, em qual território a ação deve ser processada e julgada.

Tal competência é da espécie relativa, não podendo ser alegada de ofício pelo Juiz, dependendo de arguição pela parte interessada, mais precisamente por meio da exceção de incompetência (com as regras do art. 800 da CLT, o que será estudado em tópico específico), sob pena de prorrogação.

Isso quer dizer que se não for suscitada pela parte interessada no momento processual adequado, o Juiz inicialmente incompetente para a ser competente para analisar e julgar a demanda.

A competência territorial trabalhista segue as regras do art. 651 e parágrafos da CLT:

Art. 651 - A competência das Juntas de Conciliação e Julgamento é determinada pela localidade onde o empregado, reclamante ou reclamado, prestar serviços ao empregador, ainda que tenha sido contratado noutro local ou no estrangeiro.

§ 1º - Quando for parte de dissídio agente ou viajante comercial, a competência será da Junta da localidade em que a empresa tenha agência ou filial e a esta o empregado esteja subordinado e, na falta, será competente a Junta da localização em que o empregado tenha domicílio ou a localidade mais próxima.

§ 2º - A competência das Juntas de Conciliação e Julgamento, estabelecida neste artigo, estende-se aos dissídios ocorridos em agência ou filial no estrangeiro, desde que o empregado seja brasileiro e não haja convenção internacional dispondo em contrário.

§ 3º - Em se tratando de empregador que promova realização de atividades fora do lugar do contrato de trabalho, é assegurado ao empregado apresentar reclamação no foro da celebração do contrato ou no da prestação dos respectivos serviços.

A regra, portanto, consiste em que a competência das Varas do Trabalho deriva da localidade em que empregado, reclamante ou reclamado, tenha prestado serviços, independentemente do local de sua contratação, domicílio ou sede da empresa. Assim, por exemplo, se a sede da empresa fica estabelecida na cidade de São Paulo, o empregado mora na cidade do Rio de Janeiro, foi contratado na cidade de Campinas, mas prestou serviços em Salvador, como regra de uma das Varas do Trabalho dessa cidade a competência para análise e julgamento de ação proposta pelo empregado ou em face dele (observe que o dispositivo legal também fala de empregado com reclamado – portanto, se a empresa ajuizar uma ação de consignação em pagamento, hipótese em que o trabalhador será "réu", mais precisamente consignatário, a competência também será, no caso do exemplo, de uma das Varas do Trabalho de Salvador).

A regra acima, no entanto, vem sendo abrandada pelo Tribunal Superior do Trabalho em casos excepcionais em que o ajuizamento da ação no local de prestação de serviços possa limitar ou dificultar o acesso da parte do Poder Judiciário, tal como exposto no Informativo 185 do referido Tribunal, conforme notícia abaixo:

"Competência territorial. Término das atividades da filial da empresa na localidade da contratação e da prestação dos serviços. Reclamação trabalhista ajuizada no foro do domicílio da reclamante. Possibilidade. Garantia de acesso à justiça. Preservação do direito de defesa. É possível reconhecer a competência territorial do foro do domicílio da reclamante quando a atribuição da competência ao juízo do Trabalho da contratação ou da prestação dos serviços inviabilizar a garantia do exercício do direito de ação. As regras do art. 651 da CLT não devem ser interpretadas de forma literal, mas sistematicamente, de modo a concretizar os direitos e garantias fundamentais insculpidos na Constituição da República. Na hipótese, a autora foi contratada e prestou serviços em Altamira/PA, mas ajuizou a ação na cidade de Uberlândia/MG, local para onde se mudou após a dispensa. Além disso, a filial da empresa, na cidade de Altamira/PA, encerrou suas atividades, mantendo-as apenas na cidade do Rio de Janeiro/RJ. Assim, para a autora, o processamento do feito no município em que reside atualmente garante-lhe o acesso à justiça, sem causar prejuízo ao direito de defesa da ré, pois o deslocamento do Rio de Janeiro até Uberlândia é mais viável que até Altamira, principalmente porque suas atividades nesta cidade foram encerradas, pressuposto que legitimava a competência deste local. Sob esses fundamentos, a SBDI-I, por unanimidade, conheceu dos embargos interpostos pela reclamante, por divergência jurisprudencial, e, no mérito, por maioria, deu-lhes provimento para declarar a competência territorial de uma das Varas do Trabalho de Uberlândia/MG e determinar a remessa dos autos para essa localidade, a fim de que julgue os pedidos como entender de direito. Vencidos os

Ministros Guilherme Augusto Caputo Bastos, Maria Cristina Irigoyen Peduzzi, Alberto Luiz Bresciani de Fontan Pereira e Márcio Eurico Vitral Amaro. TST-E-RR-11727-90.2015.5.03.0043, SBDI-I, rel. Min. Cláudio Mascarenhas Brandão, 18/10/2018)".

Cabe-nos reforçar que o entendimento acima ainda é bastante polêmico e por certo minoritário, mas deixa-nos a reflexão acerca da importância da flexibilização de normas legais com objetivo de atingimento de preceitos maiores, e sendo primando pela interpretação teleológica, ou seja, da finalidade colimada pela lei.

Por outro turno, caso o empregado tenha prestado serviços em mais de um local, a doutrina majoritária traz como posicionamento de que a competência seria do último local de prestação de serviços, que seria competente para analisar e julgar todo o vínculo empregatício. No entanto, com tal posicionamento não concordamos e entendemos tal qual mestre Mauro Schiavi, segundo o qual a regra da competência serviria para facilitar o acesso da parte ao Poder Judiciário. Dessa forma, se o empregado prestou serviços em diversos locais, competiria a ele escolher em qual pretende ajuizar sua reclamação trabalhista, sendo todos igualmente competentes para tanto.

Retornando à análise do art. 651 da CLT, temos nos parágrafos algumas exceções ao ajuizamento da ação no local da prestação de serviços do emprego.

A constante do parágrafo primeiro diz respeito a empregado que exerce suas funções concomitantemente em várias localidades, razão pela qual a regra será da competência da Vara do Trabalho da localidade em que a empresa tenha agência ou filial, e a que o empregado esteja subordinado (essa não seria escolha, mas competência principal), e, na falta desta, o empregado poderá optar entre ajuizar a ação no seu domicílio ou na localidade mais próxima.

Quanto à exceção prevista no parágrafo segundo, temos a situação de empregado que trabalha no exterior e, embora a prestação de serviços tenha ocorrido em outro país, da Justiça do Trabalho brasileira a competência para conhecer da reclamação trabalhista. Segundo o dispositivo ora em análise, e acima já transcrito, temos que a competência será da Justiça do Trabalho brasileira quando o empregado for brasileiro (nato ou naturalizado) e desde que não haja convenção internacional dispondo em contrário. Em assim sendo, e conforme entendimento majoritário, a competência, em regra, seria da Vara do Trabalho do local em que a empresa tenha sede ou filial no Brasil.

Por derradeiro quanto ao assunto acima, a competência processual não se confunde com o direito material incidente sobre a relação acima mencionada. Assim, há que se seguir a Lei nº 7.064/82, art. 3º, que prevê a aplicação do direito material que seja mais favorável ao trabalho no conjunto das normas em relação a cada matéria, ou seja, aplicar-se-á a norma de direito material do Brasil ou do local da prestação de serviços que seja mais favorável em relação a cada matéria (teoria da incindibilidade dos institutos).

Já no que se refere ao parágrafo terceiro do art. 651 da CLT, temos a hipótese de empresa que promove atividades fora do local da contratação. Assim, o empregado tem a opção de escolher para ajuizamento entre o local da celebração do contrato e o local da prestação de serviços.

4.5 Competência para homologação de acordo extrajudicial

Esse novel instituto de jurisdição voluntária trazido pela Reforma Trabalhista na CLT, em seus arts. 855-B a 855-E, por certo que será analisado pela Justiça do Trabalho conforme permissivo do art. 652, f, CLT:

Art. 652. Compete às Varas do Trabalho: f) decidir quanto à homologação de acordo extrajudicial em matéria de competência da Justiça do Trabalho.

A dúvida que nos compete dirimir é com relação à competência territorial para tal ajuizamento. Tendo em vista que as partes formularão petição inicial conjunta, entendemos não haver possibilidade de apresentação de exceção de incompetência, nem mesmo tal alegação pelo Juízo, já que estamos na seara da incompetência relativa.

Assim, poderíamos pensar na possibilidade de foro de eleição inserido no acordo extrajudicial. No entanto, Élisson Miessa muito bem nos lembra que o foro de eleição não é aplicável ao Processo do Trabalho

"...especialmente em razão da disparidade existente entre empregado e empregador. Nesse sentido, o C. TST, no art. 2º, I, da Instrução Normativa nº 39/2016, estabeleceu expressamente que o foro de eleição não é aplicável à seara laboral". [7]

Dessa forma, entendemos que deve ser seguida a regra do art. 651, CLT para apresentação da demanda, como regra, no local de prestação de serviços do empregado. A apresentação em local diverso, com eleição de foro, poderia ser alvo de decisão de sua ineficácia com base no art. 63, §3º, CPC:

Art. 63. As partes podem modificar a competência em razão do valor e do território, elegendo foro onde será proposta ação oriunda de direitos e obrigações.

§ 3º Antes da citação, a cláusula de eleição de foro, se abusiva, pode ser reputada ineficaz de ofício pelo juiz, que determinará a remessa dos autos ao juízo do foro de domicílio do réu.

4.6 Competência funcional

A competência funcional é determinada a cada órgão jurisdicional em decorrência de suas atribuições.

Ela se divide em originária ou derivada/ recursal, sendo a primeira referente ao órgão que primeiro ou originalmente vai conhecer e julgar o processo (como regra a competência é do primeiro grau de jurisdição, ou seja, das Varas do Trabalho, mas a lei pode determinar a competência inicial já do Tribunal, tal como ocorre com as ações rescisórias e dissídios coletivos, dentre outros), enquanto a segunda é a relacionada aos recursos (ou seja, o órgão que será competente para julgar os recursos apresentados pelas partes).

Há, ainda, a competência executória, referente à execução das decisões judiciais ou dos títulos executivos extrajudiciais.

Quanto à competência para a execução das decisões judiciais, temos a aplicação do art. 877, CLT:

---

[7] MIESSA, Élisson. *Processo do trabalho*. Salvador: Editora Juspodivm, 2019, p. 273-274.

Art. 877 - É competente para a execução das decisões o Juiz ou Presidente do Tribunal que tiver conciliado ou julgado originariamente o dissídio.

Portanto, quem julgou ou conciliou originariamente a demanda na fase de conhecimento, certamente terá a competência para determinar possíveis atos executórios.

Já no tocante aos títulos executivos extrajudiciais, a competência será do juízo que teria competência para o processo de conhecimento de uma demanda nessa fase, conforme art. 877-A, CLT:

Art. 877-A - É competente para a execução de título executivo extrajudicial o juiz que teria competência para o processo de conhecimento relativo à matéria.

CAPÍTULO 5
ATOS, TERMOS E PRAZOS PROCESSUAIS

5.1 Atos processuais

5.1.1 Conceito

Os atos processuais são acontecimentos voluntários ocorridos no processo e dependem de provação do Juízo, das partes e/ou dos auxiliares da Justiça. Todo ato que tenha uma consequência processual e porque derivado da vontade ou provocação de qualquer dessas figuras processuais pode ser enquadrado como ato processual. Assim, podemos citar como exemplos a petição inicial, a contestação, a sentença, o laudo pericial, um despacho ou decisão interlocutória.

5.1.2 Divisão

Os atos processuais podem ser divididos em duas espécies: atos do Juiz, atos dos Auxiliares da Justiça e atos das Partes.

Os atos do Juiz, consistentes em sentenças, decisões interlocutórias ou despachos, são proferidos pelo Juiz na Vara do Trabalho, e suas diferenças consistem, além do conteúdo, na sua capacidade de colocar ou não fim ao processo.

As sentenças são decisões que põem fim ao processo com ou sem resolução do mérito, enquanto as decisões interlocutórias são atos com conteúdo decisório, mas sem a capacidade de colocar fim ao processo, tudo na forma do art. 203, §1º e §2º, CPC, *in verbis*:

Art. 203. *Os pronunciamentos do juiz consistirão em sentenças, decisões interlocutórias e despachos.*

§ 1º *Ressalvadas as disposições expressas dos procedimentos especiais, sentença é o pronunciamento por meio do qual o juiz, com fundamento nos arts. 485 e 487, põe fim à fase cognitiva do procedimento comum, bem como extingue a execução.*

§ 2º *Decisão interlocutória é todo pronunciamento judicial de natureza decisória que não se enquadre no § 1º.*

Os despachos são atos de mero impulso processual e sem conteúdo decisório (tal como ocorre, no Processo do Trabalho, com as decisões interlocutórias), conforme art. 203, §3º, CPC, *in verbis*:

Art. 203, § 3º São despachos todos os demais pronunciamentos do juiz praticados no processo, de ofício ou a requerimento da parte.

Os atos dos Auxiliares da Justiça são denominados de atos ordinatório e consistem na juntada ou abertura de vista do processo (não possuindo, assim, conteúdo decisório), tal como previsto no art. 203, §4º, CPC, *in verbis*:

Art. 203, § 4º *Os atos meramente ordinatórios, como a juntada e a vista obrigatória, independem de despacho, devendo ser praticados de ofício pelo servidor e revistos pelo juiz quando necessário.*

Já os atos das partes consistem nas declarações de uma das partes ou de ambas e que produzem efeitos no processo, conforme previsão no art. 200, CPC, abaixo *transcrito:*

Art. 200. *Os atos das partes consistentes em declarações unilaterais ou bilaterais de vontade produzem imediatamente a constituição, modificação ou extinção de direitos processuais.*

Parágrafo único. A desistência da ação só produzirá efeitos após homologação judicial.

Temos, assim, que a desistência pode ser considerada ato unilateral, mas desde que suscitada até a juntada da defesa, conforme art. 841, §3º, CLT, abaixo transcrito:

Art. 841, § 3º *Oferecida a contestação, ainda que eletronicamente, o reclamante não poderá, sem o consentimento do reclamado, desistir da ação.*

Assim, caso a parte autora requeira a desistência da ação até a apresentação da defesa, a mesma acaba consistindo em ato unilateral, pois dependerá apenas da homologação do Juízo, e não do consentimento da parte contrária.

No entanto, se a defesa já foi apresentada (o que para nós só acontece no momento da audiência, pois nessa oportunidade é que se dá à parte autora a possibilidade de manifestações), acabará a desistência se traduzindo num ato bilateral, pois para homologação judicial será necessária a comunhão de vontade e aceitação de ambas as partes.

Aqui cabe uma observação: a doutrina e a jurisprudência não são unânimes no tocante ao momento em que pode haver a desistência da ação. Para uns a parte pode desistir sem consentimento do réu até o protocolo da defesa no PJE – processo judicial eletrônico (quando há a publicidade da defesa), para outros (corrente a qual nos filiamos) até a audiência, momento em que a defesa é recebida pelo juiz. Assim, entendemos que a parte autora pode desistir da ação até o momento em que o juiz retira o sigilo e recebe a defesa.

Para tanto, é importante que a defesa seja protocolada em sigilo, quando não haverá prejuízo à tese de defesa do réu quando da desistência da parte autora.

A conciliação, por sua vez, é ato bilateral, pois sempre dependerá da comunhão de interesses das partes envolvidas, bem como posterior análise e homologação pelo Juízo.

5.1.3 Características

5.1.3.1 Publicidade

Os atos processuais serão públicos, exceto aqueles que demandarem tramitação em segredo de justiça, havendo, ainda, quanto a eles uma limitação temporal para sua realização, pois devem ocorrer em dias úteis das 06h00 às 20h00, conforme art. 770 da CLT.

No caso de atos praticados no sistema eletrônico (PJE), considera-se praticado de 00h01 até 23h59 do mesmo dia.

No entanto, há exceção à última regra acima mencionada, vez que a penhora poderá se realizar em dias de domingos e feriados, caso haja expressa determinação judicial.

CLT, art. 770 - Os atos processuais serão públicos salvo quando o contrário determinar o interesse social, e realizar-se-ão nos dias úteis das 6 (seis) às 20 (vinte) horas.

Parágrafo único – A penhora poderá realizar-se em domingo ou dia feriado, mediante autorização expressa do juiz ou presidente.

Cabe ressaltar que, como sábado é considerado dia útil para prática de atos processuais, os atos acima podem ser nele praticados, independentemente de determinação ou autorização judicial.

5.1.3.2 Idioma

Em todos os atos processuais é obrigatória utilização da língua portuguesa. Dessa forma, qualquer documento redigido em língua estrangeira apenas poderá ser juntado ao processo se acompanhado da versão para língua portuguesa tramitada por via diplomática ou pela autoridade central, ou firmada por tradutor juramentado, tudo conforme art. 192 e seu parágrafo único, CPC:

Art. 192. Em todos os atos e termos do processo é obrigatório o uso da língua portuguesa.

Parágrafo único. O documento redigido em língua estrangeira somente poderá ser juntado aos autos quando acompanhado de versão para a língua portuguesa tramitada por via diplomática ou pela autoridade central, ou firmada por tradutor juramentado.

5.1.3.3 Forma

A princípio, não há forma específica para realização dos atos processuais, tendo em vista o Princípio da Instrumentalidade das Formas. Dessa maneira, não havendo previsão expressa, o importante é a realização do ato, bem como o atingimento de seu objetivo. Em assim sendo, o ato será considerado válido.

No entanto, esse raciocínio aos poucos vem perdendo espaço no Processo do Trabalho em virtude da necessidade de apresentação dos atos processuais por meio do Processo Judicial Eletrônico (PJE), que traz forma específica para tanto.

Aplicamos, assim, o Princípio da Instrumentalidade das Formas para os processos físicos ainda em tramitação na Justiça do Trabalho, conforme previsão do art. 771, CLT:

Art. 771 - Os atos e termos processuais poderão ser escritos a tinta, datilografados ou a carimbo.

5.1.4 Comunicação dos atos processuais

A comunicação consiste na forma de dar conhecimento dos atos processuais aos seus destinatários.

Em regra, temos a comunicação por meio de citação e de intimação.

No primeiro caso, temos o ato pelo qual o executado, o réu ou o interessado são convocados a integrarem a relação processual, conforme previsto no art. 238, CPC:

Art. 238. Citação é o ato pelo qual são convocados o réu, o executado ou o interessado para integrar a relação processual.

O ato de citação é indispensável para validade regular do processo, na forma da previsão do art. 239, CPC:

Art. 239. Para a validade do processo é indispensável a citação do réu ou do executado, ressalvadas as hipóteses de indeferimento da petição inicial ou de improcedência liminar do pedido.

A citação pode ser classificada em real (quando o réu ou o executado são diretamente chamados para integrarem a relação processual, o que poderá ocorrer por via postal, oficial de justiça ou por meio eletrônico. Aqui cabe destacar que, no Processo do Trabalho, não há necessidade de recebimento da citação de forma pessoal, podendo ser recebida por diversa do próprio, desde que o endereço para o qual a citação foi enviada seja válido) ou presumida (autorizada quando o réu ou executado não são encontrados direta ou indiretamente, estando em local incerto e não sabido, o que, por certo, não pode impedir o andamento regular do processo. Assim, lançaremos mão de citações fictas, como a citação realizada por edital e hora certa, sendo correto afirmar que essa última não tem grande aceitação no Processo do Trabalho).

Existem diversas formas de citação (ou notificação, como muitos chamam no Processo do Trabalho, até porque a CLT não trouxe dife-

renciação entre ambas, valendo-se das duas expressões ao longo de seu texto), e podemos citar:
- Por via postal: realizada pelos correios, tal como ocorre, em regra, na fase de conhecimento, na forma dos arts. 841 e 774, parágrafo único, ambos da CLT:

Art. 841 - Recebida e protocolada a reclamação, o escrivão ou secretário, dentro de 48 (quarenta e oito) horas, remeterá a segunda via da petição, ou do termo, ao reclamado, notificando-o ao mesmo tempo, para comparecer à audiência do julgamento, que será a primeira desimpedida, depois de 5 (cinco) dias.

§ 1º - A notificação será feita em registro postal com franquia. Se o reclamado criar embaraços ao seu recebimento ou não for encontrado, far-se-á a notificação por edital, inserto no jornal oficial ou no que publicar o expediente forense, ou, na falta, afixado na sede da Junta ou Juízo.

§ 2º - O reclamante será notificado no ato da apresentação da reclamação ou na forma do parágrafo anterior.

Art. 774 - Salvo disposição em contrário, os prazos previstos neste Título contam-se, conforme o caso, a partir da data em que for feita pessoalmente, ou recebida a notificação, daquela em que for publicado o edital no jornal oficial ou no que publicar o expediente da Justiça do Trabalho, ou, ainda, daquela em que for afixado o edital na sede da Junta, Juízo ou Tribunal.

Parágrafo único – Tratando-se de notificação postal, no caso de não ser encontrado o destinatário ou no de recusa de recebimento, o Correio ficará obrigado, sob pena de responsabilidade do servidor, a devolvê-la, no prazo de 48 (quarenta e oito) horas, ao Tribunal de origem.

Em virtude do que consta no parágrafo único do art. 774 da CLT, temos a presunção de que em não havendo o retorno da notificação pelo Correio, no prazo de 48 horas, a parte foi devidamente notificada. Por certo que tal presunção é meramente relativa, sendo do destinatário o ônus de comprovar que não recebeu a notificação.

Súmula nº 16 do TST

NOTIFICAÇÃO (nova redação) – Res. 121/2003, DJ 19, 20 e 21/11/2003

Presume-se recebida a notificação 48 (quarenta e oito) horas depois de sua *postagem*. O seu não recebimento ou a entrega após o decurso desse prazo constitui ônus de prova do destinatário.

- Por edital: caso o reclamado crie embaraços ou efetivamente não seja encontrado, por encontrar-se em local incerto e não sabido, e a fim de que o processo siga seu curso normalmente, a CLT permite a notificação por edital.

Tal autorização existe no processo de conhecimento e também na fase de execução, conforme previsão nos arts. 841, §1º, e 880, §3º, ambos da CLT:

CLT, art. 841, § 1º - A notificação será feita em registro postal com franquia. Se o reclamado criar embaraços ao seu recebimento ou não for encontrado, far-se-á a notificação por edital, inserto no jornal oficial ou no que publicar o expediente forense, ou, na falta, afixado na sede da Junta ou Juízo.

CLT, 880, § 3º - Se o executado, procurado por 2 (duas) vezes no espaço de 48 (quarenta e oito) horas, não for encontrado, far-se-á citação por edital, publicado no jornal oficial ou, na falta deste, afixado na sede da Junta ou Juízo, durante 5 (cinco) dias.

- Por oficial de justiça: tal previsão encontra-se apenas na fase de execução no art. 880, CLT:

Art. 880. Requerida a execução, o juiz ou presidente do tribunal mandará expedir mandado de citação do executado, a fim de que cumpra a decisão ou o acordo no prazo, pelo modo e sob as cominações estabelecidas ou, quando se tratar de pagamento em dinheiro, inclusive de contribuições sociais devidas à União, para que o faça em 48 (quarenta e oito) horas ou garanta a execução, sob pena de penhora.

§ 1º - O mandado de citação deverá conter a decisão exequenda ou o termo de acordo não cumprido.

§ 2º - A citação será feita pelos oficiais de diligência.

- Por meio eletrônico: a regulamentação encontra-se na Lei nº 11.419/2006, ficando estabelecido que todas as citações, intimações e notificações nos processos eletrônicos serão feitas por meio eletrônico, sem prejuízo da publicação no Diário Eletrônico da Justiça do Trabalho, conforme previsões contidas na lei.

Na segunda hipótese, ou seja, na intimação, temos o ato por meio do qual se dá ciência a alguém dos atos e termos do processo, na forma do art. 269, CPC:

Art. 269. Intimação é o ato pelo qual se dá ciência a alguém dos atos e dos termos do processo.

Assim como ocorre com a citação, também a intimação pode ser realizada de diversas formas:

- Por Diário Oficial: no presente caso temos as hipóteses em que o Juízo intimará as partes para ciência acerca de alguma decisão ou determinando que apresentem manifestações sobre determinado despacho. Assim, o Juízo deverá intimar as partes interessadas por Diário Oficial ou por meio do Diário da Justiça Eletrônico.
- Pelo correio ou por oficial de justiça: a intimação será procedida dessa maneira por determinação judicial (em qualquer situação) ou quando as partes estiverem na utilização do *jus postulandi* (ou seja, quando não estiverem assistidas de advogado).
- Por meio eletrônico: prima-se pela utilização do art. 270 e art. 246, §1º, ambos do CPC:

Art. 270. As intimações realizam-se, sempre que possível, por meio eletrônico, na forma da lei.

Parágrafo único. Aplica-se ao Ministério Público, à Defensoria Pública e à Advocacia Pública o disposto no § 1º do art. 246.

Art. 246, § 1º Com exceção das microempresas e das empresas de pequeno porte, as empresas públicas e privadas são obrigadas a manter cadastro nos sistemas de processo em autos eletrônicos, para efeito de recebimento de citações e intimações, as quais serão efetuadas preferencialmente por esse meio.

- Intimação em audiência: das decisões proferidas em audiência as partes são consideradas como intimadas na própria audiência. Cabe ressaltar que na hipótese de revelia, da sentença o réu revel deve ser intimado por via postal.

Art. 834 - Salvo nos casos previstos nesta Consolidação, a publicação das decisões e sua notificação aos litigantes, ou a seus patronos, consideram-se realizadas nas próprias audiências em que forem as mesmas proferidas.

Art. 852 - Da decisão serão os litigantes notificados, pessoalmente, ou por seu representante, na própria audiência. No caso de revelia, a notificação far-se-á pela forma estabelecida no § 1º do art. 841.

Art. 841, § 1º - A notificação será feita em registro postal com franquia. Se o reclamado criar embaraços ao seu recebimento ou não for encontrado, far-se-á a notificação por edital, inserto no jornal oficial ou no que publicar o expediente forense, ou, na falta, afixado na sede da Junta ou Juízo.

5.2 Termos processuais

5.2.1 Conceito

Como destacado acima, os atos processuais devem receber certa forma, e justamente aí reside a questão dos termos processuais.

Assim, termos processuais são a formalização do ato, a forma e documentação que o ato processual deve revestir.

O CPC determina que os atos processuais devem ser praticados em língua portuguesa, motivo pelo qual depoimentos de pessoas que falem língua estrangeiras devem constar dos autos devidamente traduzidos, assim como documentos juntados devem ser traduzidos por via diplomática ou tradutor juramentado.

Além disso, não se permite a prática de atos processuais, em processos físicos, a lápis, mas apenas escritos a tina, datilografados ou a carimbo, conforme art. 771, CLT:

Art. 771 - Os atos e termos processuais poderão ser escritos a tinta, datilografados ou a carimbo.

5.3 Prazos processuais

5.3.1 Conceito e classificação

Pode-se entender como prazo o lapso temporal dentro do qual haverá a prática de um ato processual.

Os prazos podem ser classificados como **legais** (quando o prazo está descrito na lei, tal como ocorre com os prazos para oposição ou interposição de recursos), **judiciais** (quando o prazo é fixado pelo Juiz, o que ocorre, por exemplo, quando se concede prazo para manifestações acerca de um laudo pericial) e **convencionais** (quando as partes de comum acordo definem o prazo).

Como regra geral os prazos têm previsão legal. No entanto, para aqueles que não tenham tal previsão, o Juiz deverá fixa-lo para a devida prática, sempre levando em consideração a devida complexidade. Se, no entanto, o Juiz não estabelecer qualquer prazo, presume-se pela aplicação do prazo de 5 dias, tudo na forma do art. 218 e parágrafos, do CPC:

Art. 218. Os atos processuais serão realizados nos prazos prescritos em lei.

§ 1º Quando a lei for omissa, o juiz determinará os prazos em consideração à complexidade do ato.

§ 2º Quando a lei ou o juiz não determinar prazo, as intimações somente obrigarão a comparecimento após decorridas 48 (quarenta e oito) horas.

§ 3º Inexistindo preceito legal ou prazo determinado pelo juiz, será de 5 (cinco) dias o prazo para a prática de ato processual a cargo da parte.

Por certo que os atos processuais devem ser praticados nos prazos determinados ou concedidos, sob pena de preclusão, ou seja, perda da possibilidade de praticar o ato.

A preclusão, por sua vez, pode ser: **lógica** (quando o ato praticado é contrário a um praticado anteriormente, acontecendo, por exemplo, na hipótese da parte realizar acordo logo após a prolação da sentença e em seguida interpor recurso ordinário contra os termos da mesma), **consumativa** (quando o ato já foi praticado, não há como praticá-lo novamente. Ocorre quando, por exemplo, a parte interpõe um recurso e em seguida interpõe outro igual acerca da mesma decisão) e **temporal** (quando decorrido o prazo concedido, por não observância da parte).

Quanto à preclusão temporal, temos que os prazos podem ser peremptórios, quando não podem ser alterados pela vontade das partes, devendo-se seguir estritamente a previsão legal, bem como dilatórios, quando os prazos puderem ser modificados pela convenção das partes.

De qualquer forma, temos que o Juízo pode prorrogar (ou seja, dilatar) prazos, mas deve necessariamente seguir a regra do art. 775, §1º e §2º da CLT:

Art. 775, § 1º. Os prazos podem ser prorrogados, pelo tempo estritamente necessário, nas seguintes hipóteses: I - quando o juízo entender necessário; II - em virtude de força maior, devidamente comprovada;

§ 2º. Ao juízo incumbe dilatar os prazos processuais e alterar a ordem de produção dos meios de prova, adequando-os às necessidades do conflito de modo a conferir maior efetividade à tutela do direito.

Não estamos falando, por certo, da possibilidade de dilatar prazos peremptórios, mas apenas dilatórios, ainda assim nas hipóteses acima mencionadas, e, claro, sempre de forma fundamentada, com objetivo de conceder maior efetividade à tutela jurisdicional, antes de seu encerramento e também de forma a não inviabilizar ou prejudicar o princípio da celeridade que norteia o Processo do Trabalho.

Decorrido o prazo haverá a extinção do direito de praticar o ato, salvo se a parte provar que não o realizou por justo motivo, sendo esse evento imprevisto, alheio à vontade da parte, e que a impediu de praticar o ato por si ou por mandatário. Assim, verificando o juiz o motivo justo permitirá que a parte o pratique dentro do prazo que assinalar.

CPC, art. 223. Decorrido o prazo, extingue-se o direito de praticar ou de emendar o ato processual, independentemente de declaração judicial, ficando assegurado, porém, à parte provar que não o realizou por justa causa.

§ 1º Considera-se justa causa o evento alheio à vontade da parte e que a impediu de praticar o ato por si ou por mandatário.

§ 2º Verificada a justa causa, o juiz permitirá à parte a prática do ato no prazo que lhe assinar.

5.3.2 Renúncia de prazo

A parte pode renunciar ao prazo estabelecido a seu favor, desde que o faça de forma expressa.

CPC, art. 225. A parte poderá renunciar ao prazo estabelecido exclusivamente em seu favor, desde que o faça de maneira expressa.

5.3.3 Contagem de prazo

A data de início da contagem do prazo não tem ligação com a data da ciência da notificação. Nos prazos processuais há exclusão do dia de início (ou seja, do dia da ciência) com inclusão do dia do vencimento.

Dessa forma, em havendo ciência da notificação em um dia, o início da contagem do prazo se dará no dia seguinte ou, se esse recair em dia não útil para contagem de prazo (sábados, domingos, feriados ou períodos de suspensão), no primeiro dia útil subsequente.

Isso porque, com a reforma trabalhista, igualamos ao que já vinha sendo aplicado aos prazos no processo civil, que é a contagem em dias úteis e não corridos, na forma do art. 775, CLT:

Art. 775 - Os prazos estabelecidos neste Título serão contados em dias úteis, com exclusão do dia do começo e inclusão do dia do vencimento.

Súmula nº 1 do TST

PRAZO JUDICIAL (mantida) – Res. 121/2003, DJ 19, 20 e 21/11/2003

Quando a intimação tiver lugar na sexta-feira, ou a publicação com efeito de intimação for feita nesse dia, o prazo judicial será contado da segunda-feira imediata, inclusive, salvo se não houver expediente, caso em que fluirá no dia útil que se seguir.

Súmula nº 262 do TST

PRAZO JUDICIAL. NOTIFICAÇÃO OU INTIMAÇÃO EM SÁBADO. RECESSO FORENSE. (redação do item II alterada na sessão do Tribunal Pleno realizada em 19/05/2014) – Res. 194/2014, DEJT divulgado em 21, 22 e 23/05/2014

I - Intimada ou notificada a parte no sábado, o início do prazo se dará no primeiro dia útil imediato e a contagem, no subsequente. (Ex-Súmula nº 262 – Res. 10/1986, DJ 31/10/1986).

II - O recesso forense e as férias coletivas dos Ministros do Tribunal Superior do Trabalho suspendem os prazos recursais. (Ex-OJ nº 209 da SBDI-1 – inserida em 08/11/2000).

Quando se tratar, no entanto, de publicações em diário eletrônico, a regra é diversa, pois, nesse caso, a ciência do ato será no primeiro dia útil subsequente, e o início da contagem no dia útil após esse, conforme art. 224, §2º e §3º, CPC:

Art. 224. § 2º Considera-se como data de publicação o primeiro dia útil seguinte ao da disponibilização da informação no Diário da Justiça eletrônico.

§ 3º A contagem do prazo terá início no primeiro dia útil que seguir ao da publicação.

Quanto ao dia de término do prazo, e para que esse também esteja incluído na contagem, por certo que também deve ser considerado como dia útil, pois se recair em dia de sábados, domingos, feriados ou períodos de suspensão, o dia de vencimento será postergado para o primeiro dia útil subsequente.

Por vezes, alguns prazos são concedidos em audiência, tal como ocorre com prazo para o reclamante se manifestar sobre a defesa e documentos apresentados, ou quando o Juiz designa leitura de sentença.

Quando se tratar de prazo para manifestações, o prazo terá início quando o Juiz determinar na ata de audiência, sendo que no caso de omissão, no dia seguinte, na hipótese da ata de audiência, claro, já estar disponível para consulta pela parte.

Quanto ao prazo para apresentação de recurso de eventual sentença em que foi designada leitura, há que se aplicar a Súmula nº 197, C. TST, ou seja, o prazo é conta de sua publicação.

Claro que isso ocorrerá se efetivamente na data designada a sentença for anexada aos autos, pois do contrário o prazo será contado a partir da data em que as partes forem intimadas da prolação da sentença.

Súmula nº 197 do TST

PRAZO (mantida) – Res. 121/2003, DJ 19, 20 e 21/11/2003

O prazo para recurso da parte que, intimada, não comparecer à audiência em prosseguimento para a prolação da sentença conta-se de sua publicação.

Súmula nº 30 do TST

INTIMAÇÃO DA SENTENÇA (mantida) – Res. 121/2003, DJ 19, 20 e 21/11/2003

Quando não juntada a ata ao processo em 48 horas, contadas da audiência de julgamento (art. 851, § 2º, da CLT), o prazo para recurso será contado da data em que a parte receber a intimação da sentença.

5.3.4 Interrupção e suspensão

Como regra temos que a contagem dos prazos é contínua, não havendo que falar em sua suspensão ou interrupção, exceto nas hipóteses legais.

Nas hipóteses de interrupção, temos que com advento da hipótese interruptiva o prazo é zerado, ou seja, o prazo já transcorrido é desconsiderado, e quando do retorno da contagem como o final da situação de interrupção a parte terá restituído o prazo por inteiro. É o que ocorre, por exemplo, com o ajuizamento da Reclamação Trabalhista, que interrompe a prescrição, ainda que o ajuizamento tenha se dado perante juízo incompetente.

Dessa forma, se havendo ajuizamento de Reclamação Trabalhista, marcada audiência trabalhista, o reclamante não comparece, o que leva ao arquivamento da ação, a partir desse ato (último ocorrido na ação que interrompeu a prescrição) retorna à parte por inteiro o prazo para ajuizar a ação (ressaltando que a interrupção apenas se dará com relação aos pedidos constantes na petição inicial, o que será analisado posteriormente em tópico específico).

CLT, art. 11. § 3º A interrupção da prescrição somente ocorrerá pelo ajuizamento de reclamação trabalhista, mesmo que em juízo incompetente, ainda que venha a ser extinta sem resolução do mérito, produzindo efeitos apenas em relação aos pedidos idênticos.

Súmula nº 268 do TST

PRESCRIÇÃO. INTERRUPÇÃO. AÇÃO TRABALHISTA ARQUIVADA (nova redação) – Res. 121/2003, DJ 19, 20 e 21/11/2003

A ação trabalhista, ainda que arquivada, interrompe a prescrição somente em relação aos pedidos idênticos.

Nas hipóteses de suspensão, por seu turno, temos que o prazo é apenas paralisado, sendo que quando encerrada a hipótese suspensiva, o mesmo volta a correr no primeiro dia útil posterior e pelo tempo que falta para o prazo acabar, ou seja, retoma do ponto em que havia parado.

Art. 775-A. Suspende-se o curso do prazo processual nos dias compreendidos entre 20 de dezembro e 20 de janeiro, inclusive.

§ 1º Ressalvadas as férias individuais e os feriados instituídos por lei, os juízes, os membros do Ministério Público, da Defensoria Pública e da Advocacia Pública e os auxiliares da Justiça exercerão suas atribuições durante o período previsto no **caput** deste artigo.

§ 2º Durante a suspensão do prazo, não se realizarão audiências nem sessões de julgamento.

CAPÍTULO 6
DAS NULIDADES PROCESSUAIS

6.1 Noções gerais/classificação

Inicialmente cabe asseverar que, tal como já analisado quando do estudo dos Princípios do Processo do Trabalho, que esse é pautado pela simplicidade de atos e procedimentos. No entanto, há que se observarem determinadas formas e procedimentos quando esses forem exigidos por lei.

Quando esses procedimentos ou formas não forem seguidos temos os chamados vícios processuais, que podem ser classificados na seguinte forma:

- **Atos inexistentes:** chamados de "não ato", pois materialmente jamais ocorreu ou porque é juridicamente irreconhecível como ato processual, tal como temos numa sentença proferida por quem não é juiz.
- **Atos eivados de nulidade absoluta:** o ato existe (é a verificação no plano da existência), mas não tem qualquer validade no mundo jurídico, pois viola norma de interesse público. É ato inquinado com vício insanável, que pode ser reconhecido de ofício pelo Juiz, ou mediante requerimento das partes, a qualquer tempo.

Não há preclusão quanto à arguição de nulidade absoluta, e sua decretação tem efeitos *ex tunc*, ou seja, retroage à data da prática do ato.

Temos como exemplo a sentença proferida por juiz incompetente quanto à matéria.

- **Atos eivados de nulidade relativa:** o ato existe (é a verificação no plano da existência), mas, a princípio, não tem validade por violar norma de interesse das partes. O reconhecimento dessa nulidade depende de requerimento da parte interessada, que, claro, a ela não tenha dado causa (não podendo ser reconhecida de ofício pelo juiz), o que deve ser feito na primeira oportunidade em que falar nos autos, sob pena de preclusão.

Em havendo a decretação da nulidade, o efeito de tal declaração será *ex nunc*, ou seja, não retroativo, atingindo atos futuros a partir de então.

Temos como exemplo ação trabalhista que deveria ser ajuizada no Município do Rio de Janeiro, local de prestação de serviços do empregado, mas que acabou sendo apresentada no Município de São Paulo. Na primeira oportunidade, a empresa deverá apresentar a devida exceção de incompetência, conforme os preceitos legais. Caso não o faça, o Juiz que inicialmente seria incompetente para conhecer a demanda passa a ser competente, não podendo mais a empresa alegar tal vício.

- **Meras irregularidades:** são vícios que não geram qualquer nulidade ou efeito para o processo, podem ser arguidos pelas partes ou conhecidos pelo Juiz a qualquer tempo, na forma do art. 897-A, §1º, CLT:

Art. 897-A § 1º Os erros materiais poderão ser corrigidos de ofício ou a requerimento de qualquer das partes.

Aqui teríamos como exemplo a menção equivocada de número de folhas numa decisão.

6.2 Princípios das nulidades

6.2.1 Princípio do prejuízo (ou da transcendência)

Conforme previsto claramente na CLT, não há nulidade sem prejuízo.

Assim, para que haja decretação de nulidade, do ato deve surgir manifesto prejuízo a alguma das partes. Desta forma, se o ato não trouxer qualquer prejuízo para as partes, não há que falar em declaração de nulidade.

CLT, art. 794 - Nos processos sujeitos à apreciação da Justiça do Trabalho só haverá nulidade quando resultar dos atos inquinados manifesto prejuízo às partes litigantes.

Podemos trazer como exemplo quando a empresa recebe a citação para comparecimento em audiência na véspera da data marcada. A reclamada até alega vício processual, mas consegue plenamente se defender, apresentando contestação, após constituir advogado, levando suas testemunhas e produzindo todas as provas necessárias. Por certo que mesmo não seguido o prazo previsto em lei, a empresa não sofreu qualquer prejuízo. Dessa forma, não caberia ao juiz acolher qualquer alegação de nulidade ante à ausência de prejuízo.

6.2.2 Princípio da instrumentalidade das formas

Como regra geral, não há forma específica para realização de um ato, na forma do art. 188, CPC. Dessa maneira, só há que se seguir uma forma específica, se assim for determinado em lei.

No entanto, ainda que haja tal determinação, se o ato foi praticado de outra maneira, mas atingiu seu objetivo, não há que declarar qualquer nulidade, vez que a forma não pode ser um fim em si mesmo, importando o ato em si. A forma deve ser o meio para se alcançar o objetivo (finalidade) do ato, e se esse foi alcançado por outra maneira, há que ser convalidada. Essa é a noção do Princípio da Instrumentalidade das Formas.

CPC, art. 188. Os atos e os termos processuais independem de forma determinada, salvo quando a lei expressamente a exigir, considerando-se válidos os que, realizados de outro modo, lhe preencham a finalidade essencial.

6.2.3 Princípio da preclusão (ou convalidação)

A nulidade apenas será declarada, se suscitada pela parte na primeira oportunidade que tiver de falar nos autos, sob pena de preclusão (entendendo-se esta, tal como já vista em parte específica do nosso estudo, como perda da possibilidade de praticar o ato processual).

No caso do princípio ora analisado estamos falando de preclusão temporal, pois em sendo a primeira oportunidade de manifestação nos autos, a parte queda-se inerte e nada menciona, razão pela qual o ato será considerado válido.

Cabe dizer que, por certo, tal princípio se aplica tão somente às nulidade relativas, já que as absolutas podem ser suscitadas a qualquer tempo e até mesmo pelo ofício pelo juiz.

CLT, art. 795 - As nulidades não serão declaradas senão mediante provocação das partes, as quais deverão argui-las à primeira vez em que tiverem de falar em audiência ou nos autos.

§ 1º - Deverá, entretanto, ser declarada *ex officio* a nulidade fundada em incompetência de foro. Nesse caso, serão considerados nulos os atos decisórios.

Especificamente quanto a esse parágrafo, ressalta-se a atecnia do legislador, pois a incompetência de foro é a do foro trabalhista (quanto à matéria), razão pela qual deve ser conhecida de ofício pelo juiz.

§ 2º - O juiz ou Tribunal que se julgar incompetente determinará, na mesma ocasião, que se faça remessa do processo, com urgência, à autoridade competente, fundamentando sua decisão.

6.2.4 Princípio do interesse

A boa-fé objetiva também permeia e dirige o Processo do Trabalho e, por tal motivo, a parte que sabidamente deu causa a uma nulidade não pode suscitá-la posteriormente em benefício próprio, justamente para que não tire proveito de sua própria torpeza.

Desta forma, o princípio ora analisado consiste na proibição de alegação da própria torpeza, o que levaria a um comportamento contraditório da parte.

CLT, art. 796 - A nulidade não será pronunciada: **b)** quando arguida por quem lhe tiver dado causa.

6.2.5 Princípio da economia processual

Por tal princípio permite-se o saneamento de algumas nulidades com objetivo de andamento mais célere do processo. Assim, a nulidade não será pronunciada, se for possível suprir a falta ou repetir o ato.

CLT, art. 796 - A nulidade não será pronunciada: **a)** quando for possível suprir-se a falta ou repetir-se o ato.

Desse princípio ressaem outros dois:

6.2.6 Princípio da utilidade

A declaração de nulidade deve ser útil ao processo. Assim, caberá ao Juiz pronunciar os atos aos quais serão estendidos os efeitos da nulidade declarada, aproveitando-se como úteis os demais atos já praticados.

CLT, art. 797 - O juiz ou Tribunal que pronunciar a nulidade declarará os atos a que ela se estende.

6.2.7 Princípio da causalidade

A nulidade por certo ato processual apenas atingirá os atos posteriores que dele sejam dependentes.

CLT, art. 798 - A nulidade do ato não prejudicará senão os posteriores que dele dependam ou sejam consequência.

CAPÍTULO 7

PARTES, PROCURADORES E SUJEITOS DO PROCESSO

7.1 Das partes

7.1.1 Conceito

Parte é aquela que postula e em face de quem se postula em Juízo, ou seja, é todo aquele que formula pretensão ou em face de quem a pretensão é deduzida.

No Processo do Trabalho denominamos mais comumente de reclamante (a parte autora) e reclamado (a parte ré), se estamos em processos comuns em fase de conhecimento. A nomenclatura decorre do fato de a justiça do trabalho ter iniciado como parte do Poder Executivo, e por isso tínhamos a "reclamação" e não "ação"

Mas por certo que há procedimentos específicos em que temos suscitante e suscitado, requerente e requerido (procedimentos esses que serão estudados em capítulo próprio), bem como mudança de nomenclatura a depender da fase, quando usamos recorrente e recorrido, quando na fase recursal, ou exequente e executado, na hipótese de processo na fase de execução.

De qualquer forma, temos que diferenciar inicialmente parte de sujeito processual, pois a primeira, como já asseverado acima, é aquele que postula e em face de quem se postula, agindo parcialmente a partir de seus interesses na causa. Já o segundo consiste em todo aquele que atua no processo, podendo ser parte, Juiz, perito servidor, atuando parcialmente ou imparcialmente a depender de seu papel no desenvolvimento do processo.

7.1.2 Capacidade de ser parte x capacidade processual

A capacidade de ser parte está ligada à capacidade de direito, ou seja, ter aptidão para ser titular de direitos e deveres.

A pessoa física adquire essa capacidade com o nascimento com vida, podendo acionar e ser acionado em Juízo, enquanto a pessoa jurídica passa a ter tal capacidade a partir da inscrição de seus atos constitutivos no registro competente.

Código Civil, art. 2º A personalidade civil da pessoa começa do nascimento com vida; mas a lei põe a salvo, desde a concepção, os direitos do nascituro.

Código Civil, art. 45. Começa a existência legal das pessoas jurídicas de direito privado com a inscrição do ato constitutivo no respectivo registro, precedida, quando necessário, de autorização ou aprovação do Poder Executivo, averbando-se no registro todas as alterações por que passar o ato constitutivo.

A capacidade processual, ou seja, a capacidade de estar em juízo, é a aptidão para estar em juízo sozinha sem necessidade de assistência ou representação por outrem, podendo plenamente exercer seus direitos e obrigações. A capacidade processual plena tem ligação com a capacidade civil, de modo que os incapazes têm capacidade para ser parte, mas não capacidade processual plena por necessitarem de assistência ou representação, a depender de cada caso.

Haverá necessidade de assistência quando o assistido puder manifestar sua vontade, mas com alguém que o assista para chancelar em juízo sua vontade, conforme art. 4º, Código Civil, o que ocorre com os relativamente incapazes:

Código Civil, art. 4º São incapazes, relativamente a certos atos ou à maneira de os exercer:
I - os maiores de dezesseis e menores de dezoito anos;
II - os ébrios habituais e os viciados em tóxico;
III - aqueles que, por causa transitória ou permanente, não puderem exprimir sua vontade;
IV - os pródigos.

Haverá, no entanto, necessidade de representação para aqueles que sequer podem manifestar sua vontade própria. Assim, o representante manifesta a vontade para o representado, tal como ocorre com aqueles elencados no art. 3º, Código Civil, que são os absolutamente incapazes:

Código Civil, art. 3º São absolutamente incapazes de exercer pessoalmente os atos da vida civil os menores de 16 (dezesseis) anos.

No Processo do Trabalho, a capacidade plena dos empregados apenas se dá quando esse tem 18 anos completos, na forma do art. 402, CLT, ou então quando já forem emancipados, conforme art. 5º, parágrafo único, Código Civil.

CLT, art. 402. Considera-se menor para os efeitos desta Consolidação o trabalhador de quatorze até dezoito anos

Código Civil, art. 5º, Parágrafo único. Cessará, para os menores, a incapacidade:

I - pela concessão dos pais, ou de um deles na falta do outro, mediante instrumento público, independentemente de homologação judicial, ou por sentença do juiz, ouvido o tutor, se o menor tiver dezesseis anos completos;

II - pelo casamento;

III - pelo exercício de emprego público efetivo;

IV - pela colação de grau em curso de ensino superior;

V - pelo estabelecimento civil ou comercial, ou pela existência de relação de emprego, desde que, em função deles, o menor com dezesseis anos completos tenha economia própria.

Dessa forma, a partir dos 18 anos, ou a partir da emancipação, a pessoa já atinge capacidade de ser parte e capacidade postulatória, sem necessidade de qualquer assistência ou representação em juízo.

Importante ressaltar que há divergência na doutrina e na jurisprudência sobre a intimação do MPT no caso de trabalhador com idade inferior a 18 anos. Para parte delas, se o trabalhador vier a juízo representado por seus pais ou representante legal, não haveria a necessidade de intimação do MPT; já para outra corrente, a qual nos filiamos, cabe ao juiz dar ciência da demanda ao MPT, pois pode ser verificado um conflito de interesses entre os representantes e o representado, e o MPT seria o órgão legítimo para fiscalizar esse fato.

7.1.3 Representação em audiência

Na forma da CLT, art. 843, a presença das partes é obrigatória em audiência. No entanto, o mesmo dispositivo legal traz algumas exceções que serão agora por nós analisadas, senão vejamos.

CLT, art. 843 – Na audiência de julgamento deverão estar presentes o reclamante e o reclamado, independentemente do comparecimento de seus representantes salvo, nos casos de Reclamatórias Plúrimas ou Ações de Cumprimento, quando os empregados poderão fazer-se representar pelo Sindicato de sua categoria.

§ 1º É facultado ao empregador fazer-se substituir pelo gerente, ou qualquer outro preposto que tenha conhecimento do fato, e cujas declarações obrigarão o proponente.

§ 2º Se por doença ou qualquer outro motivo poderoso, devidamente comprovado, não for possível ao empregado comparecer pessoalmente, poderá fazer-se representar por outro empregado que pertença à mesma profissão, ou pelo seu sindicato.

§ 3º O preposto a que se refere o § 1º deste artigo não precisa ser empregado da parte reclamada.

7.1.4 Representação do empregado em reclamatórias plúrimas ou em ações de cumprimento

Sendo caso de ação plúrima, ou seja, com mais de um reclamante no polo ativo, há possibilidade de os empregados serem representados pelo seu sindicato de classe em audiência, o que, na prática, se traduz pela eleição de uma comissão de representantes para esse fim.

Apesar da utilização da nomenclatura "representar", entendemos que se trata de mera assistência prestada pelo sindicato, já que o sindicato nesse caso não poderá transigir ou confessar, apenas fazendo as vezes dos empregados e facilitando o comparecimento. Por essa razão, mais se assemelha à assistência do que à representação propriamente dita.

Já no caso das ações de cumprimento, o objetivo é fazer cumprir o que restou estabelecido em acordos coletivos, convenções coletivas ou dissídios coletivos, na forma da Súmula nº 286, C. TST:

Súmula nº 286 do TST

SINDICATO. SUBSTITUIÇÃO PROCESSUAL. CONVENÇÃO E ACORDO COLETIVOS (mantida) – Res. 121/2003, DJ 19, 20 e 21/11/2003

A legitimidade do sindicato para propor ação de cumprimento estende-se também à observância de acordo ou de convenção coletivos.

Assim, o sindicato pode propor ação para que o empregador conceda aos empregados aquilo que ficou ajustado no instrumento coletivo, ficando clara a existência de substituição processual (sindicato atua em nome próprio, mas para defesa de direito de terceiros, no caso os trabalhadores) e não representação, como quer crer o artigo ora analisado.

7.1.5 Representação do empregado que pertença à mesma profissão

O segundo parágrafo do artigo ora analisado traz a situação de ausência do reclamante por motivo de doença ou outro motivo poderoso, em que ele pode se fazer representar por outro empregado que pertença à mesma profissão ou pelo sindicato de sua categoria.

A maior dúvida quanto a tal possibilidade diz respeito ao alcance dessa representação. Apesar de termos grandes nomes que concedem a essa representação amplos poderes, inclusive com possibilidade de prática de atos processuais, como depoimento, aplicação de confissão, e possibilidade de transação, ousamos discordar. Entendemos que o objetivo dessa faculdade de representação é apenas possibilitar o adiamento da audiência impossibilitando a aplicação de um arquivamento ou confissão (a depender da audiência), permitindo-se a presença de outro empregado apenas para prática do ato, mas sem qualquer outro desdobramento processual.

Em verdade, não seria caso típico de representação, mas apenas substituição para o ato solene da audiência.

7.1.6 Representação do empregador em audiência

O primeiro parágrafo do art. 843 permite a representação do empregador por preposto ou gerente que tenha conhecimento dos fatos, e cujas declarações o obrigarão.

Embora o dispositivo legal acima apenas exija o conhecimento dos fatos pelo representante do empregador, o TST acabava impondo mais um requisito por meio da Súmula nº 377, quando o preposto também deveria ostentar a condição de empregado (exceto nas lides envolvendo relação empregatícia doméstica ou em face de micro ou pequeno empresário).

Súmula nº 377 do TST

PREPOSTO. EXIGÊNCIA DA CONDIÇÃO DE EMPREGADO (nova redação) – Res. 146/2008, DJ 28/04/2008, 02 e 05/05/2008

Exceto quanto à reclamação de empregado doméstico, ou contra micro ou pequeno empresário, o preposto deve ser necessariamente empregado do reclamado. Inteligência do art. 843, § 1º, da CLT e do art. 54 da Lei Complementar nº 123, de 14 de dezembro de 2006.

No entanto, tal entendimento caiu por terra com advento da Reforma Trabalhista com a introdução do parágrafo terceiro no art. 843, CLT. A partir de então, o preposto apenas precisa ter conhecimento dos fatos, não mais necessitando ser empregado, alterando o entendimento sumulado, o que provavelmente acarretará no cancelamento da Súmula nº 377, TST acima transcrita.

Contudo, mantida a determinação de que tenha conhecimento dos fatos. Assim, caso não tenha, haverá incidência da confissão ficta, o que por certo pode ser afastada por prova em contrário.

CPC, art. 386. Quando a parte, sem motivo justificado, deixar de responder ao que lhe for perguntado ou empregar evasivas, o juiz, apreciando as demais circunstâncias e os elementos de prova, declarará, na sentença, se houve recusa de depor.

Tendo em vista que o preposto atua como efetivo representante do empregador, por certo que exercerá em audiência todos os atos processuais necessários, podendo transigir, confessar, apresentar defesa oral e até mesmo razões finais, vez que fala em nome do empregador.

Para tal representação o preposto deve apresentar nos autos a devida carta de preposição. No entanto, a ausência de tal documento não traz aplicação da revelia, pois se trata de vício sanável, que pode ser produzido posteriormente no prazo a ser concedido pelo Juiz.

No caso de empregador pessoa física, empregador doméstico, alguns entendem que não poderá ser representado por preposto, devendo comparecer pessoalmente à audiência. Já outros entendem que o empregador pessoa física também pode ser representado por preposto, bastando a carta de preposição, e aplicando-se as mesmas regras da confissão.

7.1.7 Capacidade postulatória

A capacidade postulatória é a capacidade de praticar os atos processuais pessoalmente.

No Processo do Trabalho temos a possibilidade de utilização do *jus postulandi*, em que a parte tem capacidade de praticar os atos em juízo sem necessidade da presença de advogado, o que ressai do art. 791, CLT:

Art. 791 - Os empregados e os empregadores poderão reclamar pessoalmente perante a Justiça do Trabalho e acompanhar as suas reclamações até o final.

Para que possamos harmonizar esse dispositivo com o Art.133, CRFB/88, que traz o advogado como indispensável à administração da Justiça, é preciso ter em mente que o *jus postulandi* é uma faculdade e não obrigação da parte.

No entanto, assim como o *jus postulandi*, na maior parte dos atos processuais, pode ser utilizado como faculdade, também há faculdade da parte em se fazer representar por profissional devidamente habilitado, qual seja o advogado com a devida inscrição na OAB, na forma do art. 791, §1º, CLT:

Art. 791, § 1º - Nos dissídios individuais os empregados e empregadores poderão fazer-se representar por intermédio do sindicato, advogado, solicitador, ou provisionado, inscrito na Ordem dos Advogados do Brasil.

De qualquer forma, deve-se ter ciência de que o *jus postulandi* é limitado, uma vez que a despeito da redação do art. 791 em seu *caput* dizer que empregado e empregador podem reclamar pessoalmente na Justiça do Trabalho até o final, esse não é o entendimento sumulado do TST, que o limita as algumas ações e ainda assim tramitando na instância ordinária, não alcançando as exceções previstas na Súmula nº 425, C. TST:

Súmula nº 425 do TST – *JUS POSTULANDI* NA JUSTIÇA DO TRABALHO. ALCANCE. Res. 165/2010, DEJT divulgado em 30/04/2010 e 03 e 04/05/2010

O *jus postulandi* das partes, estabelecido no art. 791 da CLT, limita-se às Varas do Trabalho e aos Tribunais Regionais do Trabalho, não alcançando a ação rescisória, a ação cautelar, o mandado de segurança e os recursos de competência do Tribunal Superior do Trabalho.

7.1.8 Honorários advocatícios

Levando-se em consideração o acima relatado em que a utilização do advogado particular é facultativo ante a aplicação do *jus postulandi* como regra geral no Processo do Trabalho, a partir do momento em que a parte opta por sua contratação, não haveria que falar em pagamento de honorários de sucumbência, não podendo a parte vencida arcar com qualquer pagamento nesse sentido em favor da parte vencedora.

Daí porque por muitos anos vigorou o entendimento de que não seria devido pagamento de honorários de sucumbência, exceto no caso de a parte estar assistida por seu sindicato de classe e em determinadas hipóteses delineadas e delimitadas nas Súmulas nºs 219 e 463, TST, a saber:

Súmula nº 219 do TST

HONORÁRIOS ADVOCATÍCIOS. CABIMENTO (alterada a redação do item I e acrescidos os itens IV a VI em decorrência do CPC de 2015) – Res. 204/2016, DEJT divulgado em 17, 18 e 21/03/2016

I - Na Justiça do Trabalho, a condenação ao pagamento de honorários advocatícios não decorre pura e simplesmente da sucumbência, devendo a parte, concomitantemente: a) estar assistida por sindicato da categoria profissional; b) comprovar a percepção de salário inferior ao dobro do salário mínimo ou encontrar-se em situação econômica que não lhe permita demandar sem prejuízo do próprio sustento ou da respectiva família. (Art.14,§1º, da Lei nº 5.584/1970). (Ex-OJ nº 305 da SBDI-I).

II - É cabível a condenação ao pagamento de honorários advocatícios em ação rescisória no processo trabalhista.

III - São devidos os honorários advocatícios nas causas em que o ente sindical figure como substituto processual e nas lides que não derivem da relação de emprego.

IV - Na ação rescisória e nas lides que não derivem de relação de emprego, a responsabilidade pelo pagamento dos honorários advocatícios da sucumbência submete-se à disciplina do Código de Processo Civil (arts. 85, 86, 87 e 90).

V - Em caso de assistência judiciária sindical ou de substituição processual sindical, excetuados os processos em que a Fazenda Pública for parte, os honorários advocatícios são devidos entre o mínimo de dez e o máximo de vinte por cento sobre o valor da condenação, do proveito econômico obtido ou, não sendo possível mensurá-lo, sobre o valor atualizado da causa (CPC de 2015, art. 85, § 2º).

VI - Nas causas em que a Fazenda Pública for parte, aplicar-se-ão os percentuais específicos de honorários advocatícios contemplados no Código de Processo Civil.

Súmula nº 463 do TST

ASSISTÊNCIA JUDICIÁRIA GRATUITA. COMPROVAÇÃO (conversão da Orientação Jurisprudencial nº 304 da SBDI-1, com alterações decorrentes do CPC de 2015) – Res. 219/2017, DEJT divulgado em 28, 29 e 30/06/2017 – republicada – DEJT divulgado em 12, 13 e 14/07/2017

I - A partir de 26/06/2017, para a concessão da assistência judiciária gratuita à pessoa natural, basta a declaração de hipossuficiência econômica firmada pela parte ou por seu advogado, desde que munido de procuração com poderes específicos para esse fim (art. 105 do CPC de 2015);

II - No caso de pessoa jurídica, não basta a mera declaração: é necessária a demonstração cabal de impossibilidade de a parte arcar com as despesas do processo.

No entanto, a Lei da Reforma Trabalhista alterou substancialmente tal aplicação, bem como o entendimento que vigorava há anos no Processo do Trabalho, para trazer a previsão de pagamento dos honorários de sucumbência, conforme art. 791-A e parágrafos, da CLT:

CLT, art. 791-A. Ao advogado, ainda que atue em causa própria, serão devidos honorários de sucumbência, fixados entre o mínimo de 5% (cinco por cento) e o máximo de 15% (quinze por cento) sobre o valor que resultar da liquidação da sentença, do proveito econômico obtido ou, não sendo possível mensurá-lo, sobre o valor atualizado da causa.

§ 1º Os honorários são devidos também nas ações contra a Fazenda Pública e nas ações em que a parte estiver assistida ou substituída pelo sindicato de sua categoria.

§ 2º Ao fixar os honorários, o juízo observará:

I - o grau de zelo do profissional;
II - o lugar de prestação do serviço;
III - a natureza e a importância da causa;
IV - o trabalho realizado pelo advogado e o tempo exigido para o seu serviço.

§ 3º Na hipótese de procedência parcial, o juízo arbitrará honorários de sucumbência recíproca, vedada a compensação entre os honorários.

§ 4º Vencido o beneficiário da justiça gratuita, desde que não tenha obtido em juízo, ainda que em outro processo, créditos capazes de suportar a despesa, as obrigações decorrentes de sua sucumbência ficarão sob condição suspensiva de exigibilidade e somente poderão ser executadas se, nos dois anos subsequentes ao trânsito em julgado da decisão que as certificou, o credor demonstrar que deixou de existir a situação de insuficiência de recursos que justificou a concessão de gratuidade, extinguindo-se, passado esse prazo, tais obrigações do beneficiário.

§ 5º São devidos honorários de sucumbência na reconvenção

Claro, portanto, que a Reforma Trabalhista reforça o entendimento da presença preferencial do advogado representando os interesses de reclamante e reclamado, devendo a parte vencida arcar com os custos do pagamento dos honorários do advogado da parte vencedora em decorrência de sua sucumbência.

Os honorários são créditos do advogado da parte vencedora, consistindo em créditos autônomo e desvinculado do crédito principal, que pertence ao autor da ação.

a) **Valor dos honorários:** o montante a ser deferido a título de honorários de sucumbência ao advogado da parte vencedora variarão entre 5% e 15%, conforme análise pelo julgador dos critérios acima expostos e previstos no §2º do art. 791-A, CLT. Fixado o percentual, ele será calculado sobre o valor que resultar da liquidação da sentença, do proveito econômico obtido ou, se não for possível mensurá-lo, sobre o valor atualizado dado à causa. Ressalto que não há óbice a que o julgador estipule percentuais diferentes para advogados de autor e réu, devendo apenas, por certo, justificar os valores arbitrados.

Persiste dúvida quanto a pedido julgado procedente, mas não na totalidade do pleiteado (Ex.: pedido de indenização por dano moral no valor de R$ 5.000,00, em que o Juiz deferiu R$ 3.000,00), se haveria sucumbência recíproca ou não para fins de condenação de honorários. A despeito de entendimentos no sentido de que haveria sucumbência recíproca, pois o bem da vida requerido não foi totalmente concedido, ousamos discordar para entender que o pedido foi concedido, apenas não no montante requerido.

Entendemos que a improcedência tem ligação com o bem na vida totalmente não concedido e não com valor resultante da condenação. Assim, como no Processo do Trabalho temos a cumulação de pedidos, só haveria sucumbência efetiva no caso de improcedência total do pedido e não no caso em tela em que o requerido foi concedido, apenas não no valor total constante da inicial. Dessa forma, no exemplo da indenização por dano moral, o autor não teria que pagar honorários ao advogado da parte Ré, mas apenas o contrário.

b) **Honorários e a sucumbência recíproca:** a sucumbência recíproca acontece quando o autor obtém procedência parcial de seus pedidos, tornando-se vencedor e vencido na demanda (o que, por certo, por decorrência lógica, também se aplica ao réu na mesma situação). Assim, será devido pagamento mútuo de honorários por parte autor e réu ao advogado da parte contrária.

Como se trata de crédito do advogado, e não da parte, não há que falar em compensação de crédito entre os honorários dos advogados, nem mesmo desses com o crédito principal. O impedimento da compensação se dá porque essa só pode ocorrer quando duas pessoas forem ao mesmo tempo credoras e devedoras uma da outra, o que não é o caso, pois o advogado apenas será credor e não devedor de qualquer pagamento em face de autor ou réu.

c) **Honorários advocatícios e a gratuidade de justiça:** tendo em vista a previsão legal, o beneficiário da gratuidade de justiça poderá ser condenado ao pagamento de honorários advocatícios, e seu valor será pago com o crédito obtido na ação em questão ou em qualquer outro processo. Se não houver crédito, este ficará sob condição suspensiva pelo prazo de 2 anos a contar do trânsito em julgado da decisão que o conceder.

Assim, esses créditos apenas poderão ser executados se, nesse prazo de 02 anos, o advogado demonstrar mudança de condição do reclamante (ou seja, se encerrada a condição que miserabilidade que ensejou a concessão de gratuidade de justiça). Do contrário, decorrido o prazo, haverá a extinção da obrigação.

Esse foi o entendimento adotado na ADI 5.766.

d) **Honorários advocatícios na reconvenção:** também são devidos honorários advocatícios na reconvenção, pois essa, apesar de ser modalidade de resposta do réu, não é defesa, e sim ação do réu em face do autor da ação (ambas as ações correm e serão julgadas no mesmo processo).

e) **Honorários e ações ajuizadas antes e depois do advento da Reforma Trabalhista:** quanto a processos ajuizados após advento da Lei nº 13.467/2017, não há dúvida de que devem ser aplicados de imediato os preceitos vigentes quando do ajuizamento da ação, e, portanto, incidente pagamento de honorários advocatícios de sucumbência.

Já quanto aos processos ajuizados anteriormente, mas com prolação da sentença em momento posterior ao da promulgação da referida lei, há divergência na doutrina e na jurisprudência quanto à incidência ou não dos honorários de sucumbência. Parcela da doutrina e da jurisprudência entende que por se tratar de questão processual, deve-se atentar para a lei que esteja em vigor no momento da prolação da sentença. Assim, a lei vigente ao tempo da sentença seria a lei que rege o ato, motivo pelo qual a lei aplicaria a regra dos honorários de sucumbência na forma acima relatada pelo art. 791-A, CLT.

No entanto, não concordamos com esse posicionamento, pois se deve analisar o momento do ajuizamento da ação e os riscos a ela inerentes nesse momento, até para se evitar qualquer decisão surpresa. Ora, quando do ajuizamento da ação vigorava a lei antiga em que apenas devidos os honorários no caso de reclamante assistido por seu sindicato de classe. Portanto, como não há como se inovar para condenar em honorários com base numa lei que passou a vigorar após o ajuizamento da ação, risco esse que não foi (e nem poderia ser) levado em consideração pelo autor quando da distribuição. Dessa forma, entendemos firmemente que devidos os honorários apenas nas ações ajuizadas após o advento da lei da Reforma Trabalhista.

    f) Honorários e princípio da causalidade: o princípio da causalidade é um conceito jurídico que determina que a parte que deu causa a um processo deve arcar com os honorários e custas processuais. O princípio da causalidade é diferente do princípio da sucumbência, que determina que a parte perdedora em um processo deve pagar os honorários e despesas processuais. O princípio da causalidade é um dos elementos norteadores do princípio da sucumbência, pois, normalmente, o perdedor é considerado o responsável pela instauração do processo. O princípio da causalidade está previsto no artigo 85, §10, do Código de Processo Civil (CPC). No entanto, o tema é controverso na doutrina e na jurisprudência.

O princípio da causalidade só é aplicado quando a responsabilidade pelo ônus sucumbencial não for correta diante das particularidades do caso. Como exemplo, tem-se o caso do autor que não tem testemunha e, portanto, renuncia ao processo. Nesse caso, poderíamos aplicar o princípio da causalidade (é bem comum nos casos de assédio moral ou sexual, em que a prova é muito difícil de ser realizada).

g) **Honorários em embargos de terceiros:** para quem entende que os embargos de terceiro têm natureza de ação autônoma de impugnação, seria cabível a condenação em honorários de sucumbência. Para quem entende que teria natureza de incidente jurídico processual para impugnação de ato de constrição, não caberia a condenação em honorários. Vemos jurisprudência nos 2 sentidos, aplicando-se ainda o princípio da causalidade, ou seja, quem deu causa à constrição indevida deve arcar com o pagamento dos honorários.

7.1.9 Das despesas processuais

As despesas processuais e os honorários advocatícios são elementos de um processo judicial, que se diferenciam em alguns aspectos:

Despesas processuais são taxas pagas ao tribunal para cobrir as despesas administrativas do processo. O valor é cobrado de acordo com a tabela de custas de cada Tribunal de Justiça.

Já os honorários advocatícios são o valor cobrado pelo advogado pelos serviços prestados.

O princípio da sucumbência estabelece que a parte perdedora deve arcar com as despesas processuais, incluindo os honorários advocatícios do advogado da parte vencedora.

A Justiça Pública tem um elevadíssimo custo social. Por meio do pagamento de tributos, a sociedade arca com elevados custos da estrutura judiciária.

Diferentemente do processo civil comum, na Justiça do Trabalho as custas são pagas ao final, e não no momento do ajuizamento.

Na fase de conhecimento, conforme art. 789 *caput*, as custas serão à base de 2%, observado o mínimo de R$ 10,64, e o máximo de quatro vezes o limite máximo dos benefícios do Regime Geral de Previdência Social, e incidirão sobre o valor do acordo, sobre o valor da causa quando houver extinção sem resolução de mérito ou improcedência, ou no caso de ação declaratória, ou sobre o valor atribuído à condenação

As custas serão pagas pelo vencido, após o trânsito em julgado da decisão. No caso de recurso, as custas serão pagas e comprovado o recolhimento dentro do prazo recursal.

No caso de fase de execução, as custas serão pagas pelo executado conforme tabela descrita no art. 789-A da CLT.

O beneficiário da justiça gratuita é isento do pagamento das custas.

São considerados detentoras da justiça gratuita as pessoas que se enquadrem no § 3º do art. 790, "É facultado aos juízes, órgãos julgadores e presidentes dos tribunais do trabalho de qualquer instância conceder, a requerimento ou de ofício, o benefício da justiça gratuita, inclusive quanto a traslados e instrumentos, àqueles que perceberem salário igual ou inferior a 40% (quarenta por cento) do limite máximo dos benefícios do Regime Geral de Previdência Social".

Verifica-se aqui que a reforma trabalhista estabeleceu um critério patrimonial, ou seja, a parte perceber valor igual ou inferior a 40% do limite máximo do RGPS ou no caso do parágrafo 4º quando a parte comprovar hipossuficiência de recursos.

Registre-se que o tema está afeto ao recurso repetitivo – tema 21, já tendo o pleno se manifestado por maioria que a mera declaração de hipossuficiência é válida para a concessão da gratuidade de justiça.

É necessário ter em mente, ainda, que o Direito Processual civil não engloba os honorários advocatícios no conceito de despesas processuais (art. 82, NCPC), ou seja, os honorários são tratados separadamente das despesas.

Multa processual pode ser definida como a sanção pecuniária imposta ao participante do processo em virtude de infração de deveres processuais.

Consoante o princípio da legalidade, as multas são aplicadas das seguintes formas: a) indicação de percentual fixo: exemplo da fixação de 5% (cinco por cento) no art. 986, inciso II, NCPC; b) indicação de percentual variável: de 1% a 10% conforme consta no art. 81, NCPC; c)

baseado no salário-mínimo: conforme consta nos artigos 81, §2º e 200, ambos, do NCPC.

A exceção encontra-se no art. 468, 1º, NCPC, que deixa ao critério do juiz a fixação de multa com base no valor da causa e do eventual prejuízo que o atraso do perito causou ao processo.

Quanto às espécies, as multas processuais se dividem em 3 (três) classes:

- **Multas sancionatórias:** são aquelas que traduzem sanção a uma conduta processual reprovável, tal como a multa de até 20% (vinte por cento) sobre o valor da causa constante no art. 77, §2º, NCPC.
- **Multas moratórias:** aplicadas nos casos de a parte ter pleiteado o parcelamento da dívida (conforme art. 916, NCPC) concedido pelo juiz e, posteriormente, vir a descumprirem a obrigação assumida conforme consta nos artigos 897 e 898 do CPC.
- **Multas compulsórias ou *astreintes*:** aplicadas pelo juiz de ofício ou a requerimento do interessado para constranger o executado à prática ou à abstenção de ato. As *astreintes* têm natureza coercitiva e sancionatória e atuam para o futuro, subdividindo-se em 03 (três) classes: (i) simples: quando incidem uma única vez; (ii) múltiplas: quando incidem mais de uma vez, no caso da obrigação de não fazer comportar mais de uma violação; e (iii) periódicas: quando consistem no retardamento de cumprimento de obrigação de fazer, de entregar coisa ou de desfazer malfeito. Essa espécie de mula consiste no principal meio de coerção patrimonial da fase executória.

Por fim, no que concerne às multas, convém salientar que ao beneficiário da justiça gratuita não é possível se eximir da multa processual, de modo que esse benefício não abrange as multas processuais de qualquer espécime.

7.2 Substituição processual

Como regra geral temos o próprio titular do direito comparecendo em juízo para sua defesa. No entanto, admite-se que um terceiro vá a juízo em nome próprio para defender direito alheio, o que chamamos de substituição processual.

No Processo do Trabalho tal substituição é muito comum em ações ajuizadas por sindicatos (ações coletivas) para pleitear direitos das categorias por ele representadas. Assim, ao invés de centenas de ações individuais com o mesmo objeto, o mesmo pedido seria pleiteado pelo sindicato em uma única ação ajuizada em substituição aos membros da categoria.

A Constituição prevê tal legitimidade no art. 8º, III, a saber:

Art. 8º É livre a associação profissional ou sindical, observado o seguinte:

III - ao sindicato cabe a defesa dos direitos e interesses coletivos ou individuais da categoria, inclusive em questões judiciais ou administrativas;

No caso de ações coletivas ajuizadas pelo sindicato não há necessidade de apresentação do rol de substituídos para seu ajuizamento, nem mesmo autorização ou procuração dos membros da categoria, tendo em vista, inclusive, o cancelamento da Súmula nº 310, C. TST.

No entanto, na hipótese de ajuizamento de ações coletiva por alguma associação, certamente que necessária a autorização expressa dos substituídos, seja por procuração individual ou por deliberação em assembleia, não sendo suficiente mera previsão estatutária nesse sentido.

O sindicato tem ampla substituição processual, podendo atuar para defesa de direitos coletivos, difusos, e individuais homogêneos, e tal ajuizamento acarreta a interrupção da prescrição para a ação do substituído, na forma da Orientação Jurisprudencial 359, SDI-1, C. TST:

359. SUBSTITUIÇÃO PROCESSUAL. SINDICATO. LEGITIMIDADE. PRESCRIÇÃO. INTERRUPÇÃO (DJ 14/03/2008)
A ação movida por sindicato, na qualidade de substituto processual, interrompe a prescrição, ainda que tenha sido considerado parte ilegítima "ad causam".

7.3 Sucessão processual

Ocorre a sucessão processual quando há à alteração de algum dos polos da relação processual, ou seja, uma parte assume lugar de outra no processo.

Nas palavras de Fredie Didier Jr: "troca de sujeitos no processo, uma mudança subjetiva da relação jurídica processual"[8].

Essa mudança subjetiva ocorre quando a parte que originalmente estava no processo dá lugar à outra.

Em caso de falecimento de empregado ou empregador pessoa física no curso do processo, obrigatoriamente, haverá suspensão na tramitação do processo até que seja realizada a habilitação incidental, na forma do art. 313, I e §1º, CPC:

Art. 313. Suspende-se o processo:

I - pela morte ou pela perda da capacidade processual de qualquer das partes, de seu representante legal ou de seu procurador;

§ 1º Na hipótese do inciso I, o juiz suspenderá o processo, nos termos do art. 689 .

Ajuizada a habilitação, e transitada em julgado a decisão, será promovida a sucessão processual, retomando o processo seu curso normal com a nova parte do processo. No caso de falecimento do empregador temos a aplicação dos arts. 687 a 692, CPC:

Art. 687. A habilitação ocorre quando, por falecimento de qualquer das partes, os interessados houverem de suceder-lhe no processo.

Art. 688. A habilitação pode ser requerida:

I - pela parte, em relação aos sucessores do falecido;

II - pelos sucessores do falecido, em relação à parte.

Art. 689. Proceder-se-á à habilitação nos autos do processo principal, na instância em que estiver, suspendendo-se, a partir de então, o processo.

---

[8] DIDIER JR, Fredie. *Curso de direito processual* civil: introdução ao direito processual civil, parte geral e processo de conhecimento. v. 1. Salvador: Editora Juspodivm, 2016, p. 358.

Art. 690. Recebida a petição, o juiz ordenará a citação dos requeridos para se pronunciarem no prazo de 5 (cinco) dias.
Parágrafo único. A citação será pessoal, se a parte não tiver procurador constituído nos autos.
Art. 691. O juiz decidirá o pedido de habilitação imediatamente, salvo se este for impugnado e houver necessidade de dilação probatória diversa da documental, caso em que determinará que o pedido seja autuado em apartado e disporá sobre a instrução.
Art. 692. Transitada em julgado a sentença de habilitação, o processo principal retomará o seu curso, e cópia da sentença será juntada aos autos respectivos.

Na hipótese de falecimento do trabalhador, a sucessão será feita mediante procedimento bem mais simples com apresentação da certidão de habilitação junto ao INSS como dependentes da pensão por morte, na forma do art. 1º, Lei nº 6.858/80:

Art. 1º - Os valores devidos pelos empregadores aos empregados e os montantes das contas individuais do Fundo de Garantia do Tempo de Serviço e do Fundo de Participação PIS-PASEP, não recebidos em vida pelos respectivos titulares, serão pagos, em quotas iguais, aos dependentes habilitados perante a Previdência Social ou na forma da legislação específica dos servidores civis e militares, e, na sua falta, aos sucessores previstos na lei civil, indicados em alvará judicial, independentemente de inventário ou arrolamento.

Assim, haverá sucessão pelos dependentes habilitados no INSS e, apenas na falta desses, é que serão tidos como sucessores aqueles previstos conforme a ordem da lei civil.

7.4 Litisconsórcio

Ocorre o litisconsórcio quando no polo ativo, no polo passivo, ou em ambos, tivermos a presença de mais de um sujeito figurando como autor e/ou réu. Há, nesse caso, a chamada cumulação subjetiva.

No Processo do Trabalho não há regulamentação específica, motivo pelo qual nos utilizamos de forma subsidiária do Código de Processo Civil, arts. 113 e seguintes.

7.4.1 Classificação

O litisconsórcio pode ser classificado das seguintes formas abaixo:

7.4.1.1 Quanto à posição

- **Ativo:** quando houver pluralidade de autores (mais de um reclamante). O Processo do Trabalhou traz a previsão da ação chamada plúrima, no art. 843, CLT:

Art. 843 - Na audiência de julgamento deverão estar presentes o reclamante e o reclamado, independentemente do comparecimento de seus representantes salvo, nos casos de Reclamatórias Plúrimas ou Ações de Cumprimento, quando os empregados poderão fazer-se representar pelo Sindicato de sua categoria.

- **Passivo:** quando houver pluralidade de réus.
- **Misto:** quando houver, na mesma ação concomitantemente, pluralidade de autores e réus.

7.4.1.2 Quanto à obrigatoriedade

- **Facultativo:** quando as partes se reunirem cumulativamente por escolha própria e não por determinação legal. Justamente por ser escolha das partes, pode ser que a inclusão de muitos autores no polo ativo da demanda comprometa a rápida solução do litígio. Assim, no caso de litisconsórcio multitudinário (justamente o caso em tela), temos a possibilidade de sua limitação pelo Juiz, na forma do art. 113, §1º, CPC:

Art. 113, § 1º - O juiz poderá limitar o litisconsórcio facultativo quanto ao número de litigantes na fase de conhecimento, na liquidação de sentença ou na execução, quando este comprometer a rápida solução do litígio ou dificultar a defesa ou o cumprimento da sentença.

Quanto à aplicação dessa norma ao Processo do Trabalho, a doutrina se divide. Alguns entendem pela incompatibilidade com a regra do art. 843, CLT acima já transcrita, pois trouxe a previsão de ação plúrima sem qualquer limitação, enquanto outros (com os quais concordamos) entendem que tal regra é plenamente aplicável e compatível com o Processo do Trabalho, especialmente se pensarmos no Princípio da Celeridade que norteia esse ramo especializado.

Assim, não havendo norma específica trabalhista, nada obsta que utilizemos subsidiariamente, e pelo permissivo do art. 769, CLT, o art. 113, §1º, CPC. Até porque um grande número de reclamantes aumenta a complexidade da causa, especialmente nas fases de liquidação e execução.

Nesse caso, não seria hipótese de extinção do processo sem resolução do mérito quanto aos litisconsortes excedentes, mas extração de cópias da inicial e documentos que a acompanham, com criação de novos processos, devendo todos serem distribuídos, por dependência, ao mesmo juízo.

- **Necessário:** ocorre que a reunião de partes decorrer de lei ou da própria natureza da relação jurídica controvertida, na forma do art. 114, CPC:

Art. 114. O litisconsórcio será necessário por disposição de lei ou quando, pela natureza da relação jurídica controvertida, a eficácia da sentença depender da citação de todos que devam ser litisconsortes.

Assim, no litisconsórcio necessário a presença de mais de uma parte no polo decorre de obrigatoriedade e não mera escolha.

A Reforma Trabalhista trouxe a hipótese de litisconsórcio necessário no art. 611-A, §5º, CLT:

Art. 611-A, § 5º Os sindicatos subscritores de convenção coletiva ou de acordo coletivo de trabalho deverão participar, como litisconsortes necessários, em ação individual ou coletiva, que tenha como objeto a anulação de cláusulas desses instrumentos.

Há na doutrina discussão se é possível a existência de litisconsórcio ativo necessário. A despeito de entendimentos no sentido de que, nesse caso, a ação apenas poderia ser iniciada com a inclusão de todos os litisconsortes no polo ativo, sob pena de extinção do processo sem resolução do mérito, filiamo-nos ao entendimento de que não se pode obrigar a litigar aquele que assim não pretende, enquanto esse procedimento não pode impedir de ajuizar ação aquele que assim quer se utilizar do seu direito de ação.

A solução nesse caso seria notificar o litisconsorte que não pretende ajuizar a demanda apenas para cientificá-lo acerca da tramitação da ação, a fim que possa integrar a demanda, se assim desejar. Desta forma, a partir da ciência ele pode integrar a demanda, se quiser, como assistente litisconsorcial.

No caso do litisconsórcio passivo necessário, é obrigatória a notificação do litisconsorte necessário para integração à demanda, sob pena de extinção do processo sem resolução do mérito, na forma do art. 115, parágrafo único, CPC:

Art. 115, Parágrafo único. Nos casos de litisconsórcio passivo necessário, o juiz determinará ao autor que requeira a citação de todos que devam ser litisconsortes, dentro do prazo que assinar, sob pena de extinção do processo.

7.4.1.3 Quanto ao resultado

- **Simples:** quando o resultado da demanda puder ser diferente para os litisconsortes. Temos, por exemplo, quando dois empregados ajuízam uma mesma Reclamação Trabalhista em face de seu empregador, mas há decisões diferentes para cada um deles.
- **Unitário:** nesse caso o Juiz decidirá o mérito igualmente para os litisconsortes, ou seja, a consequência jurídica para eles deve ser a mesma, não se admitindo decisões diferentes.

Tal situação deriva da aplicação dos arts. 116 e 117, CPC:

Art. 116. O litisconsórcio será unitário quando, pela natureza da relação jurídica, o juiz tiver de decidir o mérito de modo uniforme para todos os litisconsortes.

Art. 117. Os litisconsortes serão considerados, em suas relações com a parte adversa, como litigantes distintos, exceto no litisconsórcio unitário, caso em que os atos e as omissões de um não prejudicarão os outros, mas os poderão beneficiar.

Temos como exemplo de litisconsórcio necessário e unitário a previsão do já citado art. 611-A, §5º, CLT, onde a decisão será necessariamente para todos os que fazem parte do polo passivo, pois não será possível se considerar cláusula nula para uns e válida para outras, como bem exemplifica Élisson Miessa.[9]

---

[9] MIESSA, Élisson. *Processo do trabalho*. Salvador: Editora Juspodivm, 2019, p. 509.

7.4.1.4 Quanto à formação

- **Inicial:** quando o litisconsórcio já existe desde a formação do litígio
- **Posterior:** quando ocorrido no curso da demanda.

Normalmente não se aceita o litisconsórcio posterior, a fim de evitar quebra do Princípio do Juiz Natural, quando se trata de litisconsórcio ativo facultativo. No entanto, há casos em que é autorizado como na intervenção de terceiros (chamamento ao processo e denunciação da lide), sucessão processual pelo espólio ou herdeiros sucedendo a parte falecida, pela conexão quando houve reunião de processos ou por determinação do juiz, na forma do art. 115, parágrafo único, CPC.[10]

7.4.2 Efeitos do litisconsórcio

7.4.2.1 Revelia

Em havendo revelia de um dos litisconsortes, se algum deles contestar a ação, ao revel não se aplicam os efeitos da revelia, qual seja a confissão, na forma do art. 844, §4º, I, CLT:

Art. 844, § 4º A revelia não produz o efeito mencionado no *caput* deste artigo se: **I** - havendo pluralidade de reclamados, algum deles contestar a ação;

No entanto, deve-se deixar claro, e principalmente no caso do litisconsórcio simples, que a não aplicação da confissão ao réu revel apenas ocorrerá se o litisconsorte que apresentou defesa tiver impugnado os pedidos direcionados ao revel. De outro modo, não há como a defesa do litisconsorte presente ser aproveitada ao litisconsorte revel.

Exemplificando: reclamante ajuíza ação em face da empregadora e da tomadora de serviços com pedido de pagamento de verbas rescisórias, horas extras, e responsabilidade subsidiária da tomadora. A empregadora é revel, e a tomadora presente contesta a ação. Caso nessa defesa apresentada só haja impugnação ao pedido de responsabilidade subsidiária, não se tratando em nada sobre as demais matérias, por certo

---

[10] MIESSA, Élisson. *Processo do trabalho.* Salvador: Editora Juspodivm, 2019, p. 510.

que haverá revelia e confissão quanto a esses pontos a serem aplicados à empregadora revel.

Dessa forma, a confissão decorrente da revelia apenas não seria aplicada à revel, se na defesa da tomadora também houvesse impugnação quanto aos demais pedidos.

Mesmo raciocínio deve ser adotado em depoimento pessoal, a segunda ré, tomadora, não pode confessar sobre fatos relativos ao contrato de emprego, pois não detém conhecimento, e nem deveria, pois dessa relação empregatícia não fazia parte.

7.4.2.2 Prazos para os litisconsortes

O CPC, mais precisamente no art. 229, tem previsão de que os litisconsortes com procuradores distintos terão prazo em dobro, mas com algumas exceções, a saber:

Art. 229. Os litisconsortes que tiverem diferentes procuradores, de escritórios de advocacia distintos, terão prazos contados em dobro para todas as suas manifestações, em qualquer juízo ou tribunal, independentemente de requerimento.

§ 1º Cessa a contagem do prazo em dobro se, havendo apenas 2 (dois) réus, é oferecida defesa por apenas um deles.

§ 2º Não se aplica o disposto no *caput aos* processos em autos eletrônicos.

No entanto, não é esse o entendimento em vigor no Processo do Trabalho, na forma da Orientação Jurisprudencial, 310, SDI-1, C. TST:

310. LITISCONSORTES. PROCURADORES DISTINTOS. PRAZO EM DOBRO. ART. 229, *CAPUT* **E §§ 1º E 2º, DO CPC DE 2015. ART. 191 DO CPC DE 1973. INAPLICÁVEL AO PROCESSO DO TRABALHO (atualizada em decorrência do CPC de 2015) – Res. 208/2016, DEJT divulgado em 22, 25 e 26/04/2016** Inaplicável ao processo do trabalho a norma contida no art. 229, *caput* e §§ 1º e 2º, do CPC de 2015 (art. 191 do CPC de 1973), em razão de incompatibilidade com a celeridade que lhe é inerente.

7.5 Deveres das partes

Assim como qualquer relação, a relação processual também deve ser permeada pela utilização do princípio da boa-fé, onde as partes dele não se utilizam para conseguir vantagens indevidas. Assim, é dever de todas as partes do processo a participação para obtenção da prestação jurisdicional por meio dos preceitos da lealdade, honestidade e boa-fé.

Dessa forma, qualquer atitude da parte que vá de encontro a tais premissas certamente terá consequências, pois atentam contra um princípio jurídico fundamental.

A Reforma Trabalhista trouxe à CLT previsões referentes a deveres das partes que, acaso não cumpridos ou transgredidos, importarão na aplicação de sanção de litigância de má-fé, conforme arts. 793-A e 793-B:

Art. 793-A. Responde por perdas e danos aquele que litigar de má-fé como reclamante, reclamado ou interveniente.

Art. 793-B. Considera-se litigante de má-fé aquele que:
I - deduzir pretensão ou defesa contra texto expresso de lei ou fato incontroverso;
II - alterar a verdade dos fatos;
III - usar do processo para conseguir objetivo ilegal;
IV - opuser resistência injustificada ao andamento do processo;
V - proceder de modo temerário em qualquer incidente ou ato do processo;
VI - provocar incidente manifestamente infundado;
VII - interpuser recurso com intuito manifestamente protelatório.

Como as hipóteses acima são normas restritivas de direito que acarretam aplicação de sanção, entendemos que fazem parte de rol taxativo e não meramente exemplificativo. Assim, em praticando a parte qualquer dos atos acima descritos, sendo enquadrada com litigante de má-fé, o juízo, de ofício ou a requerimento da parte, aplicará multa superior a 1% e inferior a 10% do valor da causa, conforme previsão no art. 793-C, da CLT:

Art. 793-C. De ofício ou a requerimento, o juízo condenará o litigante de má-fé a pagar multa, que deverá ser superior a 1% (um por cento) e inferior a 10% (dez por cento) do valor corrigido da causa, a indenizar a parte contrária pelos prejuízos que esta sofreu e a arcar com os honorários advocatícios e com todas as despesas que efetuou.

§ 1º Quando forem dois ou mais os litigantes de má-fé, o juízo condenará cada um na proporção de seu respectivo interesse na causa ou solidariamente aqueles que se coligaram para lesar a parte contrária.

§ 2º Quando o valor da causa for irrisório ou inestimável, a multa poderá ser fixada em até duas vezes o limite máximo dos benefícios do Regime Geral de Previdência Social.

§ 3º O valor da indenização será fixado pelo juízo ou, caso não seja possível mensurá-lo, liquidado por arbitramento ou pelo procedimento comum, nos próprios autos.

Observe-se que a multa imposta será revertida à parte contrária, e variará entre 1,1% e 9,99%, tendo em vista o expresso texto legal nesse sentido.

Por último, cabe destacar que a testemunha que intencionalmente alterar a verdade dos fatos também poderá ser apenada com a referida multa, tendo em vista a redação do art. 793-D, CLT:

Art. 793-D. Aplica-se a multa prevista no art. 793-C desta Consolidação à testemunha que intencionalmente alterar a verdade dos fatos ou omitir fatos essenciais ao julgamento da causa.

Parágrafo único. A execução da multa prevista neste artigo dar-se--á nos mesmos autos.

Entendemos, no entanto, que no caso da testemunha a condenação em litigância de má-fé deve ser precedida do contraditório, pois será possível a retratação. Em havendo condenação nesse sentido, a testemunha poderá apresentar recurso à decisão na condição de terceiro interessado.

CAPÍTULO 8
INTERVENÇÃO DE TERCEIROS

8.1. Introdução. Conceito de terceiro. Efeitos e cabimento no processo do trabalho

Por vezes, a eficácia processual ultrapassa aqueles que figuram no processo desde seu nascedouro, ou seja, as partes. Assim, há necessidade da inclusão de outras pessoas que passarão a figurar no processo, justamente o terceiro.

Assim, terceiro é aquele que não é parte, sendo legitimado a integrar e intervir no processo quando tiver interesse jurídico para tanto, ou seja, na hipótese de possuir vínculo com o objeto da demanda.

O objetivo da intervenção de terceiros é, por meio da criação de um incidente no processo, atender ao preceito da economia processual, evitando ajuizamento de nova demanda que poderia, inclusive, produzir decisão contraditória à da ação já existente.

A intervenção de terceiros pode ser voluntária, quando o terceiro ingressa no processo voluntariamente (por vontade própria, sem qualquer provocação das partes), ou provocada (quando o terceiro ingressa na lide por provocação ou demanda das partes).

O maior efeito da intervenção de terceiros, sem dúvida, é a ampliação subjetiva da lide, pois mais "pessoas" passam a fazer parte dela. No entanto, não é o único, pois objetivamente pode ou não aumentar o objeto da lide, a depender da espécie de intervenção.

Quanto ao cabimento da intervenção de terceiros no Processo do Trabalho, inicialmente cabe dizer que a CLT é omissa quanto a esse aspecto, razão pela qual teremos que nos socorrer ao Código de Processo

Civil com permissivo do art. 769, CLT, ou seja, desde que haja compatibilidade com os preceitos trabalhistas.

Assim, e pelo alargamento da competência da Justiça do Trabalho em decorrência da Emenda Constitucional nº 45/2004, o entendimento majoritário é no sentido do cabimento da intervenção de terceiros no Processo do Trabalho, desde que haja competência material da Justiça do Trabalho para julgamento da relação do terceiro e que não haja comprometimento do andamento do processo.

A despeito de alguns entendimentos que restringem a utilização da intervenção de terceiros aos processos que tramitam sob o rito ordinário, a partir da interpretação da Lei nº 9099/95, pois se não cabe nas ações submetidas ao Juizado Especial Cível, não caberia nas ações que tramitam no rito sumaríssimo, em virtude do valor dado à causa, ousamos discordar.

Isso porque no Processo do Trabalho não há diferença quanto à complexidade entre as ações que tramitam sob cada um dos ritos acima mencionados, tratando-se apenas de questões referentes ao valor dado à causa. Assim, em havendo competência material da Justiça do Trabalho para julgamento da relação do terceiro e não comprometendo o bom andamento do processo, não entendemos porquê restringir a utilização da intervenção de terceiros apenas às ações que tramitam sob rito ordinário.

No entanto, alertamos o leitor que esse não é o entendimento majoritário, que se dirige justamente em sentido oposto para entender que apenas seria cabível nas ações de rito ordinário.

8.2 Formas de intervenção de terceiros

8.2.1 Assistência

A assistência é espécie de intervenção de terceiros voluntária na qual terceiro solicita seu ingresso no processo com objetivo de ajudar ou auxiliar uma das partes.

Como dito acima, a assistência é sempre voluntária e nunca provocada.

Tal espécie de intervenção de terceiros tem cabimento em qualquer procedimento, a qualquer tempo e em todos os graus de jurisdição, bastando que demonstre interesse jurídico na lide. Além disso, o assistente recebe o processo no estado em que se encontra.

Súmula nº 82 do TST

ASSISTÊNCIA (nova redação) – Res. 121/2003, DJ 19, 20 e 21/11/2003

A intervenção assistencial, simples ou adesiva, só é admissível se demonstrado o interesse jurídico e não o meramente econômico.

CPC, art. 119. Pendendo causa entre 2 (duas) ou mais pessoas, o terceiro juridicamente interessado em que a sentença seja favorável a uma delas poderá intervir no processo para assisti-la.

Parágrafo único. A assistência será admitida em qualquer procedimento e em todos os graus de jurisdição, recebendo o assistente o processo no estado em que se encontre.

Em havendo requerimento de ingresso como assistente, e não sendo objeto de qualquer impugnação pelas partes no prazo de 15 dias, o pedido será deferido, salvo caso de rejeição liminar. Caso alguma das partes alegue que o terceiro carece de interesse jurídico para ingressar na lide, competira ao Juiz decidir o incidente sem suspensão do processo.

CPC, art. 120. Não havendo impugnação no prazo de 15 (quinze) dias, o pedido do assistente será deferido, salvo se for caso de rejeição liminar.

Parágrafo único. Se qualquer parte alegar que falta ao requerente interesse jurídico para intervir, o juiz decidirá o incidente, sem suspensão do processo.

8.2.1.1 Espécies de assistência

8.2.1.1.1 Assistência simples

Nessa espécie temos a assistência que permite que um terceiro auxilie uma das partes do processo, pois tem, como ressaltado acima, interesse jurídico que saia vencedora no processo.

Cabe dizer que o assistente não tem relação com o adversário da parte que assiste, não estando em disputa pelo bem da vida pleiteado.

Portanto, o direito pleiteado não é do assistente, motivo pelo qual o assistente terá os mesmos poderes e se submeterá aos mesmos ônus processuais do assistido.

Além disso, a assistência não impede que o assistido desista da ação, transija sobre direitos controvertidos ou renuncie o direito sobre o qual tramita a ação.

CPC, art. 121. O assistente simples atuará como auxiliar da parte principal, exercerá os mesmos poderes e sujeitar-se-á aos mesmos ônus processuais que o assistido.

Parágrafo único. Sendo revel ou, de qualquer outro modo, omisso o assistido, o assistente será considerado seu substituto processual.

CPC, art. 122. A assistência simples não obsta a que a parte principal reconheça a procedência do pedido, desista da ação, renuncie ao direito sobre o que se funda a ação ou transija sobre direitos controvertidos.

Após o trânsito em julgado da ação em que interveio, o assistente simples não poderá, em regra, discutir em processo posterior à justiça da decisão, a não ser nas hipóteses previstas no art. 123, CPC:

Art. 123. Transitada em julgado a sentença no processo em que interveio o assistente, este não poderá, em processo posterior, discutir a justiça da decisão, salvo se alegar e provar que:

I - pelo estado em que recebeu o processo ou pelas declarações e pelos atos do assistido, foi impedido de produzir provas suscetíveis de influir na sentença;

II - desconhecia a existência de alegações ou de provas das quais o assistido, por dolo ou culpa, não se valeu.

8.2.1.1.2 Assistência litisconsorcial

Nessa espécie de assistência, o assistente possui relação jurídica com o adversário do assistido, sendo titular da relação material discutida no processo.

CPC, art. 124. Considera-se litisconsorte da parte principal o assistente sempre que a sentença influir na relação jurídica entre ele e o adversário do assistido.

Como bem ressalta Élisson Miessa "na modalidade litisconsorcial, o assistente poderia ter integrado um dos polos da relação processual, mas, como não está presente, poderá ingressar como assistente"[11].

Isso quer dizer que, diversamente do que ocorre na assistência simples, na litisconsorcial o assistido não poderá praticar atos de disposição sem participação ou concordância do assistente, não se aplicando o art. 122, CPC.

8.2.2 Incidente de desconsideração da personalidade jurídica

Por certo que temos a premissa de que o patrimônio da pessoa jurídica não se confunde com o patrimônio das pessoas físicas que dela fazem parte. Assim, em fase de execução, inicialmente buscaremos os bens da empresa, efetiva devedora, para saldar o crédito reconhecido em sentença.

No entanto, o patrimônio dos sócios não é blindado contra dívidas contraídas pela sociedade, razão pela qual pode ser atingido por meio do incidente de desconsideração da personalidade jurídica.

Assim, afasta-se a pessoa jurídica para que possamos atingir os bens pessoais dos sócios.

Há duas teorias sobre os requisitos para utilização desse incidente: Teoria Menor (sua utilização derivaria apenas da constatação da ausência de pessoas suficientes da pessoa jurídica para pagamento da dívida) e Teoria Maior (haverá responsabilização do sócio quando além da ausência de bens suficientes da pessoa jurídica para saldar a dívida, também ficar verificada gestão fraudulenta ou abuso de direito com desvio de finalidade ou confusão patrimonial).

No Processo do Trabalho e levando-se em consideração a condição de hipossuficiente do trabalhador, bem como natureza alimentar do crédito, entendemos como a tese majoritária de aplicação da Teoria Menor, com base no Código de Defesa do Consumidor (Lei nº 8.078/90, art. 28, §5º), que ora se aplica analogicamente:

---

[11] MIESSA, Élisson. *Processo do trabalho*. Salvador: Editora Juspodivm, 2019, p. 521.

CDC, art. 28, § 5º Também poderá ser desconsiderada a pessoa jurídica sempre que sua personalidade for, de alguma forma, obstáculo ao ressarcimento de prejuízos causados aos consumidores.

Até a Reforma Trabalhista, a CLT não trazia qualquer regramento acerca do incidente de desconsideração da personalidade jurídica; no entanto, após a Lei nº 11.467/2017, temos a previsão no art. 855-A, CLT, que nos remete à utilização do CPC:

Art. 855-A. Aplica-se ao processo do trabalho o incidente de desconsideração da personalidade jurídica previsto nos arts. 133 a 137 da Lei nº 13.105, de 16 de março de 2015 – Código de Processo Civil.

CPC, art. 133. O incidente de desconsideração da personalidade jurídica será instaurado a pedido da parte ou do Ministério Público, quando lhe couber intervir no processo.

§ 1º O pedido de desconsideração da personalidade jurídica observará os pressupostos previstos em lei.

§ 2º Aplica-se o disposto neste Capítulo à hipótese de desconsideração inversa da personalidade jurídica.

Art. 134. O incidente de desconsideração é cabível em todas as fases do processo de conhecimento, no cumprimento de sentença e na execução fundada em título executivo extrajudicial.

§ 1º A instauração do incidente será imediatamente comunicada ao distribuidor para as anotações devidas.

§ 2º Dispensa-se a instauração do incidente se a desconsideração da personalidade jurídica for requerida na petição inicial, hipótese em que será citado o sócio ou a pessoa jurídica.

§ 3º A instauração do incidente suspenderá o processo, salvo na hipótese do § 2º.

§ 4º O requerimento deve demonstrar o preenchimento dos pressupostos legais específicos para desconsideração da personalidade jurídica.

Art. 135. Instaurado o incidente, o sócio ou a pessoa jurídica será citado para manifestar-se e requerer as provas cabíveis no prazo de 15 (quinze) dias.

Art. 136. Concluída a instrução, se necessária, o incidente será resolvido por decisão interlocutória.

Parágrafo único. Se a decisão for proferida pelo relator, cabe agravo interno.

Art. 137. Acolhido o pedido de desconsideração, a alienação ou a oneração de bens, havida em fraude de execução, será ineficaz em relação ao requerente.

Especificamente quanto ao art. 136, CPC, acima transcrito, não há que se falar na sua aplicação, já que a CLT tem regramento próprio no art. 855-A, §1ª, CLT, até porque temos o princípio da irrecorribilidade das decisões interlocutórias (especialmente na fase de conhecimento) no Processo do Trabalho.

Art. 855-A, § 1º Da decisão interlocutória que acolher ou rejeitar o incidente:

I - na fase de cognição, não cabe recurso de imediato, na forma do § 1º do art. 893 desta Consolidação;

II - na fase de execução, cabe agravo de petição, independentemente de garantia do juízo;

III - cabe agravo interno se proferida pelo relator em incidente instaurado originariamente no tribunal.

Importante, ainda, pontuar três questões: o incidente de desconsideração da personalidade jurídica tramitará nos próprios autos da ação principal (não sendo caso de ação autônoma, como era distribuído anteriormente no PJE, e com mudança advinda em 2019 pelo CGJT 01/2019, art. 1ª), ele tem lugar em qualquer fase do processo, podendo ser apresentado já na fase de conhecimento, e, a princípio, não haverá desconsideração da personalidade jurídica de ofício na execução (na fase de conhecimento dependerá sempre de requerimento da parte interessada), exceto para quando o exequente estiver desassistido:

CLT, art. 878. A execução será promovida pelas partes, permitida a execução de ofício pelo juiz ou pelo Presidente do Tribunal apenas nos casos em que as partes não estiverem representadas por advogado.

Destaca-se, ainda, a aplicação da teoria inversa da desconsideração da personalidade jurídica, que consiste na responsabilização do patrimônio da pessoa jurídica por dívidas pessoais de seus sócios ou diretores quando esses atuarem com desvio de finalidade ou de forma abusiva.

Assim, em havendo dívida pessoal do sócio, pode-se buscar seu patrimônio em outras pessoas jurídicas das quais seja sócio, sendo certo que sua responsabilidade ficará limitada à sua participação na sociedade.

O incidente de desconsideração da personalidade jurídica se tornou uma valiosa ferramenta na Justiça do Trabalho após a decisão do STF, que determinou a suspensão das ações em que se incluía empresa do grupo econômico na fase de execução. Assim, em qualquer fase pode-se chegar ao patrimônio do grupo por intermédio de desconsiderações de personalidade jurídica.

Importante destacar também que a CLT estabeleceu uma ordem preferencial de pagamento do crédito no art. 10 A, *in verbis*:

Art. 10-A. O sócio retirante responde subsidiariamente pelas obrigações trabalhistas da sociedade relativas ao período em que figurou como sócio, somente em ações ajuizadas até dois anos depois de averbada a modificação do contrato, observada a seguinte ordem de preferência

I - a empresa devedora;

II - os sócios atuais; e

III - os sócios retirantes.

Parágrafo único. O sócio retirante responderá solidariamente com os demais quando ficar comprovada fraude na alteração societária decorrente da modificação do contrato.

8.2.2.1 Desconsideração da personalidade jurídica e empresa em recuperação judicial

Grande divergência surge sobre a possibilidade de desconsideração da personalidade jurídica no caso de empresa que esteja em recuperação judicial

Em recente decisão, o STJ decidiu que "A Terceira Turma do Superior Tribunal de Justiça (STJ) decidiu, por unanimidade, que o deferimento de pedido de recuperação judicial de empresa que tenha sua personalidade jurídica desconsiderada não impede o andamento da execução redirecionada aos sócios. De acordo com o colegiado, eventual constrição dos bens dos sócios não afeta o patrimônio da empresa em recuperação, tampouco atinge a sua capacidade de reestruturação".

É válido ressaltar, contudo, que tramita um PL (projeto de lei) em que tal desconsideração deveria ser processada também no juízo falimentar, não podendo o juiz trabalhista processar o incidente.

8.2.3 Chamamento ao processo

Essa intervenção de terceiros provocada pelo réu forma um litisconsórcio passivo ulterior, havendo vínculo de solidariedade passiva entre "chamante" e "chamado".

Como objetivo é chamar outros que também sejam obrigados ao possível pagamento do crédito que venha a ser reconhecido, é intervenção exclusiva do réu e o chamado não pode se recusar a integrar o processo.

CPC, art. 130. É admissível o chamamento ao processo, requerido pelo réu:

I - do afiançado, na ação em que o fiador for réu;
II - dos demais fiadores, na ação proposta contra um ou alguns deles;
III - dos demais devedores solidários, quando o credor exigir de um ou de alguns o pagamento da dívida comum.

Aquele que chama objetiva incluir na lide os demais coobrigados para que sejam também abrangidos pela sentença, criando um título executivo em face dos demais devedores e a favor de quem quitar a dívida.

CPC, art. 132. A sentença de procedência valerá como título executivo em favor do réu que satisfizer a dívida, a fim de que possa exigi-la, por inteiro, do devedor principal, ou, de cada um dos codevedores, a sua quota, na proporção que lhes tocar.

O réu que já consta no polo passivo deve requerer o chamamento dos demais em sede de contestação, e a citação desses deve ser promovida em 30 dias ou 2 meses (nesse último caso, se o chamado residir em outra comarca, seção ou subseção judiciária, ou caso se encontre em local incerto), sob pena de ficar sem efeito o chamamento.

CPC, art. 131. A citação daqueles que devam figurar em litisconsórcio passivo será requerida pelo réu na contestação e deve ser promovida no prazo de 30 (trinta) dias, sob pena de ficar sem efeito o chamamento.

Parágrafo único. Se o chamado residir em outra comarca, seção ou subseção judiciárias, ou em lugar incerto, o prazo será de 2 (dois) meses.

Temos, como excelente exemplo no Processo do Trabalho, a ação ajuizada em face apenas de uma empresa que compõe grupo econômico, em que o réu chama os demais membros do grupo para compor o processo.

8.2.4 Denunciação da lide

A denunciação da lide é modalidade de intervenção de terceiros facultativa e que pode ser provocada (não voluntária) tanto pelo autor quanto pelo réu.

No caso do Processo do Trabalho, nem todos a admitem; mas quando o fazem limitam à hipótese do art. 125, II, CPC.

CPC, art. 125. É admissível a denunciação da lide, promovida por qualquer das partes:

I -   ao alienante imediato, no processo relativo à coisa cujo domínio foi transferido ao denunciante, a fim de que possa exercer os direitos que da evicção lhe resultam;

II - àquele que estiver obrigado, por lei ou pelo contrato, a indenizar, em ação regressiva, o prejuízo de quem for vencido no processo.

O objetivo da denunciação da lide é chamar um terceiro para fazer parte do processo, a fim de que seja reconhecida sua responsabilidade regressiva. Assim, o denunciado poderá ser acionado regressivamente, no mesmo processo, caso o denunciante seja condenado a algum pagamento.

No caso da denunciação ser promovida pelo autor, temos a aplicação do art. 127, CPC:

Art. 127. Feita a denunciação pelo autor, o denunciado poderá assumir a posição de litisconsorte do denunciante e acrescentar novos argumentos à petição inicial, procedendo-se em seguida à citação do réu.

Caso a denunciação seja de iniciativa do réu, aplicam-se as regras do art. 128, CPC:

Art. 128. Feita a denunciação pelo réu:

I - se o denunciado contestar o pedido formulado pelo autor, o processo prosseguirá tendo, na ação principal, em litisconsórcio, denunciante e denunciado;

II - se o denunciado for revel, o denunciante pode deixar de prosseguir com sua defesa, eventualmente oferecida, e abster-se de recorrer, restringindo sua atuação à ação regressiva;

III - se o denunciado confessar os fatos alegados pelo autor na ação principal, o denunciante poderá prosseguir com sua defesa ou, aderindo a tal reconhecimento, pedir apenas a procedência da ação de regresso.

Parágrafo único. Procedente o pedido da ação principal, pode o autor, se for o caso, requerer o cumprimento da sentença também contra o denunciado, nos limites da condenação deste na ação regressiva.

Cabe dizer que não há qualquer relação entre o denunciado e adversário do denunciante, sendo hipótese apenas de responsabilização entre as partes da denunciação.

Como a ação principal é prejudicial à denunciação, se a ação for julgada improcedente em face do denunciante, isso quer dizer que o denunciado também será vitorioso, pois nada terá de ressarcir regressivamente ao denunciante.

No entanto, se o denunciante perder a ação principal, isso não quer dizer necessariamente que perdedor também o denunciado na denunciação, pois aqui estamos tratando de incidente autônomo com relação a ser discutida.

CPC, art. 129. Se o denunciante for vencido na ação principal, o juiz passará ao julgamento da denunciação da lide.

Parágrafo único. Se o denunciante for vencedor, a ação de denunciação não terá o seu pedido examinado, sem prejuízo da condenação do denunciante ao pagamento das verbas de sucumbência em favor do denunciado.

Diz-se que é facultativa, pois, se for indeferida, o direito de regresso pode ser utilizado em ação autônoma, na forma do art. 125, §1º, CPC:

Art. 125, § 1º O direito regressivo será exercido por ação autônoma quando a denunciação da lide for indeferida, deixar de ser promovida ou não for permitida.

Como já asseveramos acima, nem todos aceitam a aplicação da denunciação da lide no Processo do Trabalho. No entanto, aqueles que aceitam afirmam que deve ser da competência da Justiça do Trabalho a análise e julgamento de ambas as relações, ou seja, da ação principal e a do incidente ora analisado.

8.2.5 Intervenção do *amicus curiae*

Trata-se de efetiva intervenção de terceiros, em qualquer processo, em que o terceiro atuará como auxiliar ou assistente técnico do juízo, e desde que a importância da causa justifique a intervenção.

Essa espécie de intervenção pode ser voluntária ou provocada, inclusive por determinação de ofício pelo Juiz, na forma do art. 138, CPC:

Art. 138. O juiz ou o relator, considerando a relevância da matéria, a especificidade do tema objeto da demanda ou a repercussão social da controvérsia, poderá, por decisão irrecorrível, de ofício ou a requerimento das partes ou de quem pretenda manifestar-se, solicitar ou admitir a participação de pessoa natural ou jurídica, órgão ou entidade especializada, com representatividade adequada, no prazo de 15 (quinze) dias de sua intimação.

O *amicus curiae* não atua em benefício de qualquer das partes, mas sim intervém no processo para uma melhor elucidação do caso colaborando com o juízo. Em sendo convocado, tem prazo de 15 dias para manifestações a partir de sua intimação.

Quando Juiz aceitar ou solicitar a intervenção do **amicus curiae** caberá a ele definir seus poderes no processo.

CPC, art. 138, § 2º – Caberá ao juiz ou ao relator, na decisão que solicitar ou admitir a intervenção, definir os poderes do *amicus curiae*.

Não há qualquer alteração da competência da causa, e ele não pode apresentar recursos, exceto oposição de embargos de declaração ou recurso de decisão que julgar o incidente de resolução de demandas repetitivas (chamados de IRDR), na forma do art. 138, §1º e §3º, CPC:

Art. 138, § 1º A intervenção de que trata o *caput não i*mplica alteração de competência nem autoriza a interposição de recursos, ressalvadas a oposição de embargos de declaração e a hipótese do § 3º.

§ 3º O *amicus curiae* pode recorrer da decisão que julgar o incidente de resolução de demandas repetitivas.

No Processo do Trabalho há possibilidade de sua aplicação, o que foi tido como recepcionado pela Instrução Normativa 39/2016, do TST, art. 3º, II.

8.2.6 Nomeação à autoria

A antiga nomeação à autoria deixou de existir, e surgiu o disposto no art. 339 e parágrafos do CPC. Assim, se houver alegação de ilegitimidade passiva parte do réu, cabe a esse indicar o sujeito passivo da relação jurídica discutida sempre que tiver conhecimento.

Se o autor aceitar a indicação, procederá, no prazo de 15 dias, a devida alteração da petição inicial com nova indicação no polo passivo com substituição do réu anterior, na forma do art. 338, CPC.

CPC, art. 339. Quando alegar sua ilegitimidade, incumbe ao réu indicar o sujeito passivo da relação jurídica discutida sempre que tiver conhecimento, sob pena de arcar com as despesas processuais e de indenizar o autor pelos prejuízos decorrentes da falta de indicação.

§ 1º O autor, ao aceitar a indicação, procederá, no prazo de 15 (quinze) dias, à alteração da petição inicial para a substituição do réu, observando-se, ainda, o parágrafo único do art. 338 .

§ 2º No prazo de 15 (quinze) dias, o autor pode optar por alterar a petição inicial para incluir, como litisconsorte passivo, o sujeito indicado pelo réu.

CPC, art. 338. Alegando o réu, na contestação, ser parte ilegítima ou não ser o responsável pelo prejuízo invocado, o juiz facultará ao autor, em 15 (quinze) dias, a alteração da petição inicial para substituição do réu.

8.2.7 Chamada à autoria

No processo do Trabalho há uma figura atípica de intervenção de terceiros, sendo a "chamada à autoria", prevista de forma expressa no art. 486, §1º da CLT, *in verbis:*

Art. 486 - No caso de paralisação temporária ou definitiva do trabalho, motivada por ato de autoridade municipal, estadual ou federal, ou pela promulgação de lei ou resolução que impossibilite a continuação da atividade, prevalecerá o pagamento da indenização, que ficará a cargo do governo responsável.

§ 1º - Sempre que o empregador invocar em sua defesa o preceito do presente artigo, o tribunal do trabalho competente notificará a pessoa de direito público apontada como responsável pela paralisação do trabalho, para que, no prazo de 30 (trinta) dias, alegue o que entender devido, passando a figurar no processo como chamada à autoria.

§ 2º - Sempre que a parte interessada, firmada em documento hábil, invocar defesa baseada na disposição deste artigo e indicar qual o juiz competente, será ouvida a parte contrária, para, dentro de 3 (três) dias, falar sobre essa alegação.

§ 3º - Verificada qual a autoridade responsável, a Junta de Conciliação ou Juiz dar-se-á por incompetente, remetendo os autos ao Juiz Privativo da Fazenda, perante o qual correrá o feito nos termos previstos no processo comum.

Assim, nos casos em que uma empresa sofra crise financeira com a paralisação de suas atividades em razão de determinação do poder público, e a rescisão dos contratos ocorra por motivo de força alheia a vontade da empresa, na hipótese de fato príncipe, a empresa demandada em juízo poderá chamar o ente público em juízo para responder.

O fato do príncipe é um conceito do Direito do Trabalho que se refere a um ato do Estado que impede ou frustra a continuidade de um contrato de trabalho, com previsão no artigo 486 da Consolidação das Leis do Trabalho (CLT).

Tal fato ocorreu com frequência nos casos de fechamento da empresa em razão da pandemia, já tendo o TST se manifestado no sentido de não ser causa de fato príncipe, mas sim risco do negócio (podendo-se enquadrar como força maior, caso tenha havido o fechamento do estabelecimento com encerramento do negócio).

CAPÍTULO 9
AÇÃO, PROCESSO E PROCEDIMENTO

9.1 Considerações iniciais

Segundo Mauro Schiavi, "ação é o direito ao exercício da atividade jurisdicional, ou o poder de exigir esse exercício. Violado o direito, surge para o titular desta violação o direito subjetivo de ir ao Judiciário postular satisfação do direito, que é assegurado pelo chamado direito de ação"[12].

Dessa forma, podemos entender que a ação é o direito de exigir o pleno exercício da atividade jurisdicional, quando a parte interessada vai até o Poder Judiciário pretendendo uma resposta a seus anseios, sob a alegação de que teve violado algum direito subjetivo.

Já o processo é justamente quando a parte interessada materializa o direito de ação.

9.2 Condições da ação

Se, por um lado qualquer pessoa que tem um direito subjetivo violado pode se socorrer do seu direito de ação, materializando-o por meio de um processo, por outro não mais certo é que para tanto a parte interessada deve preencher determinadas condições para obtenção de um provimento jurisdicional favorável, que permita ao Juiz proferir uma decisão meritória.

Assim, a parte deve preencher as chamadas condições da ação.

---

[12] SCHIAVI, Mauro. *Manual de direito processual do trabalho*. 15. ed. São Paulo: Editor LTR, 2019, p. 75.

Mais uma vez, segundo Mauro Schiavi, "as condições da ação são requisitos que deve conter a ação para que o juiz possa proferir uma decisão de mérito, julgando a pretensão trazida a juízo"[13].

Inicialmente, e conforme previsto no antigo CPC de 1973, eram condições da ação a legitimidade, o interesse de agir e a possibilidade jurídica do pedido.

No entanto, a partir do CPC de 2015, passamos a ter apenas duas condições da ação, quais sejam a legitimidade e o interesse de agir, passando a questão da possibilidade jurídica a ser analisada no mérito, deixando de atuar como condição da ação.

CPC, art. 17. Para postular em juízo é necessário ter interesse e legitimidade.

9.2.1 Da legitimidade

A legitimidade *ad causam*, ou seja, para a causa, é a pertinência subjetiva da ação. É saber quais pessoas possuem qualidade necessária para estar em juízo, postulando ou sendo demandada, pois são têm ligação com a pretensão deduzida em juízo.

Certo, porém, que no processo de conhecimento a legitimidade é analisada no plano abstrato, onde possui legitimidade aquele que afirma ser titular do direito, da mesma forma que possui legitimidade para ser demandado aquele que foi colocado como réu no polo passivo da ação.

É justamente o que temos na chamada Teoria da Asserção, aonde a aferição das condições da ação é realizada pelo o que consta na petição inicial, bastando mera indicação como autor e réu, independentemente das razões de pedir, que serão analisadas no mérito propriamente dito.

A legitimidade pode ser dividida em: exclusiva (quando apenas uma pessoa pode atuar em determinada causa), concorrente (quando mais de uma pessoa tem legitimidade legal para postular em juízo o mesmo direito, conforme previsão legal) e extraordinária (quando, também por determinação legal, alguém pode postular em juízo, e em nome próprio, direito alheio).

---

[13] SCHIAVI, Mauro. *Manual de direito processual do trabalho*. 15. ed. São Paulo: Editora LTR, 2019, p. 77.

9.2.2 Do interesse

Conforme preceitua Alexandre Freitas Câmara, "o interesse de agir é verificado pela presença de dois elementos, que fazem com que esse requisito do provimento final seja verdadeira binômio: 'necessidade da tutela jurisdicional' e 'adequação do provimento pleiteado'. Fala-se, assim, em 'interesse-necessidade' e 'interesse-adequação'. A ausência de qualquer dos elementos componentes deste binômio implica ausência do próprio interesse de agir"[14].

Certo, assim, que o interesse de agir atua na necessidade da tutela jurisdicional para atingimento do bem da vida pretendido, devendo a parte se valer de meio adequado para tal postulação (utilização da ação adequada a seus interesses). Assim, o provimento será útil do ponto de vista prático.

9.2.3 Possibilidade jurídica do pedido

Como já mencionado acima, a possibilidade jurídica do pedido deixou de ser condição da ação a partir do Código de Processo Civil de 2015.

Assim, duas são as interpretações desde então acerca da decisão a ser tomada caso verificado que o pedido é juridicamente impossível: a) se o pedido é juridicamente impossível, não há interesse processual, razão pela qual a decisão será de extinção do processo sem resolução do mérito (assim, a possibilidade jurídica deveria ser analisada dentro do interesse processual); b) a possibilidade jurídica de um pedido deve ser analisada no mérito. Em decorrência, em sendo verificada a impossibilidade, o pedido há que ser julgado improcedente, pois não tutelado pelo direito. Filiamo-nos a esse entendimento, pois em não mais sendo condição da ação, o mérito é o local adequado para análise da viabilidade jurídica do pedido formulado.

9.2.4 Ausência das condições da ação

Em sendo verificada a ausência de uma ou de todas as condições da ação, o resultado será julgar o autor como carecedor do direito de ação,

---

[14] CÂMARA, Alexandre Freitas. *Lições de direito processual civil*. 14. ed. v. I. Rio de Janeiro: Editora Lumen Juris, 2006, p. 128.

preliminar de mérito, que pode ser suscitada pela parte ré em defesa, ou suscitada de ofício pelo juiz, por se tratar de questão de ordem pública, conforme art. 336 e 337, XI e §5º, CPC:

Art. 336. Incumbe ao réu alegar, na contestação, toda a matéria de defesa, expondo as razões de fato e de direito com que impugna o pedido do autor e especificando as provas que pretende produzir.

Art. 337. Incumbe ao réu, antes de discutir o mérito, alegar:

XI - ausência de legitimidade ou de interesse processual;

§ 5º Excetuadas a convenção de arbitragem e a incompetência relativa, o juiz conhecerá de ofício das matérias enumeradas neste artigo.

Em decorrência, teremos como resultado a extinção do processo sem resolução do mérito, na forma do art. 485, VI, CPC:

Art. 485. O juiz não resolverá o mérito quando: **VI** - verificar ausência de legitimidade ou de interesse processual.

9.3 Elementos da ação

Os elementos da ação são utilizados para identificação das ações, não permitindo que sejam ajuizadas demandas idênticas ao mesmo tempo ou a renovação de ações cujo mérito já foi anteriormente resolvido.

Os elementos são as partes, a causa de pedir e o pedido.

9.3.1 Partes

A parte da demanda é aquela que pede e aquela em face de quem se pede a tutela jurisdicional. Assim, são partes o autor e o réu, que, no Processo do Trabalho, costumam ser denominados, respectivamente, de reclamante e reclamado.

9.3.2 Causa de pedir

A causa de pedir consiste nos fatos e fundamentos jurídicos que dão fundamento ao pedido, ou seja, é a narrativa que servirá de suporte para os pedidos.

Ela se divide em duas: causa de pedir próxima (fundamento jurídico ou tese jurídica que embasa o pedido) e causa de pedir remota (são os fatos, ou seja, a história constante da inicial).

9.3.3 Pedidos

O pedido é o objeto da demanda, o que motivou o ingresso do autor com a ação materializada por meio do processo.

Como os pedidos limitam a atuação judicial, isso quer dizer que o juiz fica vinculado aos pedidos formulados na petição inicial, razão pela qual não pode ir além dos pedidos ou dos fundamentos utilizados na exordial, nem mesmo pode deixar de emitir provimento jurisdicional sobre qualquer pretensão formulado, sob pena de vícios na sentença, com julgamentos denominados *ultra petita, citra petita* ou *extra petita*.

O julgamento *ultra petita* consiste em julgar além do que foi pedido, ou seja, quando se pede, por exemplo, devolução de descontos no valor de R$ 1.000,00, e o juiz defere pedido de R$ 2.000,00.

O julgamento *citra petita* consiste em conceder aquém do que foi formulado, o que ocorreria quando algum pedido deixa de ser julgado pelo magistrado.

Já o julgamento *extra petita* ocorre quando o juiz concede algo fora do pedido, ou seja, concede um pedido que não foi objeto da ação.

O pedido se divide em imediato (analisado pela ótica processual, acaba por representar o provimento pretendido, que pode ser declaratório, constitutivo, condenatório, dentre outros) e mediato (sob a ótica material, é o bem da vida pretendido).

9.4 Dos pressupostos processuais

Os pressupostos processuais são os elementos de existência e validade do processo, consistindo em matérias preliminares, que devem ser analisadas pelo Juiz antes de adentrar no mérito da demanda.

Os pressupostos de existência, como o nome já diz, consistem nos elementos que devem estar presentes para que, processualmente falando, o processo exista de maneira jurídica. Esses, portanto, devem ser analisados em primeiro lugar.

Depois de constatada a existência jurídica do processo, há que se avaliar sua validade, ou seja, se o processo está em conformidade com os requisitos legais do ato ou fato.

Há, ainda, que se classificar os pressupostos processuais como subjetivos, que são aqueles ligados aos sujeitos processuais, e objetivos, que são aqueles relacionados ao pedido ou à forma do processo.

A ausência de qualquer dos pressupostos de existência acarretará a inexistência jurídica do processo, não sendo hipótese de sentença de extinção sem resolução do mérito, pois só se extingue o que existe. Assim, a decisão consistiria em mero ato administrativo, determinando cancelamento da distribuição e registros referentes ao processo, conforme preceitua Alexandre Freitas Câmara.[15]

Já a ausência dos pressupostos de validade acarreta a nulidade do ato praticado ou da relação jurídica em questão, sendo clara hipótese, em regra, de extinção do processo sem resolução do mérito, na forma do CPC, art. 485, IV, V e VII.

Art. 485. O juiz não resolverá o mérito quando:

IV - verificar a ausência de pressupostos de constituição e de desenvolvimento válido e regular do processo;

V - reconhecer a existência de perempção, de litispendência ou de coisa julgada;

VII - acolher a alegação de existência de convenção de arbitragem ou quando o juízo arbitral reconhecer sua competência.

9.4.1 Pressupostos processuais subjetivos

Esses pressupostos são os que dizem respeito aos sujeitos envolvidos no processo, quais sejam as partes e o Juiz.

9.4.1.1 Investidura

Tal pressuposto é ligado à figura do juiz, pois o processo precisa ser conduzido por alguém investido de poder jurisdicional. A investidura, no caso ora tratado, se dá com aprovação em concurso público de provas e títulos, bem como pela indicação para composição do quinto constitucional nos Tribunais Regionais e de Grau Superior;

---

[15] CÂMARA, Alexandre Freitas. *O novo processo civil brasileiro*. São Paulo: Ed. Atlas, 2015, p. 25.

9.4.1.2 Imparcialidade

Pressuposto também ligado ao juiz, que assegura às partes igualdade de tratamento, pois ao julgador não é dada possibilidade de ter qualquer interesse no resultado da demanda, não podendo, assim, favorecer nenhuma das partes. A imparcialidade, assim, é ausência de qualquer dos motivos de suspeição e impedimento do Juiz, sendo nulos os atos praticados por julgador tido como parcial;

9.4.1.3 Competência

O julgador deve ser imbuído de competência para análise e julgamento da demanda. Tanto a competência absoluta quanto a relativa são consideradas pressupostos processuais de validade.

9.4.1.4 Capacidade para ser parte

Consiste na aptidão de ser titular de direitos e deveres, razão pela qual esse pressuposto é considerado como de existência. Assim, a incapacidade de qualquer das partes macula a própria existência do processo.

9.4.1.5 Capacidade processual

Tal pressuposto consiste na capacidade de postular em juízo, ou seja, capacidade de praticar atos processuais. No Processo do Trabalho, a capacidade plena dos empregados é atingida quando completam 18 anos, não querendo dizer com isso que antes haja qualquer impossibilidade de ajuizamento de ação trabalhista. No entanto, os menores de 18 anos deverão estar representados ou assistidos por seus representantes legais.

CLT, art. 402. Considera-se menor para os efeitos desta Consolidação o trabalhador de quatorze até dezoito anos.

A capacidade processual é pressuposto processual de validade, devendo o juiz, caso verifique alguma irregularidade, determinar a regularização dentro de prazo assinalado para tanto, sob pena de extinção do processo sem resolução do mérito.

9.4.1.6 Capacidade postulatória

Consiste na capacidade de postular em Juízo, o que, a princípio, compete apenas ao advogado.

No entanto, no Processo do Trabalho, apesar das dificuldades práticas já por nós relatadas em capítulo sobre o tema, ainda vigora a ideia do *jus postulandi*, que se aplica a empregados e empregadores, inclusive no dissídio coletivo, exceto quanto a algumas espécies de ações ou atuação em Tribunais Superiores.

CLT, art. 791 - Os empregados e os empregadores poderão reclamar pessoalmente perante a Justiça do Trabalho e acompanhar as suas reclamações até o final.

CLT, art. 839 - A reclamação poderá ser apresentada:

a) pelos empregados e empregadores, pessoalmente, ou por seus representantes, e pelos sindicatos de classe;

Súmula nº 425 do TST – JUS POSTULANDI NA JUSTIÇA DO TRABALHO. ALCANCE. Res. 165/2010, DEJT divulgado em 30/04/2010 e 03 e 04/05/2010

O *jus postulandi* das partes, estabelecido no art. 791 da CLT, limita-se às Varas do Trabalho e aos Tribunais Regionais do Trabalho, não alcançando a ação rescisória, a ação cautelar, o mandado de segurança e os recursos de competência do Tribunal Superior do Trabalho.

9.4.2 Pressupostos processuais objetivos

Esses pressupostos são os que dizem respeito ao pedido ou à forma do processo, e podem ser classificados em: **intrínsecos** (analisados dentro do próprio processo) e **extrínsecos** (analisados fora da relação processual).

9.4.2.1 Demanda

Consiste em pressuposto processual de existência, segundo o qual é necessária a provocação do Poder Judiciário para que esse se manifeste, tendo em vista sua característica de inércia da jurisdição. A demanda é, portanto, o ato de pedir, provocar o Judiciário para se manifestar acerca de um requerimento.

9.4.2.2 Coisa julgada

A coisa julgada se dá quando após a decisão não cabe mais qualquer recurso, tornando-a imutável (é o chamado trânsito em julgado da decisão). A coisa julgada é dividida em **formal** (quando a decisão dentro do processo não pode mais ser alterada, mas há possibilidade de ajuizamento de outra ação para discutir mesmo objeto, que é o que ocorre nas decisões de extinção sem resolução do mérito. Após decurso do prazo para recurso, essa decisão de extinção não pode ser alterada, mas nada obsta que seja ajuizada nova ação com mesmo objeto, a fim de que o mérito seja discutido) e **material** (quando a decisão de mérito é prolatada e, esgotados os recursos, torna-se imutável, não podendo ser discutida novamente em outra ação. Assim, a decisão, mesmo fora do processo, não mais pode ser alterada);

CPC, art. 337, § 4º Há coisa julgada quando se repete ação que já foi decidida por decisão transitada em julgado.

9.4.2.3 Litispendência

Haverá litispendência quando se repetir ação idêntica que ainda está em curso, sendo que entende-se como idênticas ações com mesmas partes, pedidos e causas de pedir.

CPC, art. 337, § 2º Uma ação é idêntica a outra quando possui as mesmas partes, a mesma causa de pedir e o mesmo pedido.

§ 3º Há litispendência quando se repete ação que está em curso.

9.4.2.4 Perempção

Há grande diferença do instituto da perempção no Processo Civil e no Processo do Trabalho, uma vez que no primeiro ramo do Direito temos a chamada perempção definitiva, que ocorre quando o autor abandona a ação por três vezes, e, por tal motivo, não pode mais demandar com o réu nova ação com mesmo objeto.

Já no Processo do Trabalho temos a chamada perempção temporária, e ocorre quando após ajuizamento de ação verbal o reclamante não se apresentar para redução da mesma a termo, no prazo previsto em lei, ou quando apresentando reclamação escrita, deixar, por duas vezes seguidas, que a mesma seja extinta sem resolução do mérito por arquivamento, na hipótese de não comparecimento na audiência inaugural.

CLT, art. 731 - Aquele que, tendo apresentado ao distribuidor reclamação verbal, não se apresentar, no prazo estabelecido no parágrafo único do art. 786, à Junta ou Juízo para fazê-lo tomar por termo, incorrerá na pena de perda, pelo prazo de 6 (seis) meses, do direito de reclamar perante a Justiça do Trabalho.

CLT, art. 786 - A reclamação verbal será distribuída antes de sua redução a termo.

Parágrafo único - Distribuída a reclamação verbal, o reclamante deverá, salvo motivo de força maior, apresentar-se no prazo de 5 (cinco) dias, ao cartório ou à secretaria, para reduzi-la a termo, sob a pena estabelecida no art. 731.

CLT, art. 732 - Na mesma pena do artigo anterior incorrerá o reclamante que, por 2 (duas) vezes seguidas, der causa ao arquivamento de que trata o art. 844.

CLT, art. 844 - O não comparecimento do reclamante à audiência importa o arquivamento da reclamação, e o não comparecimento do reclamado importa revelia, além de confissão quanto à matéria de fato.

Cabe dizer, portanto, que a perempção ocorrerá quando o autor ajuizar duas reclamações trabalhistas e as duas forem extintas por arquivamento no caso de ausência à audiência inaugural, quando, após a segunda ação, o autor ficará impossibilitado de demandar em face do mesmo réu por 6 meses, a contar da data da audiência do segundo processo. A penalidade é aplicada ao reclamante que movimentou a máquina judiciária por duas vezes e não compareceu sem qualquer justificativa.

A despeito de posicionamentos diversos, entendo que o reclamante está impossibilitado de ajuizar ação em face do mesmo réu, e não em face de qualquer reclamado, sob pena de infringir o princípio do livre acesso ao judiciário. Ademais, por se tratar de uma penalidade, deve ter interpretação restritiva.

Além disso, importante frisar que incorre em perempção quem dá causa a dois arquivamentos por ausência à audiência inaugural. Assim, se houver uma extinção por inépcia da petição inicial e uma outra por arquivamento, não há perempção a ser declarada.

Por derradeiro, apesar de ser pressuposto processual, que pode ser declarado de ofício pelo Juiz, na prática isso dificilmente ocorrerá, pois o conhecimento acerca das ações anteriores competirá ao réu.

9.4.2.5 Convenção de arbitragem

Consiste em pressuposto processual de validade, razão pela qual se existir, e depois houver ajuizamento de reclamação trabalhista, essa será extinta sem resolução do mérito.

CLT, art. 485. O juiz não resolverá o mérito quando: **VII** - acolher a alegação de existência de convenção de arbitragem ou quando o juízo arbitral reconhecer sua competência.

No Direito do Trabalho, acaba sendo novidade que surgiu com a reforma trabalhista e sua utilização depende do preenchimento de requisitos do art. 507-A, CLT.

Art. 507-A. Nos contratos individuais de trabalho cuja remuneração seja superior a duas vezes o limite máximo estabelecido para os benefícios do Regime Geral de Previdência Social, poderá ser pactuada cláusula compromissória de arbitragem, desde que por iniciativa do empregado ou mediante a sua concordância expressa, nos termos previstos na Lei nº 9.307, de 23 de setembro de 1996.

A despeito de ser pressuposto processual, depende de arguição da parte interessada em defesa.

CPC, art. 337, § 5º - Excetuadas a convenção de arbitragem e a incompetência relativa, o juiz conhecerá de ofício das matérias enumeradas neste artigo.

9.5 Classificação das ações

Como regra geral e de acordo com o objeto pretendido, temos as ações classificadas em três espécies, a saber:

9.5.1 Ações de cunho simplesmente declaratório

Essas ações pretendem exclusivamente a declaração de existência (de natureza positiva) ou inexistência (de natureza negativa) de determinada relação jurídica, ou autenticidade ou falsidade de algum documento, na forma do art. 19, CPC:

Art. 19. O interesse do autor pode limitar-se à declaração:
I -   da existência, da inexistência ou do modo de ser de uma relação jurídica;
II -   da autenticidade ou da falsidade de documento.

Por certo que todas as ações possuem conteúdo declaratório antecedente, mas nessas a declaração consiste na única pretensão da parte autora.

Na seara trabalhista é o que ocorre, por exemplo, com as ações que visam exclusivamente o reconhecimento de relação de emprego entre as partes, ou seja, declaração de vínculo empregatício e consequente assinatura de CTPS do reclamante.

Essa, como as demais ações de cunho meramente declaratório, não estão sujeitas à prescrição, conforme art. 11 e §1º CLT:

Art. 11. A pretensão quanto a créditos resultantes das relações de trabalho prescreve em cinco anos para os trabalhadores urbanos e rurais, até o limite de dois anos após a extinção do contrato de trabalho.

§ 1º O disposto neste artigo não se aplica às ações que tenham por objeto anotações para fins de prova junto à Previdência Social.

9.5.2 Ações condenatórias

Nessas ações, o objetivo do autor configura-se em obrigação de fazer ou não fazer, e de dar (pagar) a coisa, o que pode, por certo, incluir pagamento de determinada quantia ou outra coisa que não envolva dinheiro.

9.5.3 Ações constitutivas

O objetivo dessas ações é criar, modificar ou extinguir determinada relação jurídica.

9.6 Procedimento/Das audiências

9.6.1 Conceito

Procedimento é a forma como o processo se desenvolve, sendo também denominado como rito processual.

O Processo do Trabalho possui basicamente dois ritos, que são definidos conforme valor atribuído à causa, quais sejam sumaríssimo e ordinário.

O rito sumaríssimo, criado pela Lei nº 9.957/00, abarca causas cujo valor seja superior a 2 e limitado a 40 salários mínimos.

Em segundo lugar, temos os processos que tramitam no rito ordinário, que são os aplicados às causas com valor superior a 40 salários mínimos.

Por certo que esse enquadramento levará em consideração o valor do salário mínimo vigente à época do ajuizamento da ação.

Cabe dizer que, com a introdução do procedimento sumaríssimo, alguns entendem que estaria revogada, nesse particular, a Lei nº 5.884/70, que trata dos procedimentos sumários ou de alçada, que abrange as causas cujo valor não seja superior a dois salários mínimos. Assim, tal introdução teria representado o fim das ações sob rito sumário, ficando todas (com valor até 40 salários mínimos) adstritas ao rito sumaríssimo.

A despeito de entendimentos contrários, filiamo-nos ao entendimento de revogação por incompatibilidade, pois apesar de não ter havido revogação expressa, por certo que a Lei nº 9.957/00 fala, de forma ampla, que ela regerá todos os processos com valor da causa de até 40 salários mínimos.

Assim, entendemos pela presença, no Processo do Trabalho, dos processos de rito sumaríssimo e ordinário, tão-somente.

9.6.2 Procedimento ordinário

Tendo em vista o princípio da oralidade, temos que a inicial pode ser distribuída de maneira verbal ou escrita, noção que hoje acaba ficando extremamente prejudicada a partir do advento do sistema obrigatório do Processo Judicial Eletrônico para peticionamento e distribuição de ações trabalhistas.

Em havendo a distribuição de forma escrita, por certo que o subscritor deve atentar para o preenchimento de determinados requisitos, conforme previsão no art. 840, CLT, sob pena de extinção do processo.

Os requisitos da petição inicial serão pormenorizadamente analisados em tópico próprio desse estudo.

CLT, art. 840 - A reclamação poderá ser escrita ou verbal.

§ 1º Sendo escrita, a reclamação deverá conter a designação do juízo, a qualificação das partes, a breve exposição dos fatos de que resulte o dissídio, o pedido, que deverá ser certo, determinado e com indicação de seu valor, a data e a assinatura do reclamante ou de seu representante.

Após o protocolo, o reclamado deverá ser notificado (preferencialmente via postal, mas também pode se dar por oficial de justiça ou edital, a depender da hipótese), e a audiência marcada para primeiro dia desimpedido e com interstício mínimo de 05 dias.

CLT, art. 841 - Recebida e protocolada a reclamação, o escrivão ou secretário, dentro de 48 (quarenta e oito) horas, remeterá a segunda via da petição, ou do termo, ao reclamado, notificando-o ao mesmo tempo, para comparecer à audiência do julgamento, que será a primeira desimpedida, depois de 5 (cinco) dias.

§ 1º - A notificação será feita em registro postal com franquia. Se o reclamado criar embaraços ao seu recebimento ou não for encontrado, far-se-á a notificação por edital, inserto no jornal oficial ou no que publicar o expediente forense, ou, na falta, afixado na sede da Junta ou Juízo.

Designada a audiência, essa, em regra, será pública (exceto aquelas dos processos que tramitem em segredo de justiça) e ocorrerá na sede do juízo entre 08h00 e 18h00, em dias úteis previamente estabelecidos, não podendo ultrapassar 5 horas seguidas, salvo em caso de matéria urgente.

No horário designado o magistrado deverá comparecer para presidir as audiências, não podendo atrasar em mais de 15 minutos para início da pauta (observe que essa regra é para o início da pauta, e não para o horário designado para as audiências, pois a depender do objeto da audiência e número de testemunhas a serem ouvidas, pode ser que o início da audiência tenha atraso superior, mesmo tendo o juiz chegado rigorosamente no horário).

Registre-se que não existe tolerância para atraso de partes e advogados.

A Lei nº 14.657/2023 alterou o art. 815 da CLT para dizer que, no caso de atraso de 30 minutos do horário da audiência, as partes e advogados podem se retirar sem qualquer justificativa ou penalidade para a audiência, devendo a audiência ser remarcada para data próxima.

É certo que tal previsão importa em uma grande conquista para os advogados que por vezes sofrem com atrasos de audiência. Ocorre que se deve pensar também no grande volume de demanda e que a remarcação da audiência em muitos casos importa num atraso de 6 meses (ou mais) para o processo, pois encaixar o processo numa pauta e bem difícil, considerando que elas já são marcadas com volume máximo de processos em um dia.

É importante lembrar que no caso de advogada grávida ou lactante, a Lei n° 13.636/2016, introduziu o art. 7-A ao estatuto da OAB, reservando o direito à preferência na ordem da sustentação oral e audiência :

"Art. 7º-A. São direitos da advogada:

I - gestante:
a) entrada em tribunais sem ser submetida a detectores de metais e aparelhos de raios X;
b) reserva de vaga em garagens dos fóruns dos tribunais;
III - lactante, adotante ou que der à luz, acesso a creche, onde houver, ou a local adequado ao atendimento das necessidades do bebê;
IV - gestante, lactante, adotante ou que der à luz, preferência na ordem das sustentações orais e das audiências a serem realizadas a cada dia, mediante comprovação de sua condição;
[...]"

CLT, art. 813 - As audiências dos órgãos da Justiça do Trabalho serão públicas e realizar-se-ão na sede do Juízo ou Tribunal em dias úteis previamente fixados, entre 8 (oito) e 18 (dezoito) horas, não podendo ultrapassar 5 (cinco) horas seguidas, salvo quando houver matéria urgente.

§ 1º - Em casos especiais, poderá ser designado outro local para a realização das audiências, mediante edital afixado na sede do Juízo ou Tribunal, com a antecedência mínima de 24 (vinte e quatro) horas.

CLT, art. 815 - À hora marcada, o juiz ou presidente declarará aberta a audiência, sendo feita pelo secretário ou escrivão a chamada das partes, testemunhas e demais pessoas que devam comparecer.

Parágrafo único - Se, até 15 (quinze) minutos após a hora marcada, o juiz ou presidente não houver comparecido, os presentes poderão retirar-se, devendo o ocorrido constar do livro de registro das audiências.

O comparecimento das partes em audiência é obrigatório, sendo que a ausência injustificada do autor na audiência inaugural importará no arquivamento da reclamação, com consequente condenação no pagamento de custas, ainda que seja beneficiário da gratuidade de justiça, exceto se no prazo de 15 dias comprovar motivo relevante para a ausência. Além disso, a comprovação de pagamento dessas custas é condição para propositura de nova demanda.

Já no caso do réu, a ausência injustificada importará, como regra, na aplicação da revelia e consequente confissão quanto à matéria de fato, salvo se apresentar atestado médico declarando expressamente a impossibilidade de locomoção.

CLT, art. 844 - O não comparecimento do reclamante à audiência importa o arquivamento da reclamação, e o não comparecimento do reclamado importa revelia, além de confissão quanto à matéria de fato.

§ 2º Na hipótese de ausência do reclamante, este será condenado ao pagamento das custas calculadas na forma do art. 789 desta Consolidação, ainda que beneficiário da justiça gratuita, salvo se comprovar, no prazo de quinze dias, que a ausência ocorreu por motivo legalmente justificável.

§ 3º O pagamento das custas a que se refere o § 2º é condição para a propositura de nova demanda.

ATENÇÃO: os parágrafos foram objeto de ADI 5766 perante o STF, pois se a parte é beneficiária da justiça gratuita, e, assim, considerada juridicamente miserável, não poderia arcar com os custos processuais, não sendo possível a condenação de pagamento em custas, muito menos como condição para ajuizamento de demanda futura, o que também acaba por contrariar o princípio do livre acesso do Poder Judiciário.

No entanto, assim decidiu o STF: "Também por maioria, foi considerada válida a regra (artigo 844, parágrafo 2º da CLT) que impõe o pagamento de custas pelo beneficiário da justiça gratuita que faltar à audiência inicial de julgamento e não apresente justificativa legal no prazo de 15 dias. Esse entendimento foi seguido pelos ministros Alexandre de Moraes, Dias Toffoli, Roberto Barroso, Nunes Marques, Gilmar Mendes e Luiz Fux (presidente) e pela ministra Cármen Lúcia."

Súmula nº 122 do TST

REVELIA. ATESTADO MÉDICO (incorporada a Orientação Jurisprudencial nº 74 da SBDI-1) - Res. 129/2005, DJ 20, 22 e 25/04/2005

A reclamada, ausente à audiência em que deveria apresentar defesa, é revel, ainda que presente seu advogado munido de procuração, podendo ser ilidida a revelia mediante a apresentação de atestado médico, que deverá declarar, expressamente, a impossibilidade de locomoção do empregador ou do seu preposto no dia da audiência (primeira parte – ex-OJ nº 74 da SBDI-1 – inserida em 25/11/1996; segunda parte – ex--Súmula nº 122 – alterada pela Res. 121/2003, DJ 21/11/2003).

No caso da ausência do réu, a revelia não induzirá a confissão, se em audiência estiver presente advogado portando defesa e documentos, cujos termos serão levados em consideração, em virtude do chamado *animus* de defesa.

CLT, art. 844, § 5º - Ainda que ausente o reclamado, presente o advogado na audiência, serão aceitos a contestação e os documentos eventualmente apresentados.

A revelia também não induzirá a confissão nas hipóteses do art. 844, §4º, CLT:

CLT, art. 844, § 4º A revelia não produz o efeito mencionado no **caput** deste artigo se:

I -   havendo pluralidade de reclamados, algum deles contestar a ação;

II - litígio versar sobre direitos indisponíveis;

III - petição inicial não estiver acompanhada de instrumento que a lei considere indispensável à prova do ato;

IV - as alegações de fato formuladas pelo reclamante forem inverossímeis ou estiverem em contradição com prova constante dos autos.

Em audiência, em virtude do *animus* conciliatório presente nos processos trabalhistas, existem dois momentos em que obrigatoriamente as partes devem ser indagadas acerca da possibilidade de acordo, e isso ocorre na abertura da audiência, e ao final, após as razões finais. Cabe ressaltar, no entanto, que as partes não são obrigadas a aceitar qualquer proposta conciliatória, bem como o juiz não está obrigado a homologar acordo proposto pelas partes, pois a homologação constitui faculdade e não obrigação do juiz.

CLT, art. 846 - Aberta a audiência, o juiz ou presidente proporá a conciliação.

§ 1º - Se houver acordo lavrar-se-á termo, assinado pelo presidente e pelos litigantes, consignando-se o prazo e demais condições para seu cumprimento.

CLT, art. 850 - Terminada a instrução, poderão as partes aduzir razões finais, em prazo não excedente de 10 (dez) minutos para cada uma. Em seguida, o juiz ou presidente renovará a proposta de conciliação, e não se realizando esta, será proferida a decisão.

Súmula nº 418 do TST

MANDADO DE SEGURANÇA VISANDO À HOMOLOGAÇÃO DE ACORDO (nova redação em decorrência do CPC de 2015) – Res. 217/2017 – DEJT divulgado em 20, 24 e 25/04/2017

A homologação de acordo constitui faculdade do juiz, inexistindo direito líquido e certo tutelável pela via do mandado de segurança.

Não havendo acordo, o réu apresentará resposta, por meio de contestação e/ou reconvenção, podendo também apresentar alguma exceção.

Apresentadas contestação e/ou reconvenção, a parte autora poderá se manifestar na própria audiência oralmente (tal como ocorre nas audiências unas), ou pode requerer concessão de prazo para manifestações escritas, hipótese em que a audiência será fracionada, havendo marcação de nova audiência de instrução.

Caso ocorra o segundo procedimento acima, as partes deverão sair expressamente advertidas que deverão comparecer à audiência de instrução para prestarem depoimentos pessoais, sob pena de aplicação da confissão quanto à matéria de fato, na forma prevista na Súmula nº 74, I, TST.

CLT, art. 847 - Não havendo acordo, o reclamado terá vinte minutos para aduzir sua defesa, após a leitura da reclamação, quando esta não for dispensada por ambas as partes.

Parágrafo único. A parte poderá apresentar defesa escrita pelo sistema de processo judicial eletrônico até a audiência.

Súmula nº 9 do TST

AUSÊNCIA DO RECLAMANTE (mantida) - Res. 121/2003, DJ 19, 20 e 21/11/2003 A ausência do reclamante, quando adiada a instrução após contestada a ação em audiência, não importa arquivamento do processo.

Súmula nº 74 do TST

CONFISSÃO. (atualizada em decorrência do CPC de 2015) – Res. 208/2016, DEJT divulgado em 22, 25 e 26/04/2016

I - Aplica-se a confissão à parte que, expressamente intimada com aquela cominação, não comparecer à audiência em prosseguimento, na qual deveria depor. (Ex-Súmula nº 74 - RA 69/1978, DJ 26/09/1978)

Dessa forma, a ausência da parte à audiência de instrução importará na aplicação da confissão quanto à matéria de fato, desde que tenha saído expressamente advertida dessa cominação na audiência anterior.

Cabe dizer que adiamentos não ocorrerão apenas quando a parte autora requerer prazo para apresentação de manifestações escritas sobre a defesa, podendo ocorrer o adiamento também quando for o caso de ausência de testemunhas, o que deve, em regra, seguir o art. 825, CLT:

CLT, art. 825 - As testemunhas comparecerão à audiência independentemente de notificação ou intimação.

Parágrafo único - As que não comparecerem serão intimadas, *ex officio* ou a requerimento da parte, ficando sujeitas a condução coercitiva, além das penalidades do art. 730, caso, sem motivo justificado, não atendam à intimação.

Nos processos sujeitos ao rito ordinário cada parte poderá apresentar até 3 testemunhas, exceto quando se tratar de inquérito judicial para apuração de falta grave, quando as partes, cada uma, podem apresentar até 6 testemunhas.

CLT, art. 821 - Cada uma das partes não poderá indicar mais de 3 (três) testemunhas, salvo quando se tratar de inquérito, caso em que esse número poderá ser elevado a 6 (seis).

Na audiência una (ou seja, quando todos os atos processuais são produzidos em uma única audiência) ou até mesmo na audiência fracionada (em que necessário o adiamento com marcação de audiência de instrução), todos os principais acontecimentos devem ficar registrados na ata de audiência.

Encerrada a instrução – ou seja, não havendo outras provas a serem produzidas –, as partes aduzirão razões finais, no prazo máximo de 10 minutos para cada parte, ou poderão requerer a apresentação de razões finais escritas sob a forma de memoriais (quando o juiz designará o respectivo prazo), e, em seguida, renovada a proposta conciliatória sem êxito, o processo seguirá para a prolação de sentença.

Um tema de grande discussão hoje em dia tem sido as audiências virtuais. Com a pandemia a realidade social teve que se adaptar, e para evitar contaminação em massa as pessoas tiveram que ficar isoladas.

Em que pese o isolamento tenha sido adotado, a vida não podia parar. Assim, o CNJ determinou que as audiências fossem realizadas na modalidade virtual. Muitos tribunais de justiça já tinham adotado as audiências virtuais, mas na justiça laboral, em que sempre se privilegiou o contato com a parte, essa realidade foi introduzida a partir de abril de 2020.

Audiências virtuais são uma modalidade de audiência judicial que acontece por meio de videoconferência, permitindo que os participantes se conectem remotamente. No caso do Judiciário do Trabalho, é importante que os participantes tenham domínio das ferramentas tecnológicas e adotem procedimentos simples para evitar atrasos.

Algumas orientações para participar de uma audiência virtual no Judiciário do Trabalho são: instalar o aplicativo Zoom no computador e baixar os autos do processo no sistema PJe antes da videoconferência, sendo que as gravações das audiências ficam disponíveis na tela de consulta processual.

Para acessar as gravações de audiências e sessões de julgamento, os advogados devem se cadastrar no Escritório Digital do Conselho Nacional de Justiça (CNJ). Após a confirmação da inscrição no Cadastro Nacional de Advogado (CNA), a senha é enviada por *e-mail*.

Além das audiências virtuais, existe também a possibilidade de audiências híbridas, que permitem que parte dos envolvidos participe remotamente e outros compareçam pessoalmente

Assim, algumas resoluções foram editadas (Resolução 354/2020 do CNJ, Resolução 345/2020), e foi adotado o juízo 100% digital, em que partes e procuradores são responsáveis pela conexão (NÚCLEOS DE JUSTIÇA 4.0).

O Juízo 100% Digital é um sistema que permite que todos os atos processuais, como as audiências e as sessões de julgamento, sejam praticados exclusivamente por meio eletrônico. Assim, o cidadão pode ter acesso à Justiça sem precisar comparecer fisicamente nos fóruns.

O sistema foi aprovado em outubro de 2020 pela Resolução CNJ 345/2020 e, além dos atos processuais, também pode ser utilizado para outros serviços prestados presencialmente pelo Tribunal, como os de solução adequada de conflitos, de cumprimento de mandados, centrais de cálculos, tutoria, entre outros, desde que os atos processuais possam ser convertidos em eletrônicos.

O sistema não é obrigatório, sendo de escolha facultativa da parte demandante no momento da distribuição da ação. A parte demandada pode opor-se a essa opção até o momento da contestação. O Juízo 100% Digital pode ser aplicado a processos de qualquer área do Judiciário, seja trabalhista, cível ou de família, por exemplo. A iniciativa também se aplica a processos já distribuídos, caso as partes concordem com esse meio de tramitação da ação.

Outra inovação está na Resolução 105/2010 no art. 2º, em que se menciona que: "Os depoimentos documentados por meio audiovisual não precisam de transcrição".

"[...] DEPOIMENTO PESSOAL. VIDEOCONFERÊNCIA. RESIDÊNCIA NO EXTERIOR. INDEFERIMENTO. CERCEAMENTO DO DIREITO DE DEFESA. PROVIMENTO. A evolução tecnológica no âmbito do poder judiciário brasileiro desempenhou papel fundamental na promoção do acesso à justiça. A implementação de sistemas informatizados e plataformas online simplificou procedimentos, reduziu burocracias e proporcionou maior celeridade aos processos judiciais. A par da nova realidade tecnológica do judiciário brasileiro, o Conselho Nacional de Justiça publicou a Resolução nº 354/2020, a qual 'regulamenta a realização de audiências e sessões por videoconferência e telepresenciais e a comunicação de atos processuais por meio eletrônico nas unidades jurisdicionais de primeira e segunda instâncias da Justiça dos Estados, Federal, Trabalhista, Militar e Eleitoral, bem como nos Tribunais Superiores, à exceção do Supremo Tribunal Federal.' (artigo 1º). Dispõe o artigo 4º da resolução supracitada 'No interesse da parte que residir distante da sede do juízo, o depoimento pessoal ou interrogatório será realizado por videoconferência, na sede do foro de seu domicílio.'. De igual modo, a Corregedoria Geral da Justiça do Trabalho expediu o provimento nº 04/2023, que atualiza e sistematiza a consolidação dos provimentos da CGJT, o qual prevê no artigo 86, § 1º, "a", que a oitiva das partes ocorrerá por videoconferência nas situações de dificuldade de comparecimento à audiência de instrução na circunscrição do juiz da causa, inclusive em razão de residência fora da jurisdição. Observa-se, ademais, que a legislação processual civil, aplicada subsidiariamente ao processo do trabalho, também dispõe acerca da realização de audiências por videoconferência, nos termos do artigo 385, § 3º, do CPC. Esclarece-se que não se desconhece o teor do artigo 843, § 2º, da CLT, o qual autoriza ao empregado fazer-se substituir por outro empregado que pertença à mesma profissão ou pelo sindicato da categoria, em caso de motivo poderoso devidamente comprovado. O referido dispositivo, todavia, deve ser interpretado em conjunto com o artigo 385, § 3º, do CPC, a fim de possibilitar o depoimento pessoal por videoconferência da parte que esteja residindo em outra comarca, assegurando os princípios constitucionais do contraditório e da ampla defesa, além do princípio constitucional de acesso à justiça. Na hipótese, não obstante ser incontroverso que o reclamante esteja residindo no exterior, bem como tenha requerido previamente que o seu depoimento pessoal fosse colhido por meio de videoconferência, evitando a aplicação da pena de confesso, o egrégio Tribunal Regional manteve a sentença que indeferiu o pedido. Consignou que inexiste determinação legal para que o Juízo adote meios eletrônicos para a finalidade pretendida pelo recorrente, sendo mera possibilidade. Registrou, ademais, que não houve cerceamento no direito de defesa, visto que eventuais prejuízos sofridos por parte do reclamante decorreram de sua própria conduta de não comparecer à audiência presencial. Vê-se, pois, que a Corte de origem, ao manter a sentença que indeferiu o depoimento pessoal do reclamante por meio de videoconferência, bem como aplicou a pena de confesso, dissentiu da legislação que rege a matéria, além de ter inobservado o princípio constitucional de acesso à justiça, cerceando, por conseguinte, o direito de defesa da parte. Recurso de revista de que se conhece e a que se dá provimento." (TST-RR-21243-14.2017.5.04.0019, 8ª Turma, rel. Des. Conv. Eduardo Pugliesi, julgado em 21/02/2024).

"AGRAVO. AGRAVO DE INSTRUMENTO EM RECURSO DE REVISTA SOB A ÉGIDE DA LEI Nº 13.467/2017. CERCEAMENTO DO DIREITO DE PROVA. AUDIÊNCIA REALIZADA POR VIDEOCONFERÊNCIA EM FACE DA PANDEMIA DE COVID-19. DISPENSA DA OITIVA DA SEGUNDA TESTEMUNHA CONVIDADA PELOS RECLAMADOS DURANTE A INSTRUÇÃO DO FEITO. AUSÊNCIA DE DEMONSTRAÇÃO DE PREJUÍZO PROCESSUAL. Não merece provimento o agravo que não desconstitui os fundamentos da decisão monocrática pela qual foi mantida a rejeição à alegação de cerceamento do direito de prova, pois, no caso, conforme relatado no acórdão regional, a audiência ocorreu por videoconferência em razão das regras sanitárias impostas em face da pandemia de COVID-19. Consignou o Regional que 'as condições estabelecidas pelo Juízo de origem para a realização da audiência de instrução por videoconferência e os atos praticados durante a solenidade são consentâneos com o ordenamento jurídico pátrio e com as medidas adotadas pela

Justiça do Trabalho, em razão da pandemia do COVID-19'. Com efeito, a decisão regional mostra-se inteiramente acertada e absolutamente não significou, em nenhum aspecto, cerceamento de prova ou qualquer ofensa aos direitos fundamentais de natureza processual constitucionalmente assegurados aos reclamados. Assim, esse conjunto de medidas processuais excepcionais determinado pelo juízo de origem, logo no início da terrível pandemia que atingiu de forma particularmente intensa nosso país, mostra-se inteiramente proporcional, plenamente justificado pelo estado de calamidade pública então instalado, e em perfeita consonância com o Ato nº 11/GCGJT, de 23 de abril de 2020, da própria Corregedoria Geral da Justiça do Trabalho, em boa hora editado pela Administração do próprio Tribunal Superior do Trabalho. Por outro lado, de acordo com o acórdão recorrido, a Vara do Trabalho de origem, depois de colher o depoimento de uma testemunha convidada pelos reclamados, dispensou a oitiva da segunda testemunha, por entender que a prova então produzida já seria suficiente para instrução do feito. Delimitou que 'a dispensa da segunda testemunha da reclamada não configurou cerceamento de defesa, no caso, pois consta da ata que, segundo a própria reclamada, o intuito do depoimento era "para apenas confirmar os fatos já referidos no depoimento da testemunha Luana" (ID. 69315b0, pág. 2)', ressaltando, ainda, que 'não há qualquer menção a problemas técnicos, portanto'. Ora, não há no recurso de revista denegado ou no agravo ora sub judice demonstração do motivo pelo qual o depoimento da segunda testemunha convidada pelos reclamados seria essencial para a solução da controvérsia, ou qual fato poderia ela comprovar, que não pudesse sê-lo igualmente pelo depoimento da primeira testemunha. Nesse contexto, sem demonstração do eventual prejuízo processual sofrido pelos reclamados como resultado da dispensa da oitiva da segunda testemunha por eles convidada, não há como cogitar-se de nulidade por cerceamento de defesa, ante o óbice do artigo 794 da CLT. Precedente de lavra deste Relator. Agravo desprovido. [...]" (TST-Ag-AIRR-20217-82.2020.5.04.0404, 3ª Turma, rel. Min. José Roberto Freire Pimenta, julgado em 16/11/2022).

9.6.3 Procedimento sumaríssimo – arts. 852-A a 852-I, CLT

Como já mencionado acima, o procedimento sumaríssimo é aquele a que são submetidos os processos cujos valores atribuídos à causa não ultrapassam quarenta salários mínimos.

Há, contudo, uma exceção, pois não são submetidos a esse rito os membros da Administração Pública direta, autárquica e fundacional.

CLT, art. 852-A. Os dissídios individuais cujo valor não exceda a quarenta vezes o salário mínimo vigente na data do ajuizamento da reclamação ficam submetidos ao procedimento sumaríssimo.

Parágrafo único. Estão excluídas do procedimento sumaríssimo as demandas em que é parte a Administração Pública direta, autárquica e fundacional.

Conforme previsão legal, a petição inicial apresentada de forma escrita indicará pedido certo e determinado, bem como o respectivo valor. Justamente para primar pela celeridade nesse rito, não será permitida a citação do réu por edital, devendo o autor indicar precisamente nome e endereço do réu, bem como deverá o Juízo apreciar o processo no prazo de 15 dias a partir do ajuizamento.

Por certo que em virtude da grande demanda, nem sempre é possível o cumprimento do prazo acima previsto.

O não atendimento pelo reclamante dos requisitos quanto à petição inicial, inclusive quanto ao endereço preciso do reclamado, importará no arquivamento da reclamação e consequente extinção do processo sem resolução do mérito.

CLT, art. 852-B. Nas reclamações enquadradas no procedimento sumaríssimo:

I - o pedido deverá ser certo ou determinado e indicará o valor correspondente;

II - não se fará citação por edital, incumbindo ao autor a correta indicação do nome e endereço do reclamado;

III - a apreciação da reclamação deverá ocorrer no prazo máximo de quinze dias do seu ajuizamento, podendo constar de pauta especial, se necessário, de acordo com o movimento judiciário da Junta de Conciliação e Julgamento.

§ 1º O não atendimento, pelo reclamante, do disposto nos incisos I e II deste artigo importará no arquivamento da reclamação e condenação ao pagamento de custas sobre o valor da causa.

§ 2º As partes e advogados comunicarão ao juízo as mudanças de endereço ocorridas no curso do processo, reputando-se eficazes as intimações enviadas ao local anteriormente indicado, na ausência de comunicação.

Mais uma vez, para prestigiar a celeridade processual em demandas, em regra, menos complexas, levado-se em consideração o valor da causa, temos a aplicação da audiência una, em que todos os atos processuais, inclusive a instrução, ocorrerá em uma única audiência.

CLT, art. 852-F. Na ata de audiência serão registrados resumidamente os atos essenciais, as afirmações fundamentais das partes e as informações úteis à solução da causa trazidas pela prova testemunhal.

CLT, art. 852-G. Serão decididos, de plano, todos os incidentes e exceções que possam interferir no prosseguimento da audiência e do processo. As demais questões serão decididas na sentença.

CLT, art. 852-H. Todas as provas serão produzidas na audiência de instrução e julgamento, ainda que não requeridas previamente.

O juiz conduzirá o processo com liberdade podendo determinar, limitar ou excluir provas que entender desnecessárias, devendo, ainda, primar pela conciliação, quando na abertura da audiência esclarecerá os presentes de todas as vantagens desse procedimento.

CLT, art. 852-C. As demandas sujeitas a rito sumaríssimo serão instruídas e julgadas em audiência única, sob a direção de juiz presidente ou substituto, que poderá ser convocado para atuar simultaneamente com o titular.

CLT, art. 852-D. O juiz dirigirá o processo com liberdade para determinar as provas a serem produzidas, considerado o ônus probatório de cada litigante, podendo limitar ou excluir as que considerar excessivas, impertinentes ou protelatórias, bem como para apreciá-las e dar especial valor às regras de experiência comum ou técnica.

CLT, art. 852-E. Aberta a sessão, o juiz esclarecerá as partes presentes sobre as vantagens da conciliação e usará os meios adequados de persuasão para a solução conciliatória do litígio, em qualquer fase da audiência.

Justamente porque a regra é que as audiências sejam unas, todas as provas serão nelas produzidas, inclusive as provas testemunhais, havendo limite de 2 testemunhas para cada parte. A ausência da testemunha apenas acarretará o adiamento da audiência, se a parte apresentar prova do convite, que pode se dar por meio telegrama, *e-mail* com comprovante de recebimento, e até mesmo por meios eletrônicos como aplicativo de mensagens no celular, que vêm sendo aceitos. Nesse caso, o juiz deferirá o adiamento requerido e intimará a testemunha ausente.

A parte autora deverá se manifestar sobre defesa e documentos em audiência, salvo absoluta impossibilidade verificada a critério do juiz.

Também pode ocorrer o adiamento da audiência caso algum pedido demande prova técnica ou pericial, sendo que nesse caso, na própria audiência, o juiz nomeará o perito e definirá o objeto da perícia. Havendo apresentação do laudo, as partes serão intimadas para possíveis manifestações no prazo comum de 05 dias, e nessas hipóteses de adiamento o Juiz marcará audiência de prosseguimento dentro do prazo de 30 dias, salvo motivo relevante.

CLT, art. 852-H, § 1º Sobre os documentos apresentados por uma das partes manifestar-se-á imediatamente a parte contrária, sem interrupção da audiência, salvo absoluta impossibilidade, a critério do juiz.

§ 2º As testemunhas, até o máximo de duas para cada parte, comparecerão à audiência de instrução e julgamento independentemente de intimação.

§ 3º Só será deferida intimação de testemunha que, comprovadamente convidada, deixar de comparecer. Não comparecendo a testemunha intimada, o juiz poderá determinar sua imediata condução coercitiva.

§ 4º Somente quando a prova do fato o exigir, ou for legalmente imposta, será deferida prova técnica, incumbindo ao juiz, desde logo, fixar o prazo, o objeto da perícia e nomear perito.

§ 6º As partes serão intimadas a manifestar-se sobre o laudo, no prazo comum de cinco dias.

§ 7º Interrompida a audiência, o seu prosseguimento e a solução do processo dar-se-ão no prazo máximo de trinta dias, salvo motivo relevante justificado nos autos pelo juiz da causa.

Após a produção de todas as provas, o juiz proferirá sentença, não sendo necessária a apresentação de relatório. Além disso, as partes serão intimadas da sentença na própria audiência.

CLT, art. 852-I. A sentença mencionará os elementos de convicção do juízo, com resumo dos fatos relevantes ocorridos em audiência, dispensado o relatório.

§ 1º O juízo adotará em cada caso a decisão que reputar mais justa e equânime, atendendo aos fins sociais da lei e as exigências do bem comum.

§ 3º As partes serão intimadas da sentença na própria audiência em que prolatada.

9.6.4 Da conciliação

Independentemente do rito sob o qual tramita a ação, o Juiz velará sempre pela conciliação explicitando às partes suas vantagens e consequências, ressaltando, mais uma vez, que não há obrigatoriedade das partes aceitarem proposta firmada pelo Juiz, bem como a esse constitui faculdade homologar acordo entabulado pelas partes.

No entanto, estando todos em comunhão pelo acordo, o juiz lavrará o competente termo de conciliação, que valerá como decisão irrecorrível, salvo para a Previdência Social quanto às contribuições que lhe forem devidas, na forma do art. 831, parágrafo único, CLT:

Art. 831, Parágrafo único. No caso de conciliação, o termo que for lavrado valerá como decisão irrecorrível, salvo para a Previdência Social quanto às contribuições que lhe forem devidas.

Isso quer dizer que com relação às partes o termo de acordo é irrecorrível, pois quando da homologação a decisão tem efeito de sentença transitada em julgado, demandando, se for caso, apenas impugnação mediante ação rescisória, na forma do Súmula nº 100, V, TST:

Súmula nº 100 do TST – AÇÃO RESCISÓRIA. DECADÊNCIA **(incorporadas as Orientações Jurisprudenciais nos 13, 16, 79,**

102, 104, 122 e 145 da SBDI-2) – Res. 137/2005, DJ 22, 23 e 24/08/2005

V - O acordo homologado judicialmente tem força de decisão irrecorrível, na forma do art. 831 da CLT. Assim sendo, o termo conciliatório transita em julgado na data da sua homologação judicial. (Ex-OJ nº 104 da SBDI-2 – DJ 29/04/2003)

Já com relação ao INSS, este poderá impugnar o termo de homologação com a interposição de recurso ordinário, caso entenda que foi prejudicado quando da discriminação das parcelas com conteúdo salarial ou indenizatório, competindo à União Federal a apresentação de tal recurso, em razão da Lei nº 11.457/2007.

No termo de acordo devem constar o prazo e a forma de seu cumprimento, bem como cláusula penal para a hipótese de descumprimento.

CLT, art. 846 - Aberta a audiência, o juiz ou presidente proporá a conciliação.

§ 1º - Se houver acordo lavrar-se-á termo, assinado pelo presidente e pelos litigantes, consignando-se o prazo e demais condições para seu cumprimento.

§ 2º - Entre as condições a que se refere o parágrafo anterior, poderá ser estabelecida a de ficar a parte que não cumprir o acordo obrigada a satisfazer integralmente o pedido ou pagar uma indenização convencionada, sem prejuízo do cumprimento do acordo.

O acordo deverá discriminar ainda a natureza de cada uma das parcelas (salarial ou indenizatória) com indicação do respectivo valor, pois apenas as parcelas de natureza salarial demandam recolhimento previdenciário. Caso não haja discriminação nesse sentido, entende-se que haverá incidência de INSS sobre valor total do acordo.

CLT, art. 832 - Da decisão deverão constar o nome das partes, o resumo do pedido e da defesa, a apreciação das provas, os fundamentos da decisão e a respectiva conclusão.

§ 3º As decisões cognitivas ou homologatórias deverão sempre indicar a natureza jurídica das parcelas constantes da condenação ou do acordo homologado, inclusive o limite de responsabilidade de cada parte pelo recolhimento da contribuição previdenciária, se for o caso.

Orientação Jurisprudencial, 368, SDI-I/TST. DESCONTOS PREVIDENCIÁRIOS. ACORDO HOMOLOGADO EM JUÍZO. INEXISTÊNCIA DE VÍNCULO EMPREGATÍCIO. PARCELAS INDENIZATÓRIAS. AUSÊNCIA DE DISCRIMINAÇÃO. INCIDÊNCIA SOBRE O VALOR TOTAL. (DEJT divulgado em 03, 04 e 05/12/2008)

É devida a incidência das contribuições para a Previdência Social sobre o valor total do acordo homologado em juízo, independentemente do reconhecimento de vínculo de emprego, desde que não haja discriminação das parcelas sujeitas à incidência da contribuição previdenciária, conforme parágrafo único do art. 43 da Lei nº 8.212, de 24/07/1991, e do art. 195, I, "a", da CF/1988.

Deve-se atentar, ainda, à recente alteração legislativa quanto à discriminação das parcelas de natureza salarial ou indenizatória, com limites introduzidos pela Lei nº 13.876, de 2019:

CLT, art. 832, § 3º-A. Para os fins do § 3º deste artigo, salvo na hipótese de o pedido da ação limitar-se expressamente ao reconhecimento de verbas de natureza exclusivamente indenizatória, a parcela referente às verbas de natureza remuneratória não poderá ter como base de cálculo valor inferior:

I - ao salário-mínimo, para as competências que integram o vínculo empregatício reconhecido na decisão cognitiva ou homologatória; ou

II - à diferença entre a remuneração reconhecida como devida na decisão cognitiva ou homologatória e a efetivamente paga pelo empregador, cujo valor total referente a cada competência não será inferior ao salário-mínimo.

§ 3º-B - Caso haja piso salarial da categoria definido por acordo ou convenção coletiva de trabalho, o seu valor deverá ser utilizado como base de cálculo para os fins do § 3º-A deste artigo.

9.6.4.1 Diferença de mediação para conciliação

A principal diferença entre mediação e conciliação é o papel do terceiro elemento que atua no processo: na mediação, o mediador facilita o diálogo entre as partes para que elas proponham as soluções, enquanto na conciliação o conciliador pode sugerir soluções:

Quadro 9.1 - Diferenças entre mediação e conciliação

	Mediação	Conciliação
Papel do terceiro elemento	Facilita o diálogo entre as partes	Pode sugerir soluções
Tipo de conflito	Subjetivo, com relação entre os envolvidos	Objetivo, sem relacionamento duradouro entre os envolvidos
Intervenção do terceiro elemento	Estimula o diálogo para que as partes proponham suas próprias soluções	Pode interferir e indicar possíveis elucidações

A mediação e a conciliação são métodos alternativos de solução de conflitos, que visam ajudar as pessoas a encontrarem uma solução sem a necessidade de uma decisão judicial.

A conciliação é normalmente utilizada em situações mais simples, que podem acabar em apenas uma única sessão. Já a mediação é geralmente utilizada em conflitos multidimensionais ou complexos.

A mediação não pode ser gravada, é confidencial, possui técnicas próprias para aproximar as partes, e deve ser estimulada nos TRTs por meio do CEJUSC, estimulando cursos e promovendo a informação da sociedade dos benefícios da mediação

CAPÍTULO 10
PETIÇÃO INICIAL

10.1 Conceito e modalidades

Tendo em vista o princípio da inércia, em que o Poder Judiciário não pode atuar de ofício, necessitando de provocação da parte interessada, a atuação desta depende do ajuizamento da ação, o que se faz por meio de uma petição inicial.

Assim, por meio da petição inicial temos o início da demanda.

A petição inicial, na forma do art. 840, CLT, poderá ser verba ou escrita, sendo que se verbal, necessariamente deve ser reduzida a termo no prazo de 5 dias, salvo caso de força maior, e sob pena de aplicação da perempção, em que o reclamante perderá o direito de reclamar perante a Justiça do Trabalho por um prazo de 6 meses.

CLT, art. 840 - A reclamação poderá ser escrita ou verbal.

§ 2º Se verbal, a reclamação será reduzida a termo, em duas vias datadas e assinadas pelo escrivão ou secretário, observado, no que couber, o disposto no § 1º deste artigo.

CLT, art. 786 - A reclamação verbal será distribuída antes de sua redução a termo.

Parágrafo único - Distribuída a reclamação verbal, o reclamante deverá, salvo motivo de força maior, apresentar-se no prazo de 5 (cinco) dias, ao cartório ou à secretaria, para reduzi-la a termo, sob a pena estabelecida no art. 731.

CLT, art. 731 - Aquele que, tendo apresentado ao distribuidor reclamação verbal, não se apresentar, no prazo estabelecido no parágrafo único do art. 786, à Junta ou Juízo para fazê-lo tomar por termo, incorrerá na pena de perda, pelo prazo de 6 (seis) meses, do direito de reclamar perante a Justiça do Trabalho.

No entanto, mais comumente as petições iniciais são apresentadas por escrito, devendo seguir os requisitos e parâmetros do art. 840, §1º, CLT, e na forma do art. 787, CLT.

CLT, art. 840, § 1º. Sendo escrita, a reclamação deverá conter a designação do juízo, a qualificação das partes, a breve exposição dos fatos de que resulte o dissídio, o pedido, que deverá ser certo, determinado e com indicação de seu valor, a data e a assinatura do reclamante ou de seu representante.

CLT, art. 787. A reclamação escrita deverá ser formulada em 2 (duas) vias e desde logo acompanhada dos documentos em que se fundar.

10.2 Requisitos da petição inicial

Ainda com base nos últimos artigos de lei acima mencionados, temos que são requisitos da petição inicial trabalhista, a designação do Juízo (ou seja, a quem se dirige a demanda), qualificação das partes (autor e réu; autores e/ou réus), breve exposição dos fatos (que é a causa de pedir, com breve relato do ocorrido, levando-se em consideração o princípio da simplicidade, o que não significa que a petição não precisa ser completa), pedido (com a Reforma Trabalhista, o pedido passou a ser determinado e com indicação do respectivo valor. A despeito de posicionamentos em contrário, não entendemos que tal indicação caracteriza a liquidação do pedido como um teto para deferimento do pleito ou limite para prestação jurisdicional, mas sim mera estimativa do valor, que posteriormente pode ser adaptado em fase de liquidação, e conforme o deferimento em sentença), data (conforme dia da distribuição da ação) e assinatura do reclamante ou de seu representante.

Ainda com relação à necessidade de indicação do valor, cabe ressaltar que há pedidos que não demandam tal apresentação, como os de conteúdo genérico, pedidos implícitos (como condenação em honorários advocatícios de sucumbência), os de natureza declaratória, os que demandem obrigação de fazer, ou pedidos cujo deferimento dependa de ato da parte contrária (como ocorre com a condenação na multa do art. 467, CLT).

Apesar de não constar expressamente, também entendemos ser necessária a indicação do valor da causa (resultado do somatório dos valores de todos os pedidos formulados), a fim de que saibamos se a ação tramita sob rito sumaríssimo ou ordinário.

Entendemos, assim, que não há necessidade de apresentação de pormenorizada ou detalhada planilha dos cálculos apresentados, até porque normalmente o reclamante não possui a completa documentação para tanto, o que apenas ocorreria com prévio acesso aos controles de frequência, por exemplo.

Não há, por certo, qualquer impossibilidade de ajuizamento de ação de produção antecipada de provas, mas não entendo que essa exigência se coadune com a simplicidade do Processo do Trabalho.

Cabe dizer, no entanto, que alguns entendem pela necessidade de apresentação de cálculos detalhados, a fim de evitar algum abuso na formação e fixação do valor da causa.

No entanto, a Instrução Normativa 41/18 do TST previu que os pedidos não precisam ser efetivamente liquidados, bastando que sejam estimados, sendo assim também o entendimento do TST, conforme matéria em que se comenta um julgado abaixo transcrita:

"19/02/24 - A Subseção I Especializada em Dissídios Individuais do Tribunal Superior do Trabalho (SDI-1) decidiu que os valores apontados na petição inicial de uma ação trabalhista são meramente estimativos e não devem limitar o montante arbitrado pelo julgador à condenação. Para o colegiado, a finalidade da exigência legal de especificar os valores dos pedidos é fazer com que a parte delimite o alcance de sua pretensão de forma razoável, mas ela não deve impedir o reconhecimento da integralidade dos direitos, respeitando-se os princípios da informalidade, da simplicidade e do amplo acesso à Justiça.

Valor certo

De acordo com o artigo 840 da CLT, com a redação dada pela Reforma Trabalhista (Lei nº 13.467/2017), a reclamação trabalhista deve conter, entre outros elementos, o pedido "certo, determinado e com indicação de seu valor".

Estimativa

No caso julgado, a Metalgráfica Iguaçu S.A., de Ponta Grossa (PR), havia sido condenada a pagar diversas parcelas a um operador industrial, e a empresa vinha recorrendo, alegando, com base nesse dispositivo, que a condenação deveria ser limitada ao montante atribuído pelo empregado aos pedidos. A pretensão foi rejeitada em todas as instâncias, e a Segunda Turma do TST, no recurso de revista, entendeu que os valores constantes da petição inicial são mera estimativa e não limitam a condenação.

Ao interpor embargos à SDI-1, órgão uniformizador da jurisprudência das Turmas do TST, a Metalgráfica apontou que o entendimento da Segunda Turma divergia da compreensão da Terceira Turma sobre o mesmo tema. O relator, ministro Alberto Balazeiro, reconheceu a divergência jurisprudencial válida e específica, requisito necessário para o exame dos embargos.

Informalidade e simplicidade

Na análise da questão de fundo, o ministro ponderou que a exigência introduzida pela Reforma Trabalhista de indicar os valores dos pedidos na inicial, sob pena de extinção do processo, não pode ser examinada isoladamente. Ela deve ser interpretada considerando os princípios da informalidade e da simplicidade que orientam a lógica processual trabalhista.

Para o relator, não se pode exigir das partes que, para receberem integralmente as verbas a que têm direito, se submetam a regras de produção antecipada de prova ou contratem um serviço contábil especializado. Isso, segundo ele, reduziria a capacidade do trabalhador de postular verbas trabalhistas em nome próprio e desatender aos princípios constitucionais do amplo acesso à justiça, da dignidade da pessoa humana e da proteção social do trabalho."

Por último, não há necessidade de previsão de protesto para produção das provas, pois a própria CLT afirma que todas as provas serão apresentadas em audiência.

CLT, art. 845 - O reclamante e o reclamado comparecerão à audiência acompanhados das suas testemunhas, apresentando, nessa ocasião, as demais provas.

10.3 Pedido

O pedido é o bem da vida pretendido na demanda, o que se pretende que seja entregue na prestação jurisdicional.

Pode ser classificado em imediato (solução jurídica da prestação jurisdicional, ou seja, é a procedência total ou em parte, ou a improcedência) e mediato (bem da vida determinado que se concede, como, por exemplo, as horas extras, diferenças salariais decorrentes da equiparação salarial etc.).

10.3.1 Da cumulação de pedidos

Levando-se em consideração o objetivo de se evitar ajuizamento de múltiplas ações envolvendo as mesmas partes, especialmente referentes ao mesmo contrato de trabalho, o que comumente ocorre no Processo do Trabalho é a chamada cumulação de pedidos, ainda que entre eles não haja conexão.

CPC, art. 327. É lícita a cumulação, em um único processo, contra o mesmo réu, de vários pedidos, ainda que entre eles não haja conexão.

§ 1º São requisitos de admissibilidade da cumulação que:

I - os pedidos sejam compatíveis entre si;

II - seja competente para conhecer deles o mesmo juízo;

III - seja adequado para todos os pedidos o tipo de procedimento.

A cumulação de pedidos pode ter a seguinte classificação:

Cumulação própria: quando diversos pedidos são formulados e pretende-se a cumulação simultânea entre eles. Essa cumulação subdivide-se em cumulação simples (quando existem diversos pedidos independentes entre si, ou seja, sem qualquer relação de prejudicialidade entre eles. Assim, todos podem ser deferidos sem que o deferimento ou indeferimento de um venha a interferir no resultado do outro) e cumulação sucessiva (nesse caso há relação de prejudicialidade entre os pedidos. Assim, o segundo pedido apenas poderá ser analisado, se o primeiro for julgado procedente. É o que ocorre, por exemplo, com os pedidos de reconhecimento de vínculo de emprego e pagamento de verbas contratuais e rescisórias).

Cumulação imprópria: quando diversos pedidos são formulados, mas o acolhimento de um impossibilita o acolhimento do outro. Esta cumulação subdivide-se em cumulação alternativa (quando o autor formula mais de um pedido sem estabelecer ordem de preferência, razão pela qual ficará satisfeito com qualquer um que seja deferido pelo juízo) e cumulação subsidiária (nesse caso, há efetiva prejudicialidade entre os pedidos, mas de forma negativa, ou seja, o segundo pedido apenas poderá ser analisado, caso o primeiro seja julgado improcedente. É o que ocorre, por exemplo, quando um empregado é dispensado no curso de hipótese de garantia de emprego, e requer sua reintegração ao emprego, ou, caso não seja possível, pagamento de indenização substitutiva da estabilidade provisória).

10.3.2 Pedido x requerimento

O pedido está atrelado ao bem da vida que se pretende, razão pela qual são considerados pedidos: pagamento de horas extras, pagamento de diferença salarial, declaração da rescisão indireta, dentre outros.

Já o requerimento está atrelado ao procedimento e aos bens acessórios, sendo exemplos requerimento de uma tutela, produção de provas, inépcia, e a gratuidade de justiça.

O pedido é julgado procedente ou improcedente, enquanto que o requerimento é deferido ou indeferido pelo Juízo.

10.3.3 Pedido implícito

Pedido implícito é um pedido que está presente na petição inicial, mas não foi formulado expressamente pelo autor.

O pedido implícito é uma mitigação da regra de que o pedido deve ser certo e expresso, e que a sua interpretação deve ser restritiva.

Um exemplo de pedido implícito é o § 1º do artigo 322 do Código de Processo Civil (CPC), que inclui os juros legais, a correção monetária e os honorários advocatícios.

A interpretação do pedido deve considerar o conjunto da postulação e observar o princípio da boa-fé.

10.3.4 Pedido heterotópico

Em regra, a petição inicial tem uma estrutura, qual seja: direcionamento ao órgão julgador, qualificação do autor e do réu, exposição dos fatos (fundamentação), fundamentação jurídica, rol de pedidos, requerimentos de provas e valor da causa, data e assinatura do advogado.

Ocorre que, muitas vezes, o pedido não está no rol especificamente, e sim na própria fundamentação.

Assim, pode-se considerar como se o pedido tivesse sido feito e constasse na inicial quando, por exemplo, na fundamentação o autor requer uma condenação, mesmo que esta não esteja no rol de pedidos ao final da petição inicial.

O pedido heterotópico é uma figura consagrada no parágrafo segundo do artigo 322 do Código de Processo Civil (CPC), e sua interpretação deve considerar o conjunto da postulação.

10.4 Aditamento e emenda da petição inicial

Enquanto o aditamento (como o próprio nome já sugere) pretende a alteração do pedido ou da causa de pedir (inclusive com acréscimo aquilo já apresentado originariamente), a emenda à inicial tem como objetivo corrigir algum vício ou defeito sanável da petição inicial.

O aditamento tem previsão no Código de Processo Civil, mais precisamente no art. 329:

Art. 329. O autor poderá:

I - até a citação, aditar ou alterar o pedido ou a causa de pedir, independentemente de consentimento do réu;

II - até o saneamento do processo, aditar ou alterar o pedido e a causa de pedir, com consentimento do réu, assegurado o contraditório mediante a possibilidade de manifestação deste no prazo mínimo de 15 (quinze) dias, facultado o requerimento de prova suplementar.

Quanto a tal procedimento no Processo do Trabalho, levando-se em consideração que a citação é automática, constituindo ato da Secretaria da Vara, que apenas em audiência é que efetivamente se verifica a citação do réu, e que a apresentação da defesa se dá apenas em audiência (sendo a apresentação prévia por meio eletrônico mera exigência do procedimento com advento do Processo Judicial Eletrônico), entendemos que a regra do CPC não pode ser aplicada do Processo do Trabalho. Em decorrência, entendemos que o autor por aditar a petição inicial, independentemente da anuência do reclamado, até a audiência inaugural (ou una), e antes da liberação para sua visualização pela parte (ainda que não tenha sido protocolada em sigilo).

Já quanto à possível apresentação de emenda à petição inicial, a previsão encontra-se no art. 321, CPC:

Art. 321. O juiz, ao verificar que a petição inicial não preenche os requisitos dos arts. 319 e 320 ou que apresenta defeitos e irregularidades capazes de dificultar o julgamento de mérito, determinará que o autor, no prazo de 15 (quinze) dias, a emende ou a complete, indicando com precisão o que deve ser corrigido ou completado.

Parágrafo único. Se o autor não cumprir a diligência, o juiz indeferirá a petição inicial.

Entendemos que aplicável à emenda, e momento processual sem necessidade de consentimento do réu, o mesmo procedimento acima delineado para o requerimento de aditamento.

Em havendo determinação de emenda, entendemos que o Juiz deverá apontar os equívocos ou vícios da petição inicial que devam ser corrigidos.

Súmula nº 263 do TST

PETIÇÃO INICIAL. INDEFERIMENTO. INSTRUÇÃO OBRIGATÓRIA DEFICIENTE (nova redação em decorrência do CPC de 2015) – Res. 208/2016, DEJT divulgado em 22, 25 e 26/04/2016

Salvo nas hipóteses do art. 330 do CPC de 2015 (art. 295 do CPC de 1973), o indeferimento da petição inicial, por encontrar-se desacompanhada de documento indispensável à propositura da ação ou não preencher outro requisito legal, somente é cabível se, após intimada para suprir a irregularidade em 15 (quinze) dias, mediante indicação precisa do que deve ser corrigido ou completado, a parte não o fizer (art. 321 do CPC de 2015).

10.5 Da desistência

A desistência de um pedido ou de toda a ação pode ser unilateral (quando não depender da concordância do reclamado, mas apenas de ato volitivo do autor) ou bilateral (quando a homologação depender da anuência do reclamado).

A CLT passou a prever o instituto da desistência a partir da Reforma Trabalhista, em seu art. 841, §3º:

Art. 841, § 3º Oferecida a contestação, ainda que eletronicamente, o reclamante não poderá, sem o consentimento do reclamado, desistir da ação.

A grande questão, portanto, é saber quando se considera oferecida a defesa para se fixar a partir de qual momento a desistência deixa de ser ato unilateral e passa a ser bilateral.

Um primeiro entendimento interpreta o dispositivo acima de forma literal, ou seja, a apresentação da defesa no sistema do PJE já seria suficiente para impedir a desistência unilateral, sendo necessária a concordância do reclamado.

No entanto, não nos parece ser esse o melhor caminho, pois a apresentação da defesa se dá em audiência, quando teremos certeza da efetivação da citação, sendo a inclusão no processo pelo sistema do PJE mera questão de funcionalidade sistêmica. Assim, entendemos que até início da primeira audiência (una ou inaugural) será possível a desistência unilateral, bastando requerimento da parte autora.

Em seguida, a decisão que homologa a desistência será de extinção do processo sem resolução do mérito, na forma do art. 485, VIII, do CPC:

Art. 485. O juiz não resolverá o mérito quando:
VIII - homologar a desistência da ação;
[...]

10.6 Documentos indispensáveis à petição inicial

Os documentos indispensáveis à petição inicial para a propositura da ação são aqueles sem os quais o mérito não pode ser julgado. Assim, os documentos tidos como indispensáveis levarão em consideração, por certo, os pedidos que constem de cada ação, sendo casuística a presente análise.

Élisson Miessa nos dá excelente exemplo: "É o que acontece, por exemplo, quando se alega falecimento do empregado, devendo ser apresentada certidão de óbito ou, ainda, juntada de certidão de trânsito em julgado para o ajuizamento de ação rescisória"[16].

No que se refere às normas coletivas que embasam determinados pedidos, não entendemos ser hipótese de documento necessário ao conhecimento da petição inicial, pois meramente úteis à instrução, já que a ausência de juntada não impede a análise ou julgamento do mérito da causa.

10.7 Indeferimento da petição inicial

Caso a petição inicial contenha um vício insanável, ou o vício sanável não tenha sido corrigido, apesar da concessão de prazo para a devida apresentação de emenda, como acima já destacado, será hipótese de julgar a petição inicial como inepta com consequente extinção do pedido (caso haja vício que não afete toda a inicial, mas apenas parte dela) ou de todo processo sem resolução do mérito, conforme art. 485, I, e art. 330, e §1º, todos do CPC:

Art. 485. O juiz não resolverá o mérito quando:
I - indeferir a petição inicial;

Art. 330. A petição inicial será indeferida quando:
I - for inepta;
II - a parte for manifestamente ilegítima;
III - o autor carecer de interesse processual;
IV - não atendidas as prescrições dos arts. 106 e 321.

§ 1º Considera-se inepta a petição inicial quando:
I - lhe faltar pedido ou causa de pedir;
II - o pedido for indeterminado, ressalvadas as hipóteses legais em que se permite o pedido genérico;

---

[16] MIESSA, Élisson. *Processo do trabalho*. Salvador: Editora Juspodivm, 2019, p. 665.

III - da narração dos fatos não decorrer logicamente a conclusão;
IV - contiver pedidos incompatíveis entre si.

Na hipótese da inépcia atacar apenas parte da petição inicial, em decisão interlocutória, não há recurso imediato do qual a parte interessada possa lançar mão, devendo aguardar decisão final para interposição do competente recurso.

Caso a inépcia seja de toda a petição inicial com a consequente extinção total da petição inicial, ou se a decisão de inépcia parcial for proferida na sentença, a parte interessada já pode interpor o recurso adequado.

CAPÍTULO 11
RESPOSTAS DO RÉU

11.1 Introdução

Iniciada a audiência, e não sendo possível a conciliação entre as partes, o Juiz procederá à leitura da petição inicial, salvo se dispensada pelas partes. Em seguida, na forma do art. 847, CLT, temos o momento do oferecimento da defesa, que poderá ocorrer de forma oral (num prazo máximo de 20 minutos) ou escrita (por meio do sistema do PJE).

CLT, art. 847 - Não havendo acordo, o reclamado terá vinte minutos para aduzir sua defesa, após a leitura da reclamação, quando esta não for dispensada por ambas as partes.

Parágrafo único. A parte poderá apresentar defesa escrita pelo sistema de processo judicial eletrônico até a audiência.

Quanto à defesa escrita, devemos lembrar sobre o prazo mínimo de 5 dias entre o dia da notificação do réu e o dia da audiência, conforme previsão do art. 841, CLT:

Art. 841 - Recebida e protocolada a reclamação, o escrivão ou secretário, dentro de 48 (quarenta e oito) horas, remeterá a segunda via da petição, ou do termo, ao reclamado, notificando-o ao mesmo tempo, para comparecer à audiência do julgamento, que será a primeira desimpedida, depois de 5 (cinco) dias.

Uma observação importante é que o momento de receber a defesa é em audiência. Ocorre que, na pandemia, diante da situação excepcional que vivemos, com a finalidade de não paralisar as atividades, o CSJT editou a resolução do art. 6 ATO Nº 11/GCGJT, DE 23 DE ABRIL DE 2020, excepcionando a regra do art. 841 da CLT, e adotando o prazo de 15 dias do CPC. Assim, a ré era intimada a apresentar defesa no prazo de 15 dias. Essa regra atualmente foi revogada em razão da normalidade já vivenciada, e a regra da CLT ser mais benéfica à celeridade processual.

Ademais, o CSJT por meio da Resolução 241, de 31/05/2019, art. 22, §1º orienta que a defesa seja apresentada no pje até 48h antes da audiência. No entanto, tal regra não pode revogar o que disciplina a CLT. Portanto, caso a defesa não seja apresentada no prazo acima, o juiz deve recebê-la da mesma forma, aplicando o art. 841 da CLT.

11.2 Espécies de defesa

11.2.1 Contestação

A contestação é a principal forma de defesa do reclamado e deve se pautar especialmente no princípio da eventualidade e concentração da defesa, incumbindo ao réu alegar, na contestação, toda matéria de defesa que entenda necessário a contrapor os argumentos e pedidos formulados na petição inicial.

Assim, apenas poderia alegar fatos novos em caso de direito superveniente ou matéria de ordem pública, que pode ser suscitada a qualquer tempo, inclusive de ofício pelo Juiz.

CPC, art. 336. Incumbe ao réu alegar, na contestação, toda a matéria de defesa, expondo as razões de fato e de direito com que impugna o pedido do autor e especificando as provas que pretende produzir.

CPC, art. 342. Depois da contestação, só é lícito ao réu deduzir novas alegações quando:

I - relativas a direito ou a fato superveniente;

II - competir ao juiz conhecer delas de ofício;

III - por expressa autorização legal, puderem ser formuladas em qualquer tempo e grau de jurisdição.

As matérias de defesa que podem ser suscitadas em contestação são **defesas processuais** (quando o réu ataca questões derivadas de defeitos processuais, cujo acolhimento impedirá a análise do mérito propriamente dito. Temos aqui as chamadas preliminares de mérito, que são aquelas descritas no art. 337 do CPC, que poderão ser conhecida de ofício pelo Juiz, salvo a convenção de arbitragem ou a incompetência relativa, conforme previsto no mesmo dispositivo, mas no parágrafo quinto) e **defesas de mérito** (aquelas dirigidas ao direito material pretendido. As defesas de mérito podem ser divididas em **defesas de mérito diretas**, quando o réu impugna o fato constitutivo do direito do autor, fazendo com que seja desse o ônus da prova, e em **defesas de mérito indiretas,** quando o réu confirma a existência do fato constitutivo do direito, mas imputa fato impeditivo, modificativo ou extintivo do direito do autor, acabando por atrair o ônus da prova, tudo na forma do art. 818, CLT. Também podem ser incluídas como defesa indireta de mérito a prescrição e decadência, as denominadas prejudiciais de mérito, que, segundo entendimento de parte da doutrina e do TST, não podem ser suscitadas de ofício, demandando alegação da parte interessada, a fim de que possa ser harmonizar com os princípios do Direito do Trabalho, em especial o da proteção).

CPC, art. 337. Incumbe ao réu, antes de discutir o mérito, alegar:
I - inexistência ou nulidade da citação;
II - incompetência absoluta e relativa;
III - incorreção do valor da causa;
IV - inépcia da petição inicial;
V - perempção;
VI - litispendência;
VII - coisa julgada;
VIII - conexão;
IX - incapacidade da parte, defeito de representação ou falta de autorização;
X - convenção de arbitragem;
XI - ausência de legitimidade ou de interesse processual;
XII - falta de caução ou de outra prestação que a lei exige como preliminar;
XIII - indevida concessão do benefício de gratuidade de justiça.

§ 5º Excetuadas a convenção de arbitragem e a incompetência relativa, o juiz conhecerá de ofício das matérias enumeradas neste artigo.

CLT, art. 818. O ônus da prova incumbe:
I - ao reclamante, quanto ao fato constitutivo de seu direito;
II - ao reclamado, quanto à existência de fato impeditivo, modificativo ou extintivo do direito do reclamante.

A contestação apresentada também precisa se pautar no princípio da impugnação especificada, segundo o qual a parte ré deverá se manifestar precisamente sobre todos os fatos alegados na petição inicial, sob pena de tais fatos serem presumidos como verdadeiros, como regra geral.

CPC, art. 341. Incumbe também ao réu manifestar-se precisamente sobre as alegações de fato constantes da petição inicial, presumindo-se verdadeiras as não impugnadas, salvo se:
I - não for admissível, a seu respeito, a confissão;
II - a petição inicial não estiver acompanhada de instrumento que a lei considerar da substância do ato;
III - estiverem em contradição com a defesa, considerada em seu conjunto.

Parágrafo único. O ônus da impugnação especificada dos fatos não se aplica ao defensor público, ao advogado dativo e ao curador especial.

Dessa forma, se algum fundamento ou pedido realizado na petição inicial não for impugnado, acabará restando como matéria incontroversa por não obediência ao ônus da impugnação especificada, salvo as exceções legais acima mencionadas.

A ausência de apresentação da contestação no Processo do Trabalho não importará em reconhecimento de revelia (vez que essa se traduz na ausência da parte reclamada à audiência inaugural ou una), mas sim aplicação de confissão quanto às matérias não devidamente rebatidas ou impugnadas, em virtude da ausência da impugnação especificada, tornando a matéria, assim, incontroversa.

A consequência da revelia (para nós, ausência da parte em audiência inaugural ou una) será, como regra, a aplicação da confissão quanto à matéria fática, exceto nas hipóteses descritas no art. 844, §4º, CLT:

Art. 844, § 4º A revelia não produz o efeito mencionado no *caput* deste artigo se:
  I -   havendo pluralidade de reclamados, algum deles contestar a ação;
  II - o litígio versar sobre direitos indisponíveis;
  III - a petição inicial não estiver acompanhada de instrumento que a lei considere indispensável à prova do ato;
  IV - as alegações de fato formuladas pelo reclamante forem inverossímeis ou estiverem em contradição com prova constante dos autos.

Na primeira exceção acima, entendemos que deve ser sempre aplicada ao litisconsórcio unitário (já que a decisão deverá ser a mesma para todos os litisconsortes).

No entanto, no caso do litisconsórcio simples, apenas será aplicada quando a tese defensiva utilizada pelo litisconsorte presente com defesa nos autos tiver contemplado a defesa a ser aproveitada ao litisconsorte revel. Seria o caso, por exemplo, que reclamante que ajuíza ação em face do empregador, requerendo pagamento das verbas decorrentes da rescisão, e responsável subsidiário. Caso o primeiro seja revel e o segundo venha a apresentar defesa apenas impugnando o pedido de responsabilidade subsidiária, por certo sua tese defensiva em nada aproveitará ao primeiro reclamado. Assim, não há como aplicar o inciso I do parágrafo acima mencionado (para tanto seria necessário que o responsável subsidiário também tivesse apresentado e resistido aos pedidos de verbas rescisórias).

Quanto à exceção constante do inciso segundo, não vale confissão quanto a direitos indisponíveis, na forma do art. 392, CPC:

Art. 392. Não vale como confissão a admissão, em juízo, de fatos relativos a direitos indisponíveis.

No tocante à exceção do inciso terceiro, temos as hipóteses em que o pedido esteja respaldado em documento necessário ao seu deferimento. Assim, ainda que haja revelia, a confissão não abarcará tal situação pela ausência do referido documento, o que temos, por exemplo, quando se faz pedido de pagamento de indenização do salário família, mas não junta certidão de nascimento, comprovante de matrícula e frequência à escola, bem como o de vacinação.

Quanto ao quarto inciso, estamos diante da impossibilidade de aplicação da confissão em virtude das alegações fáticas formuladas pelo reclamante serem inverossímeis (ou seja, fora da razoabilidade, como uma jornada tão extensa durante todo contrato de trabalho que o empregado sequer teria tempo de ir e voltar à empresa) ou estiverem em contradição com prova constante dos autos (como, por exemplo, quando reclamante pede pagamento de um período de férias, mas junta o recibo devidamente assinado com a petição inicial, e sem qualquer alegação de invalidade do mesmo. Temos, assim, hipótese de prova pré-constituída).

Por derradeiro, e apesar de não constar do rol acima, temos os casos que dependem de produção de prova pericial (chamada prova tarifada, pois obrigatória por lei). Nesses casos, a revelia não será suficiente a atrair a confissão quanto às condições de trabalho e sujeição a determinados agentes, sendo necessária, mesmo com a revelia, a produção de prova técnica apta a averiguar todas as condições de trabalho.

É o que temos, por exemplo, no adicional de insalubridade, na forma do art. 189, CLT:

Art. 189 - Serão consideradas atividades ou operações insalubres aquelas que, por sua natureza, condições ou métodos de trabalho, exponham os empregados a agentes nocivos à saúde, acima dos limites de tolerância fixados em razão da natureza e da intensidade do agente e do tempo de exposição aos seus efeitos.

Claro que há exceções, como por exemplo, quando o adicional de insalubridade for devido a determinada função, conforme norma coletiva (nesse caso, o deferimento se torna questão de fato, o que decorre da confissão nascida da revelia) ou quando o direito ao adicional periculosidade decorrer de enquadramento fático do empregado (pela função exercida), como no art. 193, II e no seu parágrafo quarto, da CLT:

Art. 193. São consideradas atividades ou operações perigosas, na forma da regulamentação aprovada pelo Ministério do Trabalho e Emprego, aquelas que, por sua natureza ou métodos de trabalho, impliquem risco acentuado em virtude de exposição permanente do trabalhador a:

I - inflamáveis, explosivos ou energia elétrica;
II - roubos ou outras espécies de violência física nas atividades profissionais de segurança pessoal ou patrimonial.

§ 4º São também consideradas perigosas as atividades de trabalhador em motocicleta.

11.2.2 Compensação, dedução e retenção

Inicialmente há que se fazer distinção entre compensação e dedução.

Enquanto a compensação ocorre quando duas pessoas forem simultaneamente credoras e devedoras uma da outra, dependendo de arguição da parte interessada (no caso a reclamada) para conhecimento do juízo, já que não pode ser suscitada de ofício, por se tratar de matéria de defesa, a dedução tem como objetivo evitar o enriquecimento sem causa da parte autora, quando ocorrerá abatimento de verbas que já foram pagas no curso do contrato de trabalho, o que autoriza que seja suscitada de ofício pelo Juiz.

Observe que a compensação demanda arguição da parte reclamada em momento próprio, que é a defesa, e pode se dar entre parcelas com nomenclaturas diversas. Assim, caso um empregado tenha pedido demissão sem a concessão de aviso prévio a seu empregador, mas ajuíze reclamação trabalhista requerendo pagamento de horas extras, a parte reclamada, em contestação, poderá requerer que, caso haja alguma condenação nas horas extras pleiteadas, o juízo determine a compensação com o valor devido pelo autor a título de aviso prévio.

CLT, art. 767 - A compensação, ou retenção, só poderá ser arguida como matéria de defesa.

Súmula nº 48 do TST

COMPENSAÇÃO (mantida) – Res. 121/2003, DJ 19, 20 e 21/11/2003

A compensação só poderá ser arguida com a contestação.

Súmula nº 18 do TST

COMPENSAÇÃO (mantida) – Res. 121/2003, DJ 19, 20 e 21/11/2003

A compensação, na Justiça do Trabalho, está restrita a dívidas de natureza trabalhista.

Assim, a compensação deve ser suscitada pela reclamada em sede de contestação, depende da existência de pessoas que sejam simultaneamente credoras e devedoras uma da outra, e não pode ser reconhecida de ofício pelo Juiz.

A compensação que possui limite de valor é aquela ocorrida quando da rescisão contratual, e não está determinada em sentença, na forma do art. 477, §5º, CLT:

CLT, art. 477, § 5º - Qualquer compensação no pagamento de que trata o parágrafo anterior não poderá exceder o equivalente a um mês de remuneração do empregado.

A dedução, como já asseverado acima, consiste no abatimento de verbas que já foram quitadas ao longo do contrato de trabalho, deve se dar entre parcelas de mesma nomenclatura, pode ser declarada de ofício pelo Juiz, e objetiva evitar enriquecimento sem causa do autor.

Ocorre, por exemplo, quando o reclamante ajuíza ação requerendo pagamento de horas extras. Por certo que se algumas horas extras já foram pagas ao longo do contrato de trabalho, o Juiz, quando de um possível deferimento do pedido formulado na petição inicial, determinará o abatimento (ou dedução) daquelas já quitadas no decorrer da relação empregatícia.

A retenção, por sua vez, é o direito do credor em manter em sua posse determinada coisa que pertence ao devedor e como garantia de pagamento, até que a obrigação seja adimplida. Ocorre, por exemplo, quando determinada ferramenta do empregado fica em posse do empregador, quando aquele prova dano ao patrimônio desse.

11.2.3 Exceções

As exceções encontram-se previstas na CLT no art. 799:

Art. 799 - Nas causas da jurisdição da Justiça do Trabalho, somente podem ser opostas, com suspensão do feito, as exceções de suspeição ou incompetência.

Claro, portanto, que as exceções permitidas no Processo do Trabalho, com suspensão da tramitação do feito, são as de suspeição ou impedimento (que visam discutir ou impugnar a imparcialidade do Juiz no julgamento da causa) e de incompetência (que objetiva afastar a causa do juízo em que foi proposta).

Essas exceções deverão ser apresentadas em peça apartada da defesa, enquanto as demais serão suscitadas em sede de contestação, e a decisão que resolve as exceções (exceto, claro, quando terminativa do feito) tem natureza de decisão interlocutória e não se sujeitam a recurso imediato.

CLT, art. 799, § 1º - As demais exceções serão alegadas como matéria de defesa.

§ 2º - Das decisões sobre exceções de suspeição e incompetência, salvo, quanto a estas, se terminativas do feito, não caberá recurso, podendo, no entanto, as partes alegá-las novamente no recurso que couber da decisão final.

11.2.3.1 Exceção de impedimento e suspeição

As hipóteses de suspeição encontram-se previstas no art. 801, CLT, enquanto as de impedimento demandam busca subsidiária no CPC, mais precisamente no Art.144, CPC.

CLT, art. 801 - O juiz, presidente ou vogal, é obrigado a dar-se por suspeito, e pode ser recusado, por algum dos seguintes motivos, em relação à pessoa dos litigantes:
a) inimizade pessoal;
b) amizade íntima;
c) parentesco por consanguinidade ou afinidade até o terceiro grau civil;
d) interesse particular na causa.

CPC, art. 144. Há impedimento do juiz, sendo-lhe vedado exercer suas funções no processo:
I - em que interveio como mandatário da parte, oficiou como perito, funcionou como membro do Ministério Público ou prestou depoimento como testemunha;
II - de que conheceu em outro grau de jurisdição, tendo proferido decisão;

III - quando nele estiver postulando, como defensor público, advogado ou membro do Ministério Público, seu cônjuge ou companheiro, ou qualquer parente, consanguíneo ou afim, em linha reta ou colateral, até o terceiro grau, inclusive;
IV - quando for parte no processo ele próprio, seu cônjuge ou companheiro, ou parente, consanguíneo ou afim, em linha reta ou colateral, até o terceiro grau, inclusive;
V - quando for sócio ou membro de direção ou de administração de pessoa jurídica parte no processo;
VI - quando for herdeiro presuntivo, donatário ou empregador de qualquer das partes;
VII - em que figure como parte instituição de ensino com a qual tenha relação de emprego ou decorrente de contrato de prestação de serviços;
VIII - em que figure como parte cliente do escritório de advocacia de seu cônjuge, companheiro ou parente, consanguíneo ou afim, em linha reta ou colateral, até o terceiro grau, inclusive, mesmo que patrocinado por advogado de outro escritório;
IX - quando promover ação contra a parte ou seu advogado.

Por certo que ambas as exceções visam garantir a isenção do Juiz quando do julgamento da causa. No entanto, cabe distingui-las, pois, enquanto a exceção de suspeição está ligada a elementos subjetivo (da pessoa do Juiz), a de impedimento tem ligação com elementos objetivos (não necessitando demonstração de efetiva influência do julgador no caso.

Apesar de estarem dentre as hipóteses de resposta de réu, certamente delas também pode se valer o autor, e as partes devem suscitá-las no primeiro momento em que falarem nos autos após verificada qualquer das hipóteses legais (o réu, se detectada quando do ajuizamento da ação, deve arguir no prazo de defesa).

O procedimento dessas exceções tem previsão no art. 802, CLT:

Art. 802 - Apresentada a exceção de suspeição, o juiz ou Tribunal designará audiência dentro de 48 (quarenta e oito) horas, para instrução e julgamento da exceção.

§ 1º - Nas Juntas de Conciliação e Julgamento e nos Tribunais Regionais, julgada procedente a exceção de suspeição, será logo convocado para a mesma audiência ou sessão, ou para a seguinte, o suplente do membro suspeito, o qual continuará a funcionar no feito até decisão final. Proceder-se-á da mesma maneira quando algum dos membros se declarar suspeito.

§ 2º - Se se tratar de suspeição de Juiz de Direito, será este substituído na forma da organização judiciária local.

No entanto, como o procedimento acima era previsto quando da existência das Juntas de Conciliação e Julgamento, quando havia ao menos três Juízes, um Togado e dois Classistas, o que se afasta da realidade das Varas do Trabalho, em que, regra, há apenas um Juiz, houve necessidade de adaptação para aplicação do regramento do art. 146, CPC:

CPC, art. 146. No prazo de 15 (quinze) dias, a contar do conhecimento do fato, a parte alegará o impedimento ou a suspeição, em petição específica dirigida ao juiz do processo, na qual indicará o fundamento da recusa, podendo instruí-la com documentos em que se fundar a alegação e com rol de testemunhas.

§ 1º Se reconhecer o impedimento ou a suspeição ao receber a petição, o juiz ordenará imediatamente a remessa dos autos a seu substituto legal, caso contrário, determinará a autuação em apartado da petição e, no prazo de 15 (quinze) dias, apresentará suas razões, acompanhadas de documentos e de rol de testemunhas, se houver, ordenando a remessa do incidente ao tribunal.

§ 2º Distribuído o incidente, o relator deverá declarar os seus efeitos, sendo que, se o incidente for recebido:

I - sem efeito suspensivo, o processo voltará a correr;

II - com efeito suspensivo, o processo permanecerá suspenso até o julgamento do incidente.

§ 3º Enquanto não for declarado o efeito em que é recebido o incidente ou quando este for recebido com efeito suspensivo, a tutela de urgência será requerida ao substituto legal.

§ 4º Verificando que a alegação de impedimento ou de suspeição é improcedente, o tribunal rejeitá-la-á.

§ 5º Acolhida a alegação, tratando-se de impedimento ou de manifesta suspeição, o tribunal condenará o juiz nas custas e remeterá os autos ao seu substituto legal, podendo o juiz recorrer da decisão.

§ 6º Reconhecido o impedimento ou a suspeição, o tribunal fixará o momento a partir do qual o juiz não poderia ter atuado.

§ 7º O tribunal decretará a nulidade dos atos do juiz, se praticados quando já presente o motivo de impedimento ou de suspeição.

Reiteramos que no caso de serem suscitadas pelo réu, devem ser apresentadas no prazo de defesa (a princípio) e em peça apartada da contestação.

Por derradeiro, não se reconhece da suspeição e do impedimento quando o recusante houver praticado ato de aceitação do Juiz ou se ficar comprovado que, mesmo conhecendo o motivo, deixou de alegá-lo anteriormente, conforme art. 801, parágrafo único, CLT:

CLT, art. 801, Parágrafo único - Se o recusante houver praticado algum ato pelo qual haja consentido na pessoa do juiz, não mais poderá alegar exceção de suspeição, salvo sobrevindo novo motivo. A suspeição não será também admitida, se do processo constar que o recusante deixou de alegá-la anteriormente, quando já a conhecia, ou que, depois de conhecida, aceitou o juiz recusado ou, finalmente, se procurou de propósito o motivo de que ela se originou.

11.2.3.2 Exceção de incompetência

Conforme previsão do art. 800 da CLT, a presente exceção (que trata de incompetência relativa) deve ser suscitada em peça apartada da contestação, e no prazo de 05 dias a partir da notificação do réu acerca da audiência.

CLT, art. 800. Apresentada exceção de incompetência territorial no prazo de cinco dias a contar da notificação, antes da audiência e em peça que sinalize a existência desta exceção, seguir-se-á o procedimento estabelecido neste artigo.

Como se trata de incompetência relativa, e, portanto, de interesse da parte, não cabe declaração de ofício pelo Juiz, dependendo de arguição pela parte reclamada.

Orientação Jurisprudencial, 149, SDI-II/ TST. CONFLITO DE COMPETÊNCIA. INCOMPETÊNCIA TERRITORIAL. HIPÓTESE DO ART. 651, § 3º, DA CLT. IMPOSSIBILIDADE DE DECLARAÇÃO DE OFÍCIO DE INCOMPETÊNCIA RELATIVA. (DEJT divulgado em 03, 04 e 05/12/2008) Não cabe declaração de ofício de incompetência territorial no caso do uso, pelo trabalhador, da faculdade prevista no art. 651, § 3º, da CLT. Nessa hipótese, resolve-se o conflito pelo reconhecimento da competência do juízo do local onde a ação foi proposta.

Assim, a partir do recebimento da notificação pela reclamada, essa possui prazo de 5 dias para apresentação da exceção de incompetência, sob pena de preclusão, e consequente prorrogação de competência. Portanto, não sendo respeitado esse prazo peremptório, entendemos que não cabe arguição dessa incompetência em momento posterior.

O objetivo do legislador foi evitar a produção de atos desnecessários no juízo alegadamente incompetente, evitando-se gastos por parte da empresa com contratação de advogado para o ato e deslocamento de preposto apenas para tal alegação. Por esse motivo, a lei previu a arguição antes da audiência, e, claro, em peça separada da defesa.

Na peça apresentada, o excipiente (parte autora da exceção) deverá indicar o juízo competente, e a partir da apresentação da exceção o processo ficará suspenso e não será realizada a audiência, até que seja resolvida a exceção.

A partir de seu recebimento, o Juiz intimará o reclamante/excepto (ou os litisconsortes, caso existam) para manifestações no prazo comum de 5 dias, com objetivo de formalização do contraditório.

CLT, art. 800, § 1º Protocolada a petição, será suspenso o processo e não se realizará a audiência a que se refere o art. 843 desta Consolidação até que se decida a exceção.

§ 2º Os autos serão imediatamente conclusos ao juiz, que intimará o reclamante e, se existentes, os litisconsortes, para manifestação no prazo comum de cinco dias.

Se para decidir a exceção o juízo reputar necessária a produção de prova oral, designará audiência e garantirá ao excipiente e suas testemunhas o direito de serem ouvidas por carta precatória, no juízo que tiver sido indicado como competente.

O número de testemunhas seguirá o procedimento do processo, ou seja, até 03 para cada parte no caso de procedimento ordinário, até 02 para cada parte no procedimento sumaríssimo, e até 06, se for hipótese de inquérito judicial para apuração de falta grave.

CLT, art. 800, § 3º Se entender necessária a produção de prova oral, o juízo designará audiência, garantindo o direito de o excipiente e de suas testemunhas serem ouvidos, por carta precatória, no juízo que este houver indicado como competente.

Se a exceção for rejeitada, o processo segue seu curso normal com designação de audiência no juízo em que a ação foi originariamente ajuizada.

CLT, art. 800, § 4º - Decidida a exceção de incompetência territorial, o processo retomará seu curso, com a designação de audiência, a apresentação de defesa e a instrução processual perante o juízo competente.

Caso seja acolhida, os autos serão encaminhados ao juízo competente, onde seguirá seu curso normal.

Em ambos os casos trata-se de decisão interlocutória, cujo conteúdo apenas poderá ser impugnado junto à decisão final do processo, exceto na hipótese prevista na Súmula nº 214, c, do TST:

Súmula nº 214 do TST

DECISÃO INTERLOCUTÓRIA. IRRECORRIBILIDADE (nova redação) – Res. 127/2005, DJ 14, 15 e 16/03/2005

Na Justiça do Trabalho, nos termos do art. 893, § 1º, da CLT, as decisões interlocutórias não ensejam recurso imediato, salvo nas hipóteses de decisão: a) de Tribunal Regional do Trabalho contrária à Súmula ou Orientação Jurisprudencial do Tribunal Superior do Trabalho; b) suscetível de impugnação mediante recurso para o mesmo Tribunal; c) que acolhe exceção de incompetência territorial, com a remessa dos autos para Tribunal Regional distinto daquele a que se vincula o juízo excepcionado, consoante o disposto no art. 799, § 2º, da CLT.

11.2.4 Reconvenção

Apesar de a reconvenção ser modalidade de resposta do réu, não é defesa propriamente dita, mas sim ação do réu em face do autor no mesmo processo, e desde que haja identidade de ritos ou que ambas as ações possam ser processadas mediante rito ordinário, que o Juiz competente para a ação também o seja para a reconvenção e que haja conexão com a ação originária ou com os fundamentos da defesa.

Não há previsão de reconvenção na CLT, motivo pelo qual temos que nos socorrer ao CPC para análise desse verdadeiro contra-ataque do réu (dito reconvinte) em face do autor (chamado de reconvindo).

Deve-se observar que ambas as demandas correrão no mesmo processo e serão decididas na mesma sentença.

CPC, art. 343. Na contestação, é lícito ao réu propor reconvenção para manifestar pretensão própria, conexa com a ação principal ou com o fundamento da defesa.

§ 1º Proposta a reconvenção, o autor será intimado, na pessoa de seu advogado, para apresentar resposta no prazo de 15 (quinze) dias.

§ 2º A desistência da ação ou a ocorrência de causa extintiva que impeça o exame de seu mérito não obsta ao prosseguimento do processo quanto à reconvenção.

§ 3º A reconvenção pode ser proposta contra o autor e terceiro.

§ 4º A reconvenção pode ser proposta pelo réu em litisconsórcio com terceiro.

§ 5º Se o autor for substituto processual, o reconvinte deverá afirmar ser titular de direito em face do substituído, e a reconvenção deverá ser proposta em face do autor, também na qualidade de substituto processual.

§ 6º O réu pode propor reconvenção independentemente de oferecer contestação.

O fato da apresentação de reconvenção ser uma faculdade do réu faz com que não haja qualquer alteração para ele ou para o autor da ação (originária) no tocante ao número máximo de testemunhas, pois respeitados os limites legais conforme o rito.

Em sendo apresentada reconvenção, e por se tratar de natureza jurídica de ação, deve ser aberto prazo para apresentação de defesa escrita com apresentação de documentos pelo reclamante-excepto, a não ser que esse informe que pretende apresentar defesa meramente verbal.

Como se trata de ação autônoma e independente da ação principal, a desistência quanto a essa, ou sua extinção, não obsta ao prosseguimento da reconvenção.

Por derradeiro, cabe dizer que, após a Reforma Trabalhista, também devidos honorários advocatícios de sucumbência em reconvenção.

CLT, art. 791-A, § 5º - São devidos honorários de sucumbência na reconvenção.

CAPÍTULO 12
DAS PROVAS NO PROCESSO DO TRABALHO

12.1 Conceito

A prova é meio por meio do qual a parte, no curso do processo, e de forma idônea, comprova as alegações que trouxe a juízo. Ela possui como finalidade a formação do convencimento do Magistrado, efetivo destinatário da prova

Por certo que nem todos os fatos demandam a produção de prova, mas apenas os fatos chamados de relevantes para o processo e devidamente controvertidos.

Há ainda que se esclarecer o que seria prova (o fato controvertido que se pretende provar) e meio de prova (os meios utilizados para provarem o fato – como testemunha, documento e outros).

Outro recente conceito é a chamada constelação de indícios, que ocorre quando não há prova concreta do fato, e sim elementos que levem a indução do magistrado a crer que o fato ocorreu. É um tema muito sensível, e que deve ser utilizado com cautela, sob pena de fragilizar a própria demanda.

Em alguns casos, contudo, a constelação de indícios tem sido de grande valia, como no caso por exemplo de assédio sexual, em que a prova é extremamente difícil, pois este na maior parte dos casos ocorre de forma velada e apenas na presença do assediador e do assediado, valendo a palavra da vítima como uma constelação de indícios.

12.2 Objeto da prova

Os fatos que não são objeto de prova estão mencionados no art. 374, CPC:

Art. 374. Não dependem de prova os fatos:
I - notórios;
II - afirmados por uma parte e confessados pela parte contrária;
III - admitidos no processo como incontroversos;
IV - em cujo favor milita presunção legal de existência ou de veracidade.

Dessa forma, prescindem de prova os fatos notórios (que são aqueles de conhecimento público e não apenas das partes envolvidas no processo), os fatos afirmados por uma parte e confessados pela parte contrária (aqueles que são alegados por uma parte e admitidos pela parte contrária, em decorrência de confissão real), fatos incontroversos (sobre os quais não paira qualquer dúvida, ou seja, são alegados por uma parte e não negados pela parte contrária. Fatos que não são objeto de defesa, tornados, assim, incontroversos) e aqueles em cujo favor milita presunção de existência ou veracidade (presunção esta que pode ser absoluta, em que não se admite prova em contrário, ou relativa, quando admite prova em contrário. Como exemplos dessa última, temos a derivada de confissão ficta pela ausência de juntada dos controles de frequência pela parte reclamada, na forma da Súmula nº 338, I, TST; as anotações na CTPS que traduzem em presunção relativa de veracidade, conforme Súmula nº 12, TST, dentre outras).

Apenas como observação, entendemos que o art. 374, II do CPC pode conter uma atecnia, pois a confissão é um meio de prova. Assim, os fatos confessados foram provados, e o que não seria passível de prova seriam os fatos reconhecidos.

Dessa forma, caso a defesa reconheça o pedido, não houve confissão, e sim reconhecimento, o que torna o fato incontroverso, sendo desnecessária produção de prova.

12.3 Princípios da prova

12.3.1 Contraditório e ampla defesa

Tal princípio nos informa que a parte tem o direito de ter informação sobre as provas colhidas no processo, bem como lhe deve ser oportunizada a possibilidade de produzir provas contra as alegações da parte contrária, tudo com objetivo de influenciar o convencimento do julgador.

O princípio ora analisado tem sede constitucional, mais precisamente no art. 5º, LV, CRFB/88:

Art. 5º Todos são iguais perante a lei, sem distinção de qualquer natureza, garantindo-se aos brasileiros e aos estrangeiros residentes no País a inviolabilidade do direito à vida, à liberdade, à igualdade, à segurança e à propriedade, nos termos seguintes:

LV - aos litigantes, em processo judicial ou administrativo, e aos acusados em geral são assegurados o contraditório e ampla defesa, com os meios e recursos a ela inerentes;

Também encontra previsão no art. 369, CPC:

Art. 369. As partes têm o direito de empregar todos os meios legais, bem como os moralmente legítimos, ainda que não especificados neste Código, para provar a verdade dos fatos em que se funda o pedido ou a defesa e influir eficazmente na convicção do juiz.

12.3.2 Aquisição processual da prova (ou comunhão da prova)

O presente princípio nos ensina que a prova, uma vez produzida, pertence ao processo, independentemente de quem a tenha efetivamente trazido aos autos. A prova pertence ao processo e assim será utilizada e analisada pelo Juiz quando do julgamento.

Deve-se atentar que enquanto a comunhão das provas tem serventia para quando a prova é produzida, as regras de distribuição do ônus da prova tem utilização quando inexiste prova sobre determinado fato, o que veremos mais adiante em tópico específico.

CPC, art. 371. O juiz apreciará a prova constante dos autos, independentemente do sujeito que a tiver promovido, e indicará na decisão as razões da formação de seu convencimento.

12.3.3 Necessidade

A parte possui o encargo de produzir a prova acerca do que foi alegado. Não basta, por certo, a alegação, sendo necessária a comprovação.

O sucesso do processo dependerá da comprovação pelas partes daquilo que foi alegado na petição inicial ou na contestação.

12.3.4 Oralidade

O presente princípio demonstra a prevalência da palavra falada sobre a escrita. Apesar de não ser princípio específico das provas no Processo do Trabalho, por certo que aqui tem ampla e especial aplicação em virtude da concentração dos atos em audiência, pois temos como regra a aplicação das audiências unas, em que todos os atos, a princípio, ocorrerão em única audiência.

Vários dispositivos da CLT trazem como pauta o princípio da oralidade, a saber:

CLT, art. 840 - A reclamação poderá ser escrita ou verbal.

CLT, art. 847 - Não havendo acordo, o reclamado terá vinte minutos para aduzir sua defesa, após a leitura da reclamação, quando esta não for dispensada por ambas as partes.

CLT, art. 850 - Terminada a instrução, poderão as partes aduzir razões finais, em prazo não excedente de 10 (dez) minutos para cada uma. Em seguida, o juiz ou presidente renovará a proposta de conciliação, e não se realizando esta, será proferida a decisão.

12.3.5 Licitude da prova

Apenas são admitidas como aptas ao funcionamento no processo as provas obtidas por meio lícito. Assim, as provas ilícitas ou obtidas por meio ilícitos não são admitidas, tendo o legislador também rechaçado a possibilidade de utilização de provas moralmente ilegítimas.

CRFB/88, art. 5º Todos são iguais perante a lei, sem distinção de qualquer natureza, garantindo-se aos brasileiros e aos estrangeiros residentes no País a inviolabilidade do direito à vida, à liberdade, à igualdade, à segurança e à propriedade, nos termos seguintes:

LVI - são inadmissíveis, no processo, as provas obtidas por meios ilícitos.

Prova ilícita é aquela obtida com violação de direitos fundamentais, como direitos materiais ou de proteção às liberdades. Por exemplo, uma prova obtida por invasão de domicílio, violação de correspondência ou gravação clandestina de conversa telefônica.

Já a **prova ilegítima** é a obtida com violação de uma norma de natureza processual. Por exemplo, uma perícia realizada por um perito não oficial.

12.4 Prova emprestada

A prova emprestada é aquela que foi produzida em um processo e que poderá ser transferida para utilização em outro processo. As partes podem ser valer de qualquer espécie de prova emprestada, ou seja, podem transferir de um processo para outro as provas periciais, documentais ou testemunhais. No entanto, no momento em que a prova adentra o outro processo passa a ter natureza jurídica de prova documental, já que será como tal inserido no processo a que será emprestada.

A prova emprestada possui previsão no CPC, e entendemos que plenamente cabível no Processo do Trabalho.

CPC, art. 372. O juiz poderá admitir a utilização de prova produzida em outro processo, atribuindo-lhe o valor que considerar adequado, observado o contraditório.

Nem todos assim procedem, e os críticos da prova emprestada se baseiam na ausência da imediatidade do Juiz na colheita da prova e na ausência plena do contraditório no processo para o qual será trasladada.

No entanto, o entendimento do TST mira no sentido de sua aceitação, claro que a partir de determinados requisitos que veremos em seguida.

Orientação Jurisprudencial 278, SDI-1/ TST . ADICIONAL DE INSALUBRIDADE. PERÍCIA. LOCAL DE TRABALHO DESATIVADO (DJ 11/08/2003)

A realização de perícia é obrigatória para a verificação de insalubridade. Quando não for possível sua realização, como em caso de fechamento da empresa, poderá o julgador utilizar-se de outros meios de prova.

Como visto pela redação da Orientação Jurisprudencial acima transcrita, em estando o local de trabalho desativado, e, por certo, não sendo possível a realização de prova pericial especificamente para aquele processo, clara a possibilidade de utilização de prova emprestada, onde a parte interessada poderá se utilizar de laudo pericial produzido em outro processo para comprovar suas alegações. Assim, a perícia produzia em um processo será transladada para outro e poderá servir aos anseios da parte interessada.

Em nossa visão, essa utilização não ocorrerá somente na hipótese de local de trabalho desativado, podendo se dar, inclusive, com relação a locais que estejam em funcionamento, mas com objetivo de tornar a prova mais acessível a quem não pudesse arcar com os custos operacionais de uma perícia.

No entanto, é bom ressaltar que existem requisitos para utilização da prova emprestada, e são eles: que tenha sido produzida em processo judicial, que nesse tenham sido respeitados o contraditório e a ampla defesa, que haja coincidência de uma ou ambas as partes nos processos em análise, que o fato que se pretende provar seja idêntico, e que caso os reclamantes empregados sejam diferentes, que haja certa contemporaneidade entre os respectivos contratos de trabalho.

Por último, cabe ressaltar que a permissão de utilização da prova emprestada não pode retirar da outra parte a possibilidade de sua impugnação, inclusive mediante a realização de qualquer meio de prova admitido em Direito, inclusive a pericial.

12.5 Do ônus da prova

Como já asseverado acima, não há falar em ônus da prova quando houver prova produzida no processo, pois pela comunhão da prova, uma vez produzida, essa pertence ao processo, independentemente de quem a tenha produzido.

Assim, a importância da distribuição do ônus da prova reside em quando não houver prova produzida nos autos. Nesse caso, como ao Juiz é vedado deixar de julgar pela ausência de provas, competirá a ele dizer a quem competia sua produção para posterior julgamento, conforme regra legal.

Dessa forma, ônus da prova é o encargo legal atribuído à parte acerca do fato por ela alegado no processo. Assim, caso a parte pretenda ser bem-sucedida no objeto de sua pretensão, deverá comprová-lo.

12.5.1 Ônus objetivo e ônus subjetivo

O ônus da prova é dividido em objetivo e subjetivo. O primeiro diz respeito à regra de distribuição de encargos para o julgamento, hipótese em que se recorrerá à lei para avaliar se quem detinha o ônus dele se desincumbiu. Já o segundo é a vontade de produzir a prova para obter êxito na pretensão.

12.5.2 Distribuição do ônus da prova

12.5.2.1 Teoria estática do ônus da prova

A Teoria Estática distribui previamente o ônus de cada uma das partes, e na CLT tem previsão no art. 818. A Reforma Trabalhista alterou o referido dispositivo e hoje temos a redação tal qual a prevista no art. 373, CPC.

Por certo, como temos regramento próprio, não nos socorreremos do Código de Processo Civil, utilizando o próprio art. 818, CLT:

Art. 818. O ônus da prova incumbe:
I - ao reclamante, quanto ao fato constitutivo de seu direito;
II - ao reclamado, quanto à existência de fato impeditivo, modificativo ou extintivo do direito do reclamante.

Dessa forma, competirá ao reclamante comprovar o fato constitutivo de seu direito (que é aquele que dá origem à relação jurídica discutida em Juízo. Por essa distribuição, competirá ao reclamante o ônus da prova quando a reclamada aduzir mera negativa ao fato alegado pelo autor. **Ex.:** reclamante requer pagamento de diferenças salariais decorrentes do pedido de equiparação salarial. A reclamada, em defesa, alega que reclamante e paradigma não exerciam as mesmas funções. Assim, imputando mera negativa ao fato constitutivo do direito do autor, a esse competirá comprovar os fatos constitutivos de seu direito), enquanto ao réu competirá comprovar fatos impeditivos, modificativos ou extintivos do direito do autor (nesse caso, o réu confirma o fato constitutivo, e em seguida traz outro que impediria, extinguiria ou modificaria o direito do autor, atraindo, assim, o ônus de sua comprovação. **Ex.:** no mesmo pedido de equiparação salarial, a reclamada afirma que entre reclamante e paradigma havia diferença de tempo de serviço na função superior a 02 anos. Desse modo, o fato em si, ou seja, a identidade de função, não foi negado, mas sim trazido fato que impediria o reconhecimento do direito do autor, razão pela qual será da Ré o ônus da prova).

Cabe-nos aqui fazer uma diferença entre os fatos que serão encargo da reclamada comprovar: fato extintivo é aquele que põe fim à relação jurídica (como pagamento total, prescrição, decadência), fato impeditivo é aquele que impede a formação válida da relação jurídica deduzida no processo (como no exemplo acima a alegação de diferença de tempo de serviço na função entre reclamante e paradigma superior a 02 anos), e fato modificativo é aquele altera a relação jurídica (o que ocorre no pagamento parcial ou na compensação devidamente comprovada).

Registre-se aqui que a teoria estática tem relação com a alegação e importa em atração do ônus. Assim, caso o autor alegue fazer jus a horas extras, atrai o ônus de provar a realização de horas extras; caso a reclamada em defesa alegue que o autor não estava submetido ao controle de jornada, atrai o ônus para si, nos termos do art. 818, II da CLT. Não estamos diante de um caso de inversão, e sim de atração, conforme as regras estabelecidas no art. 818, I e II da CLT. A atração do ônus está relacionada à Teoria Estática.

Diferente do caso de inversão, quando o juiz inverte o ônus. Nesse caso, o ônus estaria com o autor que alega ter realizado horas extras. A ré em defesa apenas alega que o autor não fazia horas extras e embora tivesse mais de 20 empregados, não anexa os controles de ponto, ou anexa os controles de ponto com horário britânico. Nesse caso, o ônus continua sendo do autor, mas uma vez que a ré não trouxe prova idônea, o juiz inverte o ônus da prova para que a ré prove que o autor não tem direito às horas extras.

Assim, a alegação das partes determina a quem cabe o ônus, enquanto que as provas e aptidão para produzi-las determinam se haverá inversão ou não.

12.5.2.2 Teoria dinâmica do ônus da prova

Diferentemente do que ocorre na teoria estática em que a lei já se encarregou de distribuir entre as partes do processo o encargo probatório, a presente Teoria permite que o julgador, na análise do caso concreto, atribua o ônus da prova de forma diversa e conforme aquele que tenha melhores e maiores condições de produzi-la.

Assim, o julgador levará em consideração o Princípio da aptidão para a prova, e atribuirá o ônus da prova a quem possua melhores condições para sua produção.

A CLT, após a Reforma Trabalhista, prevê a presente Teoria em seu texto, senão vejamos:

CLT, art. 818, § 1º Nos casos previstos em lei ou diante de peculiaridades da causa relacionadas à impossibilidade ou à excessiva dificuldade de cumprir o encargo nos termos deste artigo ou à maior facilidade de obtenção da prova do fato contrário, poderá o juízo atribuir o ônus da prova de modo diverso, desde que o faça por decisão fundamentada, caso em que deverá dar à parte a oportunidade de se desincumbir do ônus que lhe foi atribuído.

Percebe-se, assim, que há requisitos a serem preenchidos para utilização da presente Teoria, pois o Juiz poderá, nos casos previstos em lei ou diante de peculiaridades da causa que revelem a impossibilidade ou excessiva dificuldade de cumprir o encargo probatório a quem competiria, e por decisão devidamente fundamentada, atribuir o ônus da prova de forma diversa daquela constante no *caput* do art. 818, CLT, concedendo às partes a chamada paridade de armas no processo, o que acaba sendo um dos braços do Princípio da Igualdade.

Não há que se confundir a aplicação da Teoria Dinâmica com a inversão do ônus da prova, como bem leciona Élisson Miessa, citando Daniel Colnago Rodrigues e João Pereira Monteiro Neto: "Isso porque, a inversão do ônus da prova decorre de critérios objetivos (verossimilhança da alegação ou hipossuficiência técnica ou econômica). Já a teoria da carga dinâmica exige critérios mais subjetivos e pode ocorrer a qualquer uma das partes em quaisquer tipos de demandas".[17]

Uma questão importante é saber quando tal teoria pode ser aplicada, e o legislador deixa bem claro no parágrafo segundo do art. 818, CLT, que tal decisão deve ser fundamentada e proferida antes da fase instrutória, justamente para que a parte a quem agora foi atribuído o ônus possa dele se desincumbir. Assim, evita-se a chamada decisão surpresa.

CLT, art. 818, § 2º A decisão referida no § 1º deste artigo deverá ser proferida antes da abertura da instrução e, a requerimento da parte, implicará o adiamento da audiência e possibilitará provar os fatos por qualquer meio em direito admitido.

Claro, assim, que a decisão que distribui o ônus da prova de forma diversa deve ser devidamente fundamentada, e deve ocorrer antes da abertura da instrução, justamente para possibilidade que a parte que agora detém o ônus possa dele se desincumbir por meio de todos os meios de prova em direito admitidos.

Como bem ressalta o texto legal, tal decisão pode ou não implicar em adiamento da audiência, pois isso dependerá de requerimento da parte, não sendo consequência automática.

A parte pode não concordar com a aplicação de tal teoria, e, assim, impugná-la por meio dos protestos devidamente registrados em ata de audiência (já que por se tratar de decisão interlocutória não comportará recurso imediato). Em seguida, a matéria poderá ser devidamente discutida no recurso ordinário interposto em face da sentença proferida.

Mesmo com a possibilidade de aplicação da Teoria Dinâmica do Ônus da Prova, por certo que essa decisão não pode gerar para a parte situação em que seja impossível ou extremamente difícil que ela se desincumba do ônus que agora lhe foi atribuído. Fica, dessa forma, vedada a imposição da chamada produção de prova diabólica.

---

[17] MIESSA, Élisson. *Processo do trabalho*. Salvador: Editora Juspodivm, 2019, p. 788. Nota rodapé 15. Rodrigues, Daniel Colnago; Monteiro Neto, João Pereira. *Reflexões sobre a Distribuição dinâmica do ônus probatório*. In: Didier Jr, Fredie (coord. Geral); Macêdo, Lucas Buril de; Peixoto, Ravi; Freire, Alexandre. Provas 2. Ed. Salvador: Juspodivm, 2016, p. 521.

A prova diabólica é aquela prova que a parte não tem como produzir, pois impossível ou extremamente difícil.

CLT, art. 818, § 3º A decisão referida no § 1º deste artigo não pode gerar situação em que a desincumbência do encargo pela parte seja impossível ou excessivamente difícil.

Na hipótese da prova ser diabólica para ambas as partes, a doutrina vem entendendo que o juiz deverá atribuir o ônus em desfavor à parte que tiver assumido o risco de indicar um fato que dificilmente seria comprovado ou esclarecido, ainda que por regras de experiência.

12.5.3 Prova dividida

A prova dividida ocorre quando as partes litigantes conseguem produzir prova favorável às suas alegações.

Pensemos num pleito de horas extras em que o reclamante alega determinada jornada informando que não poderia registrar corretamente toda a jornada nos controles de frequência. A reclamada, por sua vez, traz outra jornada em defesa (junta os controles de ponto) e afirma pela idoneidade dos documentos. Em audiência, ambas as partes trazem suas testemunhas, e cada uma delas confirma a tese da parte, ou seja, a testemunha da parte autora confirma as alegações desta, e a testemunha da reclamada, as alegações desta.

Temos aí a prova dividida.

Normalmente, a saída se dá pela análise e sensibilidade do Juiz ao avaliar os depoimentos prestados e conjecturar qual testemunha lhe passa maior credibilidade, frente às demais provas dos autos.

Caso o Juiz não consiga assim verificar, aplicamos a prova dividida, e, nesse caso, a decisão deve ser favorável à parte que não detinha o correspondente ônus probatório.

12.6 Provas em espécie

12.6.1 Interrogatório e depoimento pessoal

Muito se discute em sede doutrinária quanto à diferença entre esses institutos. E podemos dizer que várias são elas, senão vejamos.

O depoimento pessoal pode ser determinado de ofício pelo Juiz ou a requerimento da parte contrária, tem como objetivo esclarecer os fatos sobre os quais versa a lide, e especialmente a obtenção da confissão, é colhido na audiência de instrução, e, em caso de adiamento de audiência una, ou quando havendo marcação de audiência de instrução (para as Varas que se utilizam da chamada audiência fracionada), a parte que se recusar a depor na audiência de instrução, ou caso não compareça (caso tenha saído advertida na forma da Súmula nº 74, I, TST), terá como consequência a aplicação da confissão ficta.

Súmula nº 74 do TST

CONFISSÃO (atualizada em decorrência do CPC de 2015) – Res. 208/2016, DEJT divulgado em 22, 25 e 26/04/2016

I - Aplica-se a confissão à parte que, expressamente intimada com aquela cominação, não comparecer à audiência em prosseguimento, na qual deveria depor. (Ex-Súmula nº 74 – RA 69/1978, DJ 26/09/1978)

CPC, art. 385. Cabe à parte requerer o depoimento pessoal da outra parte, a fim de que esta seja interrogada na audiência de instrução e julgamento, sem prejuízo do poder do juiz de ordená-lo de ofício.

§ 1º Se a parte, pessoalmente intimada para prestar depoimento pessoal e advertida da pena de confesso, não comparecer ou, comparecendo, se recusar a depor, o juiz aplicar-lhe-á a pena.

§ 2º É vedado a quem ainda não depôs assistir ao interrogatório da outra parte.

§ 3º O depoimento pessoal da parte que residir em comarca, seção ou subseção judiciária diversa daquela onde tramita o processo poderá ser colhido por meio de videoconferência ou outro recurso tecnológico de transmissão de sons e imagens em tempo real, o que poderá ocorrer, inclusive, durante a realização da audiência de instrução e julgamento.

Registre-se aqui que o TST entende que no caso de fracionamento da audiência a parte deve ser intimada pessoalmente para depor sob pena de confissão. Assim, mesmo que o advogado tenha poderes para receber notificação, caso esta tenha saído apenas em nome do advogado, não pode o juiz aplicar a confissão se a parte não comparecer. Isso porque, uma vez que há prejuízo no processo, deverá haver a intimação pessoal.

Já o interrogatório é determinado de ofício pelo Juiz, pode ser colhido a qualquer tempo no processo (em qualquer fase), busca apenas esclarecer os fatos sobre os quais versa a lide e o não comparecimento ou recusa não importam em aplicação da confissão.

A despeito das diferenças acima, normalmente ambos os meios de prova são praticados no mesmo ato processual de oitiva da parte.

A CLT não diferenciou os institutos estabelecendo o interrogatório no seu art. 848:

CLT, art. 848 - Terminada a defesa, seguir-se-á a instrução do processo, podendo o presidente, *ex officio* ou a requerimento de qualquer juiz temporário, interrogar os litigantes.

A confissão se dá quando a parte expressamente admite como verdadeira a alegação feita pela parte contrária, conforme previsão do art. 389, CPC:

CPC, art. 389. Há confissão, judicial ou extrajudicial, quando a parte admite a verdade de fato contrário ao seu interesse e favorável ao do adversário.

Não entendemos a confissão como um meio de prova em si, mas sim como um resultado de outros meios de prova, ou seja, resulta da análise das provas produzidas no processo.

A confissão pode ser: extrajudicial (quando obtida fora do Poder Judiciário) ou judicial (obtida no âmbito do Poder Judiciário, mais precisamente em juízo. Essa, no caso, pode ser espontânea – quando ocorre sem qualquer interferência - ou provocada – decorrente do depoimento pessoal).

A confissão também pode ser real (quando realizada de forma verbal ou escrita pelo confitente) ou ficta (sendo mera ficção jurídica, podendo ser derivada da revelia ou do não comparecimento em audiência em que deveria prestar o depoimento pessoal). A confissão ficta, especialmente, deve ser contrastada com as demais provas dos autos.

A confissão é pessoal, logo só pode ser realizada pela parte. Assim, caso haja um processo de um trabalhador falecido em que há a representação do espólio pela ex-companheira ou esposa, não há como se obter confissão sobre os fatos relacionados ao contrato de trabalho, mas apenas se houver pedido especifico para a esposa, dano in ricochete, por exemplo. Dessa forma, no depoimento da esposa, eventual confissão apenas abrangeria esses últimos fatos mencionados.

12.6.2 Prova testemunhal

12.6.2.1 Introdução

A testemunha é pessoa física, isenta e estranha às partes, que tem conhecimento dos fatos narrados no processo, cujo depoimento auxiliará no deslinde de causa. Tal conhecimento deve advir pelo fato da testemunha ter ouvido ou visto determinado fato, não podendo decorrer de mero conhecimento por terceiros ou por "ter ouvido falar".

É meio de prova dos mais utilizados na seara trabalhista, e constitui encargo público, não cabendo àquele convocado para atuar como testemunha se recusar a comparecer em Juízo.

Nesse caso, não poderá sofrer qualquer desconto no salário por se tratar de período de interrupção do contrato de trabalho.

CLT, art. 473 - O empregado poderá deixar de comparecer ao serviço sem prejuízo do salário:

VIII - pelo tempo que se fizer necessário, quando tiver que comparecer a juízo.

CLT, art. 822 - As testemunhas não poderão sofrer qualquer desconto pelas faltas ao serviço, ocasionadas pelo seu comparecimento para depor, quando devidamente arroladas ou convocadas.

12.6.2.2 Quem pode atuar como testemunha

A princípio, qualquer pessoa que tenha conhecimento dos fatos, que esteja em pleno exercício de sua capacidade e que não seja impedida ou suspeita, poderá atuar como testemunha, prestando o devido compromisso em dizer a verdade, sob pena de incorrer no crime de falso testemunho.

CPC, art. 447. Podem depor como testemunhas todas as pessoas, exceto as incapazes, impedidas ou suspeitas.

A CLT trouxe menos hipóteses em que a testemunha não poderia depor, mais precisamente no art. 829. Assim, a doutrina é pacífica quanto à utilização supletiva dos parágrafos do art. 447 do CPC.

CLT, art. 829 - A testemunha que for parente até o terceiro grau civil, amigo íntimo ou inimigo de qualquer das partes, não prestará compromisso, e seu depoimento valerá como simples informação.

CPC, art. 447, § 1º São incapazes:

I - o interdito por enfermidade ou deficiência mental;

II - o que, acometido por enfermidade ou retardamento mental, ao tempo em que ocorreram os fatos, não podia discerni-los, ou, ao tempo em que deve depor, não está habilitado a transmitir as percepções;

III - o que tiver menos de 16 (dezesseis) anos;

IV - o cego e o surdo, quando a ciência do fato depender dos sentidos que lhes faltam.

§ 2º São impedidos:

I - o cônjuge, o companheiro, o ascendente e o descendente em qualquer grau e o colateral, até o terceiro grau, de alguma das partes, por consanguinidade ou afinidade, salvo se o exigir o interesse público ou, tratando-se de causa relativa ao estado da pessoa, não se puder obter de outro modo a prova que o juiz repute necessária ao julgamento do mérito;

II - o que é parte na causa;

III - o que intervém em nome de uma parte, como o tutor, o representante legal da pessoa jurídica, o juiz, o advogado e outros que assistam ou tenham assistido as partes.

§ 3º São suspeitos:

I - o inimigo da parte ou o seu amigo íntimo;

II - o que tiver interesse no litígio.

§ 4º Sendo necessário, pode o juiz admitir o depoimento das testemunhas menores, impedidas ou suspeitas.

§ 5º Os depoimentos referidos no § 4º serão prestados independentemente de compromisso, e o juiz lhes atribuirá o valor que possam merecer.

No que se refere especificamente à suspeição, cabe destacar o teor da Súmula nº 357, TST, na qual se percebe que o simples fato de estar litigando ou ter litigado em face da mesma empresa não faz com que a testemunha seja considerada suspeita.

Súmula nº 357 do TST

TESTEMUNHA. AÇÃO CONTRA A MESMA RECLAMADA. SUSPEIÇÃO (mantida) – Res. 121/2003, DJ 19, 20 e 21/11/2003

Não torna suspeita a testemunha o simples fato de estar litigando ou de ter litigado contra o mesmo empregador.

12.6.2.3 Contradita

Caso a testemunha trazida por uma parte seja considerada pela parte contrária como incapaz, suspeita ou impedida de depor, ela deve arguir sua contradita, que tem justamente como finalidade essas alegações e objetiva que seu depoimento não seja colhido pelo Juiz.

No entanto, caso a contradita seja acolhida, isso não quer dizer que o depoimento não será colhido, pois o Juiz pode ouvir como informante, ou seja, sem prestar o compromisso.

Dessa forma, o momento correto de arguição da contradita é após a qualificação da testemunha (quando essa indicará seu nome, nacionalidade, profissão, idade, residência, e, quando empregado, o tempo de serviço prestado ao empregador, na forma do art. 828, CLT), e antes do compromisso em dizer a verdade, sob pena de configuração de falso testemunho.

CLT, art. 828 - Toda testemunha, antes de prestar o compromisso legal, será qualificada, indicando o nome, nacionalidade, profissão, idade, residência, e, quando empregada, o tempo de serviço prestado ao empregador, ficando sujeita, em caso de falsidade, às leis penais.

12.6.2.4 Inquirição das testemunhas

A testemunha será inquirida pelo Juiz e reinquirida, por seu intermédio, a requerimento das partes, seus representantes ou advogados.

Nesse último caso, começa fazendo perguntas a parte que a arrolou, e em seguida a parte contrária.

CLT, art. 820 - As partes e testemunhas serão inquiridas pelo juiz ou presidente, podendo ser reinquiridas, por seu intermédio, a requerimento dos vogais, das partes, seus representantes ou advogados.

Normalmente começamos a instrução ouvindo as partes em depoimento pessoal, em seguida as testemunhas do autor e depois as do réu. No entanto, não há qualquer problema na alteração da ordem da oitiva das testemunhas, principalmente quando o ônus da prova é do reclamado (quando o processo versar sobre verbas decorrentes da rescisão e o reclamado alegar a justa causa como forma de rompimento – em se tratando de fato impeditivo do direito do autor, o ônus será do réu), o que ocorrerá independentemente da concordância das partes, sendo faculdade do Juiz que preside a audiência. No exemplo mencionado, portanto, as testemunhas do réu seriam ouvidas primeiro, seguidas das testemunhas do reclamante, a título de contraprova.

CLT, art. 775, § 2º Ao juízo incumbe dilatar os prazos processuais e alterar a ordem de produção dos meios de prova, adequando-os às necessidades do conflito de modo a conferir maior efetividade à tutela do direito.

A testemunha deve prestar compromisso em responder apenas conforme a verdade. Caso isso não seja cumprido, o Juiz pode condenar a testemunha por ato de dano processual, imputando a ela pagamento de multa prevista no art. 793-D, CLT.

CLT, art. 793-C. De ofício ou a requerimento, o juízo condenará o litigante de má-fé a pagar multa, que deverá ser superior a 1% (um por cento) e inferior a 10% (dez por cento) do valor corrigido da causa, a indenizar a parte contrária pelos prejuízos que esta sofreu e a arcar com os honorários advocatícios e com todas as despesas que efetuou.

CLT, art. 793-D. Aplica-se a multa prevista no art. 793-C desta Consolidação à testemunha que intencionalmente alterar a verdade dos fatos ou omitir fatos essenciais ao julgamento da causa.

Por certo que, antes da sentença, a testemunha pode se retratar espontaneamente ou mediante provocação do Juízo, motivo pelo qual o este pode reconsiderar e deixar de aplicar a referida multa. Justamente por essa possibilidade de retratação, o que deve ocorrer até antes da prolação da sentença, entendemos que nela é o momento processual adequado para sua aplicação.

Até porque a aplicação antes da sentença constituiria decisão interlocutória e não passível de recurso imediato.

Assim, sendo aplicada a multa em sentença, a testemunha apenada, assim como as partes, devem ser cientificadas acerca da publicação da decisão, momento a partir do qual possui a nosso ver, interesse recursal para, como auxiliar da justiça, tentar discutir a decisão judicial que a condenou. Dessa maneira, ao Tribunal, conhecendo desse recurso, competiria manter ou excluir a multa aplicada à testemunha.

Em havendo aplicação da multa (e sua manutenção no caso de discussão em sede recursal), entendemos que seu destinatário é a parte que foi prejudicada com o falso testemunho. A execução da multa aplicada à testemunha ocorrerá nos mesmos autos do processo.

CLT, art. 793-D, parágrafo único. A execução da multa prevista neste artigo dar-se-á nos mesmos autos.

12.6.2.5 Número máximo de testemunhas

O número máximo de testemunhas varia conforme o rito sob o qual tramita o processo, senão vejamos.

No caso de processo que tramita sob o rito ordinário, ou seja, com valor da causa superior a 40 salários mínimos, temos a possibilidade de oitiva de até 3 testemunhas para cada parte, exceto no caso de inquérito judicial para apuração de falta grave, quando esse limite sobe para seis.

CLT, art. 821 - Cada uma das partes não poderá indicar mais de 3 (três) testemunhas, salvo quando se tratar de inquérito, caso em que esse número poderá ser elevado a 6 (seis).

Já no caso de processos que tramitam sob o rito sumaríssimo, ou seja, quando valor da causa for de até 40 salários mínimos, temos o limite previsto no art. 852-H, §2, CLT.

CLT, art. 852-H, § 2º As testemunhas, até o máximo de duas para cada parte, comparecerão à audiência de instrução e julgamento independentemente de intimação.

Os limites acima não restam alterados na hipótese de litisconsórcio ativo, ou mesmo no caso de litisconsórcio passivo, quando houver apresentação de defesa única. Dessa forma, se nesse último, houver tese de defesa de exclusão, será hipótese de até 3 testemunhas ou até 2 testemunhas (a depender do rito) para cada réu incluído no polo.

12.6.3 Prova documental

A prova documental é a demonstração física de um fato, podendo envolver não apenas escritos, mas também gravações, fotografias, desenhos, etc.

Conforme previsão contida na CLT, o advogado poderá juntar aos autos documentos em cópias simples (sem necessidade de apresentação do original ou mediante cópia autenticada), bastando que o subscritor declare sua autenticidade de próprio punho e sob sua responsabilidade pessoal. Assim, apenas se impugnada sua autenticidade é que se fará necessária a apresentação do documento original ou autenticado.

CLT, art. 830. O documento em cópia oferecido para prova poderá ser declarado autêntico pelo próprio advogado, sob sua responsabilidade pessoal.

Parágrafo único. Impugnada a autenticidade da cópia, a parte que a produziu será intimada para apresentar cópias devidamente autenticadas ou o original, cabendo ao serventuário competente proceder à conferência e certificar a conformidade entre esses documentos.

Orientação Jurisprudencial 36, SDI-1/TST. INSTRUMENTO NORMATIVO. CÓPIA NÃO AUTENTICADA. DOCUMENTO COMUM ÀS PARTES. VALIDADE (título alterado e inserido dispositivo) – Res. 129/2005, DJ 20, 22 e 25/04/2005. O instrumento normativo em cópia não autenticada possui valor probante, desde que não haja impugnação ao seu conteúdo, eis que se trata de documento comum às partes.

A despeito de entendimentos contrários, entendemos que o momento de apresentação dos documentos é com a petição inicial, pelo reclamante, e com a contestação na audiência, pelo reclamado, ressalvada, por certo, a hipótese de documentos novos.

CPC, art. 434. Incumbe à parte instruir a petição inicial ou a contestação com os documentos destinados a provar suas alegações.

CPC, art. 435. É lícito às partes, em qualquer tempo, juntar aos autos documentos novos, quando destinados a fazer prova de fatos ocorridos depois dos articulados ou para contrapô-los aos que foram produzidos nos autos.

Parágrafo único. Admite-se também a juntada posterior de documentos formados após a petição inicial ou a contestação, bem como dos que se tornaram conhecidos, acessíveis ou disponíveis após esses atos, cabendo à parte que os produzir comprovar o motivo que a impediu de juntá-los anteriormente e incumbindo ao juiz, em qualquer caso, avaliar a conduta da parte de acordo com o art. 5º.

CLT, art. 787 - A reclamação escrita deverá ser formulada em 2 (duas) vias e desde logo acompanhada dos documentos em que se fundar.

Apesar da possibilidade de utilização da prova testemunhal, no Processo do Trabalho, para comprovação de praticamente todas as alegações, por certo que existem alguns fatos que dependem de prova documental de maneira imprescindível, senão vejamos:

Anotações constantes da CTPS: as anotações constantes do referido documento comprovam a existência da relação empregatícia, mas possuem presunção relativa de veracidade, razão pela qual podem ser objeto de prova em contrário.

Súmula nº 12 do TST

CARTEIRA PROFISSIONAL (mantida) – Res. 121/2003, DJ 19, 20 e 21/11/2003

As anotações apostas pelo empregador na carteira profissional do empregado não geram presunção "juris et de jure", mas apenas "juris tantum".

Recibos: pagamento se comprova com recibo, documento que comprovará a quitação da obrigação. Tal prova pode ser substituída, se for o caso, por apresentação de comprovante de depósito ou transferência bancária.

CLT, art. 464 - O pagamento do salário deverá ser efetuado contra recibo, assinado pelo empregado; em se tratando de analfabeto, mediante sua impressão digital, ou, não sendo esta possível, a seu rogo.

Parágrafo único. Terá força de recibo o comprovante de depósito em conta bancária, aberta para esse fim em nome de cada empregado, com o consentimento deste, em estabelecimento de crédito próximo ao local de trabalho.

Termo de Rescisão do Contrato de Trabalho (TRCT): comprova apenas o pagamento das parcelas com os respectivos valores, não servindo de óbice para qualquer pleito de diferenças das verbas nele constantes ou de outras parcelas que dele não façam parte.

CLT, art. 477, § 2º - O instrumento de rescisão ou recibo de quitação, qualquer que seja a causa ou forma de dissolução do contrato, deve ter especificada a natureza de cada parcela paga ao empregado e discriminado o seu valor, sendo válida a quitação, apenas, relativamente às mesmas parcelas.

Súmula nº 330 do TST

QUITAÇÃO. VALIDADE (mantida) – Res. 121/2003, DJ 19, 20 e 21/11/2003

A quitação passada pelo empregado, com assistência de entidade sindical de sua categoria, ao empregador, com observância dos requisitos exigidos nos parágrafos do art. 477 da CLT, tem eficácia liberatória em relação às parcelas expressamente consignadas no recibo, salvo se oposta ressalva expressa e especificada ao valor dado à parcela ou parcelas impugnadas.

I - A quitação não abrange parcelas não consignadas no recibo de quitação e, consequentemente, seus reflexos em outras parcelas, ainda que estas constem desse recibo.

II - Quanto a direitos que deveriam ter sido satisfeitos durante a vigência do contrato de trabalho, a quitação é válida em relação ao período expressamente consignado no recibo de quitação.

12.6.3.1 Falsidade documental

Conforme previsão no Código de Processo Civil, a falsidade documental consiste na formação de documento não verdadeiro ou na alteração de documento verdadeiro, na forma do art. 427, parágrafo único.

CPC, art. 427, Parágrafo único. A falsidade consiste em:
I - formar documento não verdadeiro;
II - alterar documento verdadeiro.

A falsidade deve ser alegada em contestação, na réplica ou no prazo de 15 dias a partir da intimação para juntada do documento, conforme art. 430, CPC. Em sendo suscitada a falsidade, tal questão deverá ser resolvida de forma incidental, salvo se houver requerimento para decisão como questão principal.

Nesse último caso, a decisão constará do dispositivo da sentença e sobre ela incidirá a coisa julgada.

CPC, art. 430. A falsidade deve ser suscitada na contestação, na réplica ou no prazo de 15 (quinze) dias, contado a partir da intimação da juntada do documento aos autos.

Parágrafo único. Uma vez arguida, a falsidade será resolvida como questão incidental, salvo se a parte requerer que o juiz a decida como questão principal, nos termos do inciso II do art. 19.

CPC, art. 433. A declaração sobre a falsidade do documento, quando suscitada como questão principal, constará da parte dispositiva da sentença e sobre ela incidirá também a autoridade da coisa julgada.

12.6.4 Prova pericial/laudo/procedimentos

A prova pericial é aquela realizada para comprovação de fato de conhecimento técnico ou científico específico, e consiste em exame (prova realizada em pessoas, bens móveis ou semoventes), vistoria (prova realizada em bens imóveis ou lugares) ou avaliação (prova realizada com objeto de atribuir valoração).

CPC, art. 156. O juiz será assistido por perito quando a prova do fato depender de conhecimento técnico ou científico.

CPC, art. 464. A prova pericial consiste em exame, vistoria ou avaliação.

Uma vez determinada a realização de prova pericial, o Juiz nomeará o perito, profissional responsável pela elaboração da perícia, sendo permitido às partes a indicação de assistentes técnicos e elaboração de quesitos, no prazo de 15 dias da nomeação do perito. Quando da nomeação do perito, o Juiz também fixará o prazo para a entrega do laudo.

CPC, art. 465. O juiz nomeará perito especializado no objeto da perícia e fixará de imediato o prazo para a entrega do laudo.

§ 1º Incumbe às partes, dentro de 15 (quinze) dias contados da intimação do despacho de nomeação do perito:

I - arguir o impedimento ou a suspeição do perito, se for o caso;
II - indicar assistente técnico;
III - apresentar quesitos.

Os peritos indicados devem constar de cadastro junto ao respectivo Tribunal, onde estarão presentes as informações dos peritos habilitados e aptos ao trabalho na jurisdição. Para a formalização de tal cadastro, o Tribunal deve fazer consulta pública, além de consulta em universidades, conselhos de classe, OAB e outros órgãos para indicação de profissionais ou órgãos técnicos interessados em atuarem como peritos.

CPC, art. 156. § 1º Os peritos serão nomeados entre os profissionais legalmente habilitados e os órgãos técnicos ou científicos devidamente inscritos em cadastro mantido pelo tribunal ao qual o juiz está vinculado.

§ 2º Para formação do cadastro, os tribunais devem realizar consulta pública, por meio de divulgação na rede mundial de computadores ou em jornais de grande circulação, além de consulta direta a universidades, a conselhos de classe, ao Ministério Público, à Defensoria Pública e à Ordem dos Advogados do Brasil, para a indicação de profissionais ou de órgãos técnicos interessados.

§ 3º Os tribunais realizarão avaliações e reavaliações periódicas para manutenção do cadastro, considerando a formação profissional, a atualização do conhecimento e a experiência dos peritos interessados.

Caso na localidade em que a prova técnica venha a ser realizada não haja perito devidamente cadastrado, o Juiz pode escolher o perito livremente, dentre profissionais com conhecimento técnico necessário para realização da perícia.

No caso de perícias mais complexas ou que abranjam mais de uma área de atuação, o Juiz pode nomear mais de um perito.

Em sendo realizada a perícia, o Juiz não está adstrito ao laudo, vez que o levará em consideração com as demais provas produzidas nos autos, e pela utilização do princípio do livre convencimento do magistrado. No entanto, como se trata de prova técnica requerida pelo próprio fato contestado em juízo, o julgador sempre deverá fundamentar a decisão com os motivos que o levaram a considerar ou desconsiderar as conclusões do perito.

O juiz pode indeferir a perícia nas hipóteses do art. 464, §1º, CPC:

CPC, art. 464. § 1º O juiz indeferirá a perícia quando:

I - a prova do fato não depender de conhecimento especial de técnico;

II - for desnecessária em vista de outras provas produzidas;

III - a verificação for impraticável.

A realização da perícia pode derivar de requerimento da parte ou de determinação de ofício pelo Juiz. Nesse último caso, temos as hipóteses de prova tarifada, ou seja, quando a própria lei exigir a realização de prova pericial para verificação do direito pleiteado, como ocorre, como regra, nos pedidos de pagamento de adicional de insalubridade e periculosidade.

Nesse caso, entendemos que mesmo em sendo hipótese de revelia da reclamada, e com a consequente confissão quanto à matéria de fato, mantida a necessidade de realização da perícia, vez que essa matéria é de direito e não aproveitada pela revelia incidente.

CLT, art. 195, § 2º - Arguida em juízo insalubridade ou periculosidade, seja por empregado, seja por Sindicato em favor de grupo de associado, o juiz designará perito habilitado na forma deste artigo, e, onde não houver, requisitará perícia ao órgão competente do Ministério do Trabalho.

Colocamos acima como regra a necessidade de realização de prova pericial, pois há exceções na própria lei quanto ao adicional de periculosidade, em que esse envolve tão somente questão de fato ligada à função exercida pelo trabalho, como nas hipóteses abaixo:

CLT, art. 193. São consideradas atividades ou operações perigosas, na forma da regulamentação aprovada pelo Ministério do Trabalho e Emprego, aquelas que, por sua natureza ou métodos de trabalho, impliquem risco acentuado em virtude de exposição permanente do trabalhador a:

II - roubos ou outras espécies de violência física nas atividades profissionais de segurança pessoal ou patrimonial

§ 4º São também consideradas perigosas as atividades de trabalhador em motocicleta.

Nessas hipóteses, o adicional de periculosidade não deriva do local de trabalho ou das condições a que o empregado esteja exposto, mas sim da função que traz perigo à vida do trabalhador. Assim, por ser questão meramente fática, desnecessária a realização de perícia, bastando a comprovação do exercício da função.

Também pode ser dispensada a realização de prova pericial quando se tratar de fato notório, tal como ocorre com empregados que laboram em postos de gasolina, quando o pagamento do adicional decorre de liberalidade da empresa ou no caso de fechamento da empresa, quando poderão ser utilizados outros meios de prova.

Súmula nº 39 do TST

PERICULOSIDADE (mantida) – Res. 121/2003, DJ 19, 20 e 21/11/2003

Os empregados que operam em bomba de gasolina têm direito ao adicional de periculosidade (Lei nº 2.573, de 15/08/1955).

Orientação Jurisprudencial, 278, SDI-1/TST. ADICIONAL DE INSALUBRIDADE. PERÍCIA. LOCAL DE TRABALHO DESATIVADO (DJ 11/08/2003)

A realização de perícia é obrigatória para a verificação de insalubridade. Quando não for possível sua realização, como em caso de fechamento da empresa, poderá o julgador utilizar-se de outros meios de prova.

Sendo determinada a realização de perícia e apresentando o perito o respectivo laudo, as partes serão intimadas para apresentação de manifestações, no prazo de 15 dias quando se tratar de rito ordinário (quando utilizamos subsidiariamente o art. 477, **§1º**, CPC), ou no prazo comum de 5 dias quando estivermos em sede de rito sumaríssimo (Art. 852-H, §4º e §6º, CLT).

CPC, art. 477. § 1º As partes serão intimadas para, querendo, manifestar-se sobre o laudo do perito do juízo no prazo comum de 15 (quinze) dias, podendo o assistente técnico de cada uma das partes, em igual prazo, apresentar seu respectivo parecer.

CLT, art. 852-H, § 4º Somente quando a prova do fato o exigir, ou for legalmente imposta, será deferida prova técnica, incumbindo ao juiz, desde logo, fixar o prazo, o objeto da perícia e nomear perito.

§ 6º As partes serão intimadas a manifestar-se sobre o laudo, no prazo comum de cinco dias.

12.6.5 Honorários periciais

Os honorários periciais (cujo valor será fixado pelo juízo e sempre respeitando o limite máximo estabelecido pelo Conselho Superior da Justiça do Trabalho), conforme alteração legislativa advinda com a Reforma Trabalhista, serão pagos ao final pela parte sucumbente no objeto da perícia, ainda que beneficiária da gratuidade de justiça. A sucumbência é aquela determinada na sentença e não no laudo

Na ADI 5766 o STF declarou inconstitucional a parte final do caput do art 790-B da CLT, sob a fundamentação de que fere o acesso a justiça a determinação de mandar o beneficiário da justiça gratuita arcar com os honorários periciais. Assim, o detentor da justiça gratuita, sucumbente na pretensão objeto da pericia deve ter os honorários arcados pela União.

O juízo pode deferir o parcelamento dos honorários periciais, e não pode haver determinação de adiantamento dos valores para realização da perícia.

CLT, art. 790-B. A responsabilidade pelo pagamento dos honorários periciais é da parte sucumbente na pretensão objeto da perícia, <u>ainda que beneficiária da justiça gratuita</u> (ADI 5766).

§ 1º Ao fixar o valor dos honorários periciais, o juízo deverá respeitar o limite máximo estabelecido pelo Conselho Superior da Justiça do Trabalho.

§ 2º O juízo poderá deferir parcelamento dos honorários periciais.

§ 3º O juízo não poderá exigir adiantamento de valores para realização de perícias.

§ 4º Somente no caso em que o beneficiário da justiça gratuita não tenha obtido em juízo créditos capazes de suportar a despesa referida no *caput*, ainda que em outro processo, a União responderá pelo encargo (parágrafo declarado inconstitucional pela ADI 5766).

Caso a parte nomeie assistente técnico, por certo que os custos com este deverão ser suportados pela parte que o contratou, já que tal nomeação constitui faculdade e não obrigação da parte.

Súmula nº 341 do TST

HONORÁRIOS DO ASSISTENTE TÉCNICO (mantida) – Res. 121/2003, DJ 19, 20 e 21/11/2003

A indicação do perito assistente é faculdade da parte, a qual deve responder pelos respectivos honorários, ainda que vencedora no objeto da perícia.

12.6.6 Provas digitais

Prova digital nada mais é do que a produção de alguma evidência digital acerca de algum ato, fato ou conteúdo ocorrido, ainda que este tenha se concretizado no meio físico.

A Constituição Federal estabelece a validade de todos os meios de prova lícitos, garantindo assim o direito à ampla defesa (artigo 5º, inciso LIV, da CF). Nesse cenário, não haveria qualquer óbice para a utilização de provas digitais nos processos judiciais.

E assim, é cada vez mais comum Tribunais descartarem provas produzidas digitalmente, em razão de falha na preservação da cadeia de custódia do referido documento, o que impossibilita a constatação da veracidade do conteúdo:

114000678492 – PROVA DIGITAL EXTRAÍDA DE MEIO DIGITAL – REQUISITOS DE VALIDADE – NORMA ABNT NBR ISO/IEC 27037:2013 – Via de regra, a juntada de capturas de tela com teor de conversas extraídas do aplicativo WhatsApp é considerado meio válido de prova, já pacificado pela jurisprudência. No entanto, a Norma

ABNT NBR ISO/IEC 27037:2013 (norma técnica que estabelece diretrizes para a identificação, coleta, aquisição e preservação de evidências digitais), define os conceitos e os princípios relacionados à cadeia de custódia digital, que é o conjunto de procedimentos documentados que registram a origem, a identificação, a coleta, a custódia, o controle, a transferência, a análise e o eventual descarte das evidências digitais. Sob essa ótica, as mencionadas capturas de tela, sem a comprovação do registro da cadeia de custódia digital (o qual se presta a provar a não adulteração do teor das mensagens), não podem ser tomadas como fonte segura de prova, mormente se impugnadas pela parte contrária, como no caso dos autos. Isso porque não há como se certificar de que conservam sua integridade, principalmente sobre teor e autoria das mensagens. (TRT- 3ª Região. – RO 0011153-93.2022.5.03.0052 – 2ª T. – Rel. Maristela Iris S. Malheiros – J. 01/08/2023)

Para a validade da prova digital é importante que se preserve a cadeia de custódia, de modo a permitir a constatação da autenticidade e integralidade dos elementos da prova digital, sob pena da sua não aceitação, o que poderá impactar diretamente no desfecho da lide.

Entende-se por autenticidade da prova a qualidade acerca da certeza em relação ao(s) autor(es) do fato comprovado pela prova digital. Em outras palavras, gera a certeza acerca de quem fez ou participou da constituição do fato comprovado digitalmente. Será que o perfil que postou algum ato ofensivo é mesmo daquela pessoa?

Já por integridade, podemos definir como qualidade da prova no que se refere à sua originalidade, ou seja, evidência de que a prova apresentada se encontra integral e não adulterada e/ou corrompida. Em tempos em que se discute se a Inteligência Artificial superará a mente humana na tomada de decisões, é lítico questionar: será que a prova digital apresentada aos autos não foi alterada ou está fora de contexto?

A preservação da autenticidade e da integridade formam a cadeia de custódia necessária à validade da prova digital apresentada em Juízo.

Há, ainda, a possibilidade de utilizarmos de legislações específicas para termos parâmetros de procedimentos para garantir a segurança do documento digital apresentado. O Marco Civil da Internet (Lei nº 12.965/2014) definiu a obrigatoriedade de guarda dos registros de conexão, por no mínimo um ano, e dos registros de acesso a aplicações de internet, por no mínimo seis meses (arts. 13 e 15). Por sua vez, a Norma ABNT NBR ISO/IEC 27037:2013 (norma técnica que estabelece diretrizes para a identificação, coleta, aquisição e preservação de evidências digitais) e os artigos 158-A e 158-B do Código de Processo Penal, definiram a cadeia de custódia no processo penal, muito em linha com a Lei Geral de Proteção de Dados (Lei nº 13.709/2018) que também possibilita o tratamento de dados pessoais na hipótese de exercício de direitos em processo judicial (art. 7º, VI, e 11, II, "a").

As partes têm ainda utilizado de ata notarial (artigo 384 do CPC) para que o cartório cerifique o que está no ambiente digital.

A controvérsia acerca da utilização da prova digital cinge-se na dúvida se ela viola ou não a intimidade do trabalhado. No caso, por exemplo, da geolocalização para verificar até que horas a pessoa trabalhava. Deve-se ainda ter cuidado com *fake news*, que são facilmente difundidas na internet.

Assim, deve o juiz ponderar acerca da verdade real x celeridade x preservação da intimidade na admissão da prova digital.

Recentemente, obtivemos uma decisão no TRT da 4ª Região em que o próprio trabalhador pediu a prova da geolocalização para comprovar que frequentava a residência mais de 3x na semana, e portanto, presentes os requisitos para ser considerado um empregado doméstico.

12.7 Produção antecipada de provas

A produção antecipada de provas é um procedimento judicial que permite a coleta de provas antes do início do processo ou de uma fase processual adequada. O objetivo é preservar os elementos de prova, garantindo que possam ser utilizados em um eventual processo judicial.

A produção antecipada de provas pode ser solicitada por qualquer das partes ou pelo juiz de ofício. É prevista no Código de Processo Civil (CPC), nos artigos 381 a 383.

Pode ser requerida quando houver o risco de que as provas se percam ou se tornem inacessíveis no futuro, como por exemplo, quando um bem se deteriorar, uma testemunha ficar gravemente enferma, ou até mesmo para a verificação do sucesso da demanda ou não, ou possibilidade de solução consensual do conflito.

A petição inicial deve apresentar as razões que justificam a necessidade da antecipação da prova e indicar a hipótese de enquadramento do pedido.

A produção antecipada de provas não torna o juízo prevento, e é competente o juiz do foro onde a prova deva ser produzida ou o domicílio do réu. Na produção antecipada de provas o juiz não emite juízo de valor acerca da prova

12.8 Encerramento da produção de provas

Não havendo mais provas a serem produzidas, o Juiz declarará encerrada a instrução, momento em que as partes apresentarão suas razões finais, em prazo que não exceda de 10 minutos para cada uma.

Há a possibilidade de apresentação de razões finais escritas, em prazo a ser fixado pelo Juízo, por meio dos chamados memoriais.

O Juiz renovará a proposta conciliatória e, não havendo conciliação, será proferida a decisão.

CLT, art. 850 - Terminada a instrução, poderão as partes aduzir razões finais, em prazo não excedente de 10 (dez) minutos para cada uma. Em seguida, o juiz ou presidente renovará a proposta de conciliação, e não se realizando esta, será proferida a decisão.

CAPÍTULO 13
DAS DECISÕES DO JUIZ

13.1 Despacho, decisão interlocutória e sentença

Despacho, decisão interlocutória e sentença são pronunciamentos judiciais que se diferenciam pela sua natureza e finalidade:

Conforme § 1º do artigo 203 do Código de Processo Civil, sentença é o pronunciamento em que o juiz encerra a fase de conhecimento do procedimento comum, ou seja, encerra o processo na 1ª instância, analisando ou não o mérito – a questão principal da ação.

A sentença também extingue a execução, que é a fase de cumprimento da sentença. Importa destacar que nos procedimentos especiais a definição de sentença pode ter outras características

A decisão interlocutória, conforme § 2º do artigo 203, é definida como o pronunciamento judicial que decida alguma coisa no processo e que não se enquadre no conceito de sentença.

Os despachos são os demais pronunciamentos do juiz, também chamados de atos ordinatórios ou de impulso oficial, pois dão andamento ao processo. Como não têm conteúdo decisório, não são passíveis de recurso, e estão previstos no § 3º do artigo 203.

Os acórdãos também são uma espécie de pronunciamento judicial, todavia, são definidos com uma decisão colegiada (por mais de um magistrado) de um órgão de Tribunal. Contra julgamentos colegiados, em regra, cabem recursos para as instâncias superiores.

Veja o que diz a lei:

Código de Processo Civil – Lei nº 13.105, de 16 de março de 2015.

Dos Pronunciamentos do Juiz

Art. 203. Os pronunciamentos do juiz consistirão em sentenças, decisões interlocutórias e despachos.

§ 1º Ressalvadas as disposições expressas dos procedimentos especiais, sentença é o pronunciamento por meio do qual o juiz, com fundamento nos arts. 485 e 487 , põe fim à fase cognitiva do procedimento comum, bem como extingue a execução.

§ 2º Decisão interlocutória é todo pronunciamento judicial de natureza decisória que não se enquadre no § 1º.

§ 3º São despachos todos os demais pronunciamentos do juiz praticados no processo, de ofício ou a requerimento da parte.

§ 4º Os atos meramente ordinatórios, como a juntada e a vista obrigatória, independem de despacho, devendo ser praticados de ofício pelo servidor e revistos pelo juiz quando necessário.

Art. 204. Acórdão é o julgamento colegiado proferido pelos tribunais.

Art. 205. Os despachos, as decisões, as sentenças e os acórdãos serão redigidos, datados e assinados pelos juízes.

§ 1º Quando os pronunciamentos previstos no *caput forem* proferidos oralmente, o servidor os documentará, submetendo-os aos juízes para revisão e assinatura.

§ 2º A assinatura dos juízes, em todos os graus de jurisdição, pode ser feita eletronicamente, na forma da lei.

§ 3º Os despachos, as decisões interlocutórias, o dispositivo das sentenças e a ementa dos acórdãos serão publicados no Diário de Justiça Eletrônico.

13.2 Tutela de urgência

A tutela jurisdicional pode ser:
a. **Tutela definitiva:** decisão tomada com base em cognição exauriente, garantindo-se o devido processo legal, o contraditório e a ampla defesa, produzindo resultados imutáveis, cristalizados pela coisa julgada; ou
b. **Tutela provisória:** decisão tomada com base em cognição sumária, que permite o gozo antecipado e imediato dos efeitos

próprios da tutela definitiva pretendida, sendo substituída, no futuro, por uma tutela definitiva.

Tanto a tutela definitiva quanto a provisória podem ser:

a. **Satisfativas:** visa a efetivar um direito material (entregar o bem de vida pretendido ao litigante); ou
b. **Cautelares:** visa assegurar ou conservar o direito em litígio para futura satisfação.

O Código de Processo Civil (CPC) reestruturou o instituto das Tutelas Provisórias, que estão dispostas entre os artigos 294 a 311 do CPC, podendo ter dois tipos de fundamentação:

a. **Tutela de urgência:** cautelar e satisfativa (o CPC nomeou a tutela antecipada de tutela de urgência satisfativa).
b. **Tutela de evidência:** satisfativa.

13.2.1 Tutela provisória de urgência

A tutela provisória de urgência pode ser requerida para antecipar os efeitos finais do processo (satisfativa- comer a carne) ou para assegurar o não perecimento de um bem jurídico relacionado ao pleito principal (cautelar- colocar a carne na geladeira) diante da demonstração da probabilidade do direito ou do risco ao resultado útil do processo.

Para a concessão das tutelas de urgência, **o juiz pode exigir caução real ou fidejussória** para ressarcir os danos que a outra parte possa vir a sofrer (dispensada para hipossuficientes).Tendo em vista que a maioria dos demandantes na justiça laboral são hipossuficientes, não se fala em caução na seara trabalhista

Independentemente da reparação por dano processual, a parte responde pelo prejuízo que a efetivação da tutela de urgência causar à parte adversa devendo a indenização, sempre que possível, ser liquidada nos autos em que a medida tiver sido concedida.

As hipóteses que autorizam a **indenização pela concessão da tutela de urgência** são as que seguem:

I - a **sentença for desfavorável**;
II - obtida **liminarmente em caráter antecedente**, a parte **não fornecer os meios necessários para a citação do requerido no prazo de 5 (cinco) dias;**

III - ocorrer a **cessação da eficácia da medida** em qualquer hipótese legal;
IV - o juiz acolher a alegação de **decadência ou prescrição** da pretensão do autor.

Em relação às tutelas de urgência, aplica-se o **princípio da fungibilidade**, de forma que caso o requerente apresente pedido de tutela antecipada (antecedente) e o juiz entenda tratar-se de tutela cautelar, pode aplicar o procedimento previsto para esta última. O contrário não é verdadeiro, já que a conversão é possível apenas da tutela mais agressiva (satisfativa) para a menos agressiva (cautelar).

13.2.2 Tutela antecipada de urgência

A tutela antecipada é a técnica processual destinada a antecipar os efeitos do provimento satisfativo, permitindo a fruição ou satisfação do direito postulado em razão do risco da demora do processo.

13.2.2.1 Incidental

A tutela antecipada incidental, como já falado acima, pode ser requerida em qualquer momento e em qualquer fase da jurisdição, inclusive em sede de recurso. Ela pode ser apresentada com a inicial ou por simples petição nos autos, independentemente do pagamento de custas, sendo apreciada pelo órgão competente para julgar o mérito da causa.

13.2.2.2 Antecedente

A tutela antecipada antecedente pode ser requerida nos casos em que a **urgência for contemporânea à propositura da ação**, devendo ser apresentada ao **juízo competente para conhecer do pedido principal**.

A **petição inicial** deve conter, no mínimo, os seguintes **elementos**:
- Requerimento da tutela antecipada;
- Indicação do pedido de tutela final;
- Exposição da lide;
- Exposição do direito que se busca realizar;
- Demonstração do perigo de dano ou do risco ao resultado útil do processo;

- Valor da causa, levando em consideração o pedido de tutela final;
- Indicação que pretende valer-se da tutela de urgência antecipada.

A tutela de urgência antecipada **não será concedida quando houver perigo de irreversibilidade dos efeitos da decisão.**

Caso o juiz entenda que não há elementos para a concessão de tutela antecipada, este determinará **a emenda da petição inicial em até 5 (cinco) dias**, sob pena de ser **indeferida** e de o **processo ser extinto sem resolução de mérito**.

Concedida a tutela, **o autor deverá aditar a petição inicial em 15 (quinze) dias ou em outro prazo maior que o juiz fixar, sob pena de extinção do processo sem resolução do mérito.** O aditamento deve ser feito nos mesmos autos, sem incidência de novas custas processuais, devendo constar:

- A complementação de sua argumentação;
- A juntada de novos documentos;
- A confirmação do pedido de tutela final.

Estabilização dos efeitos da tutela antecipada antecedente

Deferida a antecipação de tutela, caso o réu não interponha qualquer recurso, a decisão proferida tornar-se-á estável, com seus efeitos conservados. **A estabilização ocasiona a extinção do processo, mas não faz coisa julgada.**

A estabilização se mantém e a tutela só pode ser revista, reformada ou invalidada se alguma das partes propõe **nova demanda em até dois anos da ciência da decisão que extinguiu o processo**, com **prevenção do mesmo juiz que concedeu a tutela provisória**.

Atente-se ao fato de que não cabe ação rescisória da decisão que antecipou a tutela e tornou-se estável.

13.2.3 Tutela cautelar de urgência

A tutela cautelar é a técnica processual destinada a **proteger um bem jurídico elementar ao pedido principal, evitando que ele pereça e prejudique o resultado útil do processo.**

13.2.3.1 Incidental

A tutela cautelar incidental, assim como a antecipada, pode ser requerida em qualquer momento e em qualquer fase da jurisdição, inclusive em sede de recurso. Ela pode ser apresentada com a inicial ou por simples petição nos autos, independentemente do pagamento de custas, sendo apreciada pelo órgão competente para julgar o mérito da causa.

13.2.3.2 Antecedente

A tutela cautelar antecedente pode ser requerida nos casos em que a **urgência em proteger o bem jurídico elementar ao pedido principal seja contemporânea à propositura da ação**, devendo ser apresentada ao **juízo competente para conhecer do pedido principal**.

A **petição inicial** deve conter, no mínimo, os seguintes **elementos**:
- A lide;
- Os fundamentos da lida;
- Exposição sumária do direito que se objetiva assegurar;
- O perigo de dano ou o risco ao resultado útil do processo.

O pedido principal **pode** ser formulado conjuntamente com o pedido de tutela cautelar.

A tutela de urgência de natureza cautelar pode ser efetivada mediante **qualquer medida idônea para asseguração do direito**, sendo elencadas no CPC à título exemplificativo as seguintes medidas:
- Arresto;
- Sequestro;
- Arrolamento de bens;
- Registro de protesto contra alienação de bem.

O **indeferimento** da tutela cautelar **não obsta a que a parte formule o pedido principal, nem influi no julgamento desse**, salvo se o motivo do indeferimento for o reconhecimento de **decadência ou de prescrição**.

Percebe-se aqui a diferença entre a cautelar e a antecipada, uma vez que o indeferimento desta última leva à extinção do processo sem resolução de mérito, já que há coincidência entre a tutela e o pedido principal.

Efetivada a tutela cautelar, **o autor deverá formular o pedido principal em 30 (trinta) dias, sob pena de cessar sua eficácia**. O pedido deve ser feito nos mesmos autos, sem incidência de novas custas processuais. Ademais, a causa de pedir poderá ser aditada no momento de formulação do pedido principal.

Apresentado o **pedido principal, as partes serão intimadas para a audiência** .

Cessada a eficácia da tutela cautelar concedida em caráter antecedente, sendo **vedado à parte renovar o pedido**, salvo sob novo fundamento, se:

I - o autor não deduzir o pedido principal no prazo legal (30 dias);

II - não for efetivada dentro de 30 (trinta) dias;

III - o juiz julgar improcedente o pedido principal formulado pelo autor ou extinguir o processo sem resolução de mérito.

13.2.4 Tutela provisória de evidência

A tutela de evidência é satisfativa por natureza, coincidindo com o pleito final do autor. Ela depende apenas da **prova das alegações de fato e da demonstração de probabilidade do acolhimento do pedido** formulado pelo autor, independentemente de urgência (perigo de dano ou de risco ao resultado útil do processo).

Ela pode ser concedida nas seguintes situações:

- Se ficar caracterizado o **abuso do direito de defesa** ou o **manifesto propósito protelatório da parte**;
- Se a petição inicial for instruída com **prova documental suficiente dos fatos constitutivos do direito do autor**, a que o réu não oponha prova capaz de gerar dúvida razoável.

E ainda nas situações a seguir, em que o juiz pode, inclusive, conceder a tutela liminarmente:

- Se as **alegações de fato puderem ser comprovadas apenas documentalmente** e houver **tese firmada em julgamento de casos repetitivos ou em súmula vinculante**;
- Se se tratar de **pedido reipersecutório fundado em prova documental adequada do contrato de depósito**, caso em

que será decretada a ordem de entrega do objeto custodiado, sob cominação de multa.

Embora a celeridade processual seja um dos princípios do Código de Processo Civil, nem sempre é possível esperar a sentença para que um direito seja atendido e efetivado. A tutela de urgência é o mecanismo processual criado para possibilitar essa aceleração de partes do processo.

Quando o direito de alguém se vê ameaçado de extinção por conta do passar do tempo, podendo ocasionar riscos e danos irreparáveis à parte, é possível utilizar da medida judicial conhecida como tutela provisória de urgência para antecipar e assegurar esse direito.

No processo do trabalho alguns casos podem ser emblemáticos para o deferimento da tutela, como pedido de saque de FGTS e liberação de seguro desemprego no caso em que não haja dúvidas sobre a modalidade de dispensa do autor, reintegração no caso em que a dispensa foi irregular, manutenção de plano de saúde (quando este é oferecido pelo empregador), tutela cautelar para bloqueio de valores de tomadores de serviços quando não repassados à prestadora, dentre outros.

Uma discussão acerca da tutela cautelar é quando temos ente público como tomador de serviços. Uma corrente defende que não caberia o deferimento de tutela cautelar para bloquear valores do contrato de prestação de serviços, pois a verba ainda teria natureza pública, e o pagamento da Administração Pública deveria ser por precatório. Assim, o bloqueio cautelar feriria a ordem de expedição de precatório e a fila de pagamento (posicionamento do STF). Já outra corrente defende que essa verba deveria ter sido revertida ao prestador de serviços. Logo, já não teria mais natureza pública, e portanto poderia sofrer o bloqueio cautelar.

Outra questão recorrente em matéria de tutela é a possibilidade de deferimento de tutela para levantamento de FGTS. O art. 29-B da Lei nº 8.036, de 1990 (Lei do FGTS) veda medida cautelar para saque de FGTS. Contudo, tal dispositivo deve ser lido em conformidade com os demais artigos.

Inicialmente cabe esclarecer que o STF declarou constitucional o art. 29-B da Lei nº 8.036/90, mas a análise foi no aspecto formal uma vez que a redação foi acrescida por uma medida provisória, e medida provisória não pode tratar de matéria processual, conforme determinação inserida no art. 62,I,b da CF. O STF considerou constitucional, pois, à época da edição da MP, não havia a vedação contida no art. 62, que foi inserida apenas com a EC32/2001.

Assim, para a doutrina o art29-B da Lei n° 8.036/90 deve ser lido em conformidade com o resto da lei. Logo, havendo uma das hipóteses do art. 20, ou seja, de possibilidade de movimentação da conta vinculada, poderá, sim, haver tutela de urgência deferida

Um caso que tem sido recorrente é a tutela inibitória. Nesse caso, busca-se impedir a prática, a repetição ou a continuação de um ato ilícito. É um instrumento jurídico-processual que visa proteger direitos materiais e prevenir as consequências de um ilícito, como exemplo de tutela inibitória na justiça do trabalho para que uma empresa cumpra cota de aprendizes ou não publique anúncios discriminatórios, conforme decisão abaixo:

"RECURSO DE REVISTA. AÇÃO CIVIL PÚBLICA. PROCESSO POSTERIOR À VIGÊNCIA DA LEI N° 13.467/2017. 1) CONTRATO DE APRENDIZAGEM. PRETENSÃO DE EXIGÊNCIA DO CUMPRIMENTO DA COTA LEGAL DE APRENDIZES. ADEQUAÇÃO SUPERVENIENTE. PEDIDO DE TUTELA INIBITÓRIA PARA EVITAR A REITERAÇÃO DO ILÍCITO. MEDIDA PREVENTIVA. CABIMENTO. OBRIGAÇÃO DE MANUTENÇÃO DA PORCENTAGEM MÍNIMA DE APRENDIZES SOB PENA DE MULTA DIÁRIA. A tutela inibitória, por meio da concessão de tutela específica (obrigação de fazer ou não fazer), é importante instrumento de prevenção de violação de direitos individuais e coletivos ou a reiteração dessa violação, com o fito de evitar a prática, a repetição ou continuação de ato ilícito. Nesse sentido, a tutela jurisdicional inibitória volta-se para o futuro, prescindindo da reiterada ocorrência do dano, visando à efetivação do acesso à Justiça como meio capaz de impedir a violação do direito (art. 5°, XXXV, da Constituição Federal e arts. 497 e 536, § 1°, do CPC atual). Por essas razões, ainda que a conduta ilícita constatada pelos órgãos fiscalizatórios – referente à inobservância ao número mínimo de trabalhadores aprendizes contratados – tenha sido reconhecida pelo TRT como regularizada, durante o trâmite da presente ação civil pública – deve ser observada a necessária aplicação da tutela inibitória uma vez que se trata de medida processual que pode ser imposta com o intuito de prevenir o descumprimento de decisão judicial e a ofensa às normas do ordenamento jurídico – tal como já ocorreu e foi identificado pelas autoridades competentes. Na hipótese em exame, o TRT assentou que 'em que pese a ré tenha atuado de forma contrária ao direito, ao não contratar o número de aprendizes necessários a preencher a cota legal, posteriormente, a empresa atendeu as disposições legais e demonstrou a sua adequação às normas. Diante disso, verifica-se a dificuldade de provar a permanência ou reiteração da conduta ilícita, a justificar a tutela inibitória', concluindo que 'Se há obediência espontânea, como no caso, não há justificativa para fixação de multa, pois inexiste a probabilidade do ilícito'. Não obstante essa conclusão do Colegiado Regional, é certo que o parágrafo único do art. 497 do CPC/2015 estabelece que, para a concessão da tutela específica destinada a inibir a prática, a reiteração ou a continuação de um ilícito, ou a sua remoção, é irrelevante a demonstração da ocorrência de dano ou da existência de culpa ou dolo – norma que incide integralmente à hipótese em exame. Nesse contexto, verifica-se que a decisão do TRT foi proferida em violação a texto de lei e se encontra em dissonância com o entendimento jurisprudencial desta Corte, uma vez que, não há sequer a necessidade de dano efetivo para que se reconheça o cabimento de tutela inibitória – bastando a constatação do ilícito – logo, tampouco se exigiria a reiteração da ilegalidade para que o Poder Judiciário conceda a medida vindicada. Recurso de revista conhecido e provido. 2) CONTRATO DE APRENDIZAGEM. DESCUMPRIMENTO DA COTA LEGAL DE APRENDIZES. DANO MORAL COLETIVO CARACTERIZADO. Em relação à caracterização de dano moral coletivo, cabe tecer breves ponderações em torno da contratação de aprendizes, para fins de se reconhecer a abrangência social do dano gerado quando empresas não cumprem os parâmetros previstos em lei. No tocante à contratação de aprendizes, destaque-se que a Constituição Federal de 1988, em seu art.

227, acolheu inteiramente os fundamentos da aclamada doutrina internacional da proteção integral e prioritária da criança e do adolescente, inaugurando, no ordenamento jurídico brasileiro, um novo paradigma de tratamento a ser destinado ao ser humano que se encontra na peculiar condição de pessoa em desenvolvimento. Dentro desta nova cultura jurídica, o art. 7º, XXXIII, da CF/88 conferiu aos menores de 16 anos o direito fundamental ao não trabalho (com o fim de preservar o seu desenvolvimento biopsicossocial), salvo na condição de aprendiz a partir dos 14 (quatorze) anos – em perfeita harmonização com o também direito fundamental à profissionalização (art. 227, *caput*). Constata-se, assim, que o contrato de aprendizagem foi ressalvado pela própria Constituição (art. 7º, XXXIII; art. 227, § 3º, I), sendo tradicionalmente regulado pela CLT (arts. 428 a 433). É, na verdade, contrato empregatício, com típicos direitos trabalhistas, embora regido com certas especificidades. Segundo a lei, é pacto ajustado por escrito pelo qual o empregador se compromete a assegurar ao maior de 14 anos e menor de 24 anos, inscrito em programa de aprendizagem, formação técnico-profissional metódica, compatível com o seu desenvolvimento físico, moral e psicológico, comprometendo-se o aprendiz a executar com zelo e diligência as tarefas necessárias a essa formação (art. 428, *caput*, CLT, segundo redação da Lei nº 11.180/2005). Registre-se que, muito embora se trate de um pacto empregatício, no contrato de aprendizagem, a atividade laboral deve estar subordinada à dinâmica e aos fins pedagógicos, integrando-se a um processo educativo mais abrangente e, sem dúvida, predominante. Assentadas essas premissas jurídicas quanto à relevância de se efetivar a contratação de aprendizes, pode-se concluir que a inobservância, ainda que parcial e temporária, à legislação que rege a matéria, é suscetível de ocasionar 'dano moral coletivo'. Na hipótese dos autos, restou caracterizada situação de descumprimento da legislação trabalhista, consistente na subcontratação de aprendizes, o que acarretou prejuízo ao sistema de formação técnico-profissional metódica, uma vez que o exercício das atividades de aprendiz se integra ao processo educativo. Pode-se entender, portanto, que a resistência da empresa, ainda que temporária, em se adequar ao número mínimo de contratação de aprendizes, nos moldes previstos no art. 429 da CLT, de fato, gerou dano moral coletivo, dado o relevante impacto social gerado pelas normas que tutelam a contratação de aprendizes e que foram violadas na hipótese em exame. Ora, a conduta da Ré contrariou a ordem jurídica nacional, consubstanciada nos fundamentos (art. 1º, *caput*) e também objetivos fundamentais da República Federativa do Brasil (art. 3º, *caput*), bem como o direito fundamental à profissionalização (art. 227, *caput*). Tais fundamentos e objetivos, encouraçados em princípios e regras constitucionais, todos com inquestionável natureza e força normativa, contingenciam fórmulas surgidas na economia e na sociedade de exercício de poder sobre pessoas humanas e de utilização de sua potencialidade laborativa. Releva, por fim, ponderar que a circunstância de a empresa Ré haver se adequado aos percentuais legais mínimos, no curso da presente ação civil pública, não se revela suficiente a elidir o dano moral coletivo – já caracterizado –, mas pode ser sopesada para fins de arbitramento do valor da indenização por dano moral coletivo já devida. Recurso de revista conhecido e provido nesse tema" (TST-RR-2180-08.2017.5.11.0019, 3ª Turma, rel. Min. Mauricio Godinho Delgado, julgado em 06/09/2023).

13.3 Sentença

A definição de sentença é feita com base em dois elementos, que são o conteúdo e a função, conforme prevê o art. 203, em seu § 1º: "Ressalvadas as disposições expressas dos procedimentos especiais, sentença é o pronunciamento por meio do qual o juiz, com fundamento nos arts. 485 e 487, põe fim à fase cognitiva do procedimento comum, bem como extingue a execução".

A primeira parte abrange o conteúdo, até o art ."487", enquanto de "põe fim... execução" trata da função da sentença.

Desse modo, a sentença é o pronunciamento do juiz com o conteúdo do art. 485 ou do 487, que encerra a fase de conhecimento ou extingue o processo de execução (de título executivo extrajudicial). A decisão judicial só é uma sentença quando os dois elementos (conteúdo e função) estiverem presentes.

Há, portanto, uma conjugação dos dois critérios, do conteúdo e da função (visto também como topológico). Em outras palavras, o CPC utiliza uma definição mista, de sentença, por identificá-la pelo conteúdo e pelo momento do processo em que é proferida (no final de uma etapa).

O CPC ainda inovou ao trazer a sentença parcial de mérito.

"As condições para o julgamento imediato podem fazer-se presentes apenas em relação a uma parcela do objeto do processo. É o que se dá quando um ou mais dos pedidos formulados, ou parcela deles (ou até mesmo parcela do único pedido formulado, quando for possível cindir-se aquilo que tenha sido objeto do pedido) mostrar-se incontroversa (art. 356, I) ou estiver em condições de imediato julgamento (art. 356, II). Pense-se, por exemplo, no caso em que o autor postula a condenação do réu ao pagamento de uma quantia em dinheiro e o réu, ao contestar, reconhece ser devedor, mas de uma quantia inferior à que está a ser cobrada. Pois em um caso assim, deverá o juiz desde logo – e tendo em vista o fato de que uma parcela do pedido tornou-se incontroversa – proferir decisão de julgamento antecipado (*rectius*, imediato) parcial do mérito (Alexandre Camara, 6ª ed., 2020, O novo processo civil brasileiro)".

13.4 Coisa julgada

A coisa julgada material é definida no artigo 502 do Código de Processo Civil, que a caracteriza como a autoridade que torna a decisão de mérito imutável e indiscutível, sem possibilidade de recurso.

É importante ressaltar que a palavra "autoridade" indica que a coisa julgada não é um efeito da sentença, mas sim a autoridade da decisão de mérito que a torna indiscutível e imutável.

Enquanto houver recurso pendente, não há coisa julgada, pois o recurso impede a sua formação. Isso porque os recursos previstos em nosso sistema produzem diversos efeitos, mas o principal deles é o efeito obstativo da coisa julgada.

Para a doutrina, a decisão ou sentença de mérito proferida pelo juiz somente formará a coisa julgada material, se estiverem presentes os pressupostos processuais de existência:

- Jurisdição;
- Petição inicial,
- Capacidade postulatória (para o autor);
- Citação do réu (quando necessária).

Se todos esses pressupostos estiverem presentes, a decisão terá aptidão para formar coisa julgada material, tornando-se imutável e indiscutível.

Para a coisa julgada material ser considerada válida, é preciso que estejam presentes os pressupostos processuais de validade, como:
- A inexistência de coisa julgada, litispendência ou perempção;
- Juiz que proferiu a decisão não é impedido ou absolutamente incompetente;
- A petição inicial estar apta;
- Ocorrer a citação válida;
- E as partes terem capacidade processual.

Caso falte algum desses pressupostos, a relação processual é inválida e o processo é nulo.

É importante lembrar que a falta de algum dos pressupostos de validade pode ensejar a rescisão da sentença, como nos casos em que a decisão ou sentença de mérito transitada em julgado houver sido proferida por juiz impedido ou absolutamente incompetente, ou com ofensa à coisa julgada.

Transitada em julgado a decisão, somente será rediscutida em sede de ação rescisória nos limites estabelecidos pelo CPC.

13.5 Protocolo para julgamento conforme perspectiva de gênero

O Conselho Nacional de Justiça (CNJ) publicou o Protocolo de Julgamento com Perspectiva de Gênero após a condenação do Brasil pela Corte Interamericana de Direitos Humanos (Corte IDH) no caso Márcia Barbosa de Souza e outros *vs.* Brasil.

A jovem estudante, então com 20 anos, negra e paraibana, mudou-se para João Pessoa para estudar e trabalhar. Aceitou o emprego numa fábrica de sapatos oferecida pelo então deputado estadual Aércio Pereira. Mas, na noite do dia 17 de junho de 1998, após encontrar-se com o deputado num motel, foi assassinada por asfixia. Uma das testemunhas viu quando o corpo foi jogado de dentro do carro do deputado num terreno baldio nos arredores da capital.

O deputado sempre negou os fatos, mas foi condenado a 16 anos de reclusão pelo 1º Tribunal do Júri Popular da Comarca de João Pessoa em setembro de 2007, somente após a perda da imunidade parlamentar, nove anos depois do crime. Em fevereiro de 2008 o, então, ex-deputado morreu, aos 64 anos.

O Movimento Nacional de Direitos Humanos, Regional Nordeste, gabinete de Assessoria Jurídica às Organizações e o Centro pela Justiça e o Direito Internacional apresentaram denúncia contra o Estado brasileiro à Comissão Interamericana destacando a falta de diligência do Estado brasileiro em investigar, processar e julgar o crime, sobretudo em virtude da regulamentação da imunidade parlamentar do réu, além do sofrimento causado ao longo de anos à família de Márcia Barbosa de Souza.

O caso foi destacado pela Corte IDH por identificar que a investigação e o processo penal tiveram "um caráter discriminatório por razão de gênero e não foram conduzidos com uma perspectiva de gênero". Ao abordar as garantias de não repetição, a Corte IDH estabeleceu como necessárias as seguintes ações, as quais foram objeto de determinação nos itens 9, 10 e 11 dos pontos resolutivos da sentença:

- Implementação de programas de capacitação e sensibilização para o pessoal de administração da justiça (parágrafos 194 a 197), expressão que se interpreta, a partir de *leading cases* e da jurisprudência da Corte IDH, como todo o sistema justiça.
- Adoção de protocolo estandardizado de investigação de mortes violentas de mulheres em razão de gênero, dirigido ao pessoal da administração da justiça que, de alguma maneira, intervenha na investigação e tramitação de casos de mortes violentas de mulheres (parágrafos 198 a 202). O protocolo deverá incorporar-se ao trabalho dos referidos funcionários por meio de resoluções e normas internas que obriguem sua aplicação por todos os servidores estatais.

Os tribunais brasileiros deverão levar em conta, nos julgamentos, as especificidades das pessoas envolvidas, a fim de evitar preconceitos e discriminação por gênero e outras características. Na terça-feira (14), o Conselho Nacional de Justiça (CNJ) aprovou uma resolução que torna obrigatórias, para todo o Poder Judiciário nacional, as diretrizes do **Protocolo para Julgamento com Perspectiva de Gênero**.

De acordo com o ato normativo, as cortes deverão promover cursos de formação inicial e continuada que incluam, obrigatoriamente, conteúdos relativos a direitos humanos, gênero, raça e etnia, conforme as diretrizes do protocolo. "Esse é um tema crucial para as mulheres, e esse é um trabalho primoroso. Vivemos em uma sociedade, infelizmente, impregnada por um machismo estrutural e sistêmico, e precisamos agir contra isso", afirmou a presidente do Supremo Tribunal Federal (STF) e do CNJ, ministra Rosa Weber.

A adoção do protocolo pelos órgãos do Poder Judiciário foi incentivada pelo CNJ no ano passado, por meio da edição da **Recomendação 128**. O documento, no entanto, apenas sugeria a adoção das medidas.

Alinhado aos Objetivos de Desenvolvimento Sustentável (ODS) **5** e **16** da Agenda 2030 da ONU, o protocolo – inspirado em iniciativas similares da Justiça de outros países, como a da Suprema Corte do México – traz considerações teóricas sobre igualdade e um guia com exemplos práticos para que os julgamentos não incorram na repetição de estereótipos e na perpetuação de tratamentos diferentes.

A Resolução nº 492/2023 do Conselho Nacional de Justiça (CNJ) criou o Protocolo para Julgamento com Perspectiva de Gênero. O objetivo é **orientar o Judiciário a considerar o papel das desigualdades estruturais nos julgamentos de conflitos que envolvam mulheres.**

A ideia é que a Justiça seja um espaço de promoção de direitos para todas as pessoas e de **superação de práticas de discriminação e preconceito.** A aplicação do Protocolo é obrigatória em todo o Poder Judiciário.

O documento traz **orientações específicas** nos casos que incluam mulheres com deficiência, gestantes, lactantes, mães, trabalhadoras, negras, quilombolas, indígenas, ciganas, migrantes, lésbicas, bissexuais, trans, mulheres em situação de violência doméstica e/ou sexual, em cumprimento de medida de privação de liberdade, em situação de rua, vítimas de tráfico de pessoas ou de trabalho escravo, em situação de assédio ou discriminação no trabalho.

Além das orientações relativas ao julgamento de casos que envolvam mulheres, a norma determina que os tribunais promovam **cursos que incluam, obrigatoriamente, conteúdos sobre direitos humanos, gênero, raça e etnia.**

No TST já podemos identificar alguns julgados que levaram o gênero em consideração, utilizando o protocolo:

"[...] III - RECURSO DE REVISTA DA RECLAMANTE. INTERPOSIÇÃO SOB A ÉGIDE DA LEI 13.467/2017. DANO MORAL. ASSÉDIO MORAL. ATAQUES DE CUNHO HOMOFÓBICO. JULGAMENTO COM PERSPECTIVA DE GÊNERO. QUANTUM INDENIZATÓRIO. REQUISITOS 28 DO ART. 896, §1º-A, DA CLT ATENDIDOS. TRANSCENDÊNCIA JURÍDICA. Consta do acórdão regional que a autora foi comprovadamente alvo de preconceito em razão de sua orientação sexual, sendo frequentemente achincalhada e humilhada por seus superiores hierárquicos – inclusive pelo proprietário da empresa -, os quais lhe atribuíram em diversas oportunidades, segundo depoimentos das testemunhas ouvidas, apelidos de baixo calão. Conquanto tenha entendido configurados os requisitos necessários para o deferimento da indenização por dano moral, a Corte de origem minorou o montante indenizatório fixado em sentença, de R$ 10.000,00 (dez mil reais) para R$ 2.000,00 (dois mil reais), por entender este valor consentâneo com a gravidade do dano, sua extensão e com a duração do pacto laboral (13 meses). O respeito à dignidade da mulher e a sua proteção contra discriminação encontram previsão, dentre outros documentos de caráter supralegal, no Pacto Internacional dos Direitos Civis e Políticos e no Pacto Internacional dos Direitos Econômicos, Sociais e Culturais (aos quais o Brasil aderiu em 1992, mediante os Decretos n. 591 e 592), na Convenção para a Eliminação de todas as Formas de Discriminação contra a Mulher (CEDAW – ratificada integralmente pelo Brasil em 22 de junho de 1994) e na Convenção Interamericana para

Prevenir, Punir e Erradicar a Violência Contra a Mulher ('Convenção de Belém do Pará' – ratificada em 27 de novembro de 1995). Desse modo, compete ao Poder Judiciário o devido controle de convencionalidade dos seus atos, conforme preconizado na Recomendação nº 123/2022 do Conselho Nacional de Justiça, bem como adotar a perspectiva de gênero desde a fase investigatória até o julgamento dos casos em que se tenha alegado violação dos direitos humanos das mulheres. Inspirado no 'Protocolo para julgamento com perspectiva de gênero', desenvolvido pelo México em 2013, e com observância em decisões proferidas pela Corte Interamericana de Direitos Humanos (Corte IDH), o Conselho Nacional de Justiça instituiu, no ano 2021, o Protocolo para julgamento com perspectiva de gênero', mediante a participação de todos os segmentos da Justiça – estadual, federal, trabalhista, militar e eleitoral –, e com o escopo de avançar no reconhecimento de que a influência do patriarcado, do machismo, do sexismo, do racismo e da homofobia é transversal (interseccional) a todas as áreas do Direito, não se restringindo à violência doméstica. Segundo o Protocolo, a Justiça do Trabalho é o ramo do Direito oriundo da assimetria entre o capital e a força de trabalho, decorrente justamente do desnível existente entre esses dois lados da esfera produtiva. Aponta-se, por isso, a necessidade de analisar e de interpretar as normas trabalhistas – supostamente neutras e universais -, sob as lentes da perspectiva de gênero, como forma de equilibrar as assimetrias havidas na legislação. No caso concreto, como aludido, a reclamante – pessoa do gênero feminino -, sofreu assédio moral por parte de seus superiores hierárquicos, em decorrência não apenas de seu gênero, mas também de sua orientação sexual. Diante desse contexto, impende consignar que uma das formas de manifestação do princípio da dignidade da pessoa humana é o direito de autodeterminação do indivíduo, ou seja, de condução de sua vida, sobretudo nas esferas privada e íntima, sem interferências externas que intentem cercear sua liberdade. Assim, conforme preconizado no Protocolo 2021 do CNJ, não pode servir a Justiça Laboral como supedâneo para normalização de condutas abusivas praticadas pelos empregadores contra suas empregadas. Aquelas devem ser não apenas desestimuladas, mas duramente combatidas, a fim de que a assimetria de poder decorrente do gênero seja paulatinamente expungida das relações laborais. Desse modo, comprovada a conduta ilícita, o dano moral se caracteriza *in re ipsa* e deve ser fixado em patamares relevantes do ponto de vista econômico, compatíveis com a gravidade da conduta e com o abalo psicológico sofrido pela vítima, para que sirva ao duplo objetivo de reparar o dano e de produzir alterações comportamentais nas empresas, em relação a suas trabalhadoras. Recurso de revista conhecido e provido" (TST-RRAg-1596-08.2016.5.11.0008, 6ª Turma, rel. Min. Augusto César Leite de Carvalho, julgado em 07/08/2024).

"[...] II - RECURSO DE REVISTA DA AUTORA. ASSÉDIO SEXUAL. INDENIZAÇÃO POR DANO EXTRAPATRIMONIAL. JULGAMENTO COM PERSPECTIVA DE GÊNERO. TRANSCENDÊNCIA JURÍDICA RECONHECIDA. 2. Apesar de a atual ordem constitucional ter assegurado há mais de trinta e cinco anos a igualdade de direitos e a não discriminação da mulher, ainda é necessário dizer o óbvio em um país culturalmente machista, com raízes no colonialismo e nos padrões eurocêntricos de superioridade em relação ao sexo, gênero, raça e origem. 3. Assim, especialmente em relação às mulheres, a atuação do Poder Judiciário se mostra essencial na efetividade de diversos valores centrais da Constituição Federal de 1988, entre eles, a garantia de um meio ambiente de trabalho ecologicamente equilibrado e, portanto, livre de assédio e de mazelas, sejam elas físicas ou mentais (arts. 200, VIII e 225 da Constituição Federal e 154 e 157 da CLT). 4. A propósito, destaca-se que a preocupação com o meio ambiente laboral ganhou força no cenário internacional por ocasião da 110ª Conferência Internacional do Trabalho, em que a saúde e a segurança do trabalho foram inseridas como a 5ª categoria de Princípios e Direitos Fundamentais no Trabalho, o que alçou a Convenção 155 da OIT ao status de convenção fundamental. No mesmo sentido, em âmbito doméstico, iniciou-se o processo de ratificação da Convenção 190 da OIT, relativa à violência e ao assédio no ambiente de trabalho. 5. Ressalta-se, ainda, que o Brasil firmou o compromisso de 'alcançar a igualdade de gênero e empoderar todas as mulheres e meninas' e 'promover o crescimento econômico sustentado, inclusivo e sustentável, emprego pleno e produtivo e trabalho decente para todos', nos termos da Agenda 2030 da ONU (ODS 5 e 8). 6. Em suma, a preocupação com a eliminação de todas as 32 formas de discriminação e violência contra a mulher, inclusive no meio ambiente de trabalho, é matéria sensível a toda comunidade internacional e engloba todos os ramos da Justiça Brasileira, não podendo passar despercebida nesta Justiça Especializada. 7. Nesse contexto, ganha especial relevância o Protocolo para Julgamento com Perspectiva de Gênero (Portaria 27/2021 e Resolução 492/2023), elaborado pelo Conselho Nacional de Justiça (CNJ) com o objetivo de orientar magistradas e magistrados a considerar a desigualdade e discriminação pautadas em gênero ao conduzirem processos e proferirem decisões. 8. Esse protocolo busca assegurar, no âmbito do Poder Judiciário, a concretização de valores centrais da Constituição Federal de 1988, como a dignidade da pessoa humana (art. 1º, III); a construção de uma sociedade livre, justa e solidária (art. 3º, I); a promoção do bem de todos, sem preconceitos de origem, raça, sexo, cor, idade e quaisquer outras formas de discriminação (art. 3º, IV); a igualdade (material) entre homens e mulheres (art. 5º, I); a proteção do mercado de trabalho da mulher (art. 7º, XX); o direito ao meio ambiente de trabalho ecologicamente equilibrado, livre de violência e assédio (arts. 200, VIII e 225); dentre outros. 9. Ademais, o documento do CNJ vai ao encontro da 7ª onda renovatória de acesso à justiça, de Bryant Garth, que busca proteger os grupos sociais vulneráveis ou culturalmente vulnerabilizados, em que se incluem as mulheres, ante a desigualdade de gênero e raça nos sistemas de justiça. 10. No caso concreto, a partir da prova oral, o Tribunal de origem registrou que um trabalhador da empresa, 'de fato, apresentou comportamento inadequado não só com a reclamante como também com outras colegas de trabalho, entre elas 'uma jovem aprendiz''. Consignou, ainda, que a conduta do empregado era 'grave e reprovável' e que a ré, mesmo ciente dos fatos, não tomou qualquer atitude. 11. O TRT afirmou, ainda, que a autora foi advertida em 'quatro oportunidades: 1) falta injustificada em 07/04/2021; 2) insubordinação em 15/06/2021; 3) atrasos diários em 22/01/2022; e 4) falta injustificada em 24/01/2022'. Por isso, entendeu que o suposto assediador não se valeu de sua posição hierarquicamente superior para 'perseguir' a autora, uma vez que 'não é possível afirmar que advertir um empregado por faltar injustificadamente ao trabalho configure perseguição'. 12. Nesse ponto, a Corte Regional destacou que a autora admitiu que faltou injustificadamente e que a 'perseguição' se iniciou quando o empregado acusado "viu' que a trabalhadora 'não ia mais dar atenção' a ele'. A partir desse trecho do depoimento da empregada, o TRT concluiu que essa confessou que 'dava atenção' ao suposto assediador, o que demonstraria a consensualidade. 13. Assim, o Tribunal de origem afastou a caracterização do assédio com base nas regras de distribuição do ônus probatório, 'porque não provada a repulsa da reclamante à conduta reiterada de natureza sexual'. 14. Entretanto, essa conclusão não merece ser mantida, pelas razões abaixo indicadas. 15. Em primeiro lugar, reitera-se que o próprio TRT reconheceu a existência de assédio sexual no meio ambiente de trabalho da autora, inclusive em relação a uma menor aprendiz. A propósito, consta de depoimento transcrito no acórdão recorrido que uma das testemunhas 'já presenciou diversas vezes o [empregado] acochar as pessoas, ou seja, agarrar por trás as meninas, às vezes, dava 'tapa na bunda das meninas'; que o depoente presenciou isso ocorrer com a reclamante e com [outra trabalhadora]; que também já chegou a presenciar uma situação com uma jovem aprendiz [...]'. 16. Em segundo lugar, os registros de que a empregada abraçou o responsável pelo assédio e lhe 'deu atenção', por si só, são incapazes de demonstrar a consensualidade da vítima com todas as demais condutas praticadas pelo empregado, especialmente porque é incontroverso que o assédio, além de fazer parte daquele meio ambiente de trabalho, foi notificado à empresa oportunamente, sem que essa adotasse medidas eficientes para contê-lo. Além disso, o Protocolo para Julgamento com Perspectiva de Gênero ensina que 'a falta de reação imediata da vítima ou a demora em denunciar a violência ou o assédio não devem ser interpretados como aceite ou concordância com a situação'. 17. Em terceiro lugar, o depoimento no sentido de que se 'ouviu dizer' que havia um 'rolo' entre a vítima e o assediador é de natureza indireta (*hearsay testimony*), razão pela qual seu valor probatório depende da corroboração por outros elementos, o que não se verificou na hipótese. 18. Em quarto lugar, ao desconsiderar totalmente a palavra da vítima para formar seu convencimento, a Corte de origem contrariou a orientação constante do protocolo do CNJ, que considera fazer 'parte do julgamento com perspectiva de gênero a alta valoração das declarações da mulher vítima de violência de gênero, não se cogitando de desequilíbrio processual'. Em verdade, o Tribunal Regional parece ter atribuído maior valor à fala do acusado, visto que destacou o relato feito por uma das testemunhas, no sentido de que o assediador 'falou que todas as situações eram consentidas pela reclamante'. 19. Em quinto lugar, em meio a um ambiente de trabalho desequilibrado, com a presença incontroversa de assédio, é usual que o desempenho dos empregados e empregadas seja afetado. Assim, sob pena de se culpabilizar a vítima, é incorreto concluir que as faltas injustificadas e os atrasos da autora, por si só, são aptos a desabonar seu relato. 20. De fato, mesmo nos casos em que a empregada descumpre alguns de seus deveres funcionais, é possível que a imposição de penalidades caracterize perseguição, especialmente se o assediador ocupar posição hierarquicamente superior, como é a hipótese. 21. Assim como a advertência, a cobrança de metas e a definição de funções fazem parte do poder diretivo do empregador. Entretanto, a depender do caso concreto, é possível que o superior hierárquico se utilize desse poder – que é legítimo em circunstâncias normais – como instrumento de assédio. É o que ocorre, por exemplo, quando a vítima decide não mais manter um relacionamento com seu chefe e, a partir daí, este passa a assediá-la e a tratá-la de forma mais rigorosa com o objetivo de puni-la. 22. Em sexto lugar, à luz dos princípios da oralidade, da imediatidade e da identidade física do juiz, é importante que se valorizem as impressões do juízo de primeiro grau quanto à instrução probatória, especialmente em casos que envolvem violência de gênero. Nestes autos, contudo, o TRT desconsiderou a percepção da magistrada de origem em relação ao depoimento da vítima, conforme se extrai da sentença transcrita no corpo do acórdão recorrido: 'Durante a instrução processual pude perceber um nítido traço de veracidade nas alegações da reclamante durante a colheita do seu depoimento, notadamente diante do seu estado emocional ao relatar os fatos que passaram de um flerte inicial para investidas mais incisivas e explícitas [...]". 23. A partir de todos esses elementos, conclui-se que a autora logrou êxito em comprovar que foi vítima de assédio sexual e que a empresa, ao não responder adequadamente às denúncias recebidas, corroborou para a manutenção de um meio ambiente de trabalho desequilibrado, em descumprimento dos deveres previstos no art. 157 da CLT. Logo, deve-se reconhecer o direito da trabalhadora à compensação pelos danos extrapatrimoniais sofridos. 24. À luz das peculiaridades destes autos, bem como do 34 porte da empresa, que é rede de supermercados em Goiânia/GO, o valor postulado na petição inicial (R$ 71.450,00) cumpre o papel de ser compensatório à ofendida, dissuasório ao ofensor e exemplar frente à sociedade. Precedentes. Recurso de revista conhecido por violação do art. 5º, X, da Constituição Federal e provido" (TST-RRAg10131-03.2022.5.18.0013, 7ª Turma, rel. Min. Alexandre de Souza Agra Belmonte, julgado em 07/08/2024).

"[...] 2. DANO MORAL. ASSÉDIO SEXUAL. REQUISITOS DA RESPONSABILIDADE CIVIL PRESENTES. INDENIZAÇÃO DEVIDA. TRANSCENDÊNCIA. NÃO RECONHECIMENTO. I. No presente caso, extrai-se do quadro fático-probatório delineado no acórdão regional que o Tribunal de origem, cotejando a prova oral produzida e observando o princípio da imediatidade, acertadamente, concluiu comprovadas condutas, praticadas por superior hierárquico, caracterizadoras de assédio sexual contra a parte autora. Assim, ao expor a reclamante a situações violadoras de direitos da personalidade no ambiente de trabalho, a parte reclamada deve responder pela devida indenização por dano moral. II. A propósito, o Conselho Nacional de Justiça – CNJ, por meio da Portaria nº 27, de 2 de fevereiro de 2021, instituiu Grupo de Trabalho, cuja tratativas, com a participação de todos os segmentos da Justiça – estadual, federal, trabalhista, militar e eleitoral, geraram a produção do texto final do Protocolo para Julgamento com Perspectiva de Gênero. Nesse documento, buscou-se a implementação das políticas nacionais estabelecidas pelas Resoluções nº 254 e nº 255, de 4 de setembro de 2018, do CNJ, relativas, respectivamente, ao Enfrentamento à Violência contra as Mulheres pelo Poder Judiciário e ao Incentivo à

Participação Feminina no Poder Judiciário, que tem como referência o Protocolo para Juzgar con Perspectiva de Género, concebido pelo Estado do México após determinação da Corte Interamericana de Direitos Humanos. III. No Protocolo para Julgamento com Perspectiva de Gênero esclarece-se como o ambiente de trabalho pode ser hostil às mulheres: 'O ambiente de trabalho pode ser hostil em termos de gênero. A participação das mulheres em reuniões, por exemplo, é cerceada por interrupções de sua fala (*manterrupting*); por explicações desnecessárias como se elas não fossem capazes de compreender (*mansplaining*); por apropriações de suas ideias que, ignoradas quando elas verbalizam, são reproduzidas por homens, que passam a receber o crédito (*bropriating*). A moral, o comportamento e a imagem das mulheres são colocados em julgamento pelos colegas de trabalho (*slut shaming*). E, para desqualificar a sanidade mental da mulher, o/a agressor/a manipula os fatos e coloca em dúvida suas queixas (*gaslighting*). Todas estas formas de microagressões, violências ou assédios possuem um claro viés de gênero e isoladamente podem constituir meros melindres. Todavia, as microagressões, combinadas entre si ou associadas a outras condutas ('cantadas', toques inapropriados, convites insistentes, maior rigor na cobrança de metas, piadas sexistas, esvaziamento da função, desconsideração da opinião, isolamento etc.) criam um ambiente de trabalho hostil e intimidativo em termos de gênero. Nesse caso, a depender da prevalência ou não do caráter sexista da violação, pode configurar-se assédio sexual ambiental ou assédio moral' (grifos nossos). IV. À luz dessas balizas, não merece reforma a decisão unipessoal agravada, pois não há transcendência do tema em apreço, não se constatando dissenso com precedente vinculativo, interpretação de questão nova, elevado valor econômico ou risco de lesão a bens e valores constitucionalmente assegurados. V. Agravo interno de que se conhece e a que se nega provimento. 3. VALOR ARBITRADO À INDENIZAÇÃO POR DANO MORAL RELATIVO A ASSÉDIO SEXUAL. PEDIDO DE REDUÇÃO. MONTANTE FIXADO EM R$ 30.000,00. NÃO EXORBITANTE. TRANSCENDÊNCIA. NÃO RECONHECIMENTO. I. Não merece reforma a decisão unipessoal agravada, pois não há transcendência do tema em apreço, uma vez que se cuida de pretensão que não ultrapassa a esfera patrimonial disponível da parte recorrente, não se constatando dissenso com precedente vinculativo, interpretação de questão nova, elevado valor econômico ou risco de lesão a bens e valores constitucionalmente assegurados. II. Agravo interno de que se conhece e a que se nega provimento" (TST-Ag-AIRR-1399-43.2017.5.10.0009, 7ª Turma, rel. Min. Evandro Pereira Valadão Lopes, julgado em 05/06/2024).

CAPÍTULO 14
TEORIA GERAL DOS RECURSOS TRABALHISTAS

14.1 Formas de impugnação

Em que pese a existência de decisões que não sejam passíveis de recurso, a premissa que embasa toda decisão judicial é a sua possibilidade de impugnação, a fim de que as partes possam questioná-la. E existem diversas formas de impugnação, senão vejamos.

- **Ações autônomas de impugnação:** ação própria destinada a impugnar decisões proferidas em outros processos, tal como ocorre quando a parte lança mão de ação rescisória, mandado de segurança, ação anulatória, dentre outras;
- **Providências corretivas:** objetivam a correção de mero erro material existente na decisão, como, por exemplo, algum erro de grafia. Não há, no entanto, necessidade de requerimento de correção pela parte, podendo ser determinado de ofício pelo prolator da decisão;
- **Providências ordenatórias:** tem como objetivo a correção de atos de procedimento praticados por Magistrados que atentam contra a ordem processual. Nessa hipótese existe à disposição da parte o ajuizamento da correição parcial;
- **Recurso:** forma de impugnação de decisão judicial, conforme previsão legal, tida como remédio voluntário. Temos o recurso, portanto, como remédio voluntário interposto dentro da mesma

relação processual com objetivo de rediscutir a decisão proferida, o que acaba por retardar o trânsito em julgado da decisão.

Não há como equiparar a remessa de ofício (reexame necessário) ao recurso, pois ocorrerá automaticamente sem necessidade de provocação da parte interessada.

Uma observação que se faz necessária é acerca da prática comum nas audiências trabalhistas dos "protestos". O protesto não é recurso, mas uma manifestação simples apenas para evitar a preclusão, uma vez que o art. 795 CLT menciona que a impugnação deve ser imediata (art. 795 da CLT - As nulidades não serão declaradas senão mediante provocação das partes, <u>as quais deverão argui-las à primeira vez em que tiverem de falar em audiência ou nos autos.</u>).

Servindo apenas para evitar preclusão, e não sendo recurso, a princípio não precisa ser fundamentado, devendo apenas impugnar uma decisão.

14.2 Classificação dos recursos

14.2.1 Quanto ao objeto imediato

Diz respeito ao direito que se busca tutelar:

a) **Recurso de natureza ordinária:** aqui se busca a tutela do direito subjetivo, ou seja, o interesse da parte. A parte, nesse caso, visa apenas discutir o mérito (de fato ou de direito) da decisão, de modo a permitir a rediscussão ampla da matéria em virtude de seu inconformismo com a decisão proferida. Na seara trabalhista é o que ocorre, por exemplo, com o recurso ordinário, embargos de declaração, agravo de instrumento, agravo de petição.

b) **Recurso de natureza extraordinária:** o fundamento desse recurso é a tutela do direito objetivo, ou seja, a lei. Tais recursos não objetivam a verificação fática (rediscussão de fatos ou provas), mas tão somente a discussão do direito e a aplicação da norma em determinado contexto. No Processo do Trabalho temos essa aplicação no recurso de revista e nos embargos para a SDI.

14.2.2 Quanto à fundamentação

a) **Fundamentação livre:** nesse caso a lei não exige um determinado defeito ou vício da decisão para possibilitar a parte de recorrer. Assim, basta que a parte esteja inconformada com a decisão proferida para interpor o recurso, tal como ocorre com o recurso ordinário.

b) **Fundamentação vinculada:** nessa hipótese, diversamente da anterior, a lei estabelece os vícios ou os defeitos aptos a desafiar a apresentação de recurso, havendo exigência de que o recorrente indique algum vício específico da decisão impugnada. Dessa forma, não se pode apenas estar inconformado, nem alegar qualquer matéria, sendo necessária a vinculação às hipóteses legais, tal como acontece com os embargos de declaração (em que a parte, necessariamente, deverá demonstrar a obscuridade, a contradição ou a omissão na decisão recorrida).

14.2.3 Quanto à extensão do objeto do recurso

a) **Recurso total:** quando a parte impugna todo o conteúdo em que foi sucumbente na demanda.

b) **Recurso parcial:** quando a parte impugna apenas uma parte do conteúdo em que foi sucumbente na demanda.

14.2.4 Quanto à independência

Quando o recurso apresentado for considerado independente (principal) ou subordinado a outro recurso (adesivo):

a) **Recurso independente (principal):** aquele que não cria vínculo com outro recurso, ou seja, é autônomo e está condicionado apenas à análise dos seus requisitos de admissibilidade para que o mérito seja alcançado.

b) **Recurso subordinado (adesivo):** aquele que está subordinado ou condicionado a outro recurso, ou seja, seu conhecimento dependerá da análise de admissibilidade do outro recurso, o que será realizado em primeiro lugar.

O recurso adesivo é disciplinado pelo art. 997, CPC e tem previsão na Súmula nº 283, TST:

CPC, art. 997. Cada parte interporá o recurso independentemente, no prazo e com observância das exigências legais.

§ 1º Sendo vencidos autor e réu, ao recurso interposto por qualquer deles poderá aderir o outro.

§ 2º O recurso adesivo fica subordinado ao recurso independente, sendo-lhe aplicáveis as mesmas regras deste quanto aos requisitos de admissibilidade e julgamento no tribunal, salvo disposição legal diversa, observado, ainda, o seguinte:

I - será dirigido ao órgão perante o qual o recurso independente fora interposto, no prazo de que a parte dispõe para responder;

II - será admissível na apelação, no recurso extraordinário e no recurso especial;

III - não será conhecido, se houver desistência do recurso principal ou se for ele considerado inadmissível.

Súmula nº 283 do TST

RECURSO ADESIVO. PERTINÊNCIA NO PROCESSO DO TRABALHO. CORRELAÇÃO DE MATÉRIAS (mantida) – Res. 121/2003, DJ 19, 20 e 21/11/2003

O recurso adesivo é compatível com o processo do trabalho e cabe, no prazo de 8 (oito) dias, nas hipóteses de interposição de recurso ordinário, de agravo de petição, de revista e de embargos, sendo desnecessário que a matéria nele veiculada esteja relacionada com a do recurso interposto pela parte contrária.

Claro, portanto, que o recurso adesivo tem seu conhecimento subordinado ao conhecimento do recurso principal, razão pela qual se este não for conhecido por algum motivo, também não o será o recurso adesivo.

O recurso adesivo, no Processo do Trabalho, pode ser interposto, no prazo de contrarrazões do recurso (em regra, de 08 dias) nas hipóteses de recurso ordinário, de agravo de petição, de revista e de embargos, sendo desnecessário que a matéria nele veiculada esteja relacionada com a do recurso interposto pela parte contrária.

Especificamente quanto ao prazo, a Fazenda Pública e o Ministério Público têm o prazo em dobro para recorrer, ou seja, 16 dias para apresentação do recurso adesivo.

Há, no entanto, alguns requisitos para admissão do recurso adesivo: interposição de recurso principal por uma das partes, sucumbência recíproca (ambas as partes são vencedoras e vencidas na demanda), aceitação tácita da decisão (o recurso adesivo pode ser interposto pela parte que inicialmente não apresentou recurso, pois aceitou tacitamente a decisão. No entanto, ao perceber que a parte contrária recorreu, resolve apresentar recurso para tentar melhorar sua situação no processo. Não pode, assim, apresentar recurso adesivo a parte que anteriormente já recorreu, mas pretendia com o adesivo apenas complementar suas razões recursais do primeiro recurso, ou porque anteriormente apresentou recurso intempestivo, em virtude da incidência da preclusão consumativa), e observância dos requisitos de admissibilidade do recurso principal (o recurso adesivo deve seguir todos os pressupostos recursais do recurso principal a que esteja subordinado).

14.3 Princípios recursais

14.3.1 Princípio do duplo grau de jurisdição

O presente princípio consiste na possibilidade de reexame da decisão, buscando outra opinião sobre a decisão proferida no processo.

Há grande discussão sobre se o princípio do duplo grau de jurisdição seria ou não garantia constitucional, tendo em vista a redação do art. 5º, LV, CRFB/88.

CRFB/88, art. 5º Todos são iguais perante a lei, sem distinção de qualquer natureza, garantindo-se aos brasileiros e aos estrangeiros residentes no País a inviolabilidade do direito à vida, à liberdade, à igualdade, à segurança e à propriedade, nos termos seguintes:

LV - aos litigantes, em processo judicial ou administrativo, e aos acusados em geral são assegurados o contraditório e ampla defesa, com os meios e recursos a ela inerentes;

A despeito de entendimentos em contrário, filiamo-nos ao posicionamento de que o duplo grau de jurisdição constitui regra de organização judiciária e não garantia ou princípio constitucional, uma vez que a expressão "recursos" diz respeito à garantia do contraditório e da ampla defesa, e não aos recursos propriamente ditos.

14.3.2 Princípio da taxatividade

Todos os recursos devem estar taxativamente ou tipicamente previstos em lei, vez que a lei federal prevê de forma exaustiva quais os recursos admitidos, conforme a decisão que se pretende impugnar.

14.3.3 Princípio da unirrecorribilidade

A unirrecorribilidade ou singularidade consiste no entendimento de que para cada decisão proferida só é admitida uma hipótese de recurso, não se admitindo múltiplos recursos de uma mesma decisão.

Há, no entanto, duas exceções: no Processo do Trabalho, decisão de turma do TST que desafia, de forma simultânea, embargos de divergência para a SDI e Recurso Extraordinário para o STF, e no Processo Civil, quando a decisão violar simultaneamente lei federal e a Constituição, desafia cabimento de Recurso Especial e Recurso Extraordinário.

14.3.4 Princípio da consumação

O presente princípio está ligado à preclusão consumativa. Assim, uma vez praticado o ato, ou seja, interposto o recurso, o ato está consumado, não se admitindo a renovação deste ato processual, pois o recurso apresentado não poderá ser alterado ou substituído por outro.

Cabe ressaltar, no entanto, que se a decisão for modificada pela oposição de embargos de declaração por uma das partes, a outra, ainda que já tenha interposto recurso ordinário, tem aberta a possibilidade de complementação de seu recurso, no prazo de 8 dias, e limitado ao objeto modificado no recurso.

CPC, art. 1024, § 4º - Caso o acolhimento dos embargos de declaração implique modificação da decisão embargada, o embargado que já tiver interposto outro recurso contra a decisão originária tem o direito de complementar ou alterar suas razões, nos exatos limites da modificação, no prazo de 15 (quinze) dias, contado da intimação da decisão dos embargos de declaração.

No caso do processo do trabalho, como asseverado acima, o prazo será de 08 dias em virtude da peculiaridade dos nossos prazos recursais.

14.3.5 Princípio da fungibilidade

Consiste na possibilidade de se admitir um recurso pelo outro já apresentado. Tendo em vista a adequação recursal (cada decisão demanda um recurso adequado), o presente princípio deve ser visto como exceção, motivo pelo qual sua utilização demanda o preenchimento de determinadas regras:

a) **Dúvida objetiva:** quando há dúvida fundada acerca de qual recurso é cabível para o ato impugnado. Isso vai ocorrer quando a lei confundir a natureza da decisão, quando a doutrina e a jurisprudência divergirem a respeito do curso que seria cabível e o Juiz se confunde quanto ao tipo de decisão proferida.

b) **Inexistência de erro grosseiro:** não se pode admitir a fungibilidade quando a parte inequivocamente tem um recurso a utilizar, e, por falta de conhecimento jurídico, lança mão de outro. A fungibilidade não pode ser utilizada quando a lei não deixa qualquer dúvida quanto ao recurso a ser interposto (portanto, em havendo erro grosseiro da parte, não há que falar na aplicação da fungibilidade).

c) **Prazo:** aplica-se a teoria do prazo menor, no qual a parte que estiver em dúvida sobre qual recurso interpor, deve fazê-lo no menor prazo previsto para não se beneficiar de um prazo maior e também para não correr o risco de ver seu recurso julgado como intempestivo. No Processo do Trabalho não há tanto risco quanto a esse requisito, já que a maior parte dos recursos possui prazo de 08 dias para interposição.

Súmula nº 421 do TST

EMBARGOS DE DECLARAÇÃO. CABIMENTO. DECISÃO MONOCRÁTICA DO RELATOR CALCADA NO ART. 932 DO CPC DE 2015. ART. 557 DO CPC DE 1973. (atualizada em decorrência do CPC de 2015) – Res. 208/2016, DEJT divulgado em 22, 25 e 26/04/2016

I - Cabem embargos de declaração da decisão monocrática do relator prevista no art. 932 do CPC de 2015 (art. 557 do CPC de 1973), se a parte pretende tão somente juízo integrativo retificador da decisão e, não, modificação do julgado.

II - Se a parte postular a revisão no mérito da decisão monocrática, cumpre ao relator converter os embargos de declaração em agravo, em face dos princípios da fungibilidade e celeridade processual, submetendo-o ao pronunciamento do Colegiado, após a intimação do recorrente para, no prazo de 5 (cinco) dias, complementar as razões recursais, de modo a ajustá-las às exigências do art. 1.021, § 1º, do CPC de 2015.

Orientação Jurisprudencial, 69, SDI-II/TST. FUNGIBILIDADE RECURSAL. INDEFERIMENTO LIMINAR DE AÇÃO RESCISÓRIA OU MANDADO DE SEGURANÇA. RECURSO PARA O TST. RECEBIMENTO COMO AGRAVO REGIMENTAL E DEVOLUÇÃO DOS AUTOS AO TRT (inserida em 20/09/2000)

Recurso ordinário interposto contra despacho monocrático indeferitório da petição inicial de ação rescisória ou de mandado de segurança pode, pelo princípio de fungibilidade recursal, ser recebido como agravo regimental. Hipótese de não conhecimento do recurso pelo TST e devolução dos autos ao TRT, para que aprecie o apelo como agravo regimental.

Orientação Jurisprudencial, 152, SDI-II/TST. AÇÃO RESCISÓRIA E MANDADO DE SEGURANÇA. RECURSO DE REVISTA DE ACÓRDÃO REGIONAL QUE JULGA AÇÃO RESCISÓRIA OU MANDADO DE SEGURANÇA. PRINCÍPIO DA FUNGIBILIDADE. INAPLICABILIDADE. ERRO GROSSEIRO NA INTERPOSIÇÃO DO RECURSO. (DEJT divulgado em 03, 04 e 05/12/2008)

A interposição de recurso de revista de decisão definitiva de Tribunal Regional do Trabalho em ação rescisória ou em mandado de segurança, com fundamento em violação legal e divergência jurisprudencial e remissão expressa ao art. 896 da CLT, configura erro grosseiro, insuscetível de autorizar o seu recebimento como recurso ordinário, em face do disposto no art. 895, "b", da CLT.

14.3.6 Princípio da dialeticidade

O presente princípio significa que o recurso deve ser devidamente fundamentado, devendo o recorrente indicar suas razões de recorrer. Assim, fica possibilitada à parte contrária a plena utilização do contraditório e da ampla defesa, pois tendo claro conhecimento do objeto do recurso (com a apresentação de fundamentação), a parte poderá impugná-lo de forma adequada.

A CLT determina a apresentação de recurso por simples petição, mas isso não significa ausência de fundamentação nas razões recursais, e sim que deve tomar a forma escrita em clara exceção à regra da oralidade.

CLT, art. 899 - Os recursos serão interpostos por simples petição e terão efeito meramente devolutivo, salvo as exceções previstas neste Título, permitida a execução provisória até a penhora.

Também há exigência da fundamentação na Súmula nº 422, I, TST:

Súmula nº 422 do TST

RECURSO. FUNDAMENTO AUSENTE OU DEFICIENTE. NÃO CONHECIMENTO (redação alterada, com inserção dos itens I, II e III) – Res. 199/2015, DEJT divulgado em 24, 25 e 26/06/2015. Com errata publicado no DEJT divulgado em 01/07/2015

I - Não se conhece de recurso para o Tribunal Superior do Trabalho se as razões do recorrente não impugnam os fundamentos da decisão recorrida, nos termos em que proferida.

14.3.7 Princípio da voluntariedade

O recurso é ato voluntário da parte, decorrendo do seu poder de ação.

Assim, o ato de recorrer depende de ato de vontade da parte, de sua provocação, razão pela qual, tal como asseverado acima, o reexame necessário não é considerado recurso propriamente dito.

14.3.8 Princípio da proibição da *reformatio in pejus*

O princípio proíbe que seja piorada a situação da parte recorrente quando do julgamento do recurso. Assim, a decisão do recurso não pode piorar a situação fática do recorrente.

Há exceção, no entanto, quanto a matérias de ordem pública, que podem ser conhecidas de ofício pelo Tribunal ainda que tenham como consequência o prejuízo do recorrente.

Mesmo o reexame necessário não sendo recurso propriamente dito, a ele também resta aplicado o princípio da proibição da reforma em prejuízo ao recorrente.

Súmula nº 45/STJ – Recurso. Reexame necessário. Fazenda Pública. Agravamento da condenação. Impossibilidade.

No reexame necessário é defeso, ao Tribunal, agravar a condenação imposta à Fazenda Pública.

14.3.9 Princípio da irrecorribilidade imediata das decisões interlocutórias

A decisão interlocutória consiste em todo pronunciamento judicial de natureza decisória que não se enquadre no conceito de sentença, conforme previsão no art. 203, §2º, CPC:

CPC, art. 203. Os pronunciamentos do juiz consistirão em sentenças, decisões interlocutórias e despachos.

§ 1º Ressalvadas as disposições expressas dos procedimentos especiais, sentença é o pronunciamento por meio do qual o juiz, com fundamento nos arts. 485 e 487, põe fim à fase cognitiva do procedimento comum, bem como extingue a execução.

§ 2º Decisão interlocutória é todo pronunciamento judicial de natureza decisória que não se enquadre no § 1º.

Assim, num conceito por exclusão, se tem natureza decisória, mas não consiste em pronunciamento com ou sem resolução do mérito, e que coloque fim à fase cognitiva ou de execução, estamos frente a uma decisão interlocutória.

Tendo em vista a celeridade que permeia todo o Processo do Trabalho, com objetivo de que o processo seja ágil e tenha o menor número de intercorrências possível, temos a previsão na CLT de que as decisões interlocutórias não serão objeto de recurso imediato, podendo ser impugnadas no recurso que tiver como objeto a decisão final.

CLT, art. 893, § 1º - Os incidentes do processo são resolvidos pelo próprio Juízo ou Tribunal, admitindo-se a apreciação do merecimento das decisões interlocutórias somente em recursos da decisão definitiva.

Deve ficar claro, assim, que as decisões interlocutórias são recorríveis, mas não de imediato, pois deverão ser impugnadas no momento do recurso principal.

No entanto, em que pese a parte não poder recorrer imediatamente da decisão tomada pelo Juízo, entendemos que deve demonstrar sua irresignação, o que será feito por meio dos chamados "protestos" (que, inclusive, podem ser renovados em sede de razões finais orais, ou apresentadas sob a forma de memoriais escritos), e sob pena de preclusão.

Há exceções quanto a esse princípio previstas na Súmula nº 214, TST:

Súmula nº 214 do TST

DECISÃO INTERLOCUTÓRIA. IRRECORRIBILIDADE (nova redação) – Res. 127/2005, DJ 14, 15 e 16/03/2005

Na Justiça do Trabalho, nos termos do art. 893, § 1º, da CLT, as decisões interlocutórias não ensejam recurso imediato, salvo nas hipóteses de decisão: a) de Tribunal Regional do Trabalho contrária à Súmula ou Orientação Jurisprudencial do Tribunal Superior do Trabalho; b) suscetível de impugnação mediante recurso para o mesmo Tribunal; c) que acolhe exceção de incompetência territorial, com a remessa dos autos para Tribunal Regional distinto daquele a que se vincula o juízo excepcionado, consoante o disposto no art. 799, § 2º, da CLT.

14.4 Juízo de admissibilidade

Consiste na verificação da presença dos pressupostos recursais, sendo ligadas a questões preliminares dos recursos.

Existem basicamente dois juízos de admissibilidade recursal:

- **Juízo de admissibilidade *a quo*:** realizado pelo juízo de origem, por aquele que prolatou a decisão ora impugnada. Tal análise será realizada no momento da interposição do recurso ou após apresentação das contrarrazões, caso ocorra.

- **Juízo de admissibilidade *ad quem*:** realizado pelo órgão recursal, por aquele que analisará e julgará o recurso apresentado. Atente-se que os pressupostos recursais são normas de ordem pública e podem ser analisados de ofício.

O juízo de admissibilidade também pode ser positivo (quando declara presentes os pressupostos recursais) ou negativo (quando julga pela inexistência de qualquer dos pressupostos recursais).

Caso o juízo *a quo* não processe o recurso, porque inexistente algum dos pressupostos recursais, ele não autoriza a ida do recurso para o juízo *ad quem*, decisão que desafia a interposição de Agravo de Instrumento. No entanto, em fazendo um juízo de admissibilidade positivo, o recurso é processado e enviado à instância superior (juízo *ad quem*), que novamente analisa a presença de todos os pressupostos, pois não há que falar em preclusão ou vinculação à primeira análise realizada.

14.5 Dos poderes do relator

Os Tribunais proferem decisões que têm nome de Acórdão, pois derivam da vontade de todos ou da maioria, e ressaem de órgãos Colegiados.

Os poderes do Relator são os mencionados no art. 932, CPC:

CPC, art. 932. Incumbe ao relator:

I - dirigir e ordenar o processo no tribunal, inclusive em relação à produção de prova, bem como, quando for o caso, homologar autocomposição das partes;

II - apreciar o pedido de tutela provisória nos recursos e nos processos de competência originária do tribunal;

III - não conhecer de recurso inadmissível, prejudicado ou que não tenha impugnado especificamente os fundamentos da decisão recorrida;

IV - negar provimento a recurso que for contrário a:

a) súmula do Supremo Tribunal Federal, do Superior Tribunal de Justiça ou do próprio tribunal;

b) acórdão proferido pelo Supremo Tribunal Federal ou pelo Superior Tribunal de Justiça em julgamento de recursos repetitivos;

c) entendimento firmado em incidente de resolução de demandas repetitivas ou de assunção de competência;
V - depois de facultada a apresentação de contrarrazões, dar provimento ao recurso se a decisão recorrida for contrária a:
a) súmula do Supremo Tribunal Federal, do Superior Tribunal de Justiça ou do próprio tribunal;
b) acórdão proferido pelo Supremo Tribunal Federal ou pelo Superior Tribunal de Justiça em julgamento de recursos repetitivos;
c) entendimento firmado em incidente de resolução de demandas repetitivas ou de assunção de competência;
VI - decidir o incidente de desconsideração da personalidade jurídica, quando este for instaurado originariamente perante o tribunal;
VII - determinar a intimação do Ministério Público, quando for o caso;
VIII - exercer outras atribuições estabelecidas no regimento interno do tribunal.

14.6 Pressupostos recursais

Os pressupostos recursais são aqueles que devem ser analisados a fim de que se possa, posteriormente, adentrar o mérito do recurso, ou seja, as razões de recorrer.

Há divergência quanto à classificação dos pressupostos, mas a doutrina majoritária os divide em <u>intrínsecos</u> (são aqueles que dizem respeito à existência do poder de recorrer) e <u>extrínsecos</u> (são aqueles ligados a fatores externos – referentes ao modo de exercício do poder de recorrer –, alheios ao conteúdo do recurso).

14.6.1 Pressupostos intrínsecos

14.6.1.1 Cabimento

Por esse pressuposto, será analisado se a decisão proferida é passível de recurso, e, em sendo, se o recurso manejado é o adequado à modalidade de decisão.

São analisadas, portanto, a recorribilidade e a adequação do recurso, sendo que nesta última é necessário pontuar que, em casos excepcionais, admite-se a aplicação da fungibilidade, conforme já pontuamos neste mesmo capítulo.

14.6.1.2 Legitimidade para recorrer

Aplica-se o art. 996, CPC, de forma subsidiária à CLT, e o dispositivo ora em apreço nos diz quem pode recorrer.

CPC, art. 996. O recurso pode ser interposto pela parte vencida, pelo terceiro prejudicado e pelo Ministério Público, como parte ou como fiscal da ordem jurídica.

Assim, podem interpor recursos:
- as partes;
- o Ministério Público: tem legitimidade para recorrer como parte ou como fiscal da ordem jurídica, desde que tenha intervindo na fase de conhecimento. Não possui interesse, no entanto, para recorrer na defesa de interesses de sociedade de economia mista e empresa pública, exceto quando se tratar de sentença que reconheça vínculo de emprego com essas instituições sem a prévia submissão a concurso público, pois a atuação ministerial será em defesa do interesse público.

Orientação Jurisprudencial 237, SDI-I/TST. MINISTÉRIO PÚBLICO DO TRABALHO. LEGITIMIDADE PARA RECORRER. SOCIEDADE DE ECONOMIA MISTA. EMPRESA PÚBLICA (incorporada a Orientação Jurisprudencial nº 338 da SBDI-I) – Res. 210/2016, DEJT divulgado em 30/06/2016 e 01 e 04/07/2016

I - O Ministério Público do Trabalho não tem legitimidade para recorrer na defesa de interesse patrimonial privado, ainda que de empresas públicas e sociedades de economia mista.

II - Há legitimidade do Ministério Público do Trabalho para recorrer de decisão que declara a existência de vínculo empregatício com sociedade de economia mista ou empresa pública, após a Constituição Federal de 1988, sem a prévia aprovação em concurso público, pois é matéria de ordem pública.

Terceiro juridicamente interessado: essa hipótese é de apresentação de recurso por quem não fazia parte do processo no momento da prolação da decisão, ou seja, poderia ter participado como terceiro na fase de conhecimento, mas assim não o fez, possuindo, no entanto, interesse em adentrar o processo a partir da fase recursal.

Caso esse terceiro já tivesse adentrado o processo desde a fase de conhecimento, poderia apresentar recurso como parte. Como assim não o fez, poderá apresentar como terceiro juridicamente interessado.

Nesse caso, o terceiro precisa demonstrar a possibilidade de a decisão sobre a relação jurídica submetida à apreciação judicial atingir direito do qual se define como titular ou que possa discutir em juízo como substituto processual, e impõe-se que o terceiro tenha verdadeiro interesse jurídico sobre a causa.

"Impõe-se, portanto, que exista um nexo de prejudicialidade entre direitos discutidos e a situação do terceiro, de modo que a decisão judicial possa repercutir de maneira favorável ou desfavorável na esfera jurídica do terceiro"[18].

CPC, art. 996, Parágrafo único. Cumpre ao terceiro demonstrar a possibilidade de a decisão sobre a relação jurídica submetida à apreciação judicial atingir direito de que se afirme titular ou que possa discutir em juízo como substituto processual.

CPC, art. 119. Pendendo causa entre 2 (duas) ou mais pessoas, o terceiro juridicamente interessado em que a sentença seja favorável a uma delas poderá intervir no processo para assisti-la.

14.6.1.3 Interesse em recorrer

Por esse pressuposto, analisa-se a utilidade e a necessidade do recurso. Busca-se, portanto, que o recurso seja útil e adequado para obtenção de melhora na condição do recorrente, vez que esse procura uma decisão mais vantajosa a seus interesses.

---

[18] MIESSA, Élisson. *Processo do trabalho.* Salvador: Editora Juspodivm, 2019, p. 1.011.

14.6.2 Pressupostos extrínsecos

14.6.2.1 Tempestividade

Todos os recursos devem ser manejados dentro de um prazo máximo previsto em lei. Caso esse prazo máximo seja ultrapassado, temos a incidência da chamada preclusão temporal, fazendo com que o recurso seja considerado intempestivo.

Antigamente o TST entendia que recurso interposto antes da publicação da decisão era extemporâneo, o que foi revisto quando do cancelamento da Súmula nº 434, TST.

A CLT traz a unificação de praticamente todos os prazos recursais para 8 dias (contagem em dias úteis após a Reforma Trabalhista, conforme art. 775,CLT), exceto prazo de embargos de declaração, que será de 5 dias, pedido de revisão, que será de 48 horas, e do Recurso Extraordinário, que será de 15 dias.

Destaca-se, ainda, que a Fazenda Pública, Ministério Público do Trabalho e Defensoria Pública possuem prazo em dobro.

Quanto a litisconsortes com procuradores diferentes, não há que aplicar a regra do art. 229, CPC, conforme previsão na Orientação Jurisprudencial 310, SDI-I/TST:

Orientação Jurisprudencial 310, SDI-I/TST. LITISCONSORTES. PROCURADORES DISTINTOS. PRAZO EM DOBRO. ART. 229, *CAPUT* E §§ 1º E 2º, DO CPC DE 2015. ART. 191 DO CPC DE 1973. INAPLICÁVEL AO PROCESSO DO TRABALHO (atualizada em decorrência do CPC de 2015) – Res. 208/2016, DEJT divulgado em 22, 25 e 26/04/2016

Inaplicável ao processo do trabalho a norma contida no art. 229, *caput* e §§ 1º e 2º, do CPC de 2015 (art. 191 do CPC de 1973), em razão de incompatibilidade com a celeridade que lhe é inerente.

No caso de feriado local e feriado forense, competirá à parte interessada tal comprovação, a fim de que a referida data não entre no cômputo do prazo recursal.

Súmula nº 385 do TST

FERIADO LOCAL OU FORENSE. AUSÊNCIA DE EXPEDIENTE. PRAZO RECURSAL. PRORROGAÇÃO. COMPROVAÇÃO. NECESSIDADE. (alterada em decorrência do CPC de 2015) – Res. 220/2017, DEJT divulgado em 21, 22 e 25/09/2017

I - Incumbe à parte o ônus de provar, quando da interposição do recurso, a existência de feriado local que autorize a prorrogação do prazo recursal (art. 1.003, § 6º, do CPC de 2015). No caso de o recorrente alegar a existência de feriado local e não o comprovar no momento da interposição do recurso, cumpre ao relator conceder o prazo de 5 (cinco) dias para que seja sanado o vício (art. 932, parágrafo único, do CPC de 2015), sob pena de não conhecimento se da comprovação depender a tempestividade recursal;

II - Na hipótese de feriado forense, incumbirá à autoridade que proferir a decisão de admissibilidade certificar o expediente nos autos;

III - Admite-se a reconsideração da análise da tempestividade do recurso, mediante prova documental superveniente, em agravo de instrumento, agravo interno, agravo regimental, ou embargos de declaração, desde que, em momento anterior, não tenha havido a concessão de prazo para a comprovação da ausência de expediente forense.

14.6.2.2 Regularidade de representação

Como já visto anteriormente em capítulo destinado ao assunto, ainda vigora no Processo do Trabalho a possibilidade de a parte pleitear em juízo sem assistência de advogado, por meio do denominado *jus postulandi*.

No entanto, não será em todas as situações que esse será aceito, sendo necessário para alguns recursos e ações a representatividade por alguém que tenha poderes, pois o *jus postulandi* apenas é admitido até a instância ordinária, ou seja, até o recursos dirigidos ao TRT, não sendo admitido em instâncias extraordinárias, como para o TST e o STF.

Súmula nº 425 do TST

JUS POSTULANDI NA JUSTIÇA DO TRABALHO. ALCANCE. Res. 165/2010, DEJT divulgado em 30/04/2010 e 03 e 04/05/2010

O *jus postulandi* das partes, estabelecido no art. 791 da CLT, limita-se às Varas do Trabalho e aos Tribunais Regionais do Trabalho, não alcançando a ação rescisória, a ação cautelar, o mandado de segurança e os recursos de competência do Tribunal Superior do Trabalho.

Mesmo nas hipóteses em que admitido o *jus postulandi*, caso a parte opte por nomear um advogado para representa-la, deverá fazê-lo de forma regular com apresentação de mandato com poderes para tanto (inclusive para recorrer), pois a falta de regularidade na representação acarretará o não conhecimento do recurso.

Súmula nº 383 do TST

RECURSO. MANDATO. IRREGULARIDADE DE REPRESENTAÇÃO. CPC DE 2015, ARTS. 104 E 76, § 2º (nova redação em decorrência do CPC de 2015) – Res. 210/2016, DEJT divulgado em 30/06/2016 e 01 e 04/07/2016

I - É inadmissível recurso firmado por advogado sem procuração juntada aos autos até o momento da sua interposição, salvo mandato tácito. Em caráter excepcional (art. 104 do CPC de 2015), admite-se que o advogado, independentemente de intimação, exiba a procuração no prazo de 5 (cinco) dias após a interposição do recurso, prorrogável por igual período mediante despacho do juiz. Caso não a exiba, considera-se ineficaz o ato praticado e não se conhece do recurso.

II - Verificada a irregularidade de representação da parte em fase recursal, em procuração ou substabelecimento já constante dos autos, o relator ou o órgão competente para julgamento do recurso designará prazo de 5 (cinco) dias para que seja sanado o vício. Descumprida a determinação, o relator não conhecerá do recurso, se a providência couber ao recorrente, ou determinará o desentranhamento das contrarrazões, se a providência couber ao recorrido (art. 76, § 2º, do CPC de 2015).

Súmula nº 436 do TST

REPRESENTAÇÃO PROCESSUAL. PROCURADOR DA UNIÃO, ESTADOS, MUNICÍPIOS E DISTRITO FEDERAL, SUAS AUTARQUIAS E FUNDAÇÕES PÚBLICAS. JUNTADA DE INSTRUMENTO DE MANDATO (conversão da Orientação Jurisprudencial nº 52 da SBDI-I e inserção do item II à redação) – Res. 185/2012, DEJT divulgado em 25, 26 e 27/09/2012

I - A União, Estados, Municípios e Distrito Federal, suas autarquias e fundações públicas, quando representadas em juízo, ativa e passivamente, por seus procuradores, estão dispensadas da juntada de instrumento de mandato e de comprovação do ato de nomeação.

II - Para os efeitos do item anterior, é essencial que o signatário ao menos declare-se exercente do cargo de procurador, não bastando a indicação do número de inscrição na Ordem dos Advogados do Brasil.

ORIENTAÇÃO JURISPRUDENCIAL, 374, SDI-I/TST. AGRAVO DE INSTRUMENTO. REPRESENTAÇÃO PROCESSUAL. REGULARIDADE. PROCURAÇÃO OU SUBSTABELECIMENTO COM CLÁUSULA LIMITATIVA DE PODERES AO ÂMBITO DO TRIBUNAL REGIONAL DO TRABALHO. (DEJT divulgado em 19, 20 e 22/04/2010)

É regular a representação processual do subscritor do agravo de instrumento ou do recurso de revista que detém mandato com poderes de representação limitados ao âmbito do Tribunal Regional do Trabalho, pois, embora a apreciação desse recurso seja realizada pelo Tribunal Superior do Trabalho, a sua interposição é ato praticado perante o Tribunal Regional do Trabalho, circunstância que legitima a atuação do advogado no feito.

14.6.2.3 Regularidade formal

É requisito de formalidade do recurso, que deve ser apresentado por mera petição, mas sem afastar a necessidade de fundamentação das razões recursais, a fim de que a parte contrária possa exercer seu direito de defesa a partir dos fundamentos apresentados pelo recorrente.

A necessidade de assinatura pela parte recorrente na folha de apresentação ou nas razões recursais acabou sendo substituída pela assinatura digital nos processos ajuizados pelo Processo Judicial Eletrônico.

CLT, art. 899 - Os recursos serão interpostos por simples petição e terão efeito meramente devolutivo, salvo as exceções previstas neste Título, permitida a execução provisória até a penhora.

Orientação Jurisprudencial, 120 SDI-I/TST. RECURSO. ASSINATURA DA PETIÇÃO OU DAS RAZÕES RECURSAIS. ART. 932, PARÁGRAFO ÚNICO, DO CPC DE 2015. (alterada em decorrência do CPC de 2015) Res. 212/2016, DEJT divulgado em 20, 21 e 22/09/2016

I - Verificada a total ausência de assinatura no recurso, o juiz ou o relator concederá prazo de 5 (cinco) dias para que seja sanado o vício. Descumprida a determinação, o recurso será reputado inadmissível (art. 932, parágrafo único, do CPC de 2015).

II - É válido o recurso assinado, ao menos, na petição de apresentação ou nas razões recursais.

14.6.2.4 Preparo

O preparo trabalhista é o pagamento das custas e do depósito recursal. A ausência de preparo, ou seja, do pagamento das custas e/ou do depósito recursal, a depender do caso, acarreta a deserção do recurso.

Analisaremos a seguir os itens que compõem o preparo:

a) **Custas:** as custas são cobradas em virtude da utilização do serviço público de justiça, tendo natureza jurídica de taxa.

O valor das custas no processo de conhecimento vem descrito no art. 789, CLT, com incidência de 2%, sendo de, no mínimo, R$ 10,64, e, no máximo, de 4 vezes o valor do limite máximo dos benefícios do Regime Geral de Previdência Social.

CLT, art. 789. Nos dissídios individuais e nos dissídios coletivos do trabalho, nas ações e procedimentos de competência da Justiça do Trabalho, bem como nas demandas propostas perante a Justiça Estadual, no exercício da jurisdição trabalhista, as custas relativas ao processo de conhecimento incidirão à base de 2% (dois por cento), observado o mínimo de R$ 10,64 (dez reais e sessenta e quatro centavos) e o máximo de quatro vezes o limite máximo dos benefícios do Regime Geral de Previdência Social, e serão calculadas:

I - quando houver acordo ou condenação, sobre o respectivo valor;

II - quando houver extinção do processo, sem julgamento do mérito, ou julgado totalmente improcedente o pedido, sobre o valor da causa;

III - no caso de procedência do pedido formulado em ação declaratória e em ação constitutiva, sobre o valor da causa;

IV - quando o valor for indeterminado, sobre o que o juiz fixar.

Certo, portanto, que as custas serão pagas pela parte vencida, ou seja, pelo reclamante na hipótese de improcedência total, e pela reclamada no caso de procedência total ou em parte dos pedidos formulados.

O pagamento e a comprovação do recolhimento das custas, como regra, devem ocorrer dentro do prazo recursal.

CLT, art. 789, § 1º As custas serão pagas pelo vencido, após o trânsito em julgado da decisão. No caso de recurso, as custas serão pagas e comprovado o recolhimento dentro do prazo recursal.

Pode ocorrer, ainda, inversão do ônus da sucumbência em sede recursal, ou seja, a parte vencedora passa a ser vencida em virtude do recurso interposto. Nesse caso, haverá inversão no pagamento das custas, conforme Súmula nº 25, TST.

***Súmula nº 25 do TST* – CUSTAS PROCESSUAIS. INVERSÃO DO ÔNUS DA SUCUMBÊNCIA (alterada a Súmula e incorporadas as Orientações Jurisprudenciais nºs 104 e 186 da SBDI-1) – Res. 197/2015 – DEJT divulgado em 14, 15 e 18/05/2015**

I - A parte vencedora na primeira instância, se vencida na segunda, está obrigada, independentemente de intimação, a pagar as custas fixadas na sentença originária, das quais ficará isenta a parte então vencida;

II - No caso de inversão do ônus da sucumbência em segundo grau, sem acréscimo ou atualização do valor das custas e se estas já foram devidamente recolhidas, descabe um novo pagamento pela parte vencida, ao recorrer. Deverá ao final, se sucumbente, **reembolsar** a quantia; (ex-OJ nº 186 da SBDI-I)

III - Não caracteriza deserção a hipótese em que, acrescido o valor da condenação, não houve fixação ou cálculo do valor devido a título de custas e tampouco intimação da parte para o preparo do recurso, devendo ser as custas pagas ao final; (ex-OJ nº 104 da SBDI-I)

IV - O reembolso das custas à parte vencedora faz-se necessário mesmo na hipótese em que a parte vencida for pessoa isenta do seu pagamento, nos termos do art. 790-A, parágrafo único, da CLT.

b) **Depósito Recursal:** tem como objetivo garantir futura execução (razão pela qual só é pago pelo réu), sendo disciplinado nos parágrafos do art. 899 da CLT.

CLT, art. 899, § 1º Sendo a condenação de valor até 10 (dez) vezes o salário-mínimo regional, nos dissídios individuais, só será admitido o recurso inclusive o extraordinário, mediante prévio depósito da respectiva importância. Transitada em julgado a decisão recorrida, ordenar-se-á o levantamento imediato da importância de depósito, em favor da parte vencedora, por simples despacho do juiz.

§ 2º Tratando-se de condenação de valor indeterminado, o depósito corresponderá ao que for arbitrado, para efeito de custas, pela Junta ou Juízo de Direito, até o limite de 10 (dez) vezes o salário-mínimo da região.

§ 4º O depósito recursal será feito em conta vinculada ao juízo e corrigido com os mesmos índices da poupança.

§ 6º - Quando o valor da condenação, ou o arbitrado para fins de custas, exceder o limite de 10 (dez) vezes o salário-mínimo da região, o depósito para fins de recursos será limitado a este valor.

§ 7º No ato de interposição do agravo de instrumento, o depósito recursal corresponderá a 50% (cinquenta por cento) do valor do depósito do recurso ao qual se pretende destrancar.

§ 8º Quando o agravo de instrumento tem a finalidade de destrancar recurso de revista que se insurge contra decisão que contraria a jurisprudência uniforme do Tribunal Superior do Trabalho, consubstanciada nas suas súmulas ou em orientação jurisprudencial, não haverá obrigatoriedade de se efetuar o depósito referido no § 7º deste artigo.

§ 9º O valor do depósito recursal será reduzido pela metade para entidades sem fins lucrativos, empregadores domésticos, microempreendedores individuais, microempresas e empresas de pequeno porte.

§ 10. São isentos do depósito recursal os beneficiários da justiça gratuita, as entidades filantrópicas e as empresas em recuperação judicial.

§ 11. O depósito recursal poderá ser substituído por fiança bancária ou seguro garantia judicial.

Certo, portanto, que o depósito recursal apenas será devido em condenações das quais derive algum pagamento. Dessa forma, não havendo condenação em pecúnia, descabido o depósito recursal em razão de seu objetivo de garantia de futura execução.

Súmula nº 161 do TST

DEPÓSITO. CONDENAÇÃO A PAGAMENTO EM PECÚNIA (mantida) – Res. 121/2003, DJ 19, 20 e 21/11/2003

Se não há condenação a pagamento em pecúnia, descabe o depósito de que tratam os §§ 1º e 2º do art. 899 da CLT (Ex-Prejulgado nº 39).

Assim como ocorre com as custas, o depósito recursal deve ser realizado e ter pagamento comprovado dentro do prazo do recurso, ou seja, não precisa que no momento da interposição do recurso o depósito já esteja pago e haja a comprovação, o que pode ser feito posteriormente, desde que dentro do prazo do recurso em si.

Súmula nº 245 do TST

DEPÓSITO RECURSAL. PRAZO (mantida) – Res. 121/2003, DJ 19, 20 e 21/11/2003

O depósito recursal deve ser feito e comprovado no prazo alusivo ao recurso. A interposição antecipada deste não prejudica a dilação legal.

O depósito recursal tem um teto máximo, que pode ser legal (valores esses regularmente atualizados por ato do Presidente do TST) ou o valor da condenação (caso esse seja inferior ao valor legal).

Súmula nº 128 do TST

DEPÓSITO RECURSAL (incorporadas as Orientações Jurisprudenciais nºs 139, 189 e 190 da SBDI-1) – Res. 129/2005, DJ 20, 22 e 25/04/2005

I - É ônus da parte recorrente efetuar o depósito legal, integralmente, em relação a cada novo recurso interposto, sob pena de deserção. Atingido o valor da condenação, nenhum depósito mais é exigido para qualquer recurso. (Ex-Súmula nº 128 – alterada pela Res. 121/2003, DJ 21.11.03, que incorporou a OJ nº 139 da SBDI-1 – inserida em 27/11/1998)

II - Garantido o juízo, na fase executória, a exigência de depósito para recorrer de qualquer decisão viola os incisos II e LV do art. 5º da CF/1988. Havendo, porém, elevação do valor do débito, exige-se a complementação da garantia do juízo. (Ex-OJ nº 189 da SBDI-1 – inserida em 08/11/2000)

III - Havendo condenação solidária de duas ou mais empresas, o depósito recursal efetuado por uma delas aproveita as demais, quando a empresa que efetuou o depósito não pleiteia sua exclusão da lide. (Ex-OJ nº 190 da SBDI-1 - inserida em 08/11/2000)

Por derradeiro, cabe dizer que nem todos os recursos demandam pagamento de depósito recursal, a saber: **RECURSOS QUE DEMANDAM PAGAMENTO DE DEPÓSITO RECURSAL** (recurso ordinário, recurso de revista, agravo de petição, se não houver garantia do juízo, agravo de instrumento, na ordem de 50%, embargos de divergência e recurso extraordinário) **e RECURSOS QUE NÃO DEMANDAM PAGAMENTO DE DEPÓSITO RECURSAL** (pedido de revisão, embargos de declaração, agravo de petição, caso que o Juízo já esteja garantido, agravo regimental, embargos infringentes e recurso ordinário em dissídio coletivo).

A multa por litigância de má-fé não é considerada pressuposto recursal, vez que o conhecimento do recurso não depende do seu pagamento, sob pena de limitação ao direito de defesa da parte, que também poderá discuti-la em sede de recurso.

14.6.2.4.1 Hipóteses de isenção

As hipóteses de isenção são daquelas pessoas dispensadas do recolhimento do preparo, conforme previsão no art. 790-A, CLT:

CLT, art. 790-A. São isentos do pagamento de custas, além dos beneficiários de justiça gratuita:

I -   a União, os Estados, o Distrito Federal, os Municípios e respectivas autarquias e fundações públicas federais, estaduais ou municipais que não explorem atividade econômica;

II -   o Ministério Público do Trabalho.

Parágrafo único. A isenção prevista neste artigo não alcança as entidades fiscalizadoras do exercício profissional, nem exime as pessoas jurídicas referidas no inciso I da obrigação de reembolsar as despesas judiciais realizadas pela parte vencedora.

CLT, art. 899, § 10. São isentos do depósito recursal os beneficiários da justiça gratuita, as entidades filantrópicas e as empresas em recuperação judicial.

Em relação às empresas em recuperação judicial há divergência se a isenção do deposito recursal alcança as custas também, uma vez que possuem natureza distinta. Segue acórdão do TST:

"A Oitava Turma do Tribunal Superior do Trabalho, por maioria, entendeu que a empresa em recuperação judicial não se equipara à massa falida para ficar isenta do depósito recursal e das custas processuais, pressupostos para recorrer. Por isso, a Turma manteve a deserção do recurso ordinário da URB Topo Engenharia e Construções Ltda., que, em recuperação judicial, não pagou as custas processuais. Pela Lei nº 13.467/2017 (Reforma Trabalhista), a empresa, nessa condição, só está isenta do depósito recursal.

O juízo da 162ª Vara do Trabalho de Piumhi (MG) condenou a URB a pagar R$ 5 mil em processo iniciado por carpinteiro. Ao apresentar recurso ordinário para o Tribunal Regional do Trabalho da 3ª Região, a empresa não comprovou o pagamento das custas processuais (que correspondem a 2% do valor da condenação) nem do depósito recursal (o qual serve para garantir a execução da sentença). O TRT, então, considerou deserto o recurso por causa do não pagamento das custas. Para o

Tribunal Regional, nos termos do artigo 899, parágrafo 10, da CLT, a empresa em recuperação judicial só tem direito à dispensa do depósito recursal, e não das custas.

Recuperação judicial: efeitos pós-Reforma Trabalhista

Houve recurso de revista ao TST, e a relatora, ministra Dora Maria da Costa, entendeu que a deserção deveria ser afastada, por causa da condição jurídica da URB, a qual permitiria o descumprimento dos dois requisitos. Por analogia, a ministra aplicou a Súmula nº 86 do TST, no sentido de que não há deserção de recurso de massa falida por falta de pagamento das custas ou do depósito recursal. "Se a Lei nº 13.467/2017 isentou as empresas em recuperação judicial do depósito recursal, tem-se a aplicação analógica da diretriz da Súmula nº 86, inclusive no que se refere à isenção das custas". Para a relatora, o conceito de recuperação judicial (artigo 47 da Lei nº 11.101/2005) evidencia que a empresa nessa situação "se encontra financeiramente incapaz de arcar com as despesas do processo", concluiu.

No entanto, prevaleceu o voto divergente apresentado pelo ministro Márcio Amaro. De acordo com ele, a isenção do depósito recursal pelo novo dispositivo da CLT não é suficiente para equiparar as empresas em recuperação judicial à massa falida, com a finalidade de isentá-las do recolhimento das custas processuais e autorizar a aplicação analógica da Súmula nº 86. Nesse sentido, o ministro apresentou precedentes da Segunda e da Sexta Turma do TST.

Justiça gratuita

A isenção das custas poderia ocorrer para a URB se ela fosse beneficiária da justiça gratuita, mas, para tanto, como pessoa jurídica, teria de demonstrar a impossibilidade de arcar com as despesas do processo (Súmula nº 463, item II, do TST). "A reclamada não faz jus aos benefícios da justiça gratuita, requeridos pela mera alegação de encontrar-se em recuperação judicial, sem a demonstração cabal da impossibilidade de arcar com as despesas do processo", destacou o ministro.

Ainda que fosse conferida à URB a gratuidade da Justiça, "a benesse não poderia retroagir para afastar a deserção do recurso ordinário, uma vez que a parte recorrente requer o benefício, pela primeira vez, somente no recurso de revista", concluiu o ministro Márcio Amaro". Notícia retirada do site do TST.

Além desses, temos também os entes de direito público externo e a União, Estados, Distrito Federal, os municípios, as autarquias e as fundações de direito público, que não explorem atividade econômica (TST-IN nº 3, X), Ministério Público do Trabalho, massa falida (TST-IN nº 3, X e Súmula nº 86, TST) e herança jacente (TST-IN nº 3, X).

Súmula nº 86 do TST

DESERÇÃO. MASSA FALIDA. EMPRESA EM LIQUIDAÇÃO EXTRAJUDICIAL (incorporada a Orientação Jurisprudencial nº 31 da SBDI-1) – Res. 129/2005, DJ 20, 22 e 25/04/2005

Não ocorre deserção de recurso da massa falida por falta de pagamento de custas ou de depósito do valor da condenação. Esse privilégio, todavia, não se aplica à empresa em liquidação extrajudicial. (Primeira parte – ex-Súmula nº 86 – RA 69/78, DJ 26/09/1978; segunda parte – ex-OJ nº 31 da SBDI-1 – inserida em 14/03/1994).

14.7 Efeitos recursais

14.7.1 Efeito devolutivo

O efeito devolutivo se caracteriza pela devolução ao juízo *ad quem* de toda matéria impugnada na decisão recorrida, a fim de que haja seu reexame e nova manifestação do Poder Judiciário sobre a questão já decidida.

Todos os recursos de natureza trabalhista são dotados de efeito devolutivo, na forma do art. 899, *caput*, da CLT:

CLT, art. 899 - Os recursos serão interpostos por simples petição e terão efeito meramente devolutivo, salvo as exceções previstas neste Título, permitida a execução provisória até a penhora.

O efeito devolutivo é analisado sob dois aspectos: da extensão e da profundidade.

a) **Extensão:** é a chamada análise horizontal do recurso, na qual se verifica quais pontos da decisão proferida foram atacados. O objetivo é saber a extensão da impugnação, pois apenas o que foi objeto de impugnação é que será analisado pelo juízo *ad quem* quando do julgamento do recurso. Tal efeito deriva do princípio do dispositivo, pois apenas o ponto impugnado será apreciado pelo tribunal. **Ex.:** a empresa é condenada ao pagamento de verbas rescisórias, horas extras e diferenças salariais decorrentes da equiparação salarial. No entanto, apenas apresenta recurso quanto às horas extras, fazendo com que a extensão da análise do recurso se limite a esse pedido objeto de impugnação.

b) **Profundidade:** também chamada de análise vertical, pela qual, em virtude do recurso são devolvidos ao tribunal todas as alegações, fundamentos e questões contidos no ponto impugnado e recorrido. Assim, aproveitando o exemplo dado anteriormente, no recurso referente às horas extras, todas as matérias ventiladas sobre esse pedido no processo serão objeto de análise pelo tribunal, mesmo que a parte não ressalte que prova pretende evidenciar, e ainda que o juízo *a quo* sobre essa prova não tenha se manifestado. O que se busca no efeito profundidade é colocar juízos *a quo* e *ad quem* em pé de igualdade no que se refere à possibilidade de análise de toda matéria ventilada no processo.

CPC, art. 1.013. A apelação devolverá ao tribunal o conhecimento da matéria impugnada.

§ 1º Serão, porém, objeto de apreciação e julgamento pelo tribunal todas as questões suscitadas e discutidas no processo, ainda que não tenham sido solucionadas, desde que relativas ao capítulo impugnado.

§ 2º Quando o pedido ou a defesa tiver mais de um fundamento e o juiz acolher apenas um deles, a apelação devolverá ao tribunal o conhecimento dos demais.

Súmula nº 393 do TST

RECURSO ORDINÁRIO. EFEITO DEVOLUTIVO EM PROFUNDIDADE. ART. 1.013, § 1º, DO CPC DE 2015. ART.

515, § 1º, DO CPC DE 1973. (nova redação em decorrência do CPC de 2015) – Res. 208/2016, DEJT divulgado em 22, 25 e 26/04/2016

I - O efeito devolutivo em profundidade do recurso ordinário, que se extrai do § 1º do art. 1.013 do CPC de 2015 (art. 515, §1º, do CPC de 1973), transfere ao Tribunal a apreciação dos fundamentos da inicial ou da defesa, não examinados pela sentença, ainda que não renovados em contrarrazões, desde que relativos ao capítulo impugnado.

14.7.2 Efeito suspensivo

Esse efeito impede a produção de efeitos da decisão enquanto o recurso não for julgado.

O efeito suspensivo pode ser legal (quando derivar de determinação legal) ou judicial (quando o Juiz, da análise do caso concreto, e observados os requisitos legais, conceder à decisão esse efeito).

No processo trabalhista, em regra, os recursos são dotados apenas do efeito devolutivo e não do suspensivo, ou seja, a decisão judicial já produz efeitos enquanto aguarda o julgamento do recurso.

No entanto, há exceções em que judicialmente se pode conferir efeito suspensivo à decisão, como acontece no recurso ordinário interposto sobre sentença normativa (resultado do dissídio coletivo), conforme previsto no art. 7º, §6º, da Lei nº 7.701/88 e no art. 14 da Lei nº 10.192/2001.

Art. 7º, § 6º, da Lei nº 7.701/88 – a sentença normativa poderá ser objeto de ação de cumprimento a partir do 20º (vigésimo) dia subsequente ao do julgamento, fundada no acórdão ou na certidão de julgamento, salvo se concedido efeito suspensivo pelo Presidente do Tribunal Superior do Trabalho.

Art. 14, da Lei nº 10.192/2001 – o recurso interposto de decisão normativa da Justiça do Trabalho terá efeito suspensivo, na medida e extensão conferidas em despacho do Presidente do Tribunal Superior do Trabalho.

De forma excepcional, e além das hipóteses acima, é possível a concessão de efeito suspensivo à decisão por meio de requerimento dirigido ao Tribunal, ao relator, ao Presidente ou ao Vice-Presidente do Tribunal recorrido.

Súmula nº 414 do TST

MANDADO DE SEGURANÇA. TUTELA PROVISÓRIA CONCEDIDA ANTES OU NA SENTENÇA (nova redação em decorrência do CPC de 2015) – Res. 217/2017 – DEJT divulgado em 20, 24 e 25/04/2017

I - A tutela provisória concedida na sentença não comporta impugnação pela via do mandado de segurança, por ser impugnável mediante recurso ordinário. É admissível a obtenção de efeito suspensivo ao recurso ordinário mediante requerimento dirigido ao tribunal, ao relator ou ao presidente ou ao vice-presidente do tribunal recorrido, por aplicação subsidiária ao processo do trabalho do artigo 1.029, § 5º, do CPC de 2015.

14.7.3 Efeito translativo

O efeito translativo preleciona que todas as matérias de ordem pública serão devolvidas ao Tribunal, ainda que não renovadas em sede de recurso. Assim, para os recursos em geral o Tribunal tem a possibilidade de conhecer e julgar matérias de ordem pública de ofício, independentemente de manifestação da parte.

Há divergência quanto à aplicação do efeito translativo em recursos de natureza extraordinária.

Parte da doutrina entende que para esses como há necessidade prequestionamento, não seria possível sua aplicação, razão pela qual até para matérias de ordem pública se demandaria alegação pela parte, não podendo haver conhecimento de ofício pelo Tribunal julgador do recurso.

No entanto, ousamos discordar, e filiamo-nos ao entendimento majoritário, no sentido de que o prequestionamento é pressuposto recursal específico e ligado ao juízo de admissibilidade e não ao mérito do recurso. Assim, presentes os pressupostos estariam devolvidos ao Tribunal todas as matérias, inclusive a possibilidade de conhecimento de ofício das matérias de ordem pública.

CPC, art. 1.034, Parágrafo único. Admitido o recurso extraordinário ou o recurso especial por um fundamento, devolve-se ao tribunal superior o conhecimento dos demais fundamentos para a solução do capítulo impugnado.

Orientação Jurisprudencial, 62, SDI-1/ TST. PREQUESTIONAMENTO. PRESSUPOSTO DE ADMISSIBILIDADE EM APELO DE NATUREZA EXTRAORDINÁRIA. NECESSIDADE, AINDA QUE SE TRATE DE INCOMPETÊNCIA ABSOLUTA (republicada em decorrência de erro material) – DEJT divulgado em 23, 24 e 25/11/2010

É necessário o prequestionamento como pressuposto de admissibilidade em recurso de natureza extraordinária, ainda que se trate de incompetência absoluta.

14.7.4 Efeito regressivo

O efeito regressivo é a permissão concedida ao juízo prolator da decisão de rever seu julgado, uma vez interposto recurso em face dela. Assim, uma vez apresentado o recurso, o órgão prolator pode se retratar da decisão proferida.

É o que ocorre, por exemplo, com o Agravo de Instrumento. Assim, uma vez não conhecido o recurso, e interposto o Agravo, o juízo pode se retratar dando seguimento ao recurso originariamente trancado.

14.7.5 Efeito expansivo

Por esse efeito, temos a possibilidade de a decisão recorrida atingir matérias que não foram objeto do recurso, ou até mesmo sujeitos que não recorreram, razão pela qual a expansão pode ser objetiva e subjetiva.

A expansão será objetiva quando o julgamento do recurso atingir matérias que não foram impugnadas. Podemos trazer como exemplo um processo em que houve pleito de reconhecimento de vínculo de emprego e pagamento de horas extras, sendo ambos julgados procedentes na sentença. A reclamada recorre apenas quanto ao reconhecimento de vínculo. Caso saia vencedora e a Tribunal decidir pela inexistência de relação de emprego, por certo que as horas extras serão atingidas pela improcedência, por serem matéria acessória, e ainda que não tenham sido objeto de recurso específico.

A expansão subjetiva, por sua vez, ocorre quando o julgamento do recurso atinge sujeitos que não recorreram. É o que ocorre, por exemplo, no caso de litisconsórcio unitário em que apenas um dos litisconsortes recorre. Caso saia vencedor, o recurso de um dos litisconsortes beneficiará a todos, inclusive aos que não recorreram.

CPC, art. 1.005. O recurso interposto por um dos litisconsortes a todos aproveita, salvo se distintos ou opostos os seus interesses.

14.7.6 Efeito substitutivo

Pelo efeito substitutivo temos que a decisão proferida em sede de recurso substitui aquela proferida originalmente, e que foi objeto de recurso.

Tal efeito pressupõe decisão meritória em sede recursal, ou seja, quando o recurso foi conhecido, e, no mérito, foi provido, ou não foi provido para reformar a decisão.

Caso a decisão do recurso seja para anular a decisão originária, teremos o efeito rescindente e não o substitutivo.

CPC, art. 1.008. O julgamento proferido pelo tribunal substituirá a decisão impugnada no que tiver sido objeto de recurso.

CAPÍTULO 15
RECURSOS EM ESPÉCIE

Os recursos trabalhistas estão previstos no art. 893, CLT.

CLT, art. 893 - Das decisões são admissíveis os seguintes recursos:

I - embargos;
II - recurso ordinário;
III - recurso de revista;
IV - agravo.

15.1 Embargos de declaração

Os embargos de declaração têm natureza de recurso, e possuem como objetivo a correção de vícios formais na decisão, quando esta é omissa, contraditória ou obscura, conforme hipóteses previstas em lei.

A competência para seu julgamento não é da instância superior, mas sim do órgão prolator da decisão.

A parte possui o prazo de 5 dias para oposição de embargos de declaração, sendo que a Fazenda Pública, o Ministério Público do Trabalho e a Defensoria Pública possuem prazo em dobro.

CLT, art. 897-A - Caberão embargos de declaração da sentença ou acórdão, no prazo de cinco dias, devendo seu julgamento ocorrer na primeira audiência ou sessão subsequente a sua apresentação, registrado na certidão, admitido efeito modificativo da decisão nos casos de omissão e contradição no julgado e manifesto equívoco no exame dos pressupostos extrínsecos do recurso.

Orientação Jurisprudencial, nº 192, SDI-1/TST. EMBARGOS DECLARATÓRIOS. PRAZO EM DOBRO. PESSOA JURÍDICA DE DIREITO PÚBLICO. DECRETO-LEI Nº 779/69 (inserida em 08/11/2000)

É em dobro o prazo para a interposição de embargos declaratórios por Pessoa jurídica de direito público.
CPC, art. 1.022. Cabem embargos de declaração contra qualquer decisão judicial para:
I - esclarecer obscuridade ou eliminar contradição;
II - suprir omissão de ponto ou questão sobre o qual devia se pronunciar o juiz de ofício ou a requerimento;
III - corrigir erro material.

15.1.1 Hipóteses de cabimento

Os embargos de declaração são recurso com fundamentação vinculada, ou seja, conforme vícios predefinidos na lei, sendo cabíveis quando a decisão padece dos vícios de omissão, contradição ou obscuridade, quando contiver claro erro material ou quando houver manifesto equívoco na análise de pressupostos extrínsecos de recurso. São essas, portanto, suas hipóteses de cabimento.

15.1.1.1 Omissão

Ocorre quando a decisão deixa de apreciar algum ponto (fundamento relevante) ou pedido sobre o qual o juízo deveria se manifestar, de ofício (matéria de ordem pública) ou por requerimento da parte.
CPC, art. 1.022, Parágrafo único. Considera-se omissa a decisão que:
I - deixe de se manifestar sobre tese firmada em julgamento de casos repetitivos ou em incidente de assunção de competência aplicável ao caso sob julgamento;
II - incorra em qualquer das condutas descritas no art. 489, § 1º.
CPC, art. 489, § 1º Não se considera fundamentada qualquer decisão judicial, seja ela interlocutória, sentença ou acórdão, que:
I - se limitar à indicação, à reprodução ou à paráfrase de ato normativo, sem explicar sua relação com a causa ou a questão decidida;
II - empregar conceitos jurídicos indeterminados, sem explicar o motivo concreto de sua incidência no caso;

III - invocar motivos que se prestariam a justificar qualquer outra decisão;
IV - não enfrentar todos os argumentos deduzidos no processo capazes de, em tese, infirmar a conclusão adotada pelo julgador;
V - se limitar a invocar precedente ou enunciado de súmula, sem identificar seus fundamentos determinantes nem demonstrar que o caso sob julgamento se ajusta àqueles fundamentos;
VI - deixar de seguir enunciado de súmula, jurisprudência ou precedente invocado pela parte, sem demonstrar a existência de distinção no caso em julgamento ou a superação do entendimento.

15.1.1.2 Contradição

Quando houver alguma incongruência ou incoerência entre as partes da sentença, ou seja, dentro da decisão. Dessa forma, não há contradição a manejar embargos declaratórios quando a parte alega contradição entre a decisão proferida e as provas produzidas, pois não ocorrida dentro da decisão. A contradição ocorrerá, por exemplo, quando o Juiz julgar o pedido totalmente improcedente e no dispositivo colocar que julga o pedido procedente em parte. Contraditória, portanto, a decisão e apta a desafiar o presente recurso.

15.1.1.3 Obscuridade

Quando a decisão não for clara, quando as razões de decidir não forem claras o suficiente. Apesar de não constar tal vício no art. 897-A, CLT, tal fundamento é amplamente aceito pela aplicação do art. 1.022, CPC, acima mencionado.

15.1.1.4 Erro material

No caso de erro material, o Juiz poderá conhecê-lo de ofício, e a parte pode impugnar por simples petição, ou por meio de embargos de declaração.

15.1.1.5 Manifesto equívoco na análise dos pressupostos extrínsecos de recurso

Quando o juízo *a quo* se equivoca na análise dos pressupostos extrínsecos de um recurso, o erro pode ser sanado pelo próprio Juiz prolator da decisão. Tal entendimento se deve ao que consta na Instrução Normativa 40/16 do TST, bem como pelo cancelamento da antiga Orientação Jurisprudencial 377, SDI-1/TST.

15.1.2 Efeitos

15.1.2.1 Efeito modificativo

Como já asseverado acima, o objetivo dos embargos de declaração não é modificar a decisão já proferida. No entanto, pode ser que isso ocorra especialmente quando a decisão for omissa em algum ponto, pois com a oposição do presente recurso a decisão anterior poderá ser completada, o que poderá alterar substancialmente o julgado. Nessa hipótese, temos os embargos de declaração com efeito modificativo ou infringente.

Assim, caso haja potencial hipótese de modificação do julgado pela oposição dos embargos, é obrigatória a instauração do contraditório, quando a parte embargada deve ser intimada a manifestar-se sobre o conteúdo dos embargos apresentados, no prazo de 5 dias, na forma do art. 897-A, §2º, CLT.

CLT, art. 897-A, § 2º Eventual efeito modificativo dos embargos de declaração somente poderá ocorrer em virtude da correção de vício na decisão embargada e desde que ouvida a parte contrária, no prazo de 5 (cinco) dias.

Ressalta-se que a necessidade de intimação da parte contrária apenas se dará quando o juízo perceber potencial possibilidade de alteração do julgado, e sob pena de nulidade da nova decisão proferida. Se os embargos forem liminarmente rejeitados ou se o Juiz não vislumbrar essa possibilidade de modificação, não há necessidade de intimação da parte contrária.

Orientação Jurisprudencial, nº 142, SDI-I/TST. EMBARGOS DE DECLARAÇÃO. EFEITO MODIFICATIVO. VISTA

PRÉVIA À PARTE CONTRÁRIA. (cancelado o item II em decorrência do CPC de 2015) – Res. 214/2016, DEJT divulgado em 30/11/2016 e 01 e 02/12/2016

É passível de nulidade decisão que acolhe embargos de declaração com efeito modificativo sem que seja concedida oportunidade de manifestação prévia à parte contrária.

15.1.2.2 Efeito interruptivo

Uma vez opostos os embargos de declaração, fica interrompido o prazo para interposição de outro recurso por qualquer das partes, inclusive para aquela que não embargou. Assim, após o julgamento dos embargos, o prazo para recurso começa a fluir para todas as partes desde o início.

CLT, art. 897-A, § 3º Os embargos de declaração interrompem o prazo para interposição de outros recursos, por qualquer das partes, salvo quando intempestivos, irregular a representação da parte ou ausente a sua assinatura.

Caso alguma das partes já tenha interposto recurso ordinário e uma venha a opor embargos de declaração, e esse tenha efeito infringente sobre a decisão anterior, temos a aplicação do art. 1.024, §4º, CPC, apenas com a aplicação do prazo de 8 dias aplicável ao Processo do Trabalho.

CPC, art. 1.024, § 4º Caso o acolhimento dos embargos de declaração implique modificação da decisão embargada, o embargado que já tiver interposto outro recurso contra a decisão originária tem o direito de complementar ou alterar suas razões, nos exatos limites da modificação, no prazo de 15 (quinze) dias, contado da intimação da decisão dos embargos de declaração.

15.1.2.3 Embargos meramente protelatórios

Como o presente recurso interrompe o prazo para interposição dos demais, muitas vezes acaba sendo utilizado pela parte como uma forma de "ganhar tempo". Assim, para que tais procedimentos sejam evitados, a legislação prevê sanção processual para os embargos considerados protelatórios, cuja penalidade será revertida em favor da parte embargada.

CPC, art. 1.026, § 2º Quando manifestamente protelatórios os embargos de declaração, o juiz ou o tribunal, em decisão fundamentada, condenará o embargante a pagar ao embargado multa não excedente a dois por cento sobre o valor atualizado da causa.

§ 3º Na reiteração de embargos de declaração manifestamente protelatórios, a multa será elevada a até dez por cento sobre o valor atualizado da causa, e a interposição de qualquer recurso ficará condicionada ao depósito prévio do valor da multa, à exceção da Fazenda Pública e do beneficiário de gratuidade da justiça, que a recolherão ao final.

§ 4º Não serão admitidos novos embargos de declaração se os 2 (dois) anteriores houverem sido considerados protelatórios.

15.1.2.4 Efeito de prequestionamento

Consiste na possibilidade de utilização dos embargos de declaração com objetivo de prequestionamento de matéria a ser ventilada em recurso de natureza extraordinária.

Dessa forma, não havendo manifestação precisa da matéria em Acórdão, a parte interessada opõe embargos de declaração para que ocorra seu questionamento prévio, e que servirá de matéria de futuro recurso.

Súmula nº 184 do TST – EMBARGOS DECLARATÓRIOS. OMISSÃO EM RECURSO DE REVISTA . PRECLUSÃO (mantida) – Res. 121/2003, DJ 19, 20 e 21/11/2003

Ocorre preclusão se não forem opostos embargos declaratórios para suprir omissão apontada em recurso de revista ou de embargos.

Súmula nº 297 do TST – PREQUESTIONAMENTO. OPORTUNIDADE. CONFIGURAÇÃO (nova redação) – Res. 121/2003, DJ 19, 20 e 21/11/2003

I. Diz-se prequestionada a matéria ou questão quando na decisão impugnada haja sido adotada, explicitamente, tese a respeito.
II. Incumbe à parte interessada, desde que a matéria haja sido invocada no recurso principal, opor embargos declaratórios objetivando o pronunciamento sobre o tema, sob pena de preclusão.

III. Considera-se prequestionada a questão jurídica invocada no recurso principal sobre a qual se omite o Tribunal de pronunciar tese, não obstante opostos embargos de declaração.

15.1.3 Embargos contra decisão monocrática de relator

Aqui temos a previsão do art. 932, CPC, bem como a utilização da Súmula nº 421, TST.

Súmula nº 421 do TST – EMBARGOS DE DECLARAÇÃO. CABIMENTO. DECISÃO MONOCRÁTICA DO RELATOR CALCADA NO ART. 932 DO CPC DE 2015. ART. 557 DO CPC DE 1973 (atualizada em decorrência do CPC de 2015) – Res. 208/2016, DEJT divulgado em 22, 25 e 26/04/2016

I - Cabem embargos de declaração da decisão monocrática do relator prevista no art. 932 do CPC de 2015 (art. 557 do CPC de 1973), se a parte pretende tão somente juízo integrativo retificador da decisão e, não, modificação do julgado.

II - Se a parte postular a revisão no mérito da decisão monocrática, cumpre ao relator converter os embargos de declaração em agravo, em face dos princípios da fungibilidade e celeridade processual, submetendo-o ao pronunciamento do Colegiado, após a intimação do recorrente para, no prazo de 5 (cinco) dias, complementar as razões recursais, de modo a ajustá-las às exigências do art. 1.021, § 1º, do CPC de 2015.

15.2 Recurso ordinário

O recurso ordinário tem por objetivo a ampla rediscussão da matéria já decidida na instância ordinária, seja ela de fato ou de direito. Esse recurso não tem, portanto, fundamentação vinculada, tal como ocorre com os Embargos de Declaração, e tem como objetivo anular ou reformar a decisão já proferida.

A parte tem o prazo de 8 dias para interpor o recurso ordinário, sendo que a Fazenda Pública, o Ministério Público do Trabalho e a Defensoria Pública possuem prazo em dobro.

A competência para julgamento é da instância imediatamente superior àquela que proferiu a decisão, objeto do presente recurso.

15.2.1 Hipóteses de cabimento

As hipóteses de cabimento encontram-se previstas no art. 895, CLT;

CLT, art. 895 - Cabe recurso ordinário para a instância superior:
I -   das decisões definitivas ou terminativas das Varas e Juízos, no prazo de 8 (oito) dias; e
II - das decisões definitivas ou terminativas dos Tribunais Regionais, em processos de sua competência originária, no prazo de 8 (oito) dias, quer nos dissídios individuais, quer nos dissídios coletivos.

O recurso ordinário cabe das decisões definitivas ou terminativas das Varas, ou das decisões definitivas ou terminativas dos TRTs nos processos de sua competência originária, nos dissídios individuais ou coletivos. Assim, sendo a primeira decisão proferida num processo (de competência originária do primeiro grau ou de processo de competência originária do TRT), cabe recurso ordinário.

15.2.2 Procedimento

Uma vez proferida a decisão, a parte dentro do prazo legal apresenta o recurso ordinário, e o juízo *a quo* fará o primeiro exame de admissibilidade quanto aos pressupostos recursais. Em sendo deferido seguimento, o Juízo abrirá prazo para parte contrária apresentar as contrarrazões de recurso no prazo de 08 dias, na forma do art. 900, CLT.

CLT, art. 900 - Interposto o recurso, será notificado o recorrido para oferecer as suas razões, em prazo igual ao que tiver tido o recorrente.

No caso de recurso ordinário interposto em face de sentença, seu julgamento se dará por uma das turmas do respectivo TRT. Já no caso de interposição de decisões de processo de competência originária do TRT, o julgamento será realizado pela SDI, exceto quando se tratar de dissídio coletivo, em que o recurso ordinário será julgado pela SDC.

A decisão do recurso ordinário pode anular (quando se invoca erro de procedimento) ou reformar (quando se alega erro de julgamento) a decisão proferida pelo juízo *a quo*, sendo que no primeiro caso haverá seu retorno ao juízo de origem para que seja proferida nova decisão.

Quanto à possibilidade de juntada de documento em sede de recurso ordinário, a primeira resposta é negativa, visto que o momento processual adequado se dá com a petição inicial, pelo autor, e na contestação, pelo réu. Há, no entanto, hipóteses excepcionais, conforme previsto na Súmula nº 8 do TST.

Súmula nº 8 do TST – JUNTADA DE DOCUMENTO (mantida) – Res. 121/2003, DJ 19, 20 e 21/11/2003

A juntada de documentos na fase recursal só se justifica quando provado o justo impedimento para sua oportuna apresentação ou se referir a fato posterior à sentença.

15.2.3 Teoria da causa madura

A teoria da causa madura consiste na possibilidade de o Tribunal, quando o processo estiver em condições de julgamento e se enquadrar nas hipóteses legais, já proferir decisão de mérito, não necessitando determinar o retorno ao juízo *a quo* para manifestações, sempre privilegiando a economia e celeridade processuais.

CPC, art. 1.013, § 3º Se o processo estiver em condições de imediato julgamento, o tribunal deve decidir desde logo o mérito quando:

I - reformar sentença fundada no art. 485 ;

II - decretar a nulidade da sentença por não ser ela congruente com os limites do pedido ou da causa de pedir;

III - constatar a omissão no exame de um dos pedidos, hipótese em que poderá julgá-lo;

IV - decretar a nulidade de sentença por falta de fundamentação.

15.2.4 Recurso ordinário no procedimento sumaríssimo

O processamento do recurso ordinário nos processos que tramitam sob o rito sumaríssimo é diferente do recurso nos processos de rito ordinário, pois deve seguir o art. 895, §1º e §2º, CLT.

CLT, art. 895, § 1º - Nas reclamações sujeitas ao procedimento sumaríssimo, o recurso ordinário:

I - (VETADO).

II - será **imediatamente distribuído**, uma vez recebido no Tribunal, devendo o **relator liberá-lo no prazo máximo de**

dez dias, e a Secretaria do Tribunal ou Turma colocá-lo imediatamente em pauta para julgamento, **sem revisor**;

III - terá **parecer oral do representante do Ministério Público presente à sessão de julgamento, se este entender necessário o parecer**, com registro na certidão;

IV - terá **acórdão consistente unicamente na certidão de julgamento**, com a indicação suficiente do processo e parte dispositiva, e das razões de decidir do voto prevalente. Se a sentença for confirmada pelos próprios fundamentos, a certidão de julgamento, registrando tal circunstância, servirá de acórdão.

§ 2º Os Tribunais Regionais, divididos em Turmas, poderão designar Turma para o julgamento dos recursos ordinários interpostos das sentenças prolatadas nas demandas sujeitas ao procedimento sumaríssimo (grifos nossos).

15.3 Agravo de petição

O agravo de petição é recurso cabível na fase de execução, e destinado a impugnar decisões proferidas nesse momento processual.

A parte tem o prazo de 8 dias para interpor o agravo de petição, sendo que a Fazenda Pública, o Ministério Público do Trabalho e a Defensoria Pública possuem prazo em dobro.

CLT, art. 897 - Cabe agravo, no prazo de 8 (oito) dias:

a) de petição, das decisões do Juiz ou Presidente, nas execuções.

15.3. Hipóteses de cabimento

Existem dois entendimentos quanto ao cabimento de agravo de petição, se cabível de todas as decisões proferidas em execução, inclusive as de natureza interlocutória (não vedaria o princípio da irrecorribilidade imediata das decisões interlocutórias, pois esse apenas se aplicaria à fase de conhecimento e não ao processo de execução) ou se cabível apenas em face de decisões definitivas ou terminativas do feito de execução (o que acaba sendo o majoritário, em virtude da interpretação sistemática do art. 893, §1º, CLT, que contempla toda sorte de decisões interlocutórias, independentemente de sua fase processual).

Temos exceção para o agravo de petição que venha a ser interposto no incidente de desconsideração da personalidade jurídica apresentado na fase de execução.

CLT, art. 855-A, § 1º Da decisão interlocutória que acolher ou rejeitar o incidente:
> II - na fase de execução, cabe agravo de petição, independentemente de garantia do juízo.

A exceção se dá, pois a decisão pode produzir prejuízo iminente ao agravante.

A competência para seu julgamento depende da competência originária para processamento. Assim, de decisões proferidas pelas Varas do Trabalho, a competência é das turmas do TRT, e de decisões proferidas pelo Presidente do TRT em fase de execução de processos de competência originária do TRT, a competência é do Tribunal Pleno, do Órgão Especial ou de Sessão Especializada do TRT, a depender do que dispuser o regimento interno do Tribunal.

15.3.2 Requisitos de admissibilidade

O processamento do Agravo de Petição exige que a parte recorrente delimite as matérias e os valores objeto de impugnação, a fim de permitir a execução definitiva e imediata da parte remanescente. Assim, a parte que não foi objeto do agravo terá sua execução definitiva processada, pois se refere a parte incontroversa.

CLT, art. 897, § 1º - O agravo de petição só será recebido quando o agravante delimitar, justificadamente, as matérias e os valores impugnados, permitida a execução imediata da parte remanescente até o final, nos próprios autos ou por carta de sentença.

Súmula nº 416 do TST – MANDADO DE SEGURANÇA. EXECUÇÃO. LEI Nº 8.432/1992. ART. 897, § 1º, DA CLT. CABIMENTO (conversão da Orientação Jurisprudencial nº 55 da SBDI-2) – Res. 137/2005, DJ 22, 23 e 24/08/2005

Devendo o agravo de petição delimitar justificadamente a matéria e os valores objeto de discordância, não fere direito líquido e certo o prosseguimento da execução quanto aos tópicos e valores não especificados no agravo (ex-OJ nº 55 da SBDI-2 – inserida em 20/09/2000).

15.3.3 Garantia do juízo

Para conhecimento do agravo de petição, é necessário que o juízo esteja integralmente garantido. Dessa forma, caso até o momento não esteja, a parte agravante deverá realizar depósito recursal contemplando a diferença integral até atingir a integralização do valor da execução.

Mais uma vez há exceção para agravo de petição interposto em incidente de desconsideração da personalidade jurídica, na forma do art. 855-A, §1º, *in fine*, acima já transcrito.

15.4 Agravo de instrumento

O agravo de instrumento tem como objetivo destrancar recurso ao qual foi negado seguimento pelo juízo *a quo*, quando da análise dos pressupostos recursais, em seu juízo de admissibilidade.

Assim, se o juízo *a quo*, quando do processamento de seu juízo admissibilidade, verificar a ausência de algum pressuposto recursal, negará seguimento do recurso ao Tribunal. A parte interessada, por sua vez, poderá impugnar tal decisão do primeiro juízo de admissibilidade e interpor agravo de instrumento.

A parte tem o prazo de 8 dias para interpor o agravo de instrumento, sendo que a Fazenda Pública, o Ministério Público do Trabalho e a Defensoria Pública possuem prazo em dobro.

15.4.1 Hipóteses de cabimento

O agravo de instrumento é cabível das decisões que negarem seguimento a recurso ordinário, agravo de petição, recurso de revista, recurso adesivo e recurso extraordinário, não cabendo, no entanto, de decisões que denegarem seguimento ao recurso de embargos no TST.

CLT, art. 897 - Cabe agravo, no prazo de 8 (oito) dias:
b) de instrumento, dos despachos que denegarem a interposição de recursos.

15.4.2 Processamento

O agravo de instrumento será interposto perante o juízo que denegou seguimento ao recurso, após realizar o primeiro juízo de admissibilidade, e a competência para julgamento será do órgão que seria competente para julgar o recurso cujo seguimento foi denegado.

Assim, será apresentado perante o juízo *a quo* e o julgamento se dará pelo juízo *ad quem*.

O agravo de instrumento permite o chamado juízo de retratação, e esse afeta o processamento do agravo, pois se o juízo *a quo* se retratar, fica prejudicado o agravo apresentado e o recurso originário terá seu processamento normal. Caso não haja qualquer reconsideração, o agravado será intimado para apresentar contraminuta ao agravo de instrumento, bem como contrarrazões ao recurso principal.

CLT, art. 897, § 4º - Na hipótese da alínea b deste artigo, o agravo será julgado pelo Tribunal que seria competente para conhecer o recurso cuja interposição foi denegada.

§ 6º O agravado será intimado para oferecer resposta ao agravo e ao recurso principal, instruindo-a com as peças que considerar necessárias ao julgamento de ambos os recursos.

15.4.3 Depósito recursal

Para o processamento do agravo de instrumento não há necessidade de pagamento de custas, mas sim de depósito recursal, que corresponderá a 50% do valor do depósito do recurso que se pretende destrancar, exceto quando se tratar de agravo de instrumento que tenha como finalidade destrancar recurso de revista que se insurge contra decisão que contraria a jurisprudência uniforme do Tribunal Superior do Trabalho, consubstanciada nas suas súmulas ou em orientação jurisprudencial.

CLT, art. 899, § 7º No ato de interposição do agravo de instrumento, o depósito recursal corresponderá a 50% (cinquenta por cento) do valor do depósito do recurso ao qual se pretende destrancar.

§ 8º Quando o agravo de instrumento tem a finalidade de destrancar recurso de revista que se insurge contra decisão que contraria a jurisprudência uniforme do Tribunal Superior do Trabalho, consubstanciada nas suas súmulas ou em orientação jurisprudencial, não haverá obrigatoriedade de se efetuar o depósito referido no § 7º deste artigo.

15.4.4 Efeito e instrumento

O agravo de instrumento interposto será recebido apenas no efeito devolutivo, motivo pelo qual não há qualquer suspensão da execução de sentença.

CLT, art. 897, § 2º - O agravo de instrumento interposto contra o despacho que não receber agravo de petição não suspende a execução da sentença.

A formação do instrumento depende da juntada de determinadas peças obrigatórias e com objetivo de permitir o imediato julgamento do recurso principal, caso o agravo seja provido, e sob pena de não conhecimento do recurso, facultando-se, ainda, a juntada de outras peças que a parte entenda necessárias (peças facultativas).

CLT, art. 897, § 5º Sob pena de não conhecimento, as partes promoverão a formação do instrumento do agravo de modo a possibilitar, caso provido, o imediato julgamento do recurso denegado, instruindo a petição de interposição:

I - obrigatoriamente, com cópias da decisão agravada, da certidão da respectiva intimação, das procurações outorgadas aos advogados do agravante e do agravado, da petição inicial, da contestação, da decisão originária, do depósito recursal referente ao recurso que se pretende destrancar, da comprovação do recolhimento das custas e do depósito recursal a que se refere o § 7º do art. 899 desta Consolidação;

II - facultativamente, com outras peças que o agravante reputar úteis ao deslinde da matéria de mérito controvertida.

Importante ressaltar que o dispositivo acima acaba tendo pouca aplicabilidade prática após advento do Processo Judicial Eletrônico, pois o acesso será facilitado por meio de acesso à *internet*.

15.5 Recurso de revista

O recurso de revista é cabível em face de decisão do TRT quando do exercício da competência derivada, ou seja, em dissídios individuais que tiveram seu início nas Varas do Trabalho, e que posteriormente subiram ao TRT, onde foi proferida nova decisão. Desta, que é o acórdão proferido em sede de recurso ordinário ou agravo de petição, cabe recurso de revista.

A parte tem o prazo de 8 dias para interpor o recurso de revista, sendo que a Fazenda Pública, o Ministério Público do Trabalho e a Defensoria Pública possuem prazo em dobro.

O recurso de revista tem natureza extraordinária, pois se fundamenta em direito objetivo (não podendo versar sobre matéria fática ou para reexaminar provas), e é de fundamentação vinculada, ou seja, a lei exige a indicação da matéria impugnada, conforme as hipóteses expressamente previstas em lei.

Súmula nº 126 do TST – RECURSO. CABIMENTO (mantida) – Res. 121/2003, DJ 19, 20 e 21/11/2003

Incabível o recurso de revista ou de embargos (arts. 896 e 894, "b", da CLT) para reexame de fatos e provas.

CLT, art. 896 - Cabe Recurso de Revista para Turma do Tribunal Superior do Trabalho das decisões proferidas em grau de recurso ordinário, em dissídio individual, pelos Tribunais Regionais do Trabalho, quando:

a) derem ao mesmo dispositivo de lei federal interpretação diversa da que lhe houver dado outro Tribunal Regional do Trabalho, no seu Pleno ou Turma, ou a Seção de Dissídios Individuais do Tribunal Superior do Trabalho, ou contrariarem súmula de jurisprudência uniforme dessa Corte ou súmula vinculante do Supremo Tribunal Federal;

b) derem ao mesmo dispositivo de lei estadual, Convenção Coletiva de Trabalho, Acordo Coletivo, sentença normativa ou regulamento empresarial de observância obrigatória em área territorial que exceda a jurisdição do Tribunal Regional prolator da decisão recorrida, interpretação divergente, na forma da alínea a;

c) proferidas com violação literal de disposição de lei federal ou afronta direta e literal à Constituição Federal.

A competência para julgamento é de uma das turmas do TST (Tribunal Superior do Trabalho).

15.5.1 Requisitos para cabimento

Além de todos os pressupostos já analisados no capítulo específico, o recurso de revista ainda deve preencher dois requisitos especiais: o prequestionamento e a transcendência.

Por ser recurso com fundamentação vinculada, apenas será cabível quando a decisão atacada contiver divergência jurisprudencial ou quando violar lei federal ou a Constituição Federal.

15.5.2 Prequestionamento

Como o TST tem a função de uniformização da jurisprudência, tal órgão acaba atuando como revisor, motivo pelo qual só julga os recursos quando a matéria discutida já tiver sido objeto de discussão ou análise na instância inferior.

Assim, há necessidade de decisão prévia sobre o direito objetivo que teria sido violado, e que ora constitui objeto do recurso de revista. Dessa forma, entende-se que apenas haverá prequestionamento quando houver tese jurídica expressamente adotada na fundamentação do acórdão, razão pela qual o juízo *a quo* deve ter feito expressamente juízo de valor sobre o tema, não precisando haver menção quanto a dispositivo legal propriamente dito.

Caso a parte requeira o pronunciamento para fins de prequestionamento, e o acórdão se mantenha silente, compete à parte opor embargos de declaração para sanar a omissão. Em assim procedendo, ainda que o TRT se mantenha silente, a matéria entende-se como prequestionada.

CLT, art. 896, § 1º -A. Sob pena de não conhecimento, é ônus da parte:

I - indicar o trecho da decisão recorrida que consubstancia o prequestionamento da controvérsia objeto do recurso de revista;

II - indicar, de forma explícita e fundamentada, contrariedade a dispositivo de lei, súmula ou orientação jurisprudencial do Tribunal Superior do Trabalho que conflite com a decisão regional;

III - expor as razões do pedido de reforma, impugnando todos os fundamentos jurídicos da decisão recorrida, inclusive mediante demonstração analítica de cada dispositivo de lei, da Constituição Federal, de súmula ou orientação jurisprudencial cuja contrariedade aponte;

IV - transcrever na peça recursal, no caso de suscitar preliminar de nulidade de julgado por negativa de prestação jurisdicional, o trecho dos embargos declaratórios em que foi pedido o pronunciamento do tribunal sobre questão veiculada no recurso ordinário e o trecho da decisão regional que rejeitou os embargos quanto ao pedido, para cotejo e verificação, de plano, da ocorrência da omissão.

Súmula nº 297 do TST – PREQUESTIONAMENTO. OPORTUNIDADE. CONFIGURAÇÃO (nova redação) – Res. 121/2003, DJ 19, 20 e 21/11/2003

I - Diz-se prequestionada a matéria ou questão quando na decisão impugnada haja sido adotada, explicitamente, tese a respeito.

II - Incumbe à parte interessada, desde que a matéria haja sido invocada no recurso principal, opor embargos declaratórios objetivando o pronunciamento sobre o tema, sob pena de preclusão.

III - Considera-se prequestionada a questão jurídica invocada no recurso principal sobre a qual se omite o Tribunal de pronunciar tese, não obstante opostos embargos de declaração.

Orientação Jurisprudencial, nº 256, SDI-1/TST – PREQUESTIONAMENTO. CONFIGURAÇÃO. TESE EXPLÍCITA. SÚMULA Nº 297 (inserida em 13/03/2002) Para fins do requisito do prequestionamento de que trata a Súmula nº 297, há necessidade de que haja, no acórdão, de maneira clara, elementos que levem à conclusão de que o Regional adotou uma tese contrária à lei ou à súmula.

A única exceção ocorre para quando a violação nascer na decisão recorrida, não havendo, assim, necessidade de prequestionamento.

Orientação Jurisprudencial, nº 119, SDI-I/TST. PREQUESTIONAMENTO INEXIGÍVEL. VIOLAÇÃO NASCIDA NA

PRÓPRIA DECISÃO RECORRIDA. SÚMULA Nº 297 DO TST. INAPLICÁVEL (inserido dispositivo) – DEJT divulgado em 16, 17 e 18/11/2010

É inexigível o prequestionamento quando a violação indicada houver nascido na própria decisão recorrida. Inaplicável a Súmula nº 297 do TST.

15.5.3 Transcendência

Exige a demonstração pela parte de que a decisão proferida não atinge apenas as partes, mas sim transcende, ou seja, ultrapassa essa mera relação processual, produzindo efeitos e reflexos gerais de natureza econômica, política, social e jurídica.

CLT, art. 896-A - O Tribunal Superior do Trabalho, no recurso de revista, examinará previamente se a causa oferece transcendência com relação aos reflexos gerais de natureza econômica, política, social ou jurídica.

§ 1º São indicadores de transcendência, entre outros:

I - econômica, o elevado valor da causa;

II - política, o desrespeito da instância recorrida à jurisprudência sumulada do Tribunal Superior do Trabalho ou do Supremo Tribunal Federal;

III - social, a postulação, por reclamante-recorrente, de direito social constitucionalmente assegurado;

IV - jurídica, a existência de questão nova em torno da interpretação da legislação trabalhista.

A exigência de transcendência constitui pressuposto intrínseco do recurso de revista e essa análise é privativa do TST, não cabendo tal verificação ao presidente do TRT.

CLT, art. 896-A , § 6º. O juízo de admissibilidade do recurso de revista exercido pela Presidência dos Tribunais Regionais do Trabalho limita-se à análise dos pressupostos intrínsecos e extrínsecos do apelo, não abrangendo o critério da transcendência das questões nele veiculadas.

O relator do recurso pode, monocraticamente, denegar seguimento ao recurso por entender que não demonstrada a transcendência, cabendo dessa decisão agravo ao colegiado, podendo a parte realizar sustentação oral. Se o agravo for provido, o relator seguirá a análise do mérito do recurso. Caso seja mantido o voto do relator (na hipótese do agravo não ser provido), dessa decisão não caberá recurso, e o recurso de revista não será conhecido por ausência de transcendência.

CLT, art. 896-A, § 2º. Poderá o relator, monocraticamente, denegar seguimento ao recurso de revista que não demonstrar transcendência, cabendo agravo desta decisão para o colegiado.

§ 3º Em relação ao recurso que o relator considerou não ter transcendência, o recorrente poderá realizar sustentação oral sobre a questão da transcendência, durante cinco minutos em sessão.

§ 4º Mantido o voto do relator quanto à não transcendência do recurso, será lavrado acórdão com fundamentação sucinta, que constituirá decisão irrecorrível no âmbito do tribunal.

§ 5º É irrecorrível a decisão monocrática do relator que, em agravo de instrumento em recurso de revista, considerar ausente a transcendência da matéria.

15.5.4 Hipóteses de cabimento

O recurso de revista apenas será cabível de decisão de ações de competência originária das Varas do Trabalho, e apenas quando demonstrada a violação jurisprudencial, ou violação literal de disposição de lei federal, ou afronta direta e literal à Constituição Federal.

A divergência jurisprudencial ocorre quando a decisão recorrida der ao mesmo dispositivo interpretação divergente da que lhe tenha dado outro TRT em seu pleno ou Turma, ou a Seção de Dissídios Individuais do TST, a Súmula de Jurisprudência Uniforme do TST (Súmula ou Orientação Jurisprudencial) ou Súmula vinculante do STF.

Também cabe recurso de revista quando decisão do TRT der ao mesmo dispositivo de lei estadual, Convenção Coletiva de Trabalho, Acordo Coletivo, sentença normativa ou regulamento empresarial de observância obrigatória em área territorial que exceda a jurisdição do Tribunal Regional prolator da decisão recorrida, interpretação divergente, na forma prevista no parágrafo anterior.

No caso acima, há necessidade de demonstração de que a lei estadual, a norma coletiva ou o regulamento de empresa extrapolam o âmbito do TRT prolator da decisão recorrida.

Orientação Jurisprudencial nº, 147, SDI-I/TST. LEI ESTADUAL, NORMA COLETIVA OU NORMA REGULAMENTAR. CONHECIMENTO INDEVIDO DO RECURSO DE REVISTA POR DIVERGÊNCIA JURISPRUDENCIAL (nova redação em decorrência da incorporação da Orientação Jurisprudencial nº 309 da SBDI-1) – Res. 129/2005, DJ 20, 22 e 25/04/2005

I - É inadmissível o recurso de revista fundado tão-somente em divergência jurisprudencial, se a parte não comprovar que a lei estadual, a norma coletiva ou o regulamento da empresa extrapolam o âmbito do TRT prolator da decisão recorrida (ex-OJ nº 309 da SDI-1 – inserida em 11.08.03)

II - É imprescindível a arguição de afronta ao art. 896 da CLT para o conhecimento de embargos interpostos em face de acórdão de Turma que conhece indevidamente de recurso de revista, por divergência jurisprudencial, quanto a tema regulado por lei estadual, norma coletiva ou norma regulamentar de âmbito restrito ao Regional prolator da decisão.

Além disso, a divergência jurisprudencial deve ser atual (não se considerando aquela já ultrapassada por súmula ou superada jurisprudência do TST), específica (situação deve ser a mesma) e precisa ser cabalmente demonstrada (o recorrente deve demonstrar os pontos divergentes na decisão recorrida e na outra objeto de comparação).

Súmula nº 337 do TST – COMPROVAÇÃO DE DIVERGÊNCIA JURISPRUDENCIAL. RECURSOS DE REVISTA E DE EMBARGOS (incluído o item V) – Res. 220/2017, DEJT divulgado em 21, 22 e 25/09/2017

I - Para comprovação da divergência justificadora do recurso, é necessário que o recorrente:

a) Junte certidão ou cópia autenticada do acórdão paradigma ou cite a fonte oficial ou o repositório autorizado em que foi publicado; e

b) Transcreva, nas razões recursais, as ementas e/ou trechos dos acórdãos trazidos à configuração do dissídio, demonstrando o conflito de teses que justifique o conhecimento do recurso, ainda que os acórdãos já se encontrem nos autos ou venham a ser juntados com o recurso.

II - A concessão de registro de publicação como repositório autorizado de jurisprudência do TST torna válidas todas as suas edições anteriores.

III - A mera indicação da data de publicação, em fonte oficial, de aresto paradigma é inválida para comprovação de divergência jurisprudencial, nos termos do item I, "a", desta súmula, quando a parte pretende demonstrar o conflito de teses mediante a transcrição de trechos que integram a fundamentação do acórdão divergente, uma vez que só se publicam o dispositivo e a ementa dos acórdãos;

IV - É válida para a comprovação da divergência jurisprudencial justificadora do recurso a indicação de aresto extraído de repositório oficial na internet, desde que o recorrente:

a) transcreva o trecho divergente;
b) aponte o sítio de onde foi extraído; e
c) decline o número do processo, o órgão prolator do acórdão e a data da respectiva publicação no Diário Eletrônico da Justiça do Trabalho.

V - A existência do código de autenticidade na cópia, em formato *pdf*, do inteiro teor do aresto paradigma, juntada aos autos, torna-a equivalente ao documento original e também supre a ausência de indicação da fonte oficial de publicação.

No caso de violação literal de disposição de lei federal, ou afronta direta e literal à Constituição Federal, competirá à parte recorrente a indicação de qual dispositivo foi efetivamente violado.

Súmula nº 221 do TST – RECURSO DE REVISTA. VIOLAÇÃO DE LEI. INDICAÇÃO DE PRECEITO. (cancelado o item II e conferida nova redação na sessão do Tribunal Pleno realizada em 14/09/2012) – Res. 185/2012, DEJT divulgado em 25, 26 e 27/09/2012

A admissibilidade do recurso de revista por violação tem como pressuposto a indicação expressa do dispositivo de lei ou da Constituição tido como violado.

15.5.5 Recurso de revista no rito sumaríssimo

Nas causas sujeitas ao rito sumaríssimo apenas será admitido recurso de revista nas hipóteses abaixo:

CLT, art. 896, § 9º Nas causas sujeitas ao procedimento sumaríssimo, somente será admitido recurso de revista por contrariedade a súmula de jurisprudência uniforme do Tribunal Superior do Trabalho ou a súmula vinculante do Supremo Tribunal Federal e por violação direta da Constituição Federal.

Por consequência, não caberá por mera violação de lei federal, quando houver divergência jurisprudencial e por contrariar orientação jurisprudencial do TST.

Súmula nº 442 do TST – PROCEDIMENTO SUMARÍSSIMO. RECURSO DE REVISTA FUNDAMENTADO EM CONTRARIEDADE A ORIENTAÇÃO JURISPRUDENCIAL. INADMISSIBILIDADE. ART. 896, § 6º, DA CLT, ACRESCENTADO PELA LEI Nº 9.957, DE 12/01/2000 (conversão da Orientação Jurisprudencial nº 352 da SBDI-1) – Res. 185/2012, DEJT divulgado em 25, 26 e 27/09/2012

Nas causas sujeitas ao procedimento sumaríssimo, a admissibilidade de recurso de revista está limitada à demonstração de violação direta a dispositivo da Constituição Federal ou contrariedade a Súmula do Tribunal Superior do Trabalho, não se admitindo o recurso por contrariedade a Orientação Jurisprudencial deste Tribunal (Livro II, Título II, Capítulo III, do RITST), ante a ausência de previsão no art. 896, § 6º, da CLT.

15.5.6 Na fase de execução

Na fase de execução o recurso de revista apenas é cabível em duas situações: quando houver violação direta e literal à Constituição Federal, e nas execuções fiscais e nas controvérsias que envolvam CNDT (Certidão Negativa de Débitos Trabalhistas), nas mesmas hipóteses que no rito ordinário, ou seja, violação de norma e divergência jurisprudencial.

CLT, art. 896, § 2º Das decisões proferidas pelos Tribunais Regionais do Trabalho ou por suas Turmas, em execução de sentença, inclusive em processo incidente de embargos de terceiro, não caberá Recurso de Revista, salvo na hipótese de ofensa direta e literal de norma da Constituição Federal.

§ 10. Cabe recurso de revista por violação a lei federal, por divergência jurisprudencial e por ofensa à Constituição Federal nas execuções fiscais e nas controvérsias da fase de execução que envolvam a Certidão Negativa de Débitos Trabalhistas (CNDT), criada pela Lei nº 12.440, de 7 de julho de 2011.

15.5.7 Processamento

O recurso de revista é interposto perante o Presidente do TRT recorrido, que realizará primeira análise do juízo de admissibilidade, analisando, ainda, o prequestionamento e a fundamentação vinculada.

Caso haja denegação de seguimento ao recurso, cabe interposição de agravo de instrumento no prazo de 8 dias. Se este for recebido, intimará a parte contrária para apresentar as contrarrazões, e, em seguida, encaminhará o recurso ao TST.

Chegando ao juízo *ad quem*, este fará o segundo juízo de admissibilidade, inclusive quanto à transcendência. Havendo decisão denegatória, cabe agravo.

15.5.8 Recurso de revista repetitivo

Antes de ingressar no tema em específico, mister se faz uma análise acerca dos precedentes vinculantes.

Os precedentes vinculantes são estabelecidos por órgãos de jurisdição superior, como o Supremo Tribunal Federal (STF) e o Superior Tribunal de Justiça (STJ). O Incidente de Resolução de Demandas Repetitivas (IRDR) e o Incidente de Assunção de Competência (IAC) são instrumentos processuais que se relacionam com os precedentes e que podem ser utilizados em diferentes situações:

- **IRDR:** é um instrumento processual que tem como objetivo identificar processos que contenham a mesma questão de direito, para que possam ser decididos de forma conjunta. O IRDR é cabível quando há repetição de processos e risco de ofensa à segurança jurídica e à isonomia.
- **IAC:** é um instrumento de prevenção ou eliminação de divergência jurisprudencial. O IAC pode ocorrer em recursos, remessas necessárias e processos de competência originária. É cabível quando há uma questão de direito relevante, com grande repercussão social, mas sem repetição em múltiplos processos.

O IAC tem caráter preventivo, enquanto o IRDR tem um papel reparador.

Os precedentes são decisões judiciais que servem como parâmetro para julgamentos de casos semelhantes. Os precedentes podem ser vinculantes ou persuasivos. Os precedentes vinculantes são estabelecidos por órgãos de jurisdição superior, como o Supremo Tribunal Federal (STF) e o Superior Tribunal de Justiça (STJ), e Tribunal Superior do Trabalho (TST).

O recurso de revista de causas repetitivas (ou julgamento por amostragem) permite ao TST, diante de diversos recursos de revista repetidos, criar um método de julgamento para administrar casos repetidos e também gerar precedentes obrigatórios.

O julgamento de casos repetitivos produz a solução de um caso que será aplicado a todos os demais casos idênticos. Tal possibilidade existe apenas para casos de direito em comum, e não para possíveis casos repetitivos para definição de questões de fato em comum.

As hipóteses de cabimento encontram-se descritas no art. 896-C, CLT:

CLT, art. 896-C. Quando houver multiplicidade de recursos de revista fundados em idêntica questão de direito, a questão poderá ser afetada à Seção Especializada em Dissídios Individuais ou ao Tribunal Pleno, por decisão da maioria simples de seus membros, mediante requerimento de um dos Ministros que compõem a Seção Especializada, considerando a relevância da matéria ou a existência de entendimentos divergentes entre os Ministros dessa Seção ou das Turmas do Tribunal.

Os requisitos para sua aplicação são a multiplicidade de recursos e idêntico fundamento de questão de direito entre eles.

A competência para julgamento é da SDI do TST ou do Tribunal Pleno, sendo que no último caso apenas se houver requerimento de um dos Ministros da SDI, tendo em vista relevância da matéria ou entendimentos divergentes entre os Ministros que a compõem ou das Turmas do TST.

Para tal julgamento, haverá a identificação das causas repetitivas, algumas serão escolhidas para julgamento e as demais terão o julgamento suspenso aguardando decisão final.

CLT, art. 896-C, § 1º. O Presidente da Turma ou da Seção Especializada, por indicação dos relatores, afetará um ou mais recursos representativos da controvérsia para julgamento pela Seção Especializada em Dissídios Individuais ou pelo Tribunal Pleno, sob o rito dos recursos repetitivos.

§ 2º O Presidente da Turma ou da Seção Especializada que afetar processo para julgamento sob o rito dos recursos repetitivos deverá expedir comunicação aos demais Presidentes de Turma ou de Seção Especializada, que poderão afetar outros processos sobre a questão para julgamento conjunto, a fim de conferir ao órgão julgador visão global da questão.

§ 3º O Presidente do Tribunal Superior do Trabalho oficiará os Presidentes dos Tribunais Regionais do Trabalho para que suspendam os recursos interpostos em casos idênticos aos afetados como recursos repetitivos, até o pronunciamento definitivo do Tribunal Superior do Trabalho.

§ 4º Caberá ao Presidente do Tribunal de origem admitir um ou mais recursos representativos da controvérsia, os quais serão encaminhados ao Tribunal Superior do Trabalho, ficando suspensos os demais recursos de revista até o pronunciamento definitivo do Tribunal Superior do Trabalho.

§ 5º O relator no Tribunal Superior do Trabalho poderá determinar a suspensão dos recursos de revista ou de embargos que tenham como objeto controvérsia idêntica à do recurso afetado como repetitivo.

Em havendo o julgamento, o TST comunicará ao órgão julgador para as devidas providências administrativas.

Futuramente, a decisão proferida no julgamento de recurso repetitivo pode ser revisada, se houver alteração econômica, social ou jurídica, caso em que, para que se preserve a segurança das relações jurídicas, o TST poderá modular seus efeitos.

CLT, art. 896-C, § 17. Caberá revisão da decisão firmada em julgamento de recursos repetitivos quando se alterar a situação econômica, social ou jurídica, caso em que será respeitada a segurança jurídica das relações firmadas sob a égide da decisão anterior, podendo o Tribunal Superior do Trabalho modular os efeitos da decisão que a tenha alterado.

15.6 Embargos no TST

Os presentes embargos apenas possuem aplicação no TST, objetivam a uniformização de jurisprudência desse Tribunal Superior, encontram-se previstos no art. 894, CLT e são divididos em embargos de divergência e embargos infringentes.

15.6.1 Embargos de divergência

CLT, art. 894. No Tribunal Superior do Trabalho cabem embargos, no prazo de 8 (oito) dias:

II - das decisões das Turmas que divergirem entre si ou das decisões proferidas pela Seção de Dissídios Individuais, ou contrárias a súmula ou orientação jurisprudencial do Tribunal Superior do Trabalho ou súmula vinculante do Supremo Tribunal Federal.

O objetivo dos embargos de divergência é sanar possível divergência interna entre as turmas do TST (quando divergirem entre si ou das decisões proferidas pela Seção de Dissídios Individuais, ou se forem contrárias a súmula ou orientação jurisprudencial do Tribunal Superior do Trabalho ou súmula vinculante do Supremo Tribunal Federal), e a competência para julgamento será da SDI-1.

Para ensejar esse recurso, a decisão necessariamente deverá ser colegiada, não sendo cabível na hipótese de decisão monocrática.

Orientação Jurisprudencial, nº 378, SDI-1/TST. EMBARGOS. INTERPOSIÇÃO CONTRA DECISÃO MONOCRÁTICA. NÃO CABIMENTO. (atualizada em decorrência do CPC de 2015) – Res. 208/2016, DEJT divulgado em 22, 25 e 26/04/2016

Não encontra amparo no art. 894 da CLT, quer na redação anterior quer na redação posterior à Lei nº 11.496, de 22/06/2007, recurso de embargos interposto à decisão monocrática exarada nos moldes do art. 932 do CPC de 2015 (art. 557 do CPC de 1973), pois o comando legal restringe seu cabimento à pretensão de reforma de decisão colegiada proferida por Turma do Tribunal Superior do Trabalho.

A parte tem o prazo de 8 dias para opor os embargos de divergência, sendo que a Fazenda Pública, o Ministério Público do Trabalho e a Defensoria Pública possuem prazo em dobro.

Como se trata de recurso de natureza extraordinária há necessidade de prequestionamento, da mesma forma que já destacamos anteriormente quando do estudo sobre o recurso de revista.

Também cabe nos processos que tramitam sob o rito sumaríssimo, mas apenas quando a divergência for em relação a dispositivo constitucional e súmula do TST.

Súmula nº 458 do TST – EMBARGOS. PROCEDIMENTO SUMARÍSSIMO. CONHECIMENTO. RECURSO INTERPOSTO APÓS VIGÊNCIA DA LEI Nº 11.496, DE 22/06/2007, QUE CONFERIU NOVA REDAÇÃO AO ART. 894, DA CLT. (conversão da Orientação Jurisprudencial nº 405 da SBDI-1 com nova redação) – Res. 194/2014, DEJT divulgado em 21, 22 e 23/05/2014

Em causas sujeitas ao procedimento sumaríssimo, em que pese a limitação imposta no art. 896, § 6º, da CLT à interposição de recurso de revista, admitem-se os embargos interpostos na vigência da Lei nº 11.496, de 22/06/2007, que conferiu nova redação ao art. 894 da CLT, quando demonstrada a divergência jurisprudencial entre Turmas do TST, fundada em interpretações diversas acerca da aplicação de mesmo dispositivo constitucional ou de matéria sumulada.

Já na fase de execução, apenas cabe quando a divergência se der na interpretação de dispositivos constitucionais.

Súmula nº 433 do TST – EMBARGOS. ADMISSIBILIDADE. PROCESSO EM FASE DE EXECUÇÃO. ACÓRDÃO DE TURMA PUBLICADO NA VIGÊNCIA DA LEI Nº 11.496, DE 26/06/2007. DIVERGÊNCIA DE INTERPRETAÇÃO DE DISPOSITIVO CONSTITUCIONAL. – Res. 177/2012, DEJT divulgado em 13, 14 e 15/02/2012

A admissibilidade do recurso de embargos contra acórdão de Turma em Recurso de Revista em fase de execução, publicado na vigência da Lei nº 11.496, de 26/06/2007, condiciona-se à demonstração de divergência jurisprudencial entre Turmas ou destas e a Seção Especializada em Dissídios Individuais do Tribunal Superior do Trabalho em relação à interpretação de dispositivo constitucional.

15.6.2 Embargos infringentes

O dissídio coletivo é ação de competência originária do TRT. No entanto, quando a abrangência territorial do sindicato for superior a competência territorial do TRT (ou se for o caso de conflito com abrangência nacional), o dissídio coletivo deverá ser ajuizado perante o TST.

Nesse caso, quando a decisão proferida pelo TST (em dissídio coletivo de sua competência originária) não for unânime, cabem embargos infringentes no prazo de 8 dias para a SDC do referido Tribunal.

CLT, art. 894. No Tribunal Superior do Trabalho cabem embargos, no prazo de 8 (oito) dias:

I - de decisão não unânime de julgamento que:

a) conciliar, julgar ou homologar conciliação em dissídios coletivos que excedam a competência territorial dos Tribunais Regionais do Trabalho e estender ou rever as sentenças normativas do Tribunal Superior do Trabalho, nos casos previstos em lei.

Não caberá esse recurso, no entanto, se a decisão estiver de acordo com súmula ou precedente judicial do TST.

Lei nº 7.701/88, art. 2º - Compete à seção especializada em dissídios coletivos, ou seção normativa:
II - em última instância julgar:
c) os embargos infringentes interpostos contra decisão não unânime proferida em processo de dissídio coletivo de sua competência originária, salvo se a decisão atacada estiver em consonância com procedente jurisprudencial do Tribunal Superior do Trabalho ou da Súmula de sua jurisprudência predominante.

15.7 Agravo regimental e agravo interno

As decisões proferidas pelos Tribunais têm como objetivo a demonstração da vontade da maioria do Colegiado (ou seja, decisão em conjunto), sejam elas definitivas ou terminativas, ou ainda mesmo com natureza de decisão interlocutória.

No entanto, em prestígio à celeridade e economia processuais, o legislador concedeu maiores poderes ao Relator, que pode decidir monocraticamente em certas situações, conforme já vimos em capítulos anteriores.

Dessa forma, o agravo retido e o agravo regimental surgiram para possibilitar a submissão da decisão monocrática do relator ao Colegiado (recursos que podem ser interpostos da decisão monocrática para análise pelo Colegiado do Tribunal), razão pela qual podemos definir o agravo retido como aquele previsto em lei, mais especificamente nos arts. 894, §3º e §4º, CLT, e no art. 1.021 do CPC, enquanto o agravo regimental é aquele previsto no regimento interno do tribunal.

CLT, art. 894, § 3º O Ministro Relator denegará seguimento aos embargos:
I - se a decisão recorrida estiver em consonância com súmula da jurisprudência do Tribunal Superior do Trabalho ou do Supremo Tribunal Federal, ou com iterativa, notória e atual jurisprudência do Tribunal Superior do Trabalho, cumprindo-lhe indicá-la;
II - nas hipóteses de intempestividade, deserção, irregularidade de representação ou de ausência de qualquer outro pressuposto extrínseco de admissibilidade.

§ 4º Da decisão denegatória dos embargos caberá agravo, no prazo de 8 (oito) dias.

CPC, art. 1.021. Contra decisão proferida pelo relator caberá agravo interno para o respectivo órgão colegiado, observadas, quanto ao processamento, as regras do regimento interno do tribunal.

A parte tem o prazo de 8 dias para interpor esses recursos (como regra, podendo haver algum prazo diferenciado no caso de agravo regimental, tendo em vista a previsão do regimento interno de cada Tribunal), sendo que a Fazenda Pública, o Ministério Público do Trabalho e a Defensoria Pública possuem prazo em dobro.

No caso de interposição de agravo interno manifestamente improcedente ou inadmissível, conforme votação unânime, e a fim de evitar que a parte maneje esse recurso com intuito meramente protelatório, a legislação previu a aplicação de multa a ser paga pelo agravante a favor do agravado. Além disso, a legislação condicionou a apresentação de qualquer outro recurso ao pagamento dessa multa (exceto para a Fazenda Pública e para o beneficiário da gratuidade de justiça, que a pagarão ao final), que pode ser aplicada a qualquer das partes, inclusive o reclamante.

CPC, art. 1.021, § 4º Quando o agravo interno for declarado manifestamente inadmissível ou improcedente em votação unânime, o órgão colegiado, em decisão fundamentada, condenará o agravante a pagar ao agravado multa fixada entre um e cinco por cento do valor atualizado da causa.

§ 5º A interposição de qualquer outro recurso está condicionada ao depósito prévio do valor da multa prevista no § 4º, à exceção da Fazenda Pública e do beneficiário de gratuidade da justiça, que farão o pagamento ao final.

Orientação Jurisprudencial nº 389, SDI-1/TST. MULTA PREVISTA NO ART. 1.021, §§ 4º E 5º, DO CPC DE 2015. ART. 557, § 2º, DO CPC DE 1973. RECOLHIMENTO. PRESSUPOSTO RECURSAL. BENEFICIÁRIO DA JUSTIÇA GRATUITA E FAZENDA PÚBLICA. PAGAMENTO AO FINAL. (nova redação em decorrência do CPC de 2015) – Res. 209/2016, DEJT divulgado em 01, 02 e 03/06/2016

Constitui ônus da parte recorrente, sob pena de deserção, depositar previamente a multa aplicada com fundamento nos §§ 4º e 5º, do art. 1.021, do CPC de 2015 (§ 2º do art. 557 do CPC de 1973), à exceção da Fazenda Pública e do beneficiário de justiça gratuita, que farão o pagamento ao final.

15.8 Recurso extraordinário

O recurso extraordinário é aquele a ser julgado pelo Supremo Tribunal Federal e, por possuir natureza extraordinária, não admite reexame de fatos e provas, mas apenas discussão de matérias jurídicas, sendo necessário o preenchimento dos pressupostos de prequestionamento e fundamentação vinculada (ou seja, matéria prevista expressamente em lei), além da exigência de demonstração de que a decisão impugnada possui repercussão geral.

É cabível no Processo do Trabalho, mas apenas depois de esgotados todos os recursos na seara trabalhista, e nas hipóteses previstas no art. 102, III, CRFB/88:

CRFB/88, art. 102: Compete ao Supremo Tribunal Federal, precipuamente, a guarda da Constituição, cabendo-lhe:

III - julgar, mediante recurso extraordinário, as causas decididas em única ou última instância, quando a decisão recorrida:
a) contrariar dispositivo desta Constituição;
b) declarar a inconstitucionalidade de tratado ou lei federal;
c) julgar válida lei ou ato de governo local contestado em face desta Constituição;
d) julgar válida lei local contestada em face de lei federal.

§ 3º No recurso extraordinário o recorrente deverá demonstrar a repercussão geral das questões constitucionais discutidas no caso, nos termos da lei, a fim de que o Tribunal examine a admissão do recurso, somente podendo recusá-lo pela manifestação de dois terços de seus membros.

Por não ser um recurso tipicamente trabalhista, a parte tem prazo de 15 dias para sua interposição, tendo o mesmo prazo para contrarrazões.

CAPÍTULO 16
EXECUÇÃO TRABALHISTA

16.1 Execução trabalhista – introdução, autonomia e competência

Até o presente momento estudamos a chamada fase de conhecimento, justamente onde se discute acerca da existência ou não direito pleiteado.

Uma vez sendo reconhecido o direito e em havendo parcelas de natureza condenatória, com obrigações de fazer e pagar, especialmente, passamos à fase seguinte de satisfação do crédito autoral, que pode, inclusive, ser cumprido de forma espontânea pelo réu. No entanto, caso a obrigação não seja cumprida espontaneamente, temos o início da execução, que tem como principal objetivo a satisfação do direito material reconhecido como existente.

Dessa forma, após termos o reconhecimento do direito em um título judicial ou extrajudicial, o que será objeto de estudo posterior, nas hipóteses em que o devedor não os cumpra de forma voluntária, teremos o início da fase para satisfação da obrigação constante do título, o que acontece na execução.

A execução trabalhista é regida pela CLT, com os dispositivos a partir do art. 876. No entanto, há diversas lacunas na CLT acerca do tema, e, por certo, ao Juiz é vedado deixar de julgar por ausência de norma específica. Nesse caso, passa-se à aplicação subsidiária da Lei de Execuções Fiscais, e apenas no caso de omissão desta é que passamos a utilizar o Código de Processo Civil (exceto quando a própria regra trabalhista determinar a aplicação obrigatória do CPC, tal como ocorre com o art. 882, CLT).

CLT, art. 889. Aos trâmites e incidentes do processo da execução são aplicáveis, naquilo em que não contravierem ao presente Título, os preceitos que regem o processo dos executivos fiscais para a cobrança judicial da dívida ativa da Fazenda Pública Federal.

CLT, art. 882. O executado que não pagar a importância reclamada poderá garantir a execução mediante depósito da quantia correspondente, atualizada e acrescida das despesas processuais, apresentação de seguro-garantia judicial ou nomeação de bens à penhora, observada a ordem preferencial estabelecida no art. 835 da Lei nº 13.105, de 16 de março de 2015 – Código de Processo Civil.

A aplicação subsidiária pressupõe, portanto, a existência de lacuna na CLT, e a compatibilidade entre o dispositivo a ser utilizado e os princípios e regras trabalhistas.

No que se refere à autonomia da execução, muito se discute se é efetivamente autônoma (ou seja, independente do processo de conhecimento) ou se apenas uma fase do processo de conhecimento.

E dois são os entendimentos sobre essa indagação. O primeiro defende a autonomia da execução baseado no texto do art. 880, CLT, pois a execução seria iniciada com a citação do executado, o que dá ideia de um novo processo, pela existência de títulos executivos extrajudiciais, e ainda pela nova redação do art. 878, CLT, que determina que, como regra, a execução seja promovida pelas partes, e não mais com impulso de ofício pelo Juiz.

CLT, art. 878 - A execução será promovida pelas partes, permitida a execução de ofício pelo juiz ou pelo Presidente do Tribunal apenas nos casos em que as partes não estiverem representadas por advogado.

CLT, art. 880 - Requerida a execução, o juiz ou presidente do tribunal mandará expedir mandado de citação do executado, a fim de que cumpra a decisão ou o acordo no prazo, pelo modo e sob as cominações estabelecidas ou, quando se tratar de pagamento em dinheiro, inclusive de contribuições sociais devidas à União, para que o faça em 48 (quarenta e oito) horas ou garanta a execução, sob pena de penhora.

O segundo entendimento, ao qual nos filiamos, preleciona pela ausência de autonomia da execução, que é apenas fase de um único processo em virtude da defesa de um processo sincrético, ou seja, sem dicotomia entre conhecimento e execução.

Os defensores desse posicionamento levam em conta a possibilidade da execução ser promovida de ofício, ainda que de forma excepcional quando a parte estiver desassistida de advogado, na forma do art. 878, CLT, a utilização na execução dos princípios da celeridade e simplicidade, o impulso da fase de execução com mera petição, não sendo necessária uma petição inicial formal, e, como dito acima, a prevalência de processo sincrético (um único processo contemplará todas as funções processuais, do conhecimento até a efetiva satisfação da obrigação).

Por fim, com relação à competência para a execução temos que para os títulos executivos judiciais (ou seja, aqueles produzidos no âmbito do Poder Judiciário) será competente o Juiz que tiver conciliado ou julgado originariamente a ação (assim, a execução será processada no juízo de origem, aplicando-se o princípio da *perpetuatio jurisdictionis*, em que a execução se processará onde tramitou o conhecimento), razão pela qual a competência será conhecida no momento do ajuizamento da ação.

CLT, art. 877 - É competente para a execução das decisões o Juiz ou Presidente do Tribunal que tiver conciliado ou julgado originariamente o dissídio.

Já para os títulos executivos extrajudiciais, a competência será do juiz que teria competência para análise e julgamento da matéria na fase de conhecimento, o que acaba por seguir, como regra, os ditames do art. 651, CLT.

Assim, no juízo em que tramitaria a fase de conhecimento, tramita a fase de execução.

CLT, art. 877-A - É competente para a execução de título executivo extrajudicial o juiz que teria competência para o processo de conhecimento relativo à matéria.

16.2 Princípios utilizados na fase de execução

16.2.1 Princípio da prevalência do interesse do credor trabalhista

Por esse princípio, fica claro que a execução será processada conforme interesse do credor para satisfação do seu crédito, razão pela qual caberá a este a possibilidade de escolha dentre os bens possivelmente penhorados, bem como a preferência na adjudicação.

CPC, art. 797. Ressalvado o caso de insolvência do devedor, em que tem lugar o concurso universal, realiza-se a execução no interesse do exequente que adquire, pela penhora, o direito de preferência sobre os bens penhorados.

Parágrafo único. Recaindo mais de uma penhora sobre o mesmo bem, cada exequente conservará o seu título de preferência.

16.2.2 Princípio da execução promovida da forma menos onerosa ao devedor

A fim de compatibilizar esse princípio com o acima já estudado, temos que o legislador não pretende defender ou proteger o devedor, mas sim estabelecer que em havendo mais de uma forma de satisfação do crédito, e sendo todas igualmente satisfativas e efetivas, deverá ser escolhida a que se mostre menos gravosa ao devedor.

CPC, art. 805. Quando por vários meios o exequente puder promover a execução, o juiz mandará que se faça pelo modo menos gravoso para o executado.

Parágrafo único. Ao executado que alegar ser a medida executiva mais gravosa incumbe indicar outros meios mais eficazes e menos onerosos, sob pena de manutenção dos atos executivos já determinados.

16.2.3 Princípio do impulso oficial

Tal questão foi profundamente alterada pela Reforma Trabalhista, e acabou por se tornar exceção, e mais a regra nas execuções trabalhistas. Assim, como regra geral temos que a execução será promovida pela parte, salvo se esta não estiver representada por advogado nos autos.

CLT, art. 878. A execução será promovida pelas partes, permitida a execução de ofício pelo juiz ou pelo Presidente do Tribunal apenas nos casos em que as partes não estiverem representadas por advogado.

16.2.4 Princípio da limitação na expropriação

O limite da execução consiste no pagamento do valor do crédito. Assim, não havendo pagamento espontâneo nem garantia da execução, essa prosseguirá a penhora de tantos bens quantos sejam necessários para o pagamento do valor reconhecido, não podendo constituir em excesso ou abuso na execução.

CLT, art. 883 - Não pagando o executado, nem garantindo a execução, seguir-se-á penhora dos bens, tantos quantos bastem ao pagamento da importância da condenação, acrescida de custas e juros de mora, sendo estes, em qualquer caso, devidos a partir da data em que for ajuizada a reclamação inicial.

16.3 Título executivo

O título executivo é o documento que contém a obrigação a ser cumprida, ou seja, possui as especificações da dívida, bem como daqueles que sejam o credor e o devedor, e possíveis formas especiais de quitação.

Não existe execução sem título e a lei processual estabelece que a obrigação nele constante deve ser certa, líquida e exigível.

CPC, art. 783. A execução para cobrança de crédito fundar-se-á sempre em título de obrigação certa, líquida e exigível

CPC, art. 786. A execução pode ser instaurada caso o devedor não satisfaça a obrigação certa, líquida e exigível consubstanciada em título executivo.

Parágrafo único. A necessidade de simples operações aritméticas para apurar o crédito exequendo não retira a liquidez da obrigação constante do título.

A obrigação deve ser <u>certa</u>, pois no título devem estar presentes os elementos da obrigação, ou seja, partes (quem deve e a quem deve) e objeto (o que deve), <u>líquida</u> (deve constar o *quantum* da obrigação, com determinação do valor ou sua quantificação) e exigível (obrigação não sujeita a termo ou condição, incidindo imediatamente sobre as partes).

16.3.1 Espécies de títulos

Os títulos podem ser judiciais ou extrajudiciais.

16.3.1.1 Títulos judiciais

Os títulos judiciais são aqueles formados ou produzidos pelo Poder Judiciário. Temos no processo do trabalho os seguintes: a decisão transitada em julgado, a decisão impugnada por recurso sem efeito suspensivo, acordos judiciais não cumpridos, créditos previdenciários decorrentes da parte condenatória das sentenças ou dos acordos homologados, acordos extrajudiciais homologados em juízo e sentença arbitral.

CLT, art. 876 - As decisões passadas em julgado ou das quais não tenha havido recurso com efeito suspensivo; os acordos, quando não cumpridos; os termos de ajuste de conduta firmados perante o Ministério Público do Trabalho e os termos de conciliação firmados perante as Comissões de Conciliação Prévia serão executada pela forma estabelecida neste Capítulo (grifos nossos).

Parágrafo único. A Justiça do Trabalho executará, de ofício, as contribuições sociais previstas na alínea *a* do inciso I e no inciso II do **caput** do art. 195 da Constituição Federal, e seus acréscimos legais, relativas ao objeto da condenação constante das sentenças que proferir e dos acordos que homologar.

CLT, art. 855-B. O processo de homologação de acordo extrajudicial terá início por petição conjunta, sendo obrigatória a representação das partes por advogado.

CLT, art. 507-A. Nos contratos individuais de trabalho cuja remuneração seja superior a duas vezes o limite máximo estabelecido para os benefícios do Regime Geral de Previdência Social, poderá ser pactuada cláusula compromissória de arbitragem, desde que por iniciativa do empregado ou mediante a sua concordância expressa, nos termos previstos na Lei nº 9.307, de 23 de setembro de 1996.

16.3.1.2 Títulos extrajudiciais

Os títulos extrajudiciais são aqueles produzidos fora do Poder Judiciário. Assim, tendo o credor um título extrajudicial, não há necessidade de ajuizamento de ação de conhecimento, podendo já adentrar diretamente na fase de execução.

Ressalta-se que essa é uma faculdade do credor, que pode optar pelo ajuizamento de ação de conhecimento mesmo de posse de título executivo extrajudicial.

CPC, art. 785. A existência de título executivo extrajudicial não impede a parte de optar pelo processo de conhecimento, a fim de obter título executivo judicial.

Temos no processo do trabalho os seguintes: os termos de ajuste de conduta firmados perante o Ministério Público do Trabalho, os termos de conciliação firmados perante as Comissões de Conciliação Prévia, a certidão de dívida ativa da União referente às penalidades administrativas aplicadas ao empregador pelos órgãos de fiscalização, e o cheque e nota promissória emitidos em reconhecimento dívida inequivocamente trabalhista.

CLT, art. 876 - As decisões passadas em julgado ou das quais não tenha havido recurso com efeito suspensivo; os acordos, quando não cumpridos; <u>os termos de ajuste de conduta firmados perante o Ministério Público do Trabalho e os termos de conciliação firmados perante as Comissões de Conciliação Prévia</u> serão executada pela forma estabelecida neste Capítulo (grifos nossos).

CRFB/88, art. 114. Compete à Justiça do Trabalho processar e julgar: **VII** - as ações relativas às penalidades administrativas impostas aos empregadores pelos órgãos de fiscalização das relações de trabalho.

Instrução Normativa, nº 39 / 2016 (TST), art. 13. Por aplicação supletiva do art. 784, I (art. 15 do CPC), o cheque e a nota promissória emitidos em reconhecimento de dívida inequivocamente de natureza trabalhista também são títulos extrajudiciais para efeito de execução perante a Justiça do Trabalho, na forma do art. 876 e segs. da CLT.

16.4 Execução definitiva e execução provisória

A execução definitiva é aquela que decorre que decisão transitada em julgado, ou seja, sobre a qual não cabe mais qualquer recurso.

Já a execução provisória é a embasada em título provisório, suscetível a modificação, pois a decisão está pendente de recurso sem efeito suspensivo. Assim, enquanto pendente de julgamento do recurso é possível iniciar-se a execução que irá, em regra, até a penhora (ou seja, a garantia do juízo com a apreciação de todos os incidentes, inclusive possíveis embargos à execução, conforme tese majoritária).

CLT, art. 899 - Os recursos serão interpostos por simples petição e terão efeito meramente devolutivo, salvo as exceções previstas neste Título, permitida a execução provisória até a penhora.

Na linha da execução provisória, pode-se processar até a penhora; há entendimento pela utilização do art. 520, CPC, que permite até mesmo a liberação de dinheiro ao exequente ou atos de alienação, desde que haja nos autos caução suficiente e idônea pelo exequente, e conforme arbitrado pelo juízo.

CPC, art. 520. O cumprimento provisório da sentença impugnada por recurso desprovido de efeito suspensivo será realizado da mesma forma que o cumprimento definitivo, sujeitando-se ao seguinte regime:

I - corre por iniciativa e responsabilidade do exequente, que se obriga, se a sentença for reformada, a reparar os danos que o executado haja sofrido;

II - fica sem efeito, sobrevindo decisão que modifique ou anule a sentença objeto da execução, restituindo-se as partes ao estado anterior e liquidando-se eventuais prejuízos nos mesmos autos;

III - se a sentença objeto de cumprimento provisório for modificada ou anulada apenas em parte, somente nesta ficará sem efeito a execução;

IV - o levantamento de depósito em dinheiro e a prática de atos que importem transferência de posse ou alienação de propriedade ou de outro direito real, ou dos quais possa resultar grave dano ao executado, dependem de caução suficiente e idônea, arbitrada de plano pelo juiz e prestada nos próprios autos.

A execução provisória depende de iniciativa do exequente, não podendo ser processada de ofício, uma vez que seus atos correm sob sua responsabilidade objetiva, que se obriga a reparar ao executado possíveis danos, na hipótese de reforma da sentença, conforma o acima citado inciso I do art. 520, CPC.

A execução provisória se processará por intermédio de carta de sentença, que será formada pelo exequente, e a seu requerimento, com juntada das peças indicadas na lei, caso não sejam autos eletrônicos.

CPC, art. 522. O cumprimento provisório da sentença será requerido por petição dirigida ao juízo competente.

Parágrafo único. Não sendo eletrônicos os autos, a petição será acompanhada de cópias das seguintes peças do processo, cuja autenticidade poderá ser certificada pelo próprio advogado, sob sua responsabilidade pessoal:

I - decisão exequenda;
II - certidão de interposição do recurso não dotado de efeito suspensivo;
III - procurações outorgadas pelas partes;
IV - decisão de habilitação, se for o caso;
V - facultativamente, outras peças processuais consideradas necessárias para demonstrar a existência do crédito.

Caso, após iniciada a execução provisória, sobrevenha decisão que modifique ou anule a sentença objeto da execução, aquela será tornada sem efeito, restituindo-se as partes ao estado anterior. No entanto, se a sentença objeto da execução provisória for modificada ou anulada apenas parcialmente, somente com relação a essa parte a execução deixará de ter efeito.

16.5 Legitimidade na execução

A legitimidade ativa, ou seja, daquele que pode promover a execução, está prevista no art. 878, CLT, que acima já mencionamos e transcrevemos, onde caberá à parte promover a execução, ficando o impulso de ofício limitado aos casos em que a parte não esteja representada por advogado, exceto quanto à competência para execução de ofício das contribuições previdenciárias derivadas das parcelas de natureza salarial decorrentes da parte condenatória das sentenças ou dos acordos homologados.

No entanto, entendemos que não se deve interpretar tal dispositivo de forma tão literal, pois caberia ao exequente iniciar a execução, mas sem limitar o juiz a determinar expedição de ofícios, bloqueio de contas ou penhora de bens, independentemente de requerimento expresso, tudo derivando do princípio da execução conforme interesse do credor.

O Art. 778 do CPC traz outros legitimados a promover a execução, além da parte, e temos sua aplicação subsidiária ao Processo do Trabalho.

CPC, art. 778. Pode promover a execução forçada o credor a quem a lei confere título executivo.

§ 1º Podem promover a execução forçada ou nela prosseguir, em sucessão ao exequente originário:

I - o Ministério Público, nos casos previstos em lei;

II - o espólio, os herdeiros ou os sucessores do credor, sempre que, por morte deste, lhes for transmitido o direito resultante do título executivo;

III - o cessionário, quando o direito resultante do título executivo lhe for transferido por ato entre vivos;

IV - o sub-rogado, nos casos de sub-rogação legal ou convencional.

V - A legitimidade passiva, por sua vez, está ligada a quem competirá o pagamento do crédito reconhecido, devendo ser aplicado o art. 4º da Lei nº 6.830/80 e no mesmo sentido o art. 779, CPC:

Lei nº 6.830/80, art. 4º - A execução fiscal poderá ser promovida contra:

I - o devedor;
II - o fiador;
III - o espólio;
IV - a massa;

V - o responsável, nos termos da lei, por dívidas, tributárias ou não, de pessoas físicas ou pessoas jurídicas de direito privado; e

VI - os sucessores a qualquer título.

CPC, art. 779 - A execução pode ser promovida contra:

I - o devedor, reconhecido como tal no título executivo;

II - o espólio, os herdeiros ou os sucessores do devedor;

III - o novo devedor que assumiu, com o consentimento do credor, a obrigação resultante do título executivo;

IV - o fiador do débito constante em título extrajudicial;

V - o responsável titular do bem vinculado por garantia real ao pagamento do débito;

VI - o responsável tributário, assim definido em lei.

16.6 Da responsabilidade patrimonial

A responsabilidade quanto ao pagamento da dívida recai sobre o patrimônio do devedor, pois embora a dívida seja pessoal, a responsabilidade não atinge a pessoa do devedor, mas apenas seu patrimônio, exceto na hipótese de dívida por pensão alimentícia.

Assim, os bens do devedor, sejam eles presentes ou futuros e ressalvadas as restrições contidas no art. 789, CPC, é que respondem para o cumprimento de suas obrigações.

CPC, art. 789. O devedor responde com todos os seus bens presentes e futuros para o cumprimento de suas obrigações, salvo as restrições estabelecidas em lei.

No entanto, essa responsabilidade patrimonial do devedor é a que chamamos de responsabilidade patrimonial primária, pois o patrimônio do devedor será o primeiro a ser atingido em sede de execução.

Isso não quer dizer que, de forma secundária, o patrimônio de outros sujeitos não possam ser atingidos para a satisfação do crédito, tal como previsto no art. 790, CLT, que é o que denominamos de responsabilidade patrimonial secundária.

CPC, art. 790. São sujeitos à execução os bens:
I - do sucessor a título singular, tratando-se de execução fundada em direito real ou obrigação reipersecutória;
II - do sócio, nos termos da lei;
III - do devedor, ainda que em poder de terceiros;
IV - do cônjuge ou companheiro, nos casos em que seus bens próprios ou de sua meação respondem pela dívida;
V - alienados ou gravados com ônus real em fraude à execução;
VI - cuja alienação ou gravação com ônus real tenha sido anulada em razão do reconhecimento, em ação autônoma, de fraude contra credores;
VII - do responsável, nos casos de desconsideração da personalidade jurídica.

A partir desse dispositivo legal, surgem outras hipóteses de responsabilidade patrimonial, que veremos a seguir:

16.6.1 Responsabilidade na sucessão de empregadores

Segundo o mestre Maurício Godinho Delgado, a sucessão "consiste instituto em virtude do qual se opera, no contexto da transferência de titularidade de empresa ou estabelecimento, a completa transmissão de créditos e a assunção de dívidas trabalhistas entre alienante e adquirente envolvidos"[19].

Certo, portanto, que não se trata de simples compra e venda de estabelecimento, mas de efetiva transferência de titularidade da empresa, o que acarreta ao sucessor a responsabilidade pelos créditos e débitos do sucedido, passados, presentes e futuros, inclusive quanto a obrigações contraídas na época em que empregados trabalhavam para o sucedido, exceto se comprovada hipótese de sucessão fraudulenta, o que acarretará responsabilidade solidária entre sucedido e sucessor.

CLT, art. 448-A. Caracterizada a sucessão empresarial ou de empregadores prevista nos arts. 10 e 448 desta Consolidação, as obrigações

---
[19] DELGADO, Maurício Godinho. *Curso de direito do trabalho*. 15. ed. São Paulo: Editora LTR. 2016, p. 459.

trabalhistas, inclusive as contraídas à época em que os empregados trabalhavam para a empresa sucedida, são de responsabilidade do sucessor.

Parágrafo único. A empresa sucedida responderá solidariamente com a sucessora quando ficar comprovada fraude na transferência.

16.6.2 Responsabilidade decorrente da terceirização

Conforme previsão da Lei nº 6.019/74, art. 5º-A, §5º, e tendo em vista que o tomador de serviços se benéfica diretamente do trabalho do prestador, temos que, na fase de execução, a responsabilidade principal (ou primária) competirá a seu empregador (empresa prestadora de serviços ou de trabalho temporário), enquanto àquele primeiro terá a responsabilidade subsidiária (ou secundária).

Lei nº 6.019/74, art. 5º-A, §5º – A empresa contratante é subsidiariamente responsável pelas obrigações trabalhistas referentes ao período em que ocorrer a prestação de serviços, e o recolhimento das contribuições previdenciárias observará o disposto no art. 31 da Lei nº 8.212, de 24 de julho de 1991.

A fim de que tal responsabilidade subsidiária seja efetivada há necessidade que o tomador de serviços conste na relação processual desde o início, e, consequentemente, do título executivo, conforme preconiza a Súmula nº 331, IV, TST, motivo pelo qual o responsável subsidiário não pode ser simplesmente incluído apenas na fase de execução. Além disso, a responsabilidade subsidiária do tomador de serviços abrange todas as verbas constantes da condenação, mas alusivas apenas ao período em que tenha se beneficiado da prestação de serviços do prestador.

TST, Súmula nº 331, IV - O inadimplemento das obrigações trabalhistas, por parte do empregador, implica a responsabilidade subsidiária do tomador dos serviços quanto àquelas obrigações, desde que haja participado da relação processual e conste também do título executivo judicial.

VI - A responsabilidade subsidiária do tomador de serviços abrange todas as verbas decorrentes da condenação referentes ao período da prestação laboral.

No tocante ao momento em que os bens do responsável subsidiário podem ser atingidos, temos divergência na doutrina e na jurisprudência, pois enquanto a tese majoritária entende que os bens do responsável subsidiário apenas podem ser atingidos após esgotadas todas as possibilidades de pagamento pelo devedor principal (ou seja, após serem tentados atos de efetiva constrição patrimonial), o entendimento minoritário preconiza que não há necessidade desse esgotamento total, bastando que o devedor principal seja citado para pagar e não o faça, quando o responsável subsidiário poderá ser acionado, pois nesse caso este poderia invocar o benefício de ordem e indicar bens do devedor principal.

Por medida de celeridade processual, e pela possibilidade de invocação do benefício de ordem, estamos com a tese minoritária.

16.6.3 Responsabilidade do sócio por meio do incidente de desconsideração da personalidade jurídica

Remetemos o leitor ao já por nós abordado neste livro, no Capítulo 8, seção 8.2.3.

Acrescentamos, no entanto, a questão da responsabilidade do sócio retirante, conforme previsão do art. 10-A, CLT:

CLT, art. 10-A. O sócio retirante responde subsidiariamente pelas obrigações trabalhistas da sociedade relativas ao período em que figurou como sócio, somente em ações ajuizadas até dois anos depois de averbada a modificação do contrato, observada a seguinte ordem de preferência:

I - a empresa devedora;

II - os sócios atuais; e

III - os sócios retirantes.

Parágrafo único. O sócio retirante responderá solidariamente com os demais quando ficar comprovada fraude na alteração societária decorrente da modificação do contrato.

Claro, assim, que o sócio retirante tem sua responsabilidade limitada ao período em que figurou como sócio, e pelo prazo de 02 anos a partir da averbação da respectiva alteração contratual. Dessa forma, caso haja alteração contratual "de gaveta", ou seja, sem o devido registro, não há contagem de tempo para tal limitação, que depende da formalidade do registro no órgão competente.

Dentro desse prazo de 02 anos temos ainda uma ordem de preferência para a execução, quando os bens do sócio retirante apenas serão atingidos após a tentativa de recebimento pelos bens da empresa devedora (pessoa jurídica), e em seguida dos bens dos sócios atuais.

Haverá, no entanto, responsabilidade solidária entre o sócio retirante e os demais quando comprovada a fraude na alteração societária decorrente da modificação do contrato.

16.6.4 Responsabilidade das empresas pertencentes do mesmo grupo econômico

A CLT dispõe sobre a responsabilidade de empresas pertencentes ao mesmo grupo econômico no art. 2º, §2º, CLT:

CLT, art. 2º, § 2º Sempre que uma ou mais empresas, tendo, embora, cada uma delas, personalidade jurídica própria, estiverem sob a direção, controle ou administração de outra, ou ainda quando, mesmo guardando cada uma sua autonomia, integrem grupo econômico, serão responsáveis solidariamente pelas obrigações decorrentes da relação de emprego.

Assim, as empresas pertencente ao mesmo grupo econômico (grupo de empresas, organizadas por coordenação ou subordinação) possuem responsabilidade solidária pelas obrigações decorrentes da relação de emprego, motivo pelo qual, em sede de execução, não haverá benefício de ordem para o pagamento, podendo os bens de qualquer das empresas do grupo serem atingidos indistintamente para quitação do crédito autoral.

Registre-se aqui que paira no STF o tema 1232, em que se discute em Recurso extraordinário à luz dos artigos 5º, II, LIV e LV, 97 e 170 da Constituição Federal, acerca da possibilidade da inclusão, no polo passivo de execução trabalhista, de pessoa jurídica reconhecida como do grupo econômico, sem ter participado da fase de conhecimento, em alegado afastamento do artigo 513, § 5º, do CPC, em violação à Súmula Vinculante nº 10, e, ainda, independente de instauração de incidente de desconsideração da personalidade jurídica (artigos 133 a 137 e 795, § 4º, do CPC).

16.7 Fraude contra credores e fraude à execução

Inicialmente cabe dizer que não é porque uma parte ostenta a qualidade de devedor que não poderá dispor de seus bens. No entanto, há limites nesse procedimento, pois tal alienação não pode causar prejuízo a terceiros com a falta de bens ou ativos que não consigam satisfazer o credor, ocorrendo a insolvência.

Na fraude contra credores, que se trata de instituto de direito material, temos um defeito do negócio jurídico com previsão no Código Civil, arts. 158 a 165, e que depende da presença dos seguintes requisitos: anterioridade do crédito (quando da alienação ou disposição de bens o crédito já deve existir), insolvência do devedor em decorrência da fraude (chamado de *eventum damini*, dá-se quando o devedor se torna insolvente em virtude da alienação do bem, razão pela qual não conseguirá arcar com suas dívidas) e objetivo fraudulento (chamado de *consilium fraudis*, ocorre quando o devedor e o adquirente têm conhecimento de que o negócio provocará a insolvência do primeiro).

Claro, assim, que para configuração de fraude contra credores não há necessidade de existência de ação pendente.

A fraude contra credores será reconhecida por meio de ação autônoma (ação pauliana), de competência da justiça comum, em que o credor deverá comprovar a presença dos requisitos acima elencados. Nessa hipótese, o negócio será anulado e o bem retornará ao patrimônio do devedor.

Já na fraude à execução, que constitui ato atentatório à dignidade da justiça, pressupõe a existência de ação pendente, sendo instituto de Direito Processual. Nesse caso, aplicamos na fraude à execução o art. 792, CPC:

CPC, art. 792. A alienação ou a oneração de bem é considerada fraude à execução:

I - quando sobre o bem pender ação fundada em direito real ou com pretensão reipersecutória, desde que a pendência do processo tenha sido averbada no respectivo registro público, se houver;

II - quando tiver sido averbada, no registro do bem, a pendência do processo de execução, na forma do art. 828;
III - quando tiver sido averbado, no registro do bem, hipoteca judiciária ou outro ato de constrição judicial originário do processo onde foi arguida a fraude;
IV - quando, ao tempo da alienação ou da oneração, tramitava contra o devedor ação capaz de reduzi-lo à insolvência;
V - nos demais casos expressos em lei.

Entre as hipóteses acima, podemos destacar os itens II e III, que dependem da averbação, elemento que demonstrará a fraude à execução, pois dá ciência a terceiros da existência da dívida. Assim, a alienação de bem no qual consta averbação, na pendência de execução, constitui fraude à execução.

Quanto ao item IV, temos como requisitos que ao tempo da alienação estivesse em curso ação em face do devedor (como no Processo do Trabalho a notificação é automática, entende-se como lide pendente aquela simplesmente ajuizada), e que o executado se torne insolvente em decorrência da alienação ou oneração do bem.

A fraude à execução pode ser conhecida de ofício, mas antes de tal declaração o juízo deverá intimar o terceiro adquirente, na forma do art. 792, §4º, e este, querendo, poderá ajuizar embargos de terceiro. Na hipótese de bens não sujeitos a registro, o terceiro poderá comprovar que era adquirente de boa-fé, pois tomou todas as cautelas quando da aquisição. Nesse caso, entendemos que seria hipótese de não caracterizar a fraude, em virtude da aplicação dos princípios da proporcionalidade e razoabilidade.

Caso a fraude à execução seja reconhecida, temos o ato como ineficaz, não produzindo qualquer efeito em relação ao credor, que poderá requerer e penhorar o bem.

16.8 Liquidação de sentença

As sentenças proferidas pelo Juiz do Trabalho podem ser líquidas, onde já são fixados os valores das verbas deferidas, sendo, inclusive, essa a recomendação da Corregedoria Geral da Justiça do Trabalho, ou ilíquidas, onde será necessária uma fase prévia a de execução para apuração dos valores devidos, conforme a decisão proferida.

A liquidação de sentença encontra-se prevista na CLT no art. 879, e acaba por complementar e preparar a decisão para a fase de execução. Cumpre destacar que a liquidação não pode alterar ou modificar a sentença objeto da liquidação, nem mesmo discutir matéria referente à causa, sendo apenas fase para obtenção dos valores, conforme os pedidos ou obrigações deferidas.

A liquidação de sentença pode ser feita por cálculos, por artigos ou arbitramento, e também abrangerá as parcelas previdenciárias incidentes.

CLT, art. 879 - Sendo ilíquida a sentença exequenda, ordenar-se-á, previamente, a sua liquidação, que poderá ser feita por cálculo, por arbitramento ou por artigos.

§ 1º - Na liquidação, não se poderá modificar, ou inovar, a sentença liquidanda nem discutir matéria pertinente à causa principal.

§ 1º-**A**. A liquidação abrangerá, também, o cálculo das contribuições previdenciárias devidas.

§ 1º-**B**. As partes deverão ser previamente intimadas para a apresentação do cálculo de liquidação, inclusive da contribuição previdenciária incidente.

16.8.1 Modalidades de liquidação

Como asseverado acima, a liquidação de sentença pode ser feita por cálculos, por artigos ou arbitramento.

A liquidação por cálculos tem lugar quando para se alcançar o montante devido depende-se apenas de elaboração de conta por cálculos aritméticos. A liquidação por artigos tem por finalidade provar fatos novos. E a liquidação por arbitramento ocorrerá quando os elementos dos autos não forem suficientes para a quantificação do julgado, podendo o Juiz decidir ou nomear perito para tanto.

16.8.1.1 Liquidação por cálculos

Na liquidação por cálculos, busca-se alcançar o montante devido por meio de cálculos aritméticos. Assim, as partes serão previamente intimadas para apresentação dos cálculos, inclusive dos valores incidentes de contribuição previdenciária, ressaltando que os cálculos também poderão ser elaborados pela contaria do Juízo.

Entendo que a competência para elaboração primária dos cálculos dependerá do entendimento do juízo, podendo atribuir às partes inicialmente, e apenas em caso de silêncio à Contadoria da Vara, ou a esta de forma primordial. Aplicamos o entendimento de que a conta poderá ser apresentada por um ou outro, a depender especialmente de sua complexidade e dos documentos que estejam nos autos, não havendo preferência.

Apresentada a conta e tornada líquida temos a aplicação do art. 879, §2º, CLT, que estabelece o contraditório na liquidação:

CLT, art. 879, § 2º Elaborada a conta e tornada líquida, o juízo deverá abrir às partes prazo comum de oito dias para impugnação fundamentada com a indicação dos itens e valores objeto da discordância, sob pena de preclusão.

Após o decurso do prazo acima, o Juízo proferirá a decisão de homologação dos cálculos, decisão que poderá ser objeto de embargos à execução pelo executado ou impugnação de liquidação pelo exequente.

Apresentados os cálculos pelas partes ou pelo órgão auxiliar do juízo, o Juízo deverá intimar a União para manifestações.

Em sendo complexos os cálculos, o Juiz poderá nomear perito, que ficará encarregado da sua elaboração.

CLT, Art.789, 3º. Elaborada a conta pela parte ou pelos órgãos auxiliares da Justiça do Trabalho, o juiz procederá à intimação da União para manifestação, no prazo de 10 (dez) dias, sob pena de preclusão.

§ 6º Tratando-se de cálculos de liquidação complexos, o juiz poderá nomear perito para a elaboração e fixará, depois da conclusão do trabalho, o valor dos respectivos honorários com observância, entre outros, dos critérios de razoabilidade e proporcionalidade.

16.8.1.2 Liquidação por artigos

A liquidação por artigos tem a finalidade de provar fatos novos. No entanto, bom ressaltar que o fato novo não tem ligação com o direito já discutido na fase de conhecimento, mas sim com o fato que diga respeito à liquidação tão somente.

Assim, a liquidação por artigos ocorrerá quando houver necessidade de alegar e provar fato novo para determinar o valor da condenação. Ocorrerá, por exemplo, quando o reclamante fizer pedido de devolução dos descontos em contracheque, o Juiz deferir o pedido e determinar que em liquidação os recibos faltantes deverão ser apresentados. Assim, em sendo apresentados haverá a liquidação com base nesse fato novo referente aos valores devidos.

Nesse caso, há necessidade de início da liquidação com apresentação de petição inicial expondo o motivo do fato novo que será apresentado para elaboração do valor devido. Por tal motivo, a doutrina entende que ela não pode ser iniciada de ofício, dependendo de provocação da parte interessada.

16.8.1.3 Liquidação por arbitramento

Na liquidação por arbitramento temos a hipótese em que os elementos dos autos não são suficientes para alcançar o valor devido, sendo necessário que as partes apresentem documentos ou pareceres elucidativos da questão. Assim, o Juiz decidirá de plano ou, não sendo possível, nomeará perito, quando se seguirá a produção da prova pericial.

CPC, art. 510. Na liquidação por arbitramento, o juiz intimará as partes para a apresentação de pareceres ou documentos elucidativos, no prazo que fixar, e, caso não possa decidir de plano, nomeará perito, observando-se, no que couber, o procedimento da prova pericial.

Assim como acontece na liquidação por cálculos, entendo que pode ser iniciada de ofício pelo Juiz por não se tratar ainda da fase de execução, não havendo, assim, aplicação do art. 878, CLT.

16.8.2 Impugnação da liquidação

Independentemente da modalidade de liquidação, temos que a decisão não é recorrível de imediato, demandando impugnação, se for o caso, no prazo do art. 879, §2º, CLT, acima já transcrito.

Caso não haja manifestação ocorre a preclusão, não sendo possível a impugnação posterior, não podendo invocar as matérias nos embargos à execução ou na impugnação à decisão de homologação.

A partir da decisão de homologação, com a consequente citação das partes para ciência, nasce a possibilidade do art. 884, §3º, CLT:

CLT, art. 884, § 3º - Somente nos embargos à penhora poderá o executado impugnar a sentença de liquidação, cabendo ao exequente igual direito e no mesmo prazo.

Dessa forma, depois de garantido o juízo o executado pode apresentar embargos à execução, e o exequente poderá apresentar impugnação à decisão de liquidação, ambos no prazo de 5 dias.

16.9 Execução por quantia certa contra devedor solvente

A execução por quantia certa tem como finalidade expropriar bens do devedor para satisfação do credor, caso não haja cumprimento espontâneo da decisão. No presente tópico, vamos estudar o caso em que o patrimônio do devedor seja superior à dívida, sendo hipótese, portanto, de devedor solvente.

A execução, assim, terá os seguintes passos:

16.9.1 Citação

Iniciada a execução por iniciativa da parte, o Juiz determinará a citação do executado, que será realizada por meio de oficial de justiça (devendo a citação ser realizada na pessoa do executado ou em que tenha poderes expressos para representa-lo), e com intuito de dar ciência da existência da execução.

Caso não seja possível a citação pessoal por meio de mandado, que deverá conter a decisão exequenda ou o termo de acordo não cumprido, há possibilidade que a citação ocorra por edital, desde que o executado seja procurado por 2 vezes em 48 horas e não seja encontrado.

No mandado ou no edital de citação deverá conter a determinação de cumprimento da decisão, no prazo e modo determinados pelo Juízo, inclusive com pagamento das contribuições previdenciárias incidentes, quando o executado, no prazo de 48 horas, poderá pagar a dívida, garantir a execução com depósito do valor devido, nomear bens à penhora ou manter-se inerte.

CLT, art. 880. Requerida a execução, o juiz ou presidente do tribunal mandará expedir mandado de citação do executado, a fim de que cumpra a decisão ou o acordo no prazo, pelo modo e sob as cominações estabelecidas ou, quando se tratar de pagamento em dinheiro, inclusive de contribuições sociais devidas à União, para que o faça em 48 (quarenta e oito) horas ou garanta a execução, sob pena de penhora.

§ 1º - O mandado de citação deverá conter a decisão exequenda ou o termo de acordo não cumprido.

§ 2º - A citação será feita pelos oficiais de diligência.

§ 3º - Se o executado, procurado por 2 (duas) vezes no espaço de 48 (quarenta e oito) horas, não for encontrado, far-se-á citação por edital, publicado no jornal oficial ou, na falta deste, afixado na sede da Junta ou Juízo, durante 5 (cinco) dias.

Na hipótese de o executado pagar a dívida será lavrado termo de quitação e haverá a extinção da execução.

CLT, art. 881 - No caso de pagamento da importância reclamada, será este feito perante o escrivão ou secretário, lavrando-se termo de quitação, em 2 (duas) vias, assinadas pelo exequente, pelo executado e pelo mesmo escrivão ou secretário, entregando-se a segunda via ao executado e juntando-se a outra ao processo.

Parágrafo único - Não estando presente o exequente, será depositada a importância, mediante guia, em estabelecimento oficial de crédito ou, em falta deste, em estabelecimento bancário idôneo.

Caso o processo seja eletrônico, ou seja, tramitando por meio do sistema do PJE, não haverá necessidade da emissão de via ao executado, pois esse poderá ter acesso à decisão de extinção pela internet a qualquer tempo.

A segunda hipótese consiste no executado garantir a execução depositando a quantia devida acrescida de despesas processuais, ou mediante apresentação de seguro fiança, que se encontra em patamar de igualdade com o dinheiro na ordem de preferência.

CLT, art. 882. O executado que não pagar a importância reclamada poderá garantir a execução mediante depósito da quantia correspondente, atualizada e acrescida das despesas processuais, apresentação de seguro-garantia judicial ou nomeação de bens à penhora, observada a ordem preferencial estabelecida no art. 835 da Lei nº 13.105, de 16 de março de 2015 – Código de Processo Civil.

A terceira hipótese consiste na garantia da execução com nomeação de bens à penhora, que deverá seguir a ordem preferencial do art. 835, CPC, não sendo hipótese de aplicação da Lei nº 6.830/80, pois o art. 882, CLT (acima já transcrito) menciona expressamente a utilização do art. 835 do diploma processual civil.

CPC, art. 835. A penhora observará, preferencialmente, a seguinte ordem:

I - dinheiro, em espécie ou em depósito ou aplicação em instituição financeira;
II - títulos da dívida pública da União, dos Estados e do Distrito Federal com cotação em mercado;
III - títulos e valores mobiliários com cotação em mercado;
IV - veículos de via terrestre;
V - bens imóveis;
VI - bens móveis em geral;
VII - semoventes;
VIII - navios e aeronaves;
IX - ações e quotas de sociedades simples e empresárias;
X - percentual do faturamento de empresa devedora;
XI - pedras e metais preciosos;
XII - direitos aquisitivos derivados de promessa de compra e venda e de alienação fiduciária em garantia;
XIII - outros direitos.

§ 1º É prioritária a penhora em dinheiro, podendo o juiz, nas demais hipóteses, alterar a ordem prevista no *caput de a*cordo com as circunstâncias do caso concreto.

§ 2º Para fins de substituição da penhora, equiparam-se a dinheiro a fiança bancária e o seguro garantia judicial, desde que em valor não inferior ao do débito constante da inicial, acrescido de trinta por cento.

A regulamentação sobre a utilização do seguro fiança para garantia das execuções trabalhistas bem como para utilização como depósito recursal encontra-se no Ato Conjunto TST e CSJT-CGJT nº 1, de 16 de outubro de 2019, sendo que nesse caso a fiança ou seguro garantia deverão ter o valor do débito acrescido de 30%.

Com exceção do dinheiro (e garantias a ele equiparados) que possui preferência sobre os demais, nas demais hipóteses o Juiz pode alterar a ordem conforme cada caso concreto.

Por último, temos a possibilidade de inércia do executado, que transcorrido o prazo não paga ou garante a execução. Nesse caso, temos a penhora forçada dos bens em tantos quantos bastem para a garantia da execução, penhora essa que, a princípio, será realizada pelo oficial de justiça.

CLT, art. 883 - Não pagando o executado, nem garantindo a execução, seguir-se-á penhora dos bens, tantos quantos bastem ao pagamento da importância da condenação, acrescida de custas e juros de mora, sendo estes, em qualquer caso, devidos a partir da data em que for ajuizada a reclamação inicial.

Garantida a execução ou penhorados os bens, deve-se dar ciência ao executado na forma do art. 841, CPC, respeitando, por certo, a garantia de impenhorabilidade de alguns bens.

CPC, art. 841. Formalizada a penhora por qualquer dos meios legais, dela será imediatamente intimado o executado.

Após, abre-se prazo de 5 dias para possíveis embargos à execução pelo executado, bem como impugnação pela parte exequente, prazos esses que se iniciam a partir da ciência da garantia do juízo. Em sendo apresentados, as partes contrárias serão intimadas para apresentação de defesa aos embargos à execução, e para resposta à impugnação, também no prazo de 5 dias.

CLT, art. 884 - Garantida a execução ou penhorados os bens, terá o executado 5 (cinco) dias para apresentar embargos, cabendo igual prazo ao exequente para impugnação.

Caso sejam arroladas testemunhas, será possível marcação de audiência para a devida oitiva.

O Juiz proferirá sentença (declarando subsistente ou insubsistente a penhora) e dessa decisão caberá Agravo de petição, no prazo de 08 dias.

CLT, art. 885 - Não tendo sido arroladas testemunhas na defesa, o juiz ou presidente, conclusos os autos, proferirá sua decisão, dentro de 5 (cinco) dias, julgando subsistente ou insubsistente a penhora.

CLT, art. 886 - Se tiverem sido arroladas testemunhas, finda a sua inquirição em audiência, o escrivão ou secretário fará, dentro de 48 (quarenta e oito) horas, conclusos os autos ao juiz ou presidente, que proferirá sua decisão, na forma prevista no artigo anterior.

CLT, art. 897 - Cabe agravo, no prazo de 8 (oito) dias:

a) de petição, das decisões do Juiz ou Presidente, nas execuções.

Após segue-se a fase de expropriação dos bens quando poderá ocorrer a adjudicação, a arrematação em hasta pública e a remição, que serão estudados em tópico próprio.

16.9.2 Penhora

A penhora é considerada ato de império do Estado, que adentra o patrimônio do devedor com a consequente apreensão judicial de tantos bens quantos sejam necessários para satisfação do crédito do exequente.

A penhora possui como efeitos a individualização dos bens do devedor (que estarão sujeitos a responder pela execução), a garantia do juízo (o futuro da execução está garantido com a penhora dos bens quantos sejam suficientes para garantir o pagamento do crédito do exequente e despesas processuais), direito de preferência ao credor (caso haja mais de uma penhora, o credor que obteve a primeira penhora tem preferência sobre os demais, na forma do art. 797, CPC), perda direta da posse do bem (o executado perde a administração do bem, exceto no caso do art. 840, CPC) e torna ineficaz a alienação do bem (após a penhora, caso o bem seja alienado ou onerado, tal ato não produzirá efeitos sobre a execução. No entanto, cabível ressaltar que essa consequência não é imediata, devendo haver averbação da constrição judicial, a fim de que a alienação ou oneração seja considerada ato de fraude à execução , na forma do já citado art. 792, III, CPC. Caso não haja tal averbação, necessário que o credor comprove a má-fé do adquirente).

CPC, art. 797. Ressalvado o caso de insolvência do devedor, em que tem lugar o concurso universal, realiza-se a execução no interesse do exequente que adquire, pela penhora, o direito de preferência sobre os bens penhorados.

Parágrafo único. Recaindo mais de uma penhora sobre o mesmo bem, cada exequente conservará o seu título de preferência.

CPC, art. 840. Serão preferencialmente depositados:

I - as quantias em dinheiro, os papéis de crédito e as pedras e os metais preciosos, no Banco do Brasil, na Caixa Econômica Federal ou em banco do qual o Estado ou o Distrito Federal possua mais da metade do capital social integralizado, ou, na falta desses estabelecimentos, em qualquer instituição de crédito designada pelo juiz;

II - os móveis, os semoventes, os imóveis urbanos e os direitos aquisitivos sobre imóveis urbanos, em poder do depositário judicial;

III - os imóveis rurais, os direitos aquisitivos sobre imóveis rurais, as máquinas, os utensílios e os instrumentos necessários ou úteis à atividade agrícola, mediante caução idônea, em poder do executado.

§ 1º No caso do inciso II do *caput*, se não houver depositário judicial, os bens ficarão em poder do exequente.

§ 2º Os bens poderão ser depositados em poder do executado nos casos de difícil remoção ou quando anuir o exequente.

§ 3º As joias, as pedras e os objetos preciosos deverão ser depositados com registro do valor estimado de resgate.

Formalizada a penhora, e por ausência de dispositivo específico na CLT, devemos seguir a intimação do executado, na forma do art. 841, CPC.

CPC, art. 841. Formalizada a penhora por qualquer dos meios legais, dela será imediatamente intimado o executado.

§ 1º A intimação da penhora será feita ao advogado do executado ou à sociedade de advogados a que aquele pertença.

§ 2º Se não houver constituído advogado nos autos, o executado será intimado pessoalmente, de preferência por via postal.

§ 3º O disposto no § 1º não se aplica aos casos de penhora realizada na presença do executado, que se reputa intimado.

§ 4º Considera-se realizada a intimação a que se refere o § 2º quando o executado houver mudado de endereço sem prévia comunicação ao juízo, observado o disposto no parágrafo único do art. 274.

A intimação da penhora é necessária para que saibamos início do prazo para apresentação de embargos à execução.

Existem bens que não podem ser objeto de penhora, que são aqueles denominados de impenhoráveis.

Inicialmente temos que destacar o chamado bem de família, que se encontra disciplinado na Lei nº 8.009/90, cujo conceito dá ideia de único imóvel da família (ao qual também se equipara, conforme Súmula do STJ de número 364, o imóvel de pessoas solteiras, separadas ou viúvas).

Mesmo que na seara trabalhista tenhamos crédito de natureza alimentar, por certo que temos a aplicação da lei acima mencionada na nossa execução, tendo em vista os princípios da razoabilidade e da proporcionalidade.

Por conta de mudanças advindas com a LC 150/2015 (que trata do empregado doméstico), a Lei nº 8.009/90 teve seu art. 3º revogado, motivo pelo qual o bem de família também se torna oponível perante dívidas de empregados que trabalham para a família.

No que se refere à possibilidade de penhora de parte do salário, o Processo do Trabalho entende por essa aplicação, tendo em vista que estamos diante de um "duelo" de verbas de natureza alimentar (salário que se pretende penhorar e a natureza das verbas trabalhistas). Dessa forma, acabamos por relativizar a previsão legal de impenhorabilidade do salário para permitir que parte dele seja penhorado para quitação de dívidas trabalhistas.

Quanto ao percentual a ser penhorado, na prática utiliza-se o limite de 30%, conforme entendimento mais moderno adotado pelo STJ.

Ressalto, no entanto, que há Orientação Jurisprudencial do TST em sentido contrário, admitindo até mesmo que seja impetrado mandado de segurança para determinar desbloqueio dos valores objetos de penhora, senão vejamos:

Orientação Jurisprudencial, nº 153, SDI-II/TST – MANDADO DE SEGURANÇA. EXECUÇÃO. ORDEM DE PENHORA SOBRE VALORES EXISTENTES EM CONTA SALÁRIO. ART. 649, IV, DO CPC DE 1973. ILEGALIDADE. (atualizada em decorrência do CPC de 2015) – Res. 220/2017, DEJT divulgado em 21, 22 e 25/09/2017

Ofende direito líquido e certo decisão que determina o bloqueio de numerário existente em conta salário, para satisfação de crédito trabalhista, ainda que seja limitado a determinado percentual dos valores recebidos ou a valor revertido para fundo de aplicação ou poupança, visto que o art. 649, IV, do CPC de 1973 contém norma imperativa que não admite interpretação ampliativa, sendo a exceção prevista no art. 649, § 2º, do CPC de 1973 espécie e não gênero de crédito de natureza alimentícia, não englobando o crédito trabalhista.

16.9.2.1 Penhora em dinheiro

Tendo em vista que a liquidação prioriza a eficácia para o pagamento do crédito do exequente, por certo que sempre haverá preferência para penhora em dinheiro em virtude da sua maior liquidez.

Nesse tom, e por conta de convênio firmado com o Banco Central, há possibilidade de determinação de penhora eletrônica para bloqueios de contas do executado por meio da chamada penhora *online*.

Não fere direito líquido e certo a determinação de penhora em dinheiro por qualquer meio.

Súmula nº 417 do TST – MANDADO DE SEGURANÇA. PENHORA EM DINHEIRO (alterado o item I, atualizado o item II e cancelado o item III, modulando-se os efeitos da presente redação de forma a atingir unicamente as penhoras em dinheiro em execução provisória efetivadas a partir de 18/03/2016, data de vigência do CPC de 2015) – Res. 212/2016, DEJT divulgado em 20, 21 e 22/09/2016

I - Não fere direito líquido e certo do impetrante o ato judicial que determina penhora em dinheiro do executado para garantir crédito exequendo, pois é prioritária e obedece à gradação prevista no art. 835 do CPC de 2015 (art. 655 do CPC de 1973).

II - Havendo discordância do credor, em execução definitiva, não tem o executado direito líquido e certo a que os valores penhorados em dinheiro fiquem depositados no próprio banco, ainda que atenda aos requisitos do art. 840, I, do CPC de 2015 (art. 666, I, do CPC de 1973) (ex-OJ nº 61 da SBDI-2 – inserida em 20/09/2000).

16.9.2.2 Penhora sobre parte da renda da empresa ou estabelecimento

Tal possibilidade encontra-se prevista no art. 866, §3º, CPC, e requererá nomeação de depositário. Além disso, tal penhora não pode comprometer o regular desenvolvimento da empresa, e ocorrerá desde que não haja outros bens penhoráveis, ou que, em havendo, sejam de difícil alienação ou insuficientes para garantir a execução.

CPC, art. 866, § 3º Na penhora de percentual de faturamento de empresa, observar-se-á, no que couber, o disposto quanto ao regime de penhora de frutos e rendimentos de coisa móvel e imóvel.

Orientação Jurisprudencial, nº 93, SDI-II/TST. PENHORA SOBRE PARTE DA RENDA DE ESTABELECIMENTO COMERCIAL. POSSIBILIDADE. (alterada em decorrência do CPC de 2015) – Res. 220/2017, DEJT divulgado em 21, 22 e 25/09/2017.

Nos termos do art. 866 do CPC de 2015, é admissível a penhora sobre a renda mensal ou faturamento de empresa, limitada a percentual, que não comprometa o desenvolvimento regular de suas atividades, desde que não haja outros bens penhoráveis ou, havendo outros bens, eles sejam de difícil alienação ou insuficientes para satisfazer o crédito executado.

O valor do percentual a ser penhorado será analisado dentro de cada caso concreto.

16.9.2.3 Meios atípicos de execução

Não havendo o pagamento espontâneo da execução, o juiz pode utilizar de meios atípicos para forçar o devedor a pagar o valor devido

De acordo com o STF, o art. 139, IV do CPC é constitucional, podendo o juiz determinar todas as medidas indutivas, coercitivas, mandamentais ou sub-rogatórias necessárias para assegurar o cumprimento de ordem judicial, inclusive nas ações que tenham por objeto prestação pecuniária, desde que observada a razoabilidade

Assim, a adoção de meios atípicos de execução deve ser subsidiária e deve ser feita de acordo com as seguintes condições: deve haver indícios de que o devedor possui patrimônio expropriável, a decisão deve ser devidamente fundamentada, deve ser observado o contraditório, bem como o postulado da proporcionalidade.

Alguns meios atípicos como a suspensão da CNH, suspensão do passaporte, bloqueio de cartão de crédito e inclusão do nome do devedor no cadastro de inadimplentes são adotados com frequência.

16.9.3 Depositário

Como a penhora tem como um dos efeitos a retirada da posse direta do bem do executado, há necessidade da existência de alguém com função pública de guardar e conservar os bens custodiados. E isso é incumbência do depositário, figura auxiliar da justiça.

CPC, art. 159. A guarda e a conservação de bens penhorados, arrestados, sequestrados ou arrecadados serão confiadas a depositário ou a administrador, não dispondo a lei de outro modo.

Não há nomeação compulsória ou aceitação tácita do depositário, devendo o mesmo, nomeado pelo juízo, aceitar o encargo mediante assinatura de termo de compromisso.

Orientação Jurisprudencial, nº 89, SDI-II/TST. "HABEAS CORPUS". DEPOSITÁRIO. TERMO DE DEPÓSITO NÃO ASSINADO PELO PACIENTE. NECESSIDADE DE ACEITAÇÃO DO ENCARGO. IMPOSSIBILIDADE DE PRISÃO CIVIL (inserida em 27/05/2002)

A investidura no encargo de depositário depende da aceitação do nomeado que deve assinar termo de compromisso no auto de penhora, sem o que, é inadmissível a restrição de seu direito de liberdade.

Cabe destacar que o STF entende por ilegal a prisão do depositário infiel, independentemente da modalidade de depósito, na forma de sua Súmula Vinculante nº 25:

Súmula Vinculante nº 25, STF - É ilícita a prisão civil de depositário infiel, qualquer que seja a modalidade de depósito.

16.10 Meios de defesa na execução

16.10.1 Embargos à execução

Os embargos à execução visam a desconstituição total ou parcial do título executivo, com a declaração de inexigibilidade da obrigação ou nulidade da execução.

Alguns o distinguem dos embargos à penhora, em que nesses seriam discutidas apenas questões relativas à penhora, possíveis excessos ou vícios, mas o entendimento majoritário preconiza que todas as questões podem ser levantadas nos embargos à execução.

Também é discutida sua natureza jurídica, se de incidente processual ou de ação autônoma. O entendimento majoritário, até porque a CLT tem regramento próprio, é no sentido de que os embargos à execução têm natureza de ação autônoma.

No tocante ao prazo para apresentação, temos que, em regra, 5 dias, ou 30 dias para a Fazenda Pública, ambos com início a partir da data da intimação da penhora. O embargado terá prazo de 5 dias para apresentar resposta.

Ressalto que apenas será possível a apresentação de embargos caso a penhora seja suficiente para garantir integralmente a execução.

CLT, art. 884 - Garantida a execução ou penhorados os bens, terá o executado 5 (cinco) dias para apresentar embargos, cabendo igual prazo ao exequente para impugnação.

Por último, cabe destacar que a competência para sua análise e julgamento é do juízo da execução.

16.10.1.1 Matérias suscitadas nos embargos à execução

CLT, art. 844, § 1º - A matéria de defesa será restrita às alegações de cumprimento da decisão ou do acordo, quitação ou prescrição da dívida.

§ 5º Considera-se inexigível o título judicial fundado em lei ou ato normativo declarados inconstitucionais pelo Supremo Tribunal Federal ou em aplicação ou interpretação tidas por incompatíveis com a Constituição Federal.

Assim, as matérias objeto dos embargos à execução se limitarão ao cumprimento da decisão ou do acordo (devendo-se juntar o respectivo termo), quitação (pagamento), prescrição da dívida (por certo, que aqui é hipótese de incidência de prescrição intercorrente, que passou a ser plenamente aplicável ao Processo do Trabalho após a Reforma Trabalhista, nos moldes do art. 11-A, CLT) ou inexigibilidade do título.

No entanto, o entendimento majoritário é no sentido de que o rol acima não é taxativo, e sim meramente exemplificativo, cabendo também a aplicação de matérias de ordem pública, bem como daquelas previstas no art. 525, §1º, CPC.

CPC, art. 525, § 1º Na impugnação, o executado poderá alegar:
I - falta ou nulidade da citação se, na fase de conhecimento, o processo correu à revelia;
II - ilegitimidade de parte;
III - inexequibilidade do título ou inexigibilidade da obrigação;
IV - penhora incorreta ou avaliação errônea;
V - excesso de execução ou cumulação indevida de execuções;
VI - incompetência absoluta ou relativa do juízo da execução;
VII - qualquer causa modificativa ou extintiva da obrigação, como pagamento, novação, compensação, transação ou prescrição, desde que supervenientes à sentença.

Em regra, entendemos que os embargos à execução não suspendem o trâmite processual da execução, aplicando-se o disposto no art. 525, §6º, CPC.

CPC, art. 525, § 6º A apresentação de impugnação não impede a prática dos atos executivos, inclusive os de expropriação, podendo o juiz, a requerimento do executado e desde que garantido o juízo com penhora, caução ou depósito suficientes, atribuir-lhe efeito suspensivo, se seus fundamentos forem relevantes e se o prosseguimento da execução for manifestamente suscetível de causar ao executado grave dano de difícil ou incerta reparação.

16.10.2 Exceção de pré-executividade

O procedimento e a possibilidade de exceção de pré-executividade não possuem previsão legal, sendo criação doutrinária e jurisprudencial para permitir a defesa do executado sem necessidade de prévia garantia do juízo (pagamento ou penhora).

Conforme entendimento majoritário a exceção pode versar não apenas sobre matérias de ordem pública, mas também acerca de matérias que não necessitam de dilação probatória.

Não há uma formalidade específica para sua apresentação, sendo caso de mera petição no curso da execução com alegação das matérias acima mencionadas.

No tocante ao prazo para apresentação da exceção de pré-executividade, enquanto alguns entendem que deveria ser apresentada antes da penhora, o entendimento majoritário milita no sentido de que pode ser apresentada a qualquer tempo, mesmo após a constrição patrimonial ou transcorrido prazo para embargos à execução, tendo em vista a natureza das matérias que podem ser objeto de discussão na exceção.

Caso a exceção seja rejeitada ou acolhida parcialmente, estamos frente a uma decisão interlocutória, razão pela qual não cabe recurso de imediato. Assim, as matérias poderão ser levantadas novamente em embargos à execução, depois de garantido o juízo.

Na hipótese da exceção ser acolhida, a decisão tem natureza de sentença e cabe agravo de petição.

16.10.3 Embargos de terceiros

Os embargos de terceiros não têm previsão na CLT, cabendo a aplicação subsidiária do CPC, mais precisamente no art. 674.

CPC, art. 674. Quem, não sendo parte no processo, sofrer constrição ou ameaça de constrição sobre bens que possua ou sobre os quais tenha direito incompatível com o ato constritivo, poderá requerer seu desfazimento ou sua inibição por meio de embargos de terceiro.

§ 1º Os embargos podem ser de terceiro proprietário, inclusive fiduciário, ou possuidor.

§ 2º Considera-se terceiro, para ajuizamento dos embargos:

I - o cônjuge ou companheiro, quando defende a posse de bens próprios ou de sua meação, ressalvado o disposto no art. 843;

II - o adquirente de bens cuja constrição decorreu de decisão que declara a ineficácia da alienação realizada em fraude à execução;

III - quem sofre constrição judicial de seus bens por força de desconsideração da personalidade jurídica, de cujo incidente não fez parte;

IV - o credor com garantia real para obstar expropriação judicial do objeto de direito real de garantia, caso não tenha sido intimado, nos termos legais dos atos expropriatórios respectivos.

Os embargos de terceiros são ação autônoma com objetivo de afastar ou evitar constrição em bens de quem não faz parte da relação processual ou não responde pela dívida.

A apresentação dos embargos segue a previsão do art. 675, CPC.

CPC, art. 675. Os embargos podem ser opostos a qualquer tempo no processo de conhecimento enquanto não transitada em julgado a sentença e, no cumprimento de sentença ou no processo de execução, até 5 (cinco) dias depois da adjudicação, da alienação por iniciativa particular ou da arrematação, mas sempre antes da assinatura da respectiva carta.

Uma vez apresentados os embargos, o embargado tem prazo de 15 dias para apresentação de defesa.

CPC, art. 679. Os embargos poderão ser contestados no prazo de 15 (quinze) dias, findo o qual se seguirá o procedimento comum.

Por se tratar de ação acessória à execução em curso, ela será distribuída por dependência ao juízo da execução e será julgada pelo juiz que determinou a apreensão.

Caso já tenha ocorrido a desconsideração da personalidade jurídica da empresa, o entendimento do TST é no sentido de que os sócios, por serem parte do processo, poderão apresentar embargos à execução e não embargos de terceiros. Se ao contrário, a empresa é que consta no polo passivo, o sócio poderá apresentar embargos de terceiros.

Proferida a decisão dos embargos de terceiros, caso tenham sido apresentados na fase de conhecimento (o que pode ocorrer, apesar de ser mais raro), cabe recurso ordinário. Na hipótese de terem sido apresentados na fase de execução, da sua decisão cabe agravo de petição.

16.11 Da expropriação de bens

Julgados e resolvidos os embargos apresentados ou esgotado o prazo para tanto, o próximo passo será a expropriação de bens, quando o

Estado, de forma coercitiva, retira os bens do devedor e os entrega ao credor ou terceiro para quitação do crédito exequendo.

A expropriação pode se dar por adjudicação ou arrematação.

A adjudicação ocorre quando o exequente, ou o terceiro interessado, adquire o bem submetido à hasta pública. Entendemos, assim, que são legitimados à adjudicação todos aqueles mencionados no art. 888, §3º, CLT e no art. 876, §5º, CPC.

CLT, art. 888, § 3º - Não havendo licitante, e não requerendo o exequente a adjudicação dos bens penhorados, poderão os mesmos ser vendidos por leiloeiro nomeado pelo Juiz ou Presidente.

CPC, 876, §5º - Idêntico direito pode ser exercido por aqueles indicados no art. 889, incisos II a VIII, pelos credores concorrentes que hajam penhorado o mesmo bem, pelo cônjuge, pelo companheiro, pelos descendentes ou pelos ascendentes do executado.

A adjudicação tem preferência sobre a arrematação, e será permitida desde que não seja em valor inferior ao valor da avaliação. Se o valor do crédito for inferior ao dos bens, o adjudicante deverá depositar imediatamente a diferença e esta ficará à disposição do executado. Caso seja superior, a execução prosseguirá pelo saldo remanescente.

É permitida a impugnação da adjudicação com apresentação de simples petição no prazo de 5 dias, a contar da ciência do devedor do acolhimento da adjudicação. Decorrido o prazo, haverá expedição de carta de adjudicação. Em seguida, o juiz ordenará lavratura do auto de adjudicação.

CPC, art. 877. Transcorrido o prazo de 5 (cinco) dias, contado da última intimação, e decididas eventuais questões, o juiz ordenará a lavratura do auto de adjudicação.

§ 1º Considera-se perfeita e acabada a adjudicação com a lavratura e a assinatura do auto pelo juiz, pelo adjudicatário, pelo escrivão ou chefe de secretaria, e, se estiver presente, pelo executado, expedindo-se:

I - a carta de adjudicação e o mandado de imissão na posse, quando se tratar de bem imóvel;

II - a ordem de entrega ao adjudicatário, quando se tratar de bem móvel.

A arrematação, por sua vez, consiste na alienação do bem do devedor pelo Estado após realizada a hasta pública. Em regra, no processo do trabalho a hasta pública será única, sendo o bem vendido pelo maior lance.

O arrematante pode ser qualquer pessoa, exceto aquelas expressamente mencionadas no art. 890, CPC.

CPC, art. 890. Pode oferecer lance quem estiver na livre administração de seus bens, com exceção:

I -   dos tutores, dos curadores, dos testamenteiros, dos administradores ou dos liquidantes, quanto aos bens confiados à sua guarda e à sua responsabilidade;

II - dos mandatários, quanto aos bens de cuja administração ou alienação estejam encarregados;

III - do juiz, do membro do Ministério Público e da Defensoria Pública, do escrivão, do chefe de secretaria e dos demais servidores e auxiliares da justiça, em relação aos bens e direitos objeto de alienação na localidade onde servirem ou a que se estender a sua autoridade;

IV - dos servidores públicos em geral, quanto aos bens ou aos direitos da pessoa jurídica a que servirem ou que estejam sob sua administração direta ou indireta;

V -   dos leiloeiros e seus prepostos, quanto aos bens de cuja venda estejam encarregados;

VI - dos advogados de qualquer das partes.

Conforme entendimento majoritário, assim, o credor também pode arrematar, já que tem interesse processual para tanto. Caso o valor dos bens seja superior ao do crédito, o credor deverá depositar a diferença no prazo de 3 dias, sob pena de a arrematação ser considerada sem efeito, com os bens indo novamente à hasta pública.

CPC, art. 892, § 1º - Se o exequente arrematar os bens e for o único credor, não estará obrigado a exibir o preço, mas, se o valor dos bens exceder ao seu crédito, depositará, dentro de 3 (três) dias, a diferença, sob pena de tornar-se sem efeito a arrematação, e, nesse caso, realizar-se-á novo leilão, à custa do exequente.

Como se trata de venda pública, a lei exige a publicidade da arrematação por meio de edital afixado na sede do juízo e publicado em jornal local, se houver, com antecedência mínima de 20 dias.

CLT, art. 888 - Concluída a avaliação, dentro de dez dias, contados da data da nomeação do avaliador, seguir-se-á a arrematação, que será anunciada por edital afixado na sede do juízo ou tribunal e publicado no jornal local, se houver, com a antecedência de vinte (20) dias.

Os bens serão vendidos pelo maior lance, aplicando-se, no entanto, a noção de preço vil (ou seja, irrisório, sendo esse considerado aquele abaixo do valor mínimo estipulado pelo juízo), que poderá impedir a arrematação.

CPC, art. 891. Não será aceito lance que ofereça preço vil.

Parágrafo único. Considera-se vil o preço inferior ao mínimo estipulado pelo juiz e constante do edital, e, não tendo sido fixado preço mínimo, considera-se vil o preço inferior a cinquenta por cento do valor da avaliação.

O arrematante deverá garantir o lance com sinal de 20% do valor. Caso esse valor não seja pago pelo arrematante, ou seu fiador, dentro do prazo de 24 horas, os bens voltarão à praça.

A arrematação constará de laudo que será lavrado de imediato. Em sendo assinado pelo juiz, pelo arrematante e pelo leiloeiro, a arrematação será considerada perfeita, acabada e irretratável.

CLT, art. 888, § 1º A arrematação far-se-á em dia, hora e lugar anunciados e os bens serão vendidos pelo maior lance, tendo o exequente preferência para a adjudicação.

§ 2º O arrematante deverá garantir o lance com o sinal correspondente a 20% (vinte por cento) do seu valor.

§ 3º Não havendo licitante, e não requerendo o exequente a adjudicação dos bens penhorados, poderão os mesmos ser vendidos por leiloeiro nomeado pelo Juiz ou Presidente.

§ 4º Se o arrematante, ou seu fiador, não pagar dentro de 24 (vinte e quatro) horas o preço da arrematação, perderá, em benefício da execução, o sinal de que trata o § 2º deste artigo, voltando à praça os bens executados.

CPC, art. 901. A arrematação constará de auto que será lavrado de imediato e poderá abranger bens penhorados em mais de uma execução, nele mencionadas as condições nas quais foi alienado o bem.

CPC, art. 903. Qualquer que seja a modalidade de leilão, assinado o auto pelo juiz, pelo arrematante e pelo leiloeiro, a arrematação será considerada perfeita, acabada e irretratável, ainda que venham a ser julgados procedentes os embargos do executado ou a ação autônoma de que trata o § 4º deste artigo, assegurada a possibilidade de reparação pelos prejuízos sofridos.

O arrematante pode requerer o pagamento parcelado do bem adquirido, na forma do art. 895, CPC.

CPC, art. 895. O interessado em adquirir o bem penhorado em prestações poderá apresentar, por escrito:

I - até o início do primeiro leilão, proposta de aquisição do bem por valor não inferior ao da avaliação;

II - até o início do segundo leilão, proposta de aquisição do bem por valor que não seja considerado vil.

§ 1º A proposta conterá, em qualquer hipótese, oferta de pagamento de pelo menos vinte e cinco por cento do valor do lance à vista e o restante parcelado em até 30 (trinta) meses, garantido por caução idônea, quando se tratar de móveis, e por hipoteca do próprio bem, quando se tratar de imóveis.

§ 2º As propostas para aquisição em prestações indicarão o prazo, a modalidade, o indexador de correção monetária e as condições de pagamento do saldo.

§ 4º No caso de atraso no pagamento de qualquer das prestações, incidirá multa de dez por cento sobre a soma da parcela inadimplida com as parcelas vincendas.

§ 5º O inadimplemento autoriza o exequente a pedir a resolução da arrematação ou promover, em face do arrematante, a execução do valor devido, devendo ambos os pedidos ser formulados nos autos da execução em que se deu a arrematação.

§ 6º A apresentação da proposta prevista neste artigo não suspende o leilão.

§ 7º A proposta de pagamento do lance à vista sempre prevalecerá sobre as propostas de pagamento parcelado.

§ 8º Havendo mais de uma proposta de pagamento parcelado:

I - em diferentes condições, o juiz decidirá pela mais vantajosa, assim compreendida, sempre, a de maior valor;

II - em iguais condições, o juiz decidirá pela formulada em primeiro lugar.

§ 9º No caso de arrematação a prazo, os pagamentos feitos pelo arrematante pertencerão ao exequente até o limite de seu crédito, e os subsequentes, ao executado.

Tanto a arrematação quanto a adjudicação podem ser impugnadas por simples petição nos autos, no prazo de 10 dias após o aperfeiçoamento da arrematação, ou no prazo de 5 dias a contar da ciência do devedor quanto ao acolhimento da adjudicação.

Decorridos os prazos, o auto de adjudicação será lavrado e com consequente expedição da carta de adjudicação, enquanto na arrematação haverá expedição da carta de arrematação, cuja possível invalidade apenas poderá ser questionada em ação autônoma.

CPC, art. 903, § 4º Após a expedição da carta de arrematação ou da ordem de entrega, a invalidação da arrematação poderá ser pleiteada por ação autônoma, em cujo processo o arrematante figurará como litisconsorte necessário.

16.12 Cessão de crédito

Os créditos trabalhistas são reconhecidos como direitos de natureza alimentar, destinados a garantir a subsistência dos trabalhadores e suas famílias. Essa natureza confere privilégios importantes, como, por exemplo, a prioridade no pagamento em casos de falência ou recuperação judicial do empregador.

A cessão de crédito, por sua vez, refere-se à transferência de um crédito de uma pessoa (cedente) para outra (cessionário). No contexto dos créditos trabalhistas, essa prática pode levantar dúvidas sobre a continuidade dos privilégios associados ao crédito, uma vez que o novo titular não é o trabalhador original.

O TST e os Tribunais Regionais têm reiterado que a cessão de créditos trabalhistas não modifica sua natureza de direito alimentar, conforme decisão abaixo:

"A Sétima Turma do Tribunal Superior do Trabalho negou provimento ao recurso de um advogado de Curitiba (PR) que pretendia comprovar a legalidade da compra de créditos da ação de um cliente. Segundo o colegiado, não há como atribuir validade a negócio jurídico firmado por advogado cuja conduta atenta contra a honra, nobreza e dignidade da profissão.

Paraplégico

O caso tem início em ação trabalhista ajuizada, em novembro de 2006, por um ex-motorista da Oca Locações e Logística Ltda., com pedido de indenização por danos morais, patrimoniais e estéticos em razão de acidente de trabalho que o deixara paraplégico. Na época, ele constituiu o advogado e cedeu a ele todos os direitos presentes e futuros provenientes da ação.

Poderes

Todavia, o empregado faleceu no curso do processo, em janeiro de 2009, ficando a esposa e a filha como representantes do espólio. Em fevereiro de 2019, na fase de execução, foi liberado o valor de R$ 33 mil de depósitos recursais. Um ano depois, a esposa informou no processo que não havia recebido o valor liberado e, no mesmo dia, anexou a procuração nomeando nova advogada, revogando os poderes antes conferidos ao primeiro.

Acordo

A esposa do empregado também apresentou um acordo firmado com a OCA para encerrar a ação, mediante recebimento de R$ 700 mil.

Escritura

Ao saber do fato, o advogado requereu, em caráter de urgência, que fosse reconhecida a escritura pública de cessão de direitos creditórios firmada com o casal um ano antes da liberação do valor. Segundo ele, o trabalhador havia vendido o crédito da ação por R$ 17 mil, alegando dificuldades financeiras. Dessa forma, entendeu que não teria de repassar os R$ 33 mil dos depósitos e pediu para suspender a homologação do acordo com a empresa até a decisão de mérito.

Prática antiética

Contudo, a cessão de direitos foi anulada pelo juízo de execução, que considerou a compra de créditos prática antiética, "moralmente condenável, ao permitir a sobreposição dos interesses do advogado aos do cliente".

O Tribunal Regional do Trabalho da 9ª Região (PR) manteve a decisão, com aplicação de multa por litigância de má-fé, além de instauração de processo administrativo perante a OAB para apuração do caso.

Amparo legal

No recurso ao TST, o advogado disse que a lei não proíbe a cessão de direitos creditórios nem sua aquisição pelo procurador do credor. Sustentou que o procedimento tem amparo nos artigos 286 e seguintes do Código Civil e que o contrato fora firmado por meio de escritura pública, com fé pública, em ato conduzido por tabelião.

Produção de provas

Ainda, segundo ele, a questão referente a eventual ilicitude demandaria produção de provas, não podendo ser presumida ou declarada de ofício. Disse ainda que teria comprado os créditos apenas para ajudar financeiramente o motorista.

Ética profissional

Para o relator, ministro Agra Belmonte, não há como atribuir validade a um negócio jurídico firmado por advogado cuja conduta está em desacordo com o Código de Ética e Disciplina e com o Estatuto da OAB (Lei nº 8.906/94). Segundo Belmonte, ainda que a cessão de crédito esteja prevista no Código Civil, o exame da validade do negócio jurídico não exclui a avaliação da ética do profissional. 'A postura não se restringe apenas à advocacia trabalhista, mas a todos os advogados, dado o dever geral de preservação da honra, da conduta, da nobreza e da dignidade da profissão', concluiu". Notícia retirada do site do TST.

16.13 Prescrição intercorrente

A reforma trabalhista (Lei nº 13.467/17) alterou não só o direito material do trabalho, mas também trouxe inovações ao processo trabalhista com intuito de tornar cada vez mais efetivo o atendimento ao jurisdicionado.

Dentre as mudanças pertinentes ao Direito Processual destaca-se a aplicação da prescrição intercorrente na fase de execução do processo, que consiste na perda do direito de ação por inércia do autor.

Assim, ultrapassado o prazo de 2 anos da intimação, sem que o autor se manifeste, ou indique meios de execução, o processo será extinto com resolução de mérito, com base na prescrição intercorrente.

CLT, art. 11-A. Ocorre a prescrição intercorrente no processo do trabalho no prazo de dois anos. (Incluído pela Lei nº 13.467/17) (Vigência)

§ 1º A fluência do prazo prescricional intercorrente inicia-se quando o exequente deixa de cumprir determinação judicial no curso da execução. (Incluído pela Lei nº 13.467/17) (Vigência)

§ 2º A declaração da prescrição intercorrente pode ser requerida ou declarada de ofício em qualquer grau de jurisdição. (Incluído pela Lei nº 13.467/17) (Vigência)

O dispositivo foi claro ao estabelecer o prazo de dois anos, a contar da inércia do exequente em relação à determinação judicial de prosseguimento da execução, para ocorrência da prescrição intercorrente. No entanto, para que a prescrição intercorrente seja aplicada, o autor deverá ser devidamente intimado pelo juiz, pois este instituto somente será reconhecido após expressa intimação do exequente para cumprimento de determinação judicial no curso da execução (art. 1° da Recomendação 03/2018 do TST5).

Considerada válida a intimação do exequente, a aplicação da prescrição intercorrente é imediata, e poderá ocorrer sem requerimento da parte contrária, nos processos trabalhistas em execução com decisões judiciais proferidas após 11/11/17, quando o autor permanece inerte, não tendo cumprido a determinação judicial. Os atos processuais praticados antes da entrada em vigor da Reforma Trabalhista serão mantidos e não sofrem os efeitos da prescrição intercorrente, em conformidade com o princípio da irretroatividade das leis, da aplicação imediata das normas processuais e da garantia do respeito ao ato jurídico perfeito.

Assim, tem-se que a reforma estabeleceu mais uma forma de extinção da execução.

CAPÍTULO 17
PROCEDIMENTOS ESPECIAIS

17.1 Inquérito judicial para apuração de falta grave

17.1.1 Introdução e cabimento

Como regra geral, temos o direito do empregador de dispensar o empregado por justa causa sem prévia e necessária autorização ou intervenção do Poder Judiciário. No entanto, para algumas dispensas de certos empregados protegidos com estabilidade no emprego haverá necessidade de apuração e chancela judicial prévia para que a dispensa seja procedida, o que se dará por meio do inquérito judicial para apuração de falta grave.

Inicialmente devem-se analisar as hipóteses de cabimento, ou seja, para quais empregados protegidos com estabilidade haverá necessidade de ajuizamento do inquérito para que a dispensa por justa causa seja procedida.

Assim, há entendimento de que apenas para o estável decenal (CLT, art. 494) e para o dirigente sindical (Art. 8º, VIII, CRFB/88 e Súmula nº 379, TST) é que haverá necessidade de prévio ajuizamento do inquérito, a fim de que a justa causa seja aplicada e possa romper o contrato de trabalho.

No entanto, o entendimento majoritário milita no sentido de que o inquérito é necessário para os empregados acima mencionados, e também para os empregados do Conselho Nacional da Previdência Social (Art. 3º, §7º, Lei nº 8.213/91) e para os eleitos diretores de cooperativa, pois para esses últimos foram concedidas as mesmas garantias do dirigente sindical (Art. 55, Lei nº 5.764/71).

O presente inquérito tem natureza de ação constitutiva negativa, pois visa provimento judicial para apurar a justa causa alegada pelo empregador (autor da ação, denominado requerente) em face do empregado (réu da ação, denominado requerido), com objetivo de rompimento do contrato de trabalho havido entre as partes.

17.1.2 Prazo e procedimento

Uma vez verificado ato considerado de falta grave, o empregador tem a faculdade de suspender o empregado. Caso a suspensão ocorra, o empregador deverá ajuizar o inquérito no prazo decadencial de 30 dias a contar da suspensão, na forma do art. 853, CLT e Súmula nº 403, STF.

CLT, art. 853 - Para a instauração do inquérito para apuração de falta grave contra empregado garantido com estabilidade, o empregador apresentará reclamação por escrito à Junta ou Juízo de Direito, dentro de 30 (trinta) dias, contados da data da suspensão do empregado.

Súmula nº 403 STF – DECADÊNCIA – PRAZO PARA INSTAURAÇÃO DO INQUÉRITO JUDICIAL – CONTAGEM – SUSPENSÃO, POR FALTA GRAVE, DE EMPREGADO ESTÁVEL. É de decadência o prazo de trinta dias para instauração do inquérito judicial, a contar da suspensão, por falta grave, de empregado estável.

Na hipótese de o empregador não suspender o empregado, entendemos que mantido o prazo decadencial de 30 dias para ajuizamento do inquérito, mas contados a partir da ciência pelo empregador ato ensejador da justa causa.

Por se tratar de prazo decadencial, caso decorrido o prazo sem que o empregador tenha ajuizado o inquérito, não caberá mais a extinção do contrato por essa alegada falta grave.

Quanto ao procedimento, o inquérito judicial para apuração de falta grave deverá ser ajuizado perante a Vara do Trabalho, por meio de petição escrita (conforme art. 853, CLT, acima já transcrito), e nele poderão ser ouvidas até 6 testemunhas para cada parte.

CLT, art. 821 - Cada uma das partes não poderá indicar mais de 3 (três) testemunhas, salvo quando se tratar de inquérito, caso em que esse número poderá ser elevado a 6 (seis).

Caso o pedido seja julgado procedente, ou seja, em havendo reconhecimento da justa causa alegada pelo empregador, a sentença será desconstitutiva (ou constitutiva negativa), pois extinguirá o contrato de trabalho no momento da prolação da sentença, sendo o período de suspensão considerado como de suspensão contratual (o empregado apenas, se for o caso, terá direito ao pagamento dos salários do período entre a suspensão e a instauração do inquérito, conforme art. 855, CLT). A sentença também poderá ter natureza parcialmente condenatória caso haja salários a serem pagos ao empregado, o que poderá ocorrer na hipótese de o empregador não ter utilizado a faculdade de suspensão do trabalhador.

Se o pedido for julgado improcedente, a sentença será condenatória, pois determinará a reintegração do empregado ao emprego, caso tenha havido a suspensão do trabalhador. A sentença, no entanto, terá natureza meramente declaratória, determinando apenas a manutenção do contrato de trabalho, se o empregado não tiver sido suspenso.

Caso a reintegração seja considerada desaconselhável, por possível incompatibilidade resultante do dissídio, o tribunal poderá converter a reintegração em indenização dobrada, conforme art. 495, CLT.

17.2 Mandado de segurança

17.2.1 Conceito

O mandado de segurança está previsto no art. 5º, LXIX, CRFB/88 e constitui remédio constitucional para proteger direito líquido e certo contra ato de autoridade pública, sendo regulamentado na Lei nº 12.016/2009.

CRFB/88, art. 5º Todos são iguais perante a lei, sem distinção de qualquer natureza, garantindo-se aos brasileiros e aos estrangeiros residentes no País a inviolabilidade do direito à vida, à liberdade, à igualdade, à segurança e à propriedade, nos termos seguintes:

LXIX - conceder-se-á mandado de segurança para proteger direito líquido e certo, não amparado por *habeas corpus ou habeas data , quan*do o responsável pela ilegalidade ou abuso de poder for autoridade pública ou agente de pessoa jurídica no exercício de atribuições do Poder Público.

Lei nº 12.016/2009, art. 1º Conceder-se-á mandado de segurança para proteger direito líquido e certo, não amparado por **habeas corpus ou habeas data**, sempre que, ilegalmente ou com abuso de poder, qualquer pessoa física ou jurídica sofrer violação ou houver justo receio de sofrê-la por parte de autoridade, seja de que categoria for e sejam quais forem as funções que exerça.

§ 1º Equiparam-se às autoridades, para os efeitos desta Lei, os representantes ou órgãos de partidos políticos e os administradores de entidades autárquicas, bem como os dirigentes de pessoas jurídicas ou as pessoas naturais no exercício de atribuições do poder público, somente no que disser respeito a essas atribuições.

§ 2º Não cabe mandado de segurança contra os atos de gestão comercial praticados pelos administradores de empresas públicas, de sociedade de economia mista e de concessionárias de serviço público.

§ 3º Quando o direito ameaçado ou violado couber a várias pessoas, qualquer delas poderá requerer o mandado de segurança.

O mandado de segurança é ação constitucional que visa proteger direito líquido e certo, sendo este o que não demanda produção de prova, pois o direito em si já está comprovado por meio de documentos. A ação visa, assim, impedir ato ilegal contra esse direito, objetivando que a autoridade pública pratique ou deixe de praticar algum ato.

Cabe ressaltar que o *mandamus* não pode ser utilizado, se o ato puder ser impugnado por recurso, ou se houver ação específica para tanto.

Súmula nº 267, STF. Não cabe mandado de segurança contra ato judicial passível de recurso ou correição.

Súmula nº 33 do TST – MANDADO DE SEGURANÇA. DECISÃO JUDICIAL TRANSITADA EM JULGADO (mantida) – Res. 121/2003, DJ 19, 20 e 21/11/2003

Não cabe mandado de segurança de decisão judicial transitada em julgado.

Orientação Jurisprudencial, 99, SDI-II/TST. MANDADO DE SEGURANÇA. ESGOTAMENTO DE TODAS AS VIAS PROCESSUAIS DISPONÍVEIS. TRÂNSITO EM JULGADO FORMAL. DESCABIMENTO (inserida em 27/09/2002)

Esgotadas as vias recursais existentes, não cabe mandado de segurança.

Da decisão do mandado de segurança cabe recurso ordinário para o TST, no prazo de 08 dias, pois se trata de ação de competência originária do TRT, na forma do art. 895, II, CLT.

Caso seja deferida liminar em mandado de segurança, como se trata de decisão interlocutória, não há recurso imediato, nem mesmo havendo possibilidade de cabimento de mandado de segurança contra a decisão.

Orientação Jurisprudencial, 140, SDI-II/TST. MANDADO DE SEGURANÇA CONTRA LIMINAR, CONCEDIDA OU DENEGADA EM OUTRA SEGURANÇA. INCABÍVEL. (ART. 8º DA LEI Nº 1.533/51) (DJ 04/05/2004)

Não cabe mandado de segurança para impugnar despacho que acolheu ou indeferiu liminar em outro mandado de segurança.

17.2.2 Legitimidade ativa e legitimidade passiva

Qualquer pessoa que tiver seu direito líquido e certo ameaçado ou violado pode impetrar mandado de segurança, e não apenas pessoas físicas e jurídicas, mas também espólio, massa falida e condomínio, e até mesmo terceiro interessado (desde que tenha interesse jurídico), conforme art. 3º da Lei do Mandado de Segurança.

Lei nº 12.106/2009, art. 3º O titular de direito líquido e certo decorrente de direito, em condições idênticas, de terceiro poderá impetrar mandado de segurança a favor do direito originário, se o seu titular não o fizer, no prazo de 30 (trinta) dias, quando notificado judicialmente.

Quanto à legitimidade passiva, e a despeito de entendimentos jurisprudenciais divergentes, o STF e o STJ vêm entendendo que o mandado de segurança deve ser impetrado contra a pessoa jurídica a qual pertença a autoridade coatora, pois ela arcará com os efeitos patrimoniais da decisão do *mandamus*.

A autoridade coatora encontra-se definida na **Lei nº 12.016/2009, art.** 6º, §3º: Considera-se autoridade coatora aquela que tenha praticado o ato impugnado ou da qual emane a ordem para a sua prática.

Há, ainda, entidades que se equiparam às autoridades, conforme art. 1º, §1º da lei acima mencionada.

Por último, cabe dizer que não cabe mandado de segurança contra atos de gestão comercial praticados pelos administradores de empresas públicas, de sociedades de economia mista e de concessionárias de serviço público, conforme o já citado art. 1º, §2º, da lei específica.

17.2.3 Competência e prazo

Antigamente na Justiça do Trabalho apenas os Tribunais Superiores tinham competência funcional para conhecimento e julgamento do mandado de segurança. No entanto, com o advento da Emenda Constitucional 45/2004 houve o elastecimento da competência funcional para que a Vara do Trabalho julgue o *mandamus* quando a ação tiver como fundamento a discussão de validade de ato praticado por autoridade administrativa encarregada da fiscalização das relações de trabalho, ou seja, praticado pela Superintendência Regional do Trabalho.

Dessa forma, a competência funcional para conhecimento e julgamento do mandado de segurança dependerá de quem seja a autoridade coatora, sendo do TST no caso de atos dos Ministros desse Tribunal, do TRT na hipótese de atos praticados por Juízes do Trabalho, Desembargadores do TRT e funcionários do Tribunal, e da Vara do Trabalho em decorrência de atos de autoridades administrativas encarregadas da fiscalização das relações de trabalho.

O prazo para impetrar mandado de segurança é de 120 dias contados da ciência, pelo interessado, do ato impugnado, conforme art. 23, Lei nº 12.016/2009, sendo hipótese de prazo decadencial.

Lei nº 12.016/2009, art. 23. O direito de requerer mandado de segurança extinguir-se-á decorridos 120 (cento e vinte) dias, contados da ciência, pelo interessado, do ato impugnado.

17.2.4 Modalidades

O mandado de segurança pode ser repressivo, quando o ato já ocorreu e o que se pretende é corrigir a violação do direito do impetrante, ou preventivo, quando houver justo receio de sofrer violação por parte da autoridade coatora. Nesse último caso, o mandado de segurança é impetrado antes de ocorrer a lesão.

17.3 Ação rescisória

17.3.1 Conceito e cabimento

A ação rescisória é ação autônoma com objetivo de rescindir decisão judicial já transitada em julgado (ou seja, da qual não cabe mais qualquer recurso), e que tenha gerado, como regra, coisa julgada material.

O juízo de rescisão se chama *iudicium rescindens*, e o juízo de rejulgamento (que decorrerá da decisão de rescisão) é chamado de *iudicium rescissorium*.

O cabimento da ação rescisória tem previsão no CPC, no art. 966:

CPC, art. 966. A decisão de mérito, transitada em julgado, pode ser rescindida quando:

I - se verificar que foi proferida por força de prevaricação, concussão ou corrupção do juiz;

II - for proferida por juiz impedido ou por juízo absolutamente incompetente;

III - resultar de dolo ou coação da parte vencedora em detrimento da parte vencida ou, ainda, de simulação ou colusão entre as partes, a fim de fraudar a lei;

IV - ofender a coisa julgada;

V - violar manifestamente norma jurídica;

VI - for fundada em prova cuja falsidade tenha sido apurada em processo criminal ou venha a ser demonstrada na própria ação rescisória;

VII - obtiver o autor, posteriormente ao trânsito em julgado, prova nova cuja existência ignorava ou de que não pôde fazer uso, capaz, por si só, de lhe assegurar pronunciamento favorável;

VIII - for fundada em erro de fato verificável do exame dos autos.

Com a mudança no CPC de 2015, onde o dispositivo acima mencionado dispõe que cabe ação rescisória contra decisão de mérito (e não sentença de mérito), fica claro que cabe a presente ação em fase de decisões meritórias em geral.

As hipóteses acima constituem rol taxativo para rescindibilidade da decisão, e a invocação de qualquer delas (ou de mais de uma delas na causa de pedir) limita o julgamento pelo Tribunal em razão dos limites da lide.

Assim, podemos mencionar as seguintes hipóteses do dispositivo de lei acima mencionado:

I) Constituem condutas criminosas praticadas pelo Juiz, sendo tal reconhecimento pode se dar na própria ação rescisória, não havendo necessidade de ação penal. No entanto, caso esta exista e houver sentença penal com absoluta negativa de crime ou materialidade, há impeditivo de ajuizamento de ação rescisória. Ao contrário, se houver sentença penal condenatória, fica vinculado o juízo da ação rescisória, devendo ser rescindido o julgado;

II) Apenas cabível nas hipóteses impedimento e incompetência absoluta, sendo que nesse último caso o Tribunal apenas reconhecerá a incompetência do juiz prolator da decisão rescindenda e determinará que os autos sejam encaminhados ao juízo competente;

III) Em havendo dolo, coação ou simulação visualizados pelo Juiz quando do julgamento do processo, a ele competirá extingui-lo sem resolução do mérito, tendo em vista o objetivo de fim proibido pela lei. No entanto, nem sempre esses procedimentos são perceptíveis pelo Juiz quando do julgamento. Assim, se proferir decisão e depois se verificar a ocorrência de qualquer desses fatos, essa decisão poderá ser objeto de ação rescisória.

IV) Em havendo conflito entre coisas julgadas (o que é vedado, pois matéria já decidida definitivamente e transitada em julgado, não pode ser objeto de novo processo), a segunda (a ofensora da primeira) pode ser rescindida.

V) Nesse caso, norma jurídica *lato sensu*, não apenas lei propriamente dita, e sim qualquer outra fonte normativa, inclusive precedentes judiciais como Súmulas e Orientações do TST – **CPC, art. 966, §5º-** Cabe ação rescisória, com fundamento no inciso V do **caput** deste artigo, contra decisão baseada em enunciado de súmula ou acórdão proferido em julgamento de casos repetitivos que não tenha considerado a existência de distinção entre a questão discutida no processo e o padrão decisório que lhe deu fundamento.

VI) Apenas terá cabimento ação rescisória nesse caso, se a decisão que se pretende rescindir tiver como fundamento a prova falsa (ou seja, a decisão se fundamenta na prova falsa). Essa falsidade pode ser apurada em processo criminal ou nos próprios autos da ação rescisória;

VII) A prova nova (e não apenas documento novo, tal como constava no CPC de 1973) já existia, mas apenas foi obtida após o trânsito em julgado da decisão, razão pela qual não pôde ser utilizada anteriormente no processo. A prova aparece depois, mas já existia, sendo essa existência apenas ignorada pelo autor da ação rescisória. Essa prova, por si só, deverá ser capaz de assegurar resultado favorável, a fim de modificar a decisão que se pretende rescindir.

Súmula nº 402 do TST – AÇÃO RESCISÓRIA. PROVA NOVA. DISSÍDIO COLETIVO. SENTENÇA NORMATIVA (nova redação em decorrência do CPC de 2015) – Res. 217/2017 – DEJT divulgado em 20, 24 e 25/04/2017

I - Sob a vigência do CPC de 2015 (art. 966, inciso VII), para efeito de ação rescisória, considera-se prova nova a cronologicamente velha, já existente ao tempo do trânsito em julgado da decisão rescindenda, mas ignorada pelo interessado ou de impossível utilização, à época, no processo.

II - Não é prova nova apta a viabilizar a desconstituição de julgado: a) sentença normativa proferida ou transitada em julgado posteriormente à sentença rescindenda; b) sentença normativa preexistente à sentença rescindenda, mas não exibida no processo principal, em virtude de negligência da parte, quando podia e deveria louvar-se de documento já existente e não ignorado quando emitida a decisão rescindenda.

Temos aqui hipótese de erro de fato verificável do exame dos autos.

CPC, art. 966, § 1º - Há erro de fato quando a decisão rescindenda admitir fato inexistente ou quando considerar inexistente fato efetivamente ocorrido, sendo indispensável, em ambos os casos, que o fato não represente ponto controvertido sobre o qual o juiz deveria ter se pronunciado.

Há mais uma novidade, que é a possibilidade de ação rescisória em face de decisões terminativas, mas cujo trânsito em julgado impede propositura de nova demanda ou admissibilidade de recurso correspondente, conforme art. 966, §2º e art. 486, §1º, ambos do CPC.

CPC, art. 966, § 2º Nas hipóteses previstas nos incisos do *caput*, *ser*á rescindível a decisão transitada em julgado que, embora não seja de mérito, impeça:

I - nova propositura da demanda; ou
II - admissibilidade do recurso correspondente.

CPC, art. 486, §1º - No caso de extinção em razão de litispendência e nos casos dos incisos I, IV, VI e VII do art. 485, a propositura da nova ação depende da correção do vício que levou à sentença sem resolução do mérito.

A ação rescisória também pode ter por objeto apenas um capítulo da decisão, não sendo necessária, assim, a impugnação de toda a decisão.

CPC, art. 966, § 3º - A ação rescisória pode ter por objeto apenas 1 (um) capítulo da decisão.

17.3.2 Prazo e legitimidade

O prazo para ajuizamento de ação rescisória é de 2 anos com contagem na forma do art. 975, CPC.

CPC, art. 975. O direito à rescisão se extingue em 2 (dois) anos contados do trânsito em julgado da última decisão proferida no processo.

§ 1º Prorroga-se até o primeiro dia útil imediatamente subsequente o prazo a que se refere o *caput*, *qua*ndo expirar durante férias forenses, recesso, feriados ou em dia em que não houver expediente forense.

§ 2º Se fundada a ação no inciso VII do art. 966, o termo inicial do prazo será a data de descoberta da prova nova, observado o prazo máximo de 5 (cinco) anos, contado do trânsito em julgado da última decisão proferida no processo.

§ 3º Nas hipóteses de simulação ou de colusão das partes, o prazo começa a contar, para o terceiro prejudicado e para o Ministério Público, que não interveio no processo, a partir do momento em que têm ciência da simulação ou da colusão.

O prazo é decadencial e inicia a contagem a partir do dia posterior ao trânsito em julgado da última decisão proferida na causa, de mérito ou não. No caso de recurso parcial, a parte não impugnada transita em julgado, e o prazo da rescisória será individualizado para cada parte da sentença.

Na hipótese de sentença que se funda em lei posteriormente declarada inconstitucional pelo STF, se a decisão do STF for proferida após o trânsito em julgado da decisão que se pretende rescindir, o prazo da rescisória será contado a partir do trânsito em julgado da decisão do STF.

Súmula nº 100 do TST – AÇÃO RESCISÓRIA. DECADÊNCIA (incorporadas as Orientações Jurisprudenciais nºs 13, 16, 79, 102, 104, 122 e 145 da SBDI-2) – Res. 137/2005, DJ 22, 23 e 24/08/2005

I - O prazo de decadência, na ação rescisória, conta-se do dia imediatamente subsequente ao trânsito em julgado da última decisão proferida na causa, seja de mérito ou não.

II - Havendo recurso parcial no processo principal, o trânsito em julgado dá-se em momentos e em tribunais diferentes, contando-se o prazo decadencial para a ação rescisória do trânsito em julgado de cada decisão, salvo se o recurso tratar de preliminar ou prejudicial que possa tornar insubsistente a decisão recorrida, hipótese em que flui a decadência a partir do trânsito em julgado da decisão que julgar o recurso parcial.

VI - Na hipótese de colusão das partes, o prazo decadencial da ação rescisória somente começa a fluir para o Ministério Público, que não interveio no processo principal, a partir do momento em que tem ciência da fraude.

IX - Prorroga-se até o primeiro dia útil, imediatamente subsequente, o prazo decadencial para ajuizamento de ação rescisória quando expira em férias forenses, feriados, finais de semana ou em dia em que não houver expediente forense. Aplicação do art. 775 da CLT.

X - Conta-se o prazo decadencial da ação rescisória, após o decurso do prazo legal previsto para a interposição do recurso extraordinário, apenas quando esgotadas todas as vias recursais ordinárias.

CPC, art. 525, § 15. Se a decisão referida no § 12 for proferida após o trânsito em julgado da decisão exequenda, caberá ação rescisória, cujo prazo será contado do trânsito em julgado da decisão proferida pelo Supremo Tribunal Federal (Vide AR 2876 STF).

A legitimidade para ajuizamento da ação rescisória encontra-se prevista no art. 967, CPC.

CPC, art. 967. Têm legitimidade para propor a ação rescisória:
I - quem foi parte no processo ou o seu sucessor a título universal ou singular;
II - o terceiro juridicamente interessado;
III - o Ministério Público:
a) se não foi ouvido no processo em que lhe era obrigatória a intervenção;
b) quando a decisão rescindenda é o efeito de simulação ou de colusão das partes, a fim de fraudar a lei;
c) em outros casos em que se imponha sua atuação;
IV - aquele que não foi ouvido no processo em que lhe era obrigatória a intervenção.

Parágrafo único. Nas hipóteses do art. 178, o Ministério Público será intimado para intervir como fiscal da ordem jurídica quando não for parte.

Das hipóteses acima, cabe destacar o item IV, quando temos como legitimado para ajuizar a ação rescisória aquele que deveria intervir obrigatoriamente no processo, mas não foi ouvido. Destacamos a importância porque pode ser a hipótese do art. 611-A, §5º, CLT (incluído pela Reforma Trabalhista), quando temos os sindicatos subscritores da norma coletiva que se pretende a nulidade atuando como litisconsortes passivos necessários. Assim, se qualquer deles não for incluído como litisconsorte, poderá ajuizar ação rescisória.

Já a legitimidade passiva (réu da ação rescisória) será daquele que se beneficiou da decisão que se pretende rescindir, devendo-se atentar para a redação da Súmula nº 406, TST.

Súmula nº 406 do TST – AÇÃO RESCISÓRIA. LITISCONSÓRCIO. NECESSÁRIO NO POLO PASSIVO E FACULTATIVO NO ATIVO. INEXISTENTE QUANTO AOS SUBSTITUÍDOS PELO SINDICATO

I - O litisconsórcio, na ação rescisória, é necessário em relação ao polo passivo da demanda, porque supõe uma comunidade de direitos ou de obrigações que não admite solução díspar para os litisconsortes, em face da indivisibilidade do objeto. Já em relação ao polo ativo, o litisconsórcio é facultativo, uma vez que a aglutinação de autores se faz por conveniência e não pela necessidade decorrente da natureza do litígio, pois não se pode condicionar o exercício do direito individual de um dos litigantes no processo originário à anuência dos demais para retomar a lide.

II - O Sindicato, substituto processual e autor da reclamação trabalhista, em cujos autos fora proferida a decisão rescindenda, possui legitimidade para figurar como réu na ação rescisória, sendo descabida a exigência de citação de todos os empregados substituídos, porquanto inexistente litisconsórcio passivo necessário.

17.3.3 Depósito prévio obrigatório

CLT, art. 836. É vedado aos órgãos da Justiça do Trabalho conhecer de questões já decididas, excetuados os casos expressamente previstos neste Título e a ação rescisória, que será admitida na forma do disposto no Capítulo IV do Título IX da Lei nº 5.869, de 11 de janeiro de 1973 – Código de Processo Civil, sujeita ao depósito prévio de 20% (vinte por cento) do valor da causa, salvo prova de miserabilidade jurídica do autor.

O objetivo desse depósito é desestimular o ajuizamento de ações rescisórias sem fundamento.

Os beneficiários da justiça gratuita e entes públicos, bem como Defensoria Pública, Ministério Público, INSS e massa falida estão isentos de tal pagamento prévio.

Lembrando que aqui o processo do trabalho traz o percentual de 20% (diferentemente do processo civil em que o percentual é de 5%), pois em regra o objeto dos processos trata-se de natureza alimentar. Assim, o percentual maior de 20% acabaria sendo desestímulo à propositura da rescisória e retardamento de finalização do processo.

17.3.4 Petição inicial

Na petição inicial deve-se indicar especificamente a causa de pedir (o fundamento) da ação rescisória.

Súmula nº 408 do TST – AÇÃO RESCISÓRIA. PETIÇÃO INICIAL. CAUSA DE PEDIR. AUSÊNCIA DE CAPITULAÇÃO OU CAPITULAÇÃO ERRÔNEA NO ART. 966 DO CPC DE 2015. ART. 485 DO CPC DE 1973. PRINCÍPIO *IURA NOVIT CURIA* (nova redação em decorrência do CPC de 2015) – Res. 208/2016, DEJT divulgado em 22, 25 e 26/04/2016 Não padece de inépcia a petição inicial de ação rescisória apenas porque omite a subsunção do fundamento de rescindibilidade no art. 966 do CPC de 2015 (art. 485 do CPC de 1973) ou o capitula erroneamente em um de seus incisos. Contanto que não se afaste dos fatos e fundamentos invocados como causa de pedir, ao Tribunal é lícito emprestar-lhes a adequada qualificação jurídica (*iura novit curia*). No entanto, fundando-se a ação rescisória no art. 966, inciso V, do CPC de 2015 (art. 485, inciso V, do CPC de 1973), é indispensável expressa indicação, na petição inicial

da ação rescisória, da norma jurídica manifestamente violada (dispositivo legal violado sob o CPC de 1973), por se tratar de causa de pedir da rescisória, não se aplicando, no caso, o princípio *iura novit cúria*.

17.3.5 Revelia e reconvenção

A revelia na ação rescisória não tem como consequência a confissão ficta, pois o réu defende a coisa julgada. Dessa forma, não há que se falar em confissão contra coisa julgada.

Súmula nº 398 do TST – AÇÃO RESCISÓRIA. AUSÊNCIA DE DEFESA. INAPLICÁVEIS OS EFEITOS DA REVELIA (alterada em decorrência do CPC de 2015) – Res. 219/2017, DEJT divulgado em 28, 29 e 30/06/2017 – republicada – DEJT divulgado em 12, 13 e 14/07/2017. Na ação rescisória, o que se ataca é a decisão, ato oficial do Estado, acobertado pelo manto da coisa julgada. Assim, e considerando que a coisa julgada envolve questão de ordem pública, a revelia não produz confissão na ação rescisória.

Admite-se a reconvenção na ação rescisória, desde que essa reconvenção seja uma ação rescisória em face da mesma decisão que se pretende rescindir.

17.3.6 Ação rescisória da ação rescisória

Admitida ação rescisória para desconstituir decisão proferida em ação rescisória, quando o vício surgiu na decisão da primeira ação rescisória.

Súmula nº 400 do TST – AÇÃO RESCISÓRIA DE AÇÃO RESCISÓRIA. VIOLAÇÃO MANIFESTA DE NORMA JURÍDICA. INDICAÇÃO DA MESMA NORMA JURÍDICA APONTADA NA RESCISÓRIA PRIMITIVA (MESMO DISPOSITIVO DE LEI SOB O CPC DE 1973). (nova redação em decorrência do CPC de 2015) – Res. 208/2016, DEJT divulgado em 22, 25 e 26/04/2016

Em se tratando de rescisória de rescisória, o vício apontado deve nascer na decisão rescindenda, não se admitindo a rediscussão do acerto do julgamento da rescisória anterior. Assim, não procede rescisória calcada no inciso V do art. 966 do CPC de 2015 (art. 485, V, do CPC de 1973) para discussão, por má aplicação da mesma norma jurídica, tida por violada na rescisória anterior, bem como para arguição de questões inerentes à ação rescisória primitiva.

17.4 Dissídio coletivo

17.4.1 Introdução e conceito

No Direito Coletivo do Trabalho, temos as fontes autônomas em que as próprias partes, sem intervenção de terceiros, conseguem chegar a um ajuste (a um acordo) e produzem as normas a que estarão sujeitas. Assim, essas fontes serão aplicadas aos sujeitos que as criaram.

No entanto, nem sempre as partes conseguem chegar a esse "denominador comum", sendo necessária a intervenção de terceiros para a produção da norma, quando temos as chamadas fontes heterônomas. Nessa hipótese, o terceiro pode ser o Poder Judiciário por meio do ajuizamento de um dissídio coletivo, sendo esse o processo destinado à solução de conflitos coletivos surgidos nas relações de trabalho, em que haverá criação e modificação de normas e condições de trabalho, bem como a declaração de alcance da norma jurídica.

No dissídio coletivo, não há aplicação da norma ao caso concreto, tal como ocorre nas ações individuais ou coletivas, mas sim a análise de interesses abstratos para sua aplicação a determinado grupo ou categoria, mediante criação e modificação de regras gerais de trabalho.

O dissídio coletivo possui previsão constitucional.

CRFB/88, art. 114, § 2º Recusando-se qualquer das partes à negociação coletiva ou à arbitragem, é facultado às mesmas, de comum acordo, ajuizar dissídio coletivo de natureza econômica, podendo a Justiça do Trabalho decidir o conflito, respeitadas as disposições mínimas legais de proteção ao trabalho, bem como as convencionadas anteriormente.

17.4.2 Pressupostos de cabimento

17.4.2.1 Pressupostos subjetivos (ligados aos sujeitos)

    a) <u>competência</u> (competência funcional originária dos Tribunais (TRT), sendo as Varas do Trabalho incompetentes para sua apreciação. Se a competência territorial abranger mais de um TRT, a competência para julgamento do dissídio será do TST, por meio da SDC – Seção de Dissídios Coletivos).

b) **capacidade processual** (quem postula diretamente não é a categoria, que somente é representada pela parte processual legitimada, que é o sindicato – CLT, art. 857 e parágrafo único).

CLT, art. 857 - A representação para instaurar a instância em dissídio coletivo constitui prerrogativa das associações sindicais, excluídas as hipóteses aludidas no art. 856, quando ocorrer suspensão do trabalho.

Parágrafo único. Quando não houver sindicato representativo da categoria econômica ou profissional, poderá a representação ser instaurada pelas federações correspondentes e, na falta destas, pelas confederações respectivas, no âmbito de sua representação.

17.4.2.2 Pressupostos objetivos

a) **negociação coletiva prévia** (a falta de tentativa de negociação prévia faz com que o dissídio coletivo seja extinto sem resolução do mérito por falta de interesse, já que o bem da vida pretendido poderá ser alcançado por outros meios, como a negociação coletiva - CR/88, art. 114, §2º e **RITST, art. 219**. Frustrada, total ou parcialmente, a autocomposição dos interesses coletivos em negociação promovida diretamente pelos interessados ou mediante intermediação administrativa do órgão competente do Ministério do Trabalho, poderá ser ajuizada a ação de dissídio coletivo).

b) **autorização em Assembleia** (necessária autorização em assembleia da categoria para instauração do dissídio coletivo, na forma da Orientação 29 do SDC/TST: OJ-SDC-29 EDITAL DE CONVOCAÇÃO E ATA DA ASSEMBLEIA GERAL. REQUISITOS ESSENCIAIS PARA INSTAURAÇÃO DE DISSÍDIO COLETIVO. O edital de convocação da categoria e a respectiva ata da AGT constituem peças essenciais à instauração do processo de dissídio coletivo).

c) **inexistência de norma coletiva em vigor** -(tanto a existência de norma coletiva quanto a de outra sentença normativa,

que possuem prazo determinado de vigência, impedem o ajuizamento de dissídio coletivo, salvo a hipótese de greve – art. 14, p. único, Lei nº 7.783/89).
d) **observância da época própria para ajuizamento-** (não há prazo prescricional para ajuizamento, uma vez que não se postulam créditos previstos em normas preexistentes. O que se procura é a criação de regras e normas jurídicas a serem aplicadas às partes e que irão reger as relações dessas categorias representadas).
e) **petição inicial** -(deverá ser obrigatoriamente escrita, de acordo com o art. 856, CLT, que deverá ser acompanhada de diversos documentos edital de convocação da assembleia geral da categoria, lista de presença da assembleia, norma coletiva anterior, dentre outros que sejam considerados importantes pelas partes) e **"comum acordo"** (há tal previsão no acima já transcrito art. 114, §2º, CRFB/88, razão pela qual a doutrina entende como requisito necessário para estimular a negociação coletiva, ou seja, o prestígio às fontes autônomas. No entanto, parte da doutrina entende como sendo um pressuposto que pode ser afastado, se houver recusa injustificada em qualquer das partes, razão pela qual pode ser suprido pela decisão judicial).

17.4.3 Condições da ação do dissídio coletivo

17.4.3.1 Legitimidade

As partes no dissídio chamam-se suscitante (polo ativo) e suscitado (polo passivo).

Pela interpretação do art. 114, §2º, CR/88, as partes legítimas para instauração do dissídio coletivo são o sindicato da categoria profissional e o sindicato da categoria econômica (quando o dissídio for entre categorias e decorrente de convenção coletiva frustrada), ou sindicato da categoria profissional e empresa ou empresas isoladamente consideradas (quando o dissídio coletivo for em âmbito mais restrito e decorrer de um acordo coletivo frustrado).

Dessa forma, para parte da doutrina (com a qual concordamos), o art. 856, CLT que faculta o Presidente do TRT a iniciativa de ajuizamento de dissídio coletivo, não teria sido recepcionado pela CR/88, principalmente pelo princípio da inércia.

Legitimação do MPT: pode ajuizar em caso de greve, uma vez que aqui a defesa não seria da categoria em si, e sim dos interesses públicos ou da ordem jurídica (recepção pela CR, de acordo com seu art. 127) → legitimação em casos onde a greve colocaria em perigo a vida ou a segurança das pessoas atingidas pelo movimento de paralisação.

No caso de greve, os Tribunais Superiores não têm aceitado a legitimação ativa do sindicato da categoria profissional, já que foi quem deu início ao movimento grevista, mas somente do sindicato da categoria econômica ou da empresa isoladamente considerada.

Quando não houver sindicato representativo da categoria, o ajuizamento caberá à federação e, na falta desta, à confederação respectiva (Art. 857. p. único, CLT, acima já transcrito).

17.4.3.2 Interesse processual

A própria CRFB/88 condiciona o ajuizamento da ação de dissídio coletivo ao prévio exaurimento da negociação coletiva ou impossibilidade de recurso das partes à arbitragem.

Para tanto, a categoria deve estar representada pelo quórum mínimo do art. 612, CLT, de acordo com recente pronunciamento do TST, em que este prevalece sobre as regras fixadas nos estatutos do sindicato.

CLT, art. 612 - Os Sindicatos só poderão celebrar Convenções ou Acordos Coletivos de Trabalho, por deliberação de Assembleia Geral especialmente convocada para esse fim, consoante o disposto nos respectivos Estatutos, dependendo a validade da mesma do comparecimento e votação, em primeira convocação, de 2/3 (dois terços) dos associados da entidade, se se tratar de Convenção, e dos interessados, no caso de Acordo, e, em segunda, de 1/3 (um terço) dos mesmos.

Parágrafo único. O "quorum" de comparecimento e votação será de 1/8 (um oitavo) dos associados em segunda convocação, nas entidades sindicais que tenham mais de 5.000 (cinco mil) associados.

17.4.4 Classificação

Conforme entendimento da doutrina majoritária, bem como pelo Regimento Interno TST, art. 220, os dissídios coletivos podem ser:

I - de natureza econômica, para a instituição de normas e condições de trabalho;

II - de natureza jurídica, para interpretação de cláusulas de sentenças normativas, de instrumentos de negociação coletiva, acordos e convenções coletivas, de disposições legais particulares de categoria profissional ou econômica e de atos normativos;

III - originários, quando inexistentes ou em vigor normas e condições especiais de trabalho, decretadas em sentença normativa;

IV - de revisão, quando destinados a reavaliar normas e condições coletivas de trabalho preexistentes, que se hajam tornado injustas ou ineficazes pela modificação das circunstâncias que as ditaram; e

V - de declaração sobre a paralisação do trabalho decorrente de greve.

17.4.5 Natureza jurídica da decisão no dissídio coletivo

Conforme a decisão proferida no dissídio coletivo, temos as seguintes classificações:

- **Natureza econômica:** quando os sindicatos formulam pauta de reivindicações de natureza econômica que serão aplicáveis no âmbito das relações individuais de trabalho (sentença normativa constitutiva).

- **Natureza declaratória** ou dissídio coletivo de natureza jurídica: o Tribunal se limita a interpretar cláusulas normativas específicas previstas em sentenças normativas, acordo coletivo ou convenção coletiva.

Orientação Jurisprudencial nº7 SDC/TST – DISSÍDIO COLETIVO. NATUREZA JURÍDICA. INTERPRETAÇÃO DE NORMA DE CARÁTER GENÉRICO. INVIABILIDADE. Inserida em 27/03/1998

Não se presta o dissídio coletivo de natureza jurídica à interpretação de normas de caráter genérico, a teor do disposto no art. 313, II, do RITST.

> **Natureza mista:** o Tribunal emite tanto provimentos de natureza econômica quanto de cunho declaratório, tal como normalmente ocorre nos dissídios coletivos de greve.

17.4.6 Poder normativo

O dissídio coletivo é a demonstração do Poder Normativo da Justiça do Trabalho, no qual as partes, após negociação frustrada, dirigem-se até o Poder Judiciário, que, por meio de uma sentença chamada sentença normativa (resultado do dissídio coletivo), irá decidir o caso posto sob exame – nesse caso, irá impor às partes regras jurídicas equivalentes a normas, leis.

Tem o nome de Poder Normativo porque acaba fazendo o papel do Poder Legislativo, já que, por meio do dissídio, há a criação de normas jurídicas aplicáveis às partes – CRFB/88, art. 114, §2º.

O Poder Normativo constitui função atípica do Poder Judiciário, que acaba instituindo normas jurídicas às partes, cujas condições de trabalho estarão sob exame. No entanto, não há incidência desse poder em todas as formas de dissídio coletivo, mas apenas nos dissídios coletivos econômicos, revisionais ou originários, pois no dissídio coletivo de greve o objetivo é a declaração de abusividade ou não do movimento grevista, enquanto no dissídio jurídico apenas se pretende interpretar norma jurídica preexistente.

Como o Poder Normativo teve origem na Carta del Lavoro, na Itália, durante o período do regime fascista de Mussolini, acaba sendo muito criticada sua manutenção no Brasil por constituir indevida interferência do Estado na vontade coletiva das partes, o que certamente poderia criar até mesmo entraves ou falta de vontade das partes na negociação direta, deixando a decisão final a cargo do Poder Judiciário.

Por certo que há limites ao Poder Normativo, pois o próprio §2º do art. 144 da CRFB/88 dispõe sobre o respeito às condições mínimas legais de proteção ao trabalho, bem como aquelas convencionadas anteriormente.

Assim, esses são considerados os limites mínimos a serem observados quando da aplicação do Poder Normativo. Quanto aos chamados limites máximos, acompanhamos a corrente majoritária no sentido de que o Poder Judiciário trabalhista, nesse caso, admite a criação de normas mais benéficas aos empregados, conforme conveniência, equidade e bom senso do Magistrado, devendo-se observar a capacidade econômica da empresa.

Além disso, devem ser observados os limites e possibilidades trazidos com a Reforma Trabalhista nos arts. 611-A e 611-B da CLT.

17.4.7 Procedimento – arts. 856 a 875, CLT

O ajuizamento do dissídio coletivo deve ser feito por meio de petição inicial por escrito, não podendo haver a apresentação verbal. Tal petição deve ser apresentada em quantas vias quantos forem os reclamados – art. 858, CLT.

CLT, art. 858 - A representação será apresentada em tantas vias quantos forem os reclamados e deverá conter:

a) designação e qualificação dos reclamantes e dos reclamados e a natureza do estabelecimento ou do serviço;

b) os motivos do dissídio e as bases da conciliação.

A conciliação só possui uma única tentativa obrigatória, havendo designação de audiência para esse único fim e presidida pelo Presidente do Tribunal ou outro membro do Tribunal, de acordo com determinação do Regimento Interno do Tribunal.

O Presidente não fica adstrito às propostas feitas pelas partes, podendo apresentar solução que entender pertinente – art. 862, CLT.

CLT, art. 862 - Na audiência designada, comparecendo ambas as partes ou seus representantes, o Presidente do Tribunal as convidará para se pronunciarem sobre as bases da conciliação. Caso não sejam aceitas as bases propostas, o Presidente submeterá aos interessados a solução que lhe pareça capaz de resolver o dissídio.

Se houver acordo, o Presidente homologa e desta também ressai uma sentença normativa (ou decisão normativa).

Se não houver acordo, o processo vai à distribuição e sorteio de um Relator, sendo depois encaminhado ao Revisor e aí sim submetido ao julgamento pelo Tribunal ou Órgão Especial (no TST o julgamento cabe à SDC).

O MPT pode emitir parecer escrito ou oral durante a sessão de julgamento, se for matéria de seu interesse.

Como o debate é acerca de interesses abstratos da categoria profissional ou econômica, não há que se falar em revelia ou confissão.

As sentenças normativas produzem coisa julgada com eficácia *ultra partes*, pois seus limites subjetivos estendem-se ao todos os integrantes das categorias que figurarem como parte da demanda coletiva.

Da sentença normativa (no caso de dissídio coletivo ajuizado no TRT) cabe recurso ordinário ao TST. Da sentença normativa proferida no dissídio de competência originária do TST, o recurso será o de embargos infringentes, caso a decisão não seja unânime. Em ambos os casos, a competência para conhecer e julgar o recurso é da SDC, sendo prazo para recurso de 8 dias.

Em caso de acordo nos autos, tal recurso somente pode ser interposto pelo MPT, tanto nos dissídio em que atuou como parte (Ex.: dissídio de greve por ele ajuizado), quanto nos que atuou como *custos legis*, ou seja, fiscal da lei.

Como regra geral, o recurso ordinário somente possui efeito devolutivo e não suspensivo. No entanto, no recurso ordinário de sentença normativa admite-se a concessão de efeito suspensivo pelo Presidente do TST, na forma da Lei nº 7.701/88, art. 7º, §6º e art. 14, Lei nº 10.192/2001.

17.5 Ação de cumprimento

17.5.1 Introdução e competência

Caso a sentença normativa e suas determinações não sejam cumpridas espontaneamente pelas partes, a parte interessada deverá ajuizar ação de cumprimento, de acordo com o art. 872 e parágrafo único, CLT.

CLT, art. 872 - Celebrado o acordo, ou transitada em julgado a decisão, seguir-se-á o seu cumprimento, sob as penas estabelecidas neste Título.

Parágrafo único - Quando os empregadores deixarem de satisfazer o pagamento de salários, na conformidade da decisão proferida, poderão os empregados ou seus sindicatos, independentes de outorga de poderes de seus associados, juntando certidão de tal decisão, apresentar reclamação à Junta ou Juízo competente, observado o processo previsto no Capítulo II deste Título, sendo vedado, porém, questionar sobre a matéria de fato e de direito já apreciada na decisão.

O conteúdo da sentença normativa não será executado, e sim cumprido – caso não haja o cumprimento voluntário, haverá o cumprimento coercitivo por meio do ajuizamento da ação de cumprimento.

A ação de cumprimento tem natureza de ação de conhecimento de cunho condenatório, pois objetiva o efetivo cumprimento da norma prevista na sentença normativa ou nos instrumentos coletivos. A competência para conhecimento e julgamento será na Vara do Trabalho, na forma das regras do art. 651, CLT.

17.5.2 Espécies

Existem duas espécies de ação de cumprimento: **ação individual de cumprimento** (simples ou plúrima, proposta diretamente pelos empregados / **Orientação Jurisprudencial nº 188, SDI-1, TST: DECISÃO NORMATIVA QUE DEFERE DIREITOS. FALTA DE INTERESSE DE AGIR PARA AÇÃO INDIVIDUAL** Falta interesse de agir para a ação individual, singular ou plúrima, quando o direito já foi reconhecido através de decisão normativa, cabendo, no caso, ação de cumprimento); e **ação coletiva de cumprimento** (proposta pelo sindicato e para defesa dos interesses dos substituídos integrantes da categoria interessada).

Fica demonstrada, assim, a legitimação concorrente para o ajuizamento, de empregados ou sindicato.

17.5.3 Momento para ajuizamento

A princípio, deve-se aguardar o prazo previsto na **Lei nº 7.701/88, art. 7º, §6º**: A sentença normativa poderá ser objeto de ação de cumprimento a partir do 20º (vigésimo) dia subsequente ao do julgamento, fundada no acórdão ou na certidão de julgamento, salvo se concedido efeito suspensivo pelo Presidente do Tribunal Superior do Trabalho.

No entanto, não há necessidade de aguardar o trânsito em julgado da sentença normativa para ajuizamento da ação de cumprimento, conforme redação da TST, Súmula nº 246.

Súmula nº 246 do TST – AÇÃO DE CUMPRIMENTO. TRÂNSITO EM JULGADO DA SENTENÇA NORMATIVA (mantida) – Res. 121/2003, DJ 19, 20 e 21/11/2003. É dispensável o trânsito em julgado da sentença normativa para a propositura da ação de cumprimento.

Caso haja a modificação da sentença normativa em sede de recurso ordinário, será declarada a perda do objeto da ação de cumprimento.

Orientação Jurisprudencial nº 277, SDI-1/ TST. AÇÃO DE CUMPRIMENTO FUNDADA EM DECISÃO NORMATIVA QUE SOFREU POSTERIOR REFORMA, QUANDO JÁ TRANSITADA EM JULGADO A SENTENÇA CONDENATÓRIA. COISA JULGADA. NÃO CONFIGURAÇÃO (DJ 11/08/2003)

A coisa julgada produzida na ação de cumprimento é atípica, pois dependente de condição resolutiva, ou seja, da não modificação da decisão normativa por eventual recurso. Assim, modificada a sentença normativa pelo TST, com a consequente extinção do processo, sem julgamento do mérito, deve-se extinguir a execução em andamento, uma vez que a norma sobre a qual se apoiava o título exequendo deixou de existir no mundo jurídico.

Súmula nº 397 do TST – AÇÃO RESCISÓRIA. ART. 966, IV, DO CPC DE 2015 . ART. 485, IV, DO CPC DE 1973. AÇÃO DE CUMPRIMENTO. OFENSA À COISA JULGADA EMANADA DE SENTENÇA NORMATIVA MODIFICADA EM GRAU DE RECURSO. INVIABILIDADE. CABIMENTO DE MANDADO DE SEGURANÇA (atualizada em decorrência do CPC de 2015) – Res. 208/2016, DEJT divulgado em 22, 25 e 26/04/2016

Não procede ação rescisória calcada em ofensa à coisa julgada perpetrada por decisão proferida em ação de cumprimento, em face de a sentença normativa, na qual se louvava, ter sido modificada em grau de recurso, porque em dissídio coletivo somente se consubstancia coisa julgada formal. Assim, os meios processuais aptos a atacarem a execução da cláusula reformada são a exceção de pré-executividade e o mandado de segurança, no caso de descumprimento do art. 514 do CPC de 2015 (art. 572 do CPC de 1973).

17.5.4 Prescrição

Tendo em vista que a ação de cumprimento pode ser ajuizada antes mesmo do trânsito em julgado da sentença normativa, o prazo de prescrição para ajuizamento daquela ação apenas começa a fluir a partir do trânsito em julgado da sentença normativa.

Súmula nº 350 do TST – PRESCRIÇÃO. TERMO INICIAL. AÇÃO DE CUMPRIMENTO. SENTENÇA NORMATIVA (mantida) – Res. 121/2003, DJ 19, 20 e 21/11/2003 – O prazo de prescrição com relação à ação de cumprimento de decisão normativa flui apenas da data de seu trânsito em julgado.

17.6 Ação de consignação em pagamento

A ação de consignação em pagamento trabalhista é um procedimento judicial que permite ao empregador depositar valores devidos ao empregado em juízo. É um meio de assegurar que o devedor cumpra sua obrigação de forma legal, mesmo quando o credor se recusa a receber o pagamento ou quando não se sabe a quem pagar.

A ação de consignação em pagamento trabalhista é regulada pelos artigos 539 e 540 do Código de Processo Civil, aqui utilizado como fonte subsidiária. É frequentemente utilizada nos seguintes casos: Quando o empregado não aceita receber o valor, não comparece para o pagamento, no caso de empregado falecido e quando a empresa tem dúvidas de quem seriam os dependentes.

A consignação em pagamento é uma ação pela qual o empregador busca quitar as verbas rescisórias mediante depósito judicial, quando há discordância ou controvérsia sobre o valor a ser pago, se o trabalhador se recusa a receber ou em caso de falecimento do empregado quando não há herdeiros determinados.

Assim, nos casos em que é necessário o ajuizamento da consignação em pagamento para pagamento das verbas rescisórias, é essencial que se observe rigorosamente os prazos e as condições legais na CLT, visto que, inobstante haja disposição referente ao depósito no Código de Processo Civil, por ser específica (5 dias após o deferimento do processamento da ação), a CLT se sobrepõe, **considerando que a legislação trabalhista prevê que o que se considera pagamento e extingue a obrigação é o depósito judicial, e não o ajuizamento da ação de consignação**.

Apesar de a multa ser apenas associada ao atraso injustificado no pagamento das verbas rescisórias, alguns Tribunais Regionais entendiam que tal obrigação não se aplicava em casos de ajuizamento de ação de consignação em pagamento, em razão do artigo 542, I do CPC que determina que na inicial o autor requererá o depósito de quantia ou coisa devida a ser efetivada no prazo de 5 dias.

Contudo, o entendimento foi retificado pelo Tribunal Pleno do TST, de modo que a ação de consignação em pagamento não isenta o empregador da multa pelo atraso no pagamento das verbas rescisórias prevista na CLT, conforme podemos verificar no julgado abaixo:

"28/11/23 - O Pleno do Tribunal Superior do Trabalho, por maioria, rejeitou o recurso da Auto Viação Fortaleza Ltda., de Fortaleza (CE), contra condenação ao pagamento de multa por atraso no pagamento de verbas rescisórias a um motorista, mesmo após o ajuizamento de ação de consignação em pagamento. Embora a ação tenha sido apresentada no prazo previsto para o pagamento da rescisão, a empresa não efetuou o depósito judicial previsto em lei.

Justa causa

Em 3/3/2015, a Viação Fortaleza dispensou o motorista por justa causa em razão de seu histórico funcional, que revelava diversas infrações de trânsito (como ultrapassagem pela contramão, condução do veículo utilizando celular, avanço de sinal vermelho) e faltas como desviar do itinerário e não parar nos pontos. No dia da rescisão, ele não compareceu ao sindicato, levando a empresa a ajuizar a ação de consignação para afastar a aplicação da multa por atraso e encerrar o contrato de trabalho, com a quitação dos valores devidos.

Multa

Embora a ação tenha sido apresentada antes dos 10 dias previstos no artigo 477 da CLT para o pagamento das parcelas rescisórias, a empresa só efetuou o depósito judicial dos valores supostamente devidos em 17/3/2015. Por isso, o juízo de primeiro grau declarou a extinção do vínculo, mas incluiu nas verbas rescisórias a multa pelo atraso no pagamento.

Empate

A decisão foi mantida pelo Tribunal Regional do Trabalho da 7ª Região (CE) e pela Sexta Turma do TST. Quando o caso chegou à Subseção I Especializada em Dissídios Individuais (SDI-1), houve empate na votação, e o processo foi remetido ao Tribunal Pleno.

Prazo

No recurso, a empresa sustentava que deveria ter sido aberto prazo de cinco dias para o depósito da quantia consignada, pois não haveria prejuízo ao trabalhador. Segundo a Viação Fortaleza, como a ação fora ajuizada dentro do prazo para pagamento da rescisão, não se aplicaria a multa por atraso.

Procedimento especial

Prevaleceu, no julgamento do Pleno, o voto do ministro José Roberto Freire Pimenta. Ele explicou que a ação de consignação em pagamento é um procedimento especial, cuja pretensão é a declaração de extinção, pelo depósito, de determinada obrigação. 'O principal objetivo dessa ação é oferecer ao credor a coisa ou a quantia devida', assinalou.

Regulada pelos artigos 539 e 540 do Código de Processo Civil, a ação de consignação, na área trabalhista, é frequentemente usada para desonerar o empregador da obrigação de pagamento das verbas rescisórias e, assim, afastar a incidência da multa quando o empregado se recusa injustificadamente a recebê-las.

Depósito

Mas, de acordo com o ministro, esse risco somente cessa, para o devedor, com o depósito do valor devido. Ele ressaltou que, segundo o

Código Civil, o que se considera pagamento e extingue a obrigação é o depósito judicial, e não o mero ajuizamento da ação de consignação. Assim, para afastar a incidência da multa prevista na CLT, é necessário que o depósito seja feito dentro do prazo. 'Somente com ele os riscos para o devedor cessam e a obrigação extingue-se', observou.

Natureza alimentar

Um dos pontos ressaltados pelo ministro é que a multa prevista no artigo 477 da CLT é uma sanção que visa assegurar o pagamento rápido das verbas rescisórias, tendo em vista sua natureza alimentar. Assim, no processo do trabalho, o prazo de cinco dias para o depósito do valor consignado previsto no CPC deve ser compatibilizado com a CLT, de modo que tanto o ajuizamento da ação em consignação quanto o recolhimento do valor devem ser feitos em 10 dias após a notificação da extinção do contrato de trabalho.

Na avaliação do ministro, entendimento contrário significaria ampliar o prazo de direito material trabalhista por norma de Direito Processual Comum.

Divergência

Ficaram vencidos os ministros Evandro Valadão (relator), Amaury Rodrigues, Ives Gandra Martins Filho, Caputo Bastos, Douglas Alencar Rodrigues, Breno Medeiros, Alexandre Ramos e Dezena da Silva e as ministras Morgana Richa, Maria Cristina Peduzzi e Dora Maria da Costa, que votaram para excluir da condenação o pagamento da multa.

Para o relator, como a justa causa foi mantida pelos juízos de primeiro e segundo grau, não haveria justificativa para a recusa do trabalhador de comparecer ao sindicato para a quitação das parcelas e a homologação da rescisão. Isso, por sua vez, afastaria a caracterização da mora do devedor.

Processo: E-RR-376-14.2015.5.07.0010".

17.7 Ação civil pública

A consolidação da ACP se deu definitivamente com a CF/88, que em seu art. 129, III expressamente a previu como uma das atribuições do Ministério Público, bem como com o Código de Defesa do Consumidor.

CF Art. 129. São funções institucionais do Ministério Público:

[...]

III - promover o inquérito civil e a ação civil pública, para a proteção do patrimônio público e social, do meio ambiente e de outros interesses difusos e coletivos;

[...]

Posteriormente, consagrou-se o microssistema coletivo, em que há a integralização de diversas normas, quando compatíveis, conforme visto acima.

17.7.1 Previsão sumular

A seguir, colacionamos as súmulas que tangenciam a temática de Ação Civil Pública.

Súmulas do STF:

Súmula nº 736 - Compete à justiça do trabalho julgar as ações que tenham como causa de pedir o descumprimento de normas trabalhistas relativas à segurança, higiene e saúde dos trabalhadores.

Súmula nº 643 - O Ministério Público tem legitimidade para promover ação civil pública cujo fundamento seja a ilegalidade de reajuste de mensalidades escolares.

Súmulas do STJ:

Súmula nº 629 - Quanto ao dano ambiental, é admitida a condenação do réu à obrigação de fazer ou à de não fazer cumulada com a de indenizar.

Súmula nº 618 - A inversão do ônus da prova aplica-se às ações de degradação ambiental.

Súmula nº 601 - O Ministério Público tem legitimidade ativa para atuar na defesa de direitos difusos, coletivos e individuais homogêneos dos consumidores, ainda que decorrentes da prestação de serviço público.

Súmula nº 489 - Reconhecida a continência, devem ser reunidas na Justiça Federal as ações civis públicas propostas nesta e na Justiça estadual.

Súmula nº 345 - São devidos honorários advocatícios pela Fazenda Pública nas execuções individuais de sentença proferida em ações coletivas, ainda que não embargadas.

Súmula nº 329 - O Ministério Público tem legitimidade para propor ação civil pública em defesa do patrimônio público.

A ação civil pública (ACP) é um processo jurídico que visa proteger interesses coletivos e difusos, responsabilizando-se quem causa danos a eles. É um instrumento fundamental para garantir que empresas e órgãos públicos cumpram com os direitos que afetam toda a sociedade.

A ACP pode ser utilizada para:
- Proteger o meio ambiente
- Proteger o consumidor
- Proteger o patrimônio público e social
- Proteger a honra e a dignidade de grupos raciais, étnicos ou religiosos
- Proteger o patrimônio artístico ou histórico
- Proteger a economia

A ACP pode ser proposta pelo Ministério Público ou por outras pessoas jurídicas, públicas ou privadas. A lei que a criou, a Lei nº 7.347/85, delimita as partes legítimas e os principais aspectos do seu procedimento.

Na ACP os réus podem ser condenados a fazer ou deixar de fazer determinado ato, com imposição de multa em caso de descumprimento

17.7.2 Competência

A qualquer interesse metaindividual (difuso, coletivo ou individual homogêneo) aplica-se o art. 93 do CDC, *in verbis*:

CDC Art. 93. Ressalvada a competência da Justiça Federal, é competente para a causa a justiça local:

I - no foro do lugar onde ocorreu ou deva ocorrer o dano, quando de âmbito local;

II - no foro da Capital do Estado ou no do Distrito Federal, para os danos de âmbito nacional ou regional, aplicando-se as regras do Código de Processo Civil aos casos de competência concorrente.

1) **Dano local:** a competência é do foro do local do dano (regra idêntica ao art. 2º da LACP).

LACP Art. 2º As ações previstas nesta Lei serão propostas no foro do local onde ocorrer o dano, cujo juízo terá competência funcional para processar e julgar a causa.

Parágrafo único A propositura da ação prevenirá a jurisdição do juízo para todas as ações posteriormente intentadas que possuam a mesma causa de pedir ou o mesmo objeto. (Incluído pela Medida Provisória nº 2.180-35, de 2001)

STJ: a competência para processar e julgar ação civil pública é **absoluta** e se dá em função do local onde ocorreu o dano. EDcl. No CC 113.788/DF.

17.7.3 Legitimidade

A Ação Civil Pública pode ser instaurada por várias entidades e órgãos, incluindo o **Ministério Público, a Defensoria Pública, a União, Estados, Municípios, autarquias, empresas públicas, fundações, sociedades de economia mista e associações** que atendam a critérios específicos.

- O **Ministério Público** desempenha o papel de **fiscal da lei**, mesmo se não for parte no processo.
- O **Poder Público e outras associações** têm a possibilidade de se unir como **litisconsortes**, ou seja, participar conjuntamente do processo.
- Se uma associação que **possui legitimidade desistir** sem uma razão válida, o **Ministério Público ou outro órgão legitimado assume** o protagonismo na ação.
- Em situações em que há interesse social evidente devido à magnitude do dano ou à importância do bem a ser protegido, o **requisito de existência prévia da associação** pode ser **dispensado pelo juiz**.

- É permitido o **litisconsórcio facultativo** entre os Ministérios Públicos da União, do Distrito Federal e dos Estados na defesa dos interesses abrangidos pela lei.
- Os órgãos públicos legitimados têm a **possibilidade de firmar acordos de ajustamento de conduta com os envolvidos**, que têm validade como **títulos executivos extrajudiciais**.

17.7.4 Princípios de Direito Processual Coletivo

17.7.4.1 Princípio da indisponibilidade mitigada da ação coletiva

Encontra previsão no art. 5º, §3º da Lei de Ação Civil Pública e no art. 9º da Lei de Ação Popular.

LACP Art. 5º, § 3º Em caso de desistência INFUNDADA ou abandono da ação por associação legitimada, o Ministério Público ou outro legitimado assumirá a titularidade ativa.

De acordo com este princípio, o objeto da ação coletiva pertence à coletividade não ao ente legitimado. Por isso, não se admite desistência ou abandono imotivados da ação coletiva. Se houver, não implicará extinção do processo, mas sim em **sucessão processual.**

Observação: se a desistência for motivada e fundada, é possível que o juiz extinga o processo, verificando a pertinência das alegações. Por isso, diz que a indisponibilidade é MITIGADA. Por exemplo, no caso de uma ACP ambiental, se na metade do processo repara-se integralmente o dano, o MP pode desistir do processo e acompanhar extrajudicialmente.

17.7.4.2 Princípio da indisponibilidade da execução coletiva

Previsto no art. 15 da Lei da Ação Civil Pública. Vejamos:

LACP Art. 15. Decorridos sessenta dias do trânsito em julgado da sentença condenatória, sem que a associação autora lhe promova a execução, deverá fazê-lo o Ministério Público, facultada igual iniciativa aos demais legitimados.

Também denominado de princípio da obrigatoriedade da execução coletiva.

Na Lei da Ação Civil Pública, a sentença deve ser executada desde o **trânsito em julgado** É impossível não se proceder à execução da decisão de ação coletiva, é **obrigatória**.

Se o autor da ação não tomar iniciativa para executar, a lei permite a outros legitimados, bem como ao MP proceder à execução.

Salienta-se que, aqui, não há a expressão "mitigada", consequentemente, não há a possibilidade nem de desistência motivada.

17.7.4.3 Princípio do ativismo judicial ou da máxima efetividade processo

Também é um princípio implícito, que decorre do sistema coletivo.

Por conta do interesse social, não há como se negar que no processo coletivo o juiz tem maiores poderes que no processo individual, na maioria dos casos com o objetivo de evitar a extinção do processo sem resolução do mérito (princípio do interesse jurisdicional pelo conhecimento do mérito).

Doutrina e jurisprudência ampliam os poderes do juiz na condução e na solução do processo coletivo, decorrendo esse ativismo do termo inglês *defining function* (função de definidor). Em decorrência do aumento dos poderes do juiz, ele fica autorizado a agir em quatro formas que no processo individual não poderia:

- Poderes instrutórios mais acentuados (condução);
- Flexibilização das regras procedimentais (condução), nos termos do art. 139, VI do CPC;
- Possibilidade de alteração dos elementos da demanda após o saneamento do processo (condução);
- Controle das políticas públicas (solução).

a) Poderes instrutórios mais acentuados

Ainda que haja omissão probatória da parte, deve o juiz suprir essa lacuna, na busca da verdade real.

Outra regra, que deixa claro esse caráter **inquisitivo** da ação coletiva, é o art. 7º da LACP:

LACP Art. 7º Se, no exercício de suas funções, os juízes e tribunais tiverem conhecimento de fatos que possam ensejar a propositura da ação civil, remeterão peças ao Ministério Público para as providências cabíveis.

b) Flexibilização das regras procedimentais

O juiz pode alterar a ordem de atos processuais, bem como malear os prazos.

Imagine, por exemplo, que o juiz verifica a falta de litisconsorte necessário (ilegitimidade de parte), não extingue o processo, mas altera a ordem dos atos (engata uma 'marcha ré'), de forma a permitir a presença do litisconsorte. Tudo isso com a finalidade de tutelar o interesse coletivo e evitar o julgamento sem análise de mérito.

Igualmente, podemos citar que no CPC as partes têm prazo de 15 dias para se manifestar sobre perícia. Na tutela coletiva, o juiz pode tranquilamente dilatar esse prazo.

17.7.5 Coisa julgada no processo coletivo

CDC Art. 103. Nas ações coletivas de que trata este código, a sentença fará coisa julgada:

I - *ERGA OMNES*, exceto se o pedido for julgado improcedente por insuficiência de provas, hipótese em que qualquer legitimado poderá intentar outra ação, com idêntico fundamento valendo-se de nova prova, na hipótese do inciso I do parágrafo único do art. 81 **(direitos difusos);**

II - *ULTRA PARTES*, mas limitadamente ao grupo, categoria ou classe, salvo improcedência por insuficiência de provas, nos termos do inciso anterior, quando se tratar da hipótese prevista no inciso II do parágrafo único do art. 81; **(direitos coletivos)**

III - *ERGA OMNES*, apenas no caso de procedência do pedido, para beneficiar todas as vítimas e seus sucessores, na hipótese do inciso III do parágrafo único do art. 81 **(individuais homogêneos).**

§ 1º Os efeitos da coisa julgada previstos nos incisos I **(direitos difusos)** *e II* **(direitos coletivos)** *não prejudicarão interesses e direitos individuais dos integrantes da coletividade, do grupo, categoria ou classe.*

§ 2º Na hipótese prevista no inciso III (**individuais homogêneos**), em caso de improcedência do pedido, os interessados que não tiverem intervindo no processo como litisconsortes (**nos individuais homogêneos, se intervir como litisconsorte perde a tutela individual**) poderão propor ação de indenização a título individual.

§ 3º *Os efeitos da coisa julgada de que cuida o art. 16, combinado com o art. 13 da Lei nº 7.347, de 24 de julho de 1985* (LACP), não prejudicarão as ações de indenização por danos pessoalmente sofridos, propostas individualmente ou na forma prevista neste código, mas, se procedente o pedido, beneficiarão as vítimas e seus sucessores, que poderão proceder à liquidação e à execução, nos termos dos arts. 96 a 99. (**Transporte *in utilibus***)

LACP Art. 16. A sentença civil fará coisa julgada erga omnes, nos limites da competência territorial do órgão prolator, exceto se o pedido for julgado improcedente por insuficiência de provas, hipótese em que qualquer legitimado poderá intentar outra ação com idêntico fundamento, valendo-se de nova prova. (Redação dada pela Lei nº 9.494, de 10/09/1997) **STF declarou esse artigo inconstitucional.**

17.7.5.1 Limites objetivos, subjetivos, modo de produção e extensão da coisa julgada no processo coletivo

Os **limites objetivos** da coisa julgada coletiva são iguais aos do processo individual, previstos no art. 502 a 508 do CPC. Ou seja, somente a PARTE DISPOSITIVA da decisão é atingida pela imutabilidade da coisa julgada.

Art. 503. A decisão que julgar total ou parcialmente o mérito tem força de lei **nos limites da questão principal expressamente decidida**.

§ 1º O disposto no *caput aplic*a-se à resolução de questão prejudicial, decidida expressa e incidentemente no processo, se:

I -   dessa resolução depender o julgamento do mérito

II - a seu respeito tiver havido contraditório prévio e efetivo, não se aplicando no caso de revelia;

III - o juízo tiver competência em razão da matéria e da pessoa para resolvê-la como questão principal.

§ 2º A hipótese do § 1º não se aplica se no processo houver restrições probatórias ou limitações à cognição que impeçam o aprofundamento da análise da questão prejudicial.

Quanto aos **limites subjetivos,** o tratamento é bem diverso. Não se aplica aqui o art. 506 do CPC (efeito *inter partes*), mas sim os arts. 103 e 104 do CDC; 16 da LACP e 18 da LAP, que preveem os limites *ultra partes* e *erga omnes* da coisa julgada.

Art. 506. A sentença faz coisa julgada às partes entre as quais é dada, não prejudicando terceiros.

Quanto ao **modo de produção da coisa julgada**, no processo coletivo também há peculiaridades, enquanto no processo individual a coisa julgada é *"pro et contra",* no processo coletivo há quem diga que existem hipóteses em que a coisa julgada é formada "*secundum eventum litis*" (segundo o resultado da lide), ou seja, a coisa julgada somente se formaria no caso de **procedência** do pedido.

Entretanto, melhor nominar de coisa julgada ***secundum eventum probationis***, ou seja, só há coisa julgada quando ocorre o esgotamento das provas.

A coisa julgada coletiva, em todos os interesses transindividuais, nunca prejudica as pretensões individuais, só beneficia. Ou seja, sempre resta ao indivíduo entrar com a ação individual (princípio da máxima eficácia: a coisa julgada só é transportada se for 'in utilibus', ou seja, se for útil). A repercussão da coisa julgada no plano individual ocorre "*secundum eventum litis*", ou seja, somente quando a ação for procedente (CDC, art. 103, §§3º e 4º).

EXCEÇÃO (em que a coisa julgada pode prejudicar): art. 94 do CDC. Se o sujeito se habilitar como litisconsorte na ação coletiva, a coisa julgada vai lhe atingir de qualquer forma (procedente ou improcedente), pois o sujeito será parte da ação. Ou seja, não poderá ingressar com ação individual no caso de improcedência da coletiva.

17.7.6 Suspensão da ação individual e a extensão da coisa julgada

De acordo com o art. 104 do CDC, para o autor da ação individual já proposta aproveitar o transporte "*in utilibus*" da coisa julgada coletiva deverá requerer a **suspensão da sua ação individual** em 30 dias, a contar da ciência do ajuizamento da ação coletiva. Se não pedir a suspensão, **não** será beneficiado pela decisão coletiva.

Art. 104. As ações coletivas, previstas nos incisos I e II (**difusos e coletivos, há um erro nesse artigo, ver abaixo!**) e do parágrafo único do art. 81, não induzem litispendência para as ações individuais, mas os efeitos da coisa julgada erga omnes ou ultra partes a que aludem os incisos II e III (**coletivos e individuais homogêneos**) do artigo anterior **não beneficiarão os autores das ações individuais, se não for requerida sua suspensão no prazo de trinta dias, a contar da ciência nos autos do ajuizamento da ação coletiva.**

O réu deve avisar na ação individual que existe ação coletiva, *"dever de informar"*. Se não houver o aviso do réu, ainda que o autor perca a individual, ele poderá se beneficiar da procedência da coletiva.

Uma vez requerida a suspensão, o processo individual fica parado por prazo indeterminado até o julgamento da coletiva.

Mas essa suspensão é faculdade da parte ou o juiz pode determinar de ofício? Pela literalidade do art. 104, é uma faculdade da parte.

Porém, o STJ decidiu que "ajuizada a ação coletiva atinente à macrolide geradora de processos multitudinários, suspendem-se, **obrigatoriamente**, as ações individuais, no aguardo do julgamento das ações coletivas, o que não impede o ajuizamento de outras individuais".

Fundamento do STJ: Aplicação analógica do antigo art. 543-C do CPC (sobrestamento dos recursos repetitivos), atual art. 1.036 do CPC/2015.

Art. 1.036. Sempre que houver multiplicidade de recursos extraordinários ou especiais com fundamento em idêntica questão de direito, haverá afetação para julgamento de acordo com as disposições desta Subseção, observado o disposto no Regimento Interno do Supremo Tribunal Federal e no do Superior Tribunal de Justiça.

§ 1º O presidente ou o vice-presidente de tribunal de justiça ou de tribunal regional federal selecionará 2 (dois) ou mais recursos representativos da controvérsia, que serão encaminhados ao Supremo Tribunal

Federal ou ao Superior Tribunal de Justiça para fins de afetação, determinando a suspensão do trâmite de todos os processos pendentes, individuais ou coletivos, que tramitem no Estado ou na região, conforme o caso.

§ 2º *O interessado pode requerer, ao presidente ou ao vice-presidente, que exclua da decisão de sobrestamento e inadmita o recurso especial ou o recurso extraordinário* que tenha sido interposto intempestivamente, tendo o recorrente o prazo de 5 (cinco) dias para manifestar-se sobre esse requerimento.

§ 3º *Da decisão que indeferir o requerimento referido no § 2º caberá apenas agravo interno.*

§ 4º *A escolha feita pelo presidente ou vice-presidente do tribunal de justiça ou do tribunal regional federal não vinculará o relator no tribunal superior, que poderá selecionar outros recursos representativos da controvérsia.*

§ 5º *O relator em tribunal superior também poderá selecionar 2 (dois) ou mais recursos representativos da controvérsia para julgamento da questão de direito independentemente da iniciativa do presidente ou do vice-presidente do tribunal de origem.*

§ 6º *Somente podem ser selecionados recursos admissíveis que contenham abrangente argumentação e discussão a respeito da questão a ser decidida*

Portanto, temos no Brasil hoje dois modelos de suspensão das ações individuais no aguardo da coletiva. Ficaria assim:

1º: Suspensão voluntária, 104 CDC.

2º: Suspensão judicial, 543-C do CPC/73 = art. 1.036 CPC/2015.

Improcedente a ação coletiva, a ação individual suspensa retoma o curso. Procedente a coletiva, a individual pode ser extinta (por falta de interesse) ou, o que é mais razoável e econômico, ser convertida em liquidação.

REFERÊNCIAS

BRASIL. Tribunal Superior do Trabalho. **Advogado não consegue validar "compra" de crédito de ação de motorista**. TST, 2019. Disponível em: https://tst.jus.br/-/advogado-n%C3%A3o-consegue--validar-compra-de-cr%C3%A9dito-de-a%C3%A7%C3%A3o-de-motorista. Acesso em: 26 abr. 2025.

BRASIL. Tribunal Superior do Trabalho. **Dano moral em ricochete: relações de afeto ganham relevância em decisões na Justiça do Trabalho**. TST. 2023. Disponível em: https://tst.jus.br/en/web/guest/-/dano-moral-em-ricochete-rela%C3%A7%C3%B5es-de-afeto--ganham-relev%C3%A2ncia-em-decis%C3%B5es-na-justi%C3%A7a--do-trabalho?p_l_back_url=%2Fen%2Fbusca-de-noticias%3Fcategory%3D24644826%26modified%3Dpast-month%26tag%3Dprazo%-26tag%3D2023%26delta%3D60. Acesso em: 26 abr. 2025.

BRASIL. Tribunal Superior do Trabalho. **Informativo TST: n° 185** (25 set. a 26 out. 2018), n° 185, 2018. Disponível em: https://juslaboris.tst.jus.br/handle/20.500.12178/146512. Acesso em: 26 abr. 2025.

BRASIL. Tribunal Superior do Trabalho. **Isenção de depósito recursal não exime empresa em recuperação judicial de pagar custas**. TST, 2017. Disponível em: https://tst.jus.br/en/noticias/-/asset_publisher/89Dk/content/id/24922701. Acesso em: 26 abr. 2025.

CÂMARA, Alexandre Freitas. **O novo processo civil brasileiro**. São Paulo: Editora Atlas, 2015.

CÂMARA, Alexandre Freitas. **Lições de Direito Processual civil.** 14. ed. Rio de Janeiro: Editora Lumen Juris, 2006. v. 1.

CÂMARA, Alexandre Freitas. **O novo processo civil brasileiro**. 6. ed. Rio de Janeiro: Grupo GEN, 2020. Disponível em: https://minhabiblioteca.com.br/. Acesso em: 1 abr. 2025.

CARNEIRO, Athos Gusmão. **Jurisdição e competência**. São Paulo: Editora Saraiva, 2005.

DELGADO, Maurício Godinho. **Curso de direito do trabalho**. 15. ed. São Paulo: Editora LTR. 2016.

DELGADO, Maurício Godinho. **Curso de direito do trabalho**. 17. ed. São Paulo: Ed. LTR, 2018.

DIDIER JR, Fredie. **Curso de Direito Processual civil**: introdução ao Direito Processual civil, parte geral e processo de conhecimento. Salvador: Editora Juspodivm, 2016. v. 1.

DONIZETTI, Elpídio. **Curso de Direito Processual Civil**. 24. ed. Rio de Janeiro: Grupo GEN, 2021. Disponível em: https://minhabiblioteca.com.br/. Acesso em: 1 abr. 2025.

MIESSA, Élisson. **Processo do trabalho**. Salvador: Editora Juspodivm, 2019.

SCHIAVI, Mauro. **Manual de Direito Processual do Trabalho**. 15. ed. São Paulo: Editora LTR, 2019.